U0882470

珍藏本
纪念版

汉译世界学术名著丛书

教育思想的演进

——法国中等教育的形成与发展讲稿

〔法〕涂尔干 著

李康 译

渠敬东 校

商务印书馆
SINCE 1897 The Commercial Press

2017年·北京

Émile Durkheim
L'ÉVOLUTION PÉDAGOGIQUE EN FRANCE
Librairie Félix Alcan, Paris, 1938
根据法国巴黎费利克斯·阿尔冈出版社 1938 年版译出；
特别参考英国伦敦罗德里奇出版社 1977 年英译本。
(THE EVOLUTION OF EDUCATIONAL THOUGHT,
Trans. Peter Collins, Routledge & Kegan Paul, London, 1977)

汉译世界学术名著丛书
（120年纪念版·珍藏本）
出版说明

2017年2月11日，商务印书馆迎来120岁的生日。120年前，商务印书馆前贤怀揣文化救国的理想，抱持“昌明教育，开启民智”的使命，立足本土，放眼寰宇，以出版为津梁，沟通中西，为中国、为世界提供最富智慧的思想文化成果。无论世事白云苍狗，潮流左右激荡，甚至战火硝烟弥漫，始终践行学术报国之志，无改初心。

迻译世界各国学术名著，即其一端。早在20世纪初年便出版《原富》《天演论》等影响至今的代表性著作，1950年代后更致力于外国哲学和社会科学经典的译介，及至1980年代，辑为“汉译世界学术名著丛书”，汇涓为流，蔚为大观。丛书自1981年开始出版，历时三十余年，迄今已推出七百种，是我国现代出版史上规模最大、最为重要的学术翻译工程。

丛书所选之书，立场观点不囿于一派，学科领域不限于一门，皆为文明开启以来，各时代、各国家、各民族的思想与文化精粹，代表着人类已经到达过的精神境界。丛书系统译介世界学术经典，引领时代思想，为本土原创学术的发展提供丰富的文化滋养，为推动中国现代学术和现代化进程做出了突出的贡献。

为纪念商务印书馆成立120周年，我们整体推出“汉译世界学术名著丛书”120年纪念版的珍藏本，寄望既利于文化积累，又便于研读查考，同时向长期支持丛书出版的译者、编者和读者致以敬意。

两甲子后的今天，商务印书馆又站在了一个新的历史时间节点上。我们不仅要铭记先辈的身影和足迹，更须让我们的步伐充满新的时代精神。这是商务人代代相传的事业，更是与国家和民族的命运始终紧密相连的事业。我们责无旁贷，必须做好我们这代人的传承与创造，让我们的努力和成果不仅凝聚成民族文化的记忆，还能成为后来人可以接续的事业。唯此，才能不负前贤，无愧来者。

商务印书馆编辑部

2017年10月

目　录

第 二 编

导　　言

（法文 1938 年版序言）

在此奉献给读者的作品，是“法国教育史”课程的讲稿。涂尔干最初开设这门课程的时间为 1904—1905 年，从此以后，就始终在讲授这门课程，直到一战爆发。早在 1902 年改革时期，有关方面就已经决定，为“大中学校教师资格考试”[①]的全体应试者开设一门教育理论方面的专业培训课程。巴黎大学将这门课程委托给涂尔干来讲授。

读者千万不要忘记，社会学并未被允许大事声张地进入索邦，[②]而是转经教育理论这扇小门悄悄进去的。这是事实，并无夸

① 大中学校教师资格考试（agrégation）：1766 年，巴黎大学艺学院开始设置“教师资格考试”制度。最初此项考试包括哲学、文学与文法三种，后来成为取得法国大中学校教师资格的学衔考试。大学本科毕业取得文凭后，经过一段专门时间的培养和考核，合格者才具有教师资格。——中译注

② 索邦（the Sorbonne）：巴黎大学的代称。1257 年索邦（Robert de Sorbon，1201—1274 年）建立索邦神学院，1259 年得到罗马教皇正式批准，很快发展成欧洲主要的一个研修中心，巴黎大学的核心。直至 1968—1971 年，巴黎大学被分解成多所大学后，只有少数大学仍留在索邦校区内。虽然巴黎大学的校园已远非索邦旧址所能涵盖，但索邦仍常作为巴黎大学之代称。——中译注

张之处。1902 年，涂尔干被任命为比松[①]的代理，并于 1906 年正式接任了他的位置，负责讲授教育科学。不仅如此，由于他在波尔多大学执教时，曾把相当多的时间花在这门学科上，因此已经为这门课做好了准备。我们会看到，这门课程只能在一定程度上称得上一种新的工作。在此之前，他已多年不懈地关注着教育与教学方面的有关问题。涂尔干成功贯彻了构筑经典教育理论的三种研究视角：道德教育、儿童心理学和教育学说史。在这块领域，几乎没有哪一片范围是他不曾探究过的。这可不单单是为了完成他必须履行的一项工作。这项工作属于人的科学的一部分，而且属于其中至关重要的种种实践应用之一。涂尔干相信，他自己在这上面付出的心血是完全值得的。

《法国教育的演进》[②]汲取了所有这些探求，深受这些探求的浸染。但在这本书里，我们还能发现一些别的东西。涂尔干为我们树立了一个典范，让我们知道，一位伟大的社会学家，在一种历史的框架内来研究教育制度，究竟能够得到怎样的成果。就像有

① 比松（Ferdinand-édouard Buisson，1841—1932 年）：法国教育家，政治家。1879—1896 年任全国初等教育总监，改组法国初等学校制度，1896—1902 年任巴黎大学教育学教授，促使此阶段巴黎大学教育社会学之发展，1898 年参与创建人权同盟，并于 1913—1926 年间任主席，推进义务职业教育与非宗教化教育等。1927 年获诺贝尔和平奖。——中译注

② 法文原名为《法国教育的演进》（*L'Évolution pédagogique en france*）。1938 初版时，分为两编，第一编副标题为“起源与文艺复兴时期”（*Des origines à la renaissance*），第二编副标题为“文艺复兴至今”（*Ds la renaissance à nos jours*）。1977 年，该书首次以英文版的形式出版，由彼得·柯林斯（Peter Collins）译成，书名也由《法国教育的演进》改为《教育思想的演进：法国中等教育的形成和发展讲稿》（*The Evolution of Educational Thought: Lectures on the Formation and Development of Secondary Education in France*）。——中译注

宗教社会学、政治社会学之类的学科一样，也确实有一门教育社会学，无论怎么说，它都不是无关紧要的。这是因为，一个社会若按自身的形象来塑造其成员，最有力的工具便是教育。诚然，是家庭首先从整体上承纳了孩子，全面包容他，以自身的方式来形塑他。但是，如果我们考虑到在他第一次上学后，他身上所发生的那些重大变化，我们就会认识到，他的存在方式已经改变了，甚至连他的天性几乎都改变了。从那一刻起，他的身上就包含了一种名副其实的二重性。当他回到家中，父母会觉得他越来越不属于他们。父辈与子辈的代沟从此树立起来。这些服从于学校环境下的作息与训练的孩子们，这些年轻人，会越来越清楚地发现，在自己的家庭之外，还有那么一整个社会世界，自己要想在其中占得一席之地，就只能去适应它，融入它。就连家庭本身也逐渐被这个世界所改变。

教育同社会的所有主要功能一样，也有属于其自身的精神，表现于学习的计划、所授课程的大纲、教学的方法，也表现于一副有形的身体。而这副身体作为一种物质的结构，既在一定程度上表现了这种精神，也在一定程度上影响了这种精神，有时在它上面留下自己的印记，偶尔还会限制它。从主教座堂学校到中世纪的大学，再从后者到耶稣会学院，然后又从后者到我们自己的公立中学(lycées)，其间肯定曾经发生过许多转型。这是因为，无论在什么时代，教育的器官都密切联系着社会体中的其他制度、习俗和信仰，以及重大的思想运动。

但这些器官也各自有其生命，有其相对自主的演进，在这段历程中，也留存了各自前身的许多结构特征。有的情况下，它们会仰赖于各自的过去，以此来抗拒来自外界的种种影响。例如，要想理解大学何以分划成各个院系，理解各种考试和学位制度、膳宿制度，理解学术世界里种种奖惩约束的运用，我们就必须一直回溯到创建这一机构的时候。机构的外在形式一旦形成，往往就会借助于某种惯性的力量，或是由于成功地适应了新的情势，而长久延续下来。从这个角度来看，教育的组织似乎比教会本身还更为排斥变迁，更为保守和传统。这是因为，教育组织的功能就在于将某种源远流长的文化传递给新的一代。但与此同时，在某些特定的时期里，教育组织也会始终经受实际发生的革命所带来的更为激烈的变迁，这些革命有时候也会被证明是一种过度的革命。涂尔干指出，在文艺复兴时期，人们对经院哲学抱有敌意，对于中世纪教育中值得存留的某个方面，也就是对严格逻辑训练的关注也未能予以维护，从而为一种纯粹文学性的希腊—拉丁语文课程铺平了道路，而这门课程的宗旨，就是要把人训练到运笔圆熟、弘论雄辩、出口成章的程度。

这段历程涵括了自加洛林时代到 19 世纪末的整个时期，可谓错综复杂、跌宕起伏、规模宏大。当然，涂尔干并不是一个治史专家。但他在巴黎高师求学时，曾拜师古朗治门下，而且深受称许，因此对现代的治史方法了然于胸。[①] 他研读了大量原始文献，比

① 古朗治（Fustel de Coulanges，1830—1889 年）：又译库朗热、库朗日、古朗士，法国历史学家。曾在巴黎大学主持中世纪史讲座。1880 年任巴黎高等师范学校校长（涂尔干于 1879—1882 年在该校学习）。所著《古代城邦》考察了宗教在古希腊、罗马的政治与社会发展中的作用。此外，他还有许多作品考察了古代法国的政治制度和在罗马帝国时代日耳曼人入侵时的情况。主张用客观的第一手材料研究历史。——中译注

如阿尔昆[①]的原作。作为一位史学家，涂尔干的才华与普菲斯特[②]难分伯仲，后者十分熟悉涂尔干关于加洛林文化复兴的两次讲演，认为这些演讲无懈可击。涂尔干的史料证据也尽可能确凿充分：大部分讲演所包含的征引文献都足以证明他博览群书。当然，这些文献现在都已过时，我们在此没有照搬出来。

无论如何，最关键的莫过于理解涂尔干的初衷。当他同意开设这门课程时，就已经清楚地表明，自己并不打算效仿心理学家或道德家的做法，用说教的方式来探讨教育问题。相反，他会阐明，在情势与社会环境的压力下，这些问题是如何在事件发生的进程中出现的，究竟什么样的解决方案获得了成功，产生了什么样的后果，我们又该从中汲取什么样的教益。他的做法是以古鉴今。既然历史以这样的方式呈现给他，也就为反思某些大规模的教育实验提供了素材，而这些教育实验的结构和轮廓也恰恰是由历史呈现出来的。他需要去重新唤起这些实验，想象它们，在思想中重新赋予它们生命，最重要的是在它们的关系和发展中理解它们，解释它们。就像孔德在论述实证主义时所说，社会学完全能够恰如其分地处理先前的种种观点，处理它相信自己注定取而代之的种种观点。涂尔干固然认识到了此前种种教育思想体系中的裂痕、过度以及根深蒂固的缺陷，但他也敏锐地看到了这些体系富有创见、

① 阿尔昆(Alcuin，约 732—804 年)：出生于英格兰，诗人、教育家和教士，将盎格鲁—撒克逊的人文主义传统介绍到西欧，是加洛林文化复兴(见后注)的最杰出学者，留下 300 多封拉丁文书信，是研究那个时代的宝贵史料。——中译注

② 普菲斯特(Christian Pfister，1857—?)：法国史学家，系古朗治最著名的学生和遗稿受托人朱利安的好友，撰有《南锡史》。——中译注

成果卓然的一面，完全有理由据此说明这些体系何以能取得多少算是持久的成功。

这一切都体现在覆盖了千年历史的巨大而清晰的壁画上，体现在关于人类心智在法国的进步的论述中，唯有涂尔干才有能力构筑这种历久弥新的论述。

我们相信，能够昭示涂尔干思想和知识活动的这一方面，可以在很大程度上帮助我们获得有关他的记忆。他的敌手有时候会把他表现成一个眼界狭隘的学究，满脑子抽象概念，一旦越出他那套体系的局限，也就没有能力对任何东西有所洞见。尽管他的整个著述涉猎极广，形式多样，但有些人依然只盯着某一部分不放，攻击他关注的焦点过于单一，没有注意到野蛮社会和古代社会。然而，对本书的读者来说，涂尔干将会呈现出他真实的面貌：他的头脑不受任何先入之见的局限，而是首先把事实奉为圭臬，在巨大的画布上运笔自如。读者还将看到，在他的眼里，一千多年以来，法国和欧洲的思想史是如何始终启发着法国教育史的。还能有什么比这更具体，更切题，更接近我们当前的关怀吗？

除此之外，还有一个因素，在这特定的时刻，敦促我们不能让这部作品沉入昏睡状态，像许许多多被人忘却的文稿那样，被人丢弃一边，落得散落的下场。事实上，本书直接回答了我们今天本着前所未有的急迫心情为自己提出的问题。因此，唯一恰当的做法，就是将它重新引入当代生活的主流，引入论说与争辩的领域，这是它唯一的栖居之地。

就在开课之前不久，议会对教育领域开展了大规模考察，来自社会各行各业、各种党派和学校的资深代表纷纷举证，并最终促成了 1902 年的改革。当时，中等教育或我们今天所说的“中级”教育领域也恰恰酝酿着另一场改革。涂尔干在最后一轮演讲中，有一次曾描述了 19 世纪课程安排的变化，而在 20 世纪的前三四十年，情况依然如故。这套体系和那套体系，这种观念同那种观念，这个极端与那个极端，任凭它们怎么混乱不堪，相互抵触，终归是修来改去，没个尽头。对此，涂尔干想来也不会感到诧异。不过在另一方面，他也认为，这种状态所构成的不确定局面不可能无尽地延续下去，危机状态不久就会到来，谨小慎微的局部改革是不能深入事态的核心的，必须彻底重组我们的教育体系。在那样的时刻，很有必要回顾教育思想整体上的问题，而涂尔干所希望完成的任务，正是充分指明问题的方方面面、指出寻找解决方案的途径。他在这部长篇历史研究的结尾处，写下了长长的两章规范性论述。在这两章里，他区分了教育的两大对象，即人与物，成功地考察了由此出发应该从有关科学、历史和语言的研究中得出怎样的教益。这些篇章包含了一套全面的教育理论，兼具实证性和系统性，也非常切合当时的需要。无论是各级学者和教师，还是我们的中小学校与大学体系的古老大厦，都同样需要结构性的改革。我们满怀信心地将此书献给那些担负改革重任的人，尤其是各级学者与教师。如果他们能够更清楚地认识到迄今所走过的那一段演进轨迹，将更有能力为促成这些改革做出贡献。即便他们由此依然无法认识到他们所属的学术有机体究竟往何处去，从针对法国教育思想史这一漫长时期所开展的充分研究中最终会得出什么样的原理；他们也至少将会了解到，这个学术有机体是如何一步步构成的，又是从何处而来的。

哈布瓦赫

（Maurice Halbwachs）

第 一 编

第一讲　法国中等教育史

本学年我们将要研究的这个主题，是我长久以来一直在关注的。甚至在我还不曾像今天这样把全部精力都投入讲授教育理论的时候，我就已经很想研究我们的中学教育是怎样兴起和发展的；因为在我看来，这项研究事关重大，牵连很广。如果说这项研究计划过去从来没有付诸实施，那既是因为另有别的关注让我分心，也是因为我清醒地认识到这个主题困难重重。如果说我今天终于决定踏上这段险程，也不仅仅是由于我现在自觉有了更好的准备，还有一个更重要的原因，是由于情势的发展要求我必须承担这一重任，因为我相信，它应合了当前的急需。

据说，中等教育领域的一场重大变革已经是迫在眉睫。过去20多年来，我们的中学课程经历了各个可能的方向上的反复打磨，最终人们才认识到，无论从其他一些角度来看，那些接二连三出台的创新之举是多么有价值，多么吸引人，或许这里也有一种考虑，比其他所有的考虑都重要得多，完全有理由先于其他的考虑，因为只有在它所构成的条件上，其他的考虑才可能有成效。人们已经认识到，即便说必须以高度的鉴别力来预先规定不同的应授科目，在传授时必须化整为零，精心安排，但更根本的任务还在于，要把一种精神传递给那些将要应召从事这种教学的教师们，这种精神想来会使他们在工作中充满干劲。人们已经认识到，一套方案究竟具有多少价值，完全有赖于以什么样的方式去实施它。因为如果在方案的实施过程中推三阻四或是消极承让，那么这个方案要么会目标落空，要么始终是一纸空文。要害在于，那些担负着落实这一方案之重任的教师们，既要赞同它，也要关心它。他们只有去身体力行，才有能力让这个方案富有生机。因此，不能仅仅是严谨细致地规定好他们必须去做什么，他们必须有可能就这些规定做出自己的评价和鉴别，把握它们的要点，认清它们所应合的需要。简单地说，他们必须熟悉，这些规定是针对哪些问题而给出了应急之策。这就意味着，关键在于不仅要引导他们去了解对于自己将要担负职责的教育过程中所牵涉的那些重大问题，建议采用什么样的方法加以解决，并且要在同等的程度上引导他们去了解这些问题本身。这样，才能让他们在对有关议题有所了解的基础上，自己来拿主意。而这样的一种引导只能来自于对教育理论的研习，如果这样的研习的确有价值，就必须抓住适当的时机予以教授，也就是说，必须趁未来的教师还是个大学生的时候告诉他们。于是，就有了这样一个想法：我们需要把我们多个不同的系科组织起来而研究教育，通过对教育的研究，未来的中学教师能够为自己的职责做好准备。

我承认，这个想法极其简单，事实上，就表面上来看，这纯属是不言自明的事情，但它依然会遭遇到方方面面的大量抗拒。首先，法国人有一种由来已久的偏见，总是带着某种轻蔑来看待教育理论的整个事业。这个领域似乎是一种极其初级的研究。政治体制会引起我们的关注，我们会为之展开热烈的争论，而教育体制则勾不起我们的兴趣，甚至会激发一种本能的反感，这真是不合逻辑，很是奇怪。这是我们民族性情当中的怪僻之处，不过，我并不奢望让自己给出解释。我只打算点到即止，我不想再费时间去揭示这种漠然和轻蔑是多么地没有来由。有些真理是不能唠叨个没完的。教育理论无非是对教育方面的事情尽可能进行有条理的反思。那么，究竟哪一种人类活动形式无须反思就能进行呢？今天，在任何一个行动领域里，科学，理论，也就是反思，都在日渐深入地探索着实践，启示着实践。教育活动又为什么该是个例外呢？当然，你可以抨击说，不止有一个教育理论家曾经将他的推理能力派作了可耻的用场；你也可以认为，这些理论体系时常十分抽象，几乎不触及现实世界；你还可以说，有鉴于人的科学的现状，教育方面的思考再怎么说也不能算太过谨慎。诚然，人们理解教育理论的方式本身就扭曲了教育理论，但是，单凭这一事实，并不能推出结论说不可能探索什么教育理论；人们一向也确实是刻意保持教育理论的谦逊与谨慎，但根据这一点，并不能得出结论说教育理论平淡乏味。说到底，如果只是告诉人们，他们应该像没有理智和反思能力似的得过且过，还有比这更无益的事情吗？反思已经被激发起来，会不可遏制地运用于自己道路上所遇到的那些教育问题。问题不在于运不运用它，而在于是以随意的方式还是有条理的方式去运用它。在这里，有条理地运用反思，也就相当于探索教育理论。

可是，也有那么一些人，一方面乐于承认教育理论的确有某种一般的用处，但在谈到中等教育问题时，却又否认它有什么用。时下人们说，对于小学老师来讲，理论上的准备是有必要的；但是，由于有某种特别的扶助,中学教师根本不需要这样的准备。一方面,他以他的老师为范例,已经看到了应该怎样去教学;另一方面,他在大学里所获得的广博的文化基础,已经使他有能力以一种明智的方式,演练自己在整个学生时代就始终能够观察到的运用当中的技艺。因此,他已经不再需要任何进一步的引导。尽管如此,你完全可以追问:仅仅因为青年学子有能力阐发古代文献,理解语言的精微之处,无论是活的语言还是死的语言,就能说他是博学的史家吗?仅仅出于这样的原因,就能说他理当知道需要采取什么样的步骤,把他自己已经接受的教育传授给孩子们吗?在此,我们看到的是两种不同类型的活动,无法通过同样的过程习得。获得知识并不包含获得将知识传递给他人的技艺,甚至不包含获得确立这种技艺的基本原则。诚然,人们说,青年教师会基于他对自己学校和学生时代的记忆来组织自己的教学。但是,难道这还不清楚吗?这等于说现有的实践做法将注定会永久延续下去,因为这样一来,今天的教师就只能照搬自己过去的老师的实践做法,就像过去的老师也只能效仿他自己的老师一样;结果,我们不可能看出,在这种漫无尽头的自我复制模式中,究竟会有什么创新。而反思正是循规蹈矩的天谴和夙敌。只需反思,就可以使习惯不至于变成固执、刻板、俨然神圣不可侵犯的东西。只需反思,就可以维持习惯的生命力,使它们保持灵活性和可塑性,从而有能力发生变化和演进,使自身适应情势和处境的变化。一旦限制反思在教育领域中的角色,就注定使它陷于停滞状态。或许正是在这里,至少可以部分地解释一桩令人惊异的事实,我们有理由在以后提到它,这是一种奇怪的恐新症,也是数百年来我们中等教育的标志。我们会看到，事实上，在法国，尽管一切都已经有所改变，尽管政治、经济和伦理体制都已经发生了巨大的变革，但是直到相当晚近的时期，却依然有样东西始终处于明显的不变状态中：这就是人们所说的古典教育中的种种教育前提与步骤。

然而问题还不仅如此。不仅没有任何理由来解释，为什么中等教育理当享有某种特权，使它可以无须任何教育理论知识就能进行；而且在我看来，也没有任何一个地方可以说教育理论的地位比在中等教育中更为根本。恰恰是那些最缺乏教育理论的学校环境最需要它。

首先，中等教育是一种比初等教育更为复杂的有机体。而一个有机体越是复杂，它就越是需要反思，以便使自身适应它所处的环境。在小学里，至少从理论上说，每个班级都有而且只有一名老师来管。因此，他的教学往往会表现出一种相当自然的统一性，非常简单明了，也无须进行理智上的筹划：这其实就是从事教学的人的统一性。而中学则不同，同样一个学生一般要由许多不同的老师来教。这里就有一种真正的教育分工。一个老师负责教文学，另一个老师负责教语言，一个老师负责教历史，再有一个负责教数学，如此等等。如果没有奇迹发生，除非特意设计，从这种多样性中又怎么能产生统一性呢？所有这些各有差别的教师，如果他们自己对整体是什么样子毫无观念，又如何能够彼此适应、相互补充，以创造出一个统一的整体呢？要紧的不在于制造出数学家、文学家、物理学家和博物学家，而在于以文学、历史、数学和自然科学为媒介来开发心智，在中学里尤其如此。但是，如果每一个教师并不知晓这整个的事业是什么，不知晓在这项事业当中那些各有不同的同事们又怎样与他协作，那么，这些教师又该如何根据自己在整个事业当中的专门角色，履行自己的职责，以使自己的全部教学都与这个事业联系在一起呢？人们时常认为这一切仿佛都是不言自明的，仿佛每个人都天生就知道在心智的开发中会涉及哪些东西。

可是，再没有什么问题比这更复杂了。如果单单精于文字、长于史识或是善于数学，还不足以理解形塑才智的多种成分，理解构成才智的那些基本概念，以及它们是如何在多种多样的学科教育当中生发出来的。不仅如此，事实上，根据我们在谈论的孩子是属于这个年代还是那个年代，是在小学还是在中学，是此生注定要从事这类活动还是与之相对的另一类活动，"教育"这个词的含义也会改变。所以，如果说重要的是要说清楚，整个教育应该致力于哪些目标，要达到这些目标又要遵循哪些途径，那么我们就需要对教育理论进行研究。正是由于缺乏这种研究，在我们的中学里，才会有这么多的老师在这样的处境下工作：他们耗尽了自己的精力，却发现自己已经被彼此的隔绝弄得死气沉沉。他们把自己关在各自的专业里，在阐发各自选择的科目时，就好像它孤零零存在着，好像它以其自身为目的，而它其实只是通向某个目的的一种手段，本来就该始终考虑到这个目的，始终从属于这个目的。实际上，尽管学生们齐聚大学，但只要每一群学生还都按照他们所选的专业被教授，与其他学生相分离，那就没有任何东西能鼓舞这些明日的同行们聚在一起，思考等待着他们的共同使命——除此之外，还会有别的情况出现吗？

可是，这依然不是问题的全部。半个多世纪以来，中等教育一直经历着一场严重的危机，而这场危机也根本没有走到尽头。人人都觉得它再也不能照这样下去了，但又都不清楚它需要变成什么样子。因此，所有这些改革才会几乎周而复始地逐一实施、修改，有时甚至是相互抵触。它们既表明了问题的棘手，也表明了问题的急迫。更糟糕的是，这个问题并不是法国所独有。在欧洲的各个主要国家，都几乎一模一样地出现。各地的教育界与政界人士都清楚地意识到，在当代社会的结构中，在国内的经济和对外的事务上，业已发生的这些变迁，都必然要在学校体制这一专门领域中引起同样深刻的转型。可是，为什么在中等教育的情况中，危机表现得最为尖锐呢？眼下，我们只是想把这个事实指出来，并不打算给出说明。通过下面的阐述，我们会更好地理解这一点。不管怎样，为了不被这个混乱不定的时期所淹没，我们就不能仰赖种种法令法规本身的效力。就像本文开篇所指出的那样，只有在法令法规得到信念的支撑时，才能与现实取得关联。我还要更进一步宣称，必须以明智之见来提议、计划、宣传这些法令法规，并以某种方式为它们辩护，必须让它们以周全、清晰而协调的方式表达某种切实的权威，而不是通过官僚体系来创设它、控制它，否则它们将不具备任何切实的权威。这里的原因就在于，只要疑虑的情绪还统摄着人们的精神，无论行政上的决策是多么英明，单凭它是无法治愈这种危机的。至关重要的是，承担重建与重组这项艰巨任务的这一群人本身恰恰是重组与重建的对象。理念是不能通过立法的形式就变成现实的；它们必须由那些担负着实现理念的职责的人去理解，去珍视，去追求。因此，未来的中学教师们，他们将会担负的教育职责会变成怎样，可以追求怎样的目标，理当采用怎样的方法，在这些问题上帮助他们达成一种共识，再没有什么任务比这更急迫的了。而目前要实现这项任务，就只有将产生的问题及其原因摆到未来的教师们眼前，让他们了解所有也许能帮助他们找到解决办法的点点滴滴的确凿知识，用开明的教学方法引导他们进行反思。除此之外，别无他途。不仅如此，要想使我们的中等教育颇有些萎靡不振的现状重新焕发活力，并且不带有任何虚伪造作，这样的措施还是必要的前提。这是因为，在垂死的过去与未卜的未来之间，中等教育发现自己在理智上无所适从，缺乏它曾经拥有的生机与活力，这就是事实，企图掩盖事实的做法毫无益处。这么说并不等于暗指有什么人难辞其咎，而是要提请注意事情本质的某种产物。所谓古典传统具有永恒价值的古老信念，现在已经确确实实动摇了。甚至连那些发乎性情地以最自然的态度看待过去的人，也强烈地感到有什么东西已经发生了变化，有些新的需要已经产生，必须予以满足。尽管如此，面对这种状况，还没有出现任何新的信念可以取代正在逝去的信念。而教育理论的任务，就是要推动这种新信念以及由此而来的一种新生活的滋长，因为一种教育的信念，正相当于使从事教学的身体充满活力的那个灵魂。

这样看来，对于中学教师来讲，研习教育理论的必要性就要比小学教师急迫得多。问题不在于简单地指导我们未来的教师如何使用一种正确的方法，而在于必须把中学文化整体上的种种问题摆到他们眼前。本学年我们将开始学习的课程，正是想达到这一目的。

我知道，不管是那些大而化之的人，还是那些一丝不苟的学究（这些原本属于相反类型的头脑却在此达成了共识），都会宣称从历史当中得不到任何实际的功用。他们会问，对于今天的中学，中世纪的学院究竟能告诉我们什么呢？三科和四艺[①]的经院学问又能以怎样的方式帮助我们找出，此时此地我们应该教给我们的孩子什么，我们又该怎样去教？有时人们甚至还会进一步指出，这些回溯性的研究所产生的后果只会对我们不利，因为我们必须为未来做准备，我们应当放眼未来，我们应当把自己的注意力集中在未来上，沉湎于追思过去只会阻挡我们前进的脚步。与此相反，我相信，只有细致地研究过去，我们才能去预想未来，理解现在。因此，教育史为教育理论的研究奠立了最坚实的基础。

其实，单单考察我们历史进程上相继出现的形形色色的教育形式，并不会带来相当大的启发。当然，经常出现的一种情况是，将此伏彼起的变化归因于人的理智尚处稚嫩，没有能够把握那四时皆准、唯一正确的观念体系。如果只是简单地把这些变化看作一系列失误，以充满艰辛、未臻完美的方式一个接一个地相互矫正，那么，这一整套历史也就不具有核心的研究价值了。它充其量不过是能让我们提高警惕，避免重蹈覆辙。但问题又来了：既然失误的领域并无界限，那么失误本身的表现形式就会变幻不定；有关过去犯下的失误的知识，既不能使我们预见也不能使我们避免未来可能会犯的失误。但不管怎么说，我们也应当看到，这些理论，这些体系，都业已经过了经验的考验，在现实中有着具体体现，其

---

① 古罗马和中世纪大学里普遍开设七门文科：文法（包括语言与文学）、修辞（包括散文、诗、法律）、逻辑（包括哲学问题的论辩）、算术（包括历法）、几何（包括地理与博物学）、音乐和天文，合称“七艺”，其中前三门合称大三门或三科（trivium），后四门合称小四门或四艺（quadrivium）。——中译注

中任何一个都不是什么随意的产物。如果说其中之一未能延续下来，那并不是因为它只是人的偏差的产物，而是因为它是某些相互作用的特定社会力量的结果。如果它已经有所改变，那正是因为社会本身已经有所改变。因此，人们开始基于直接的经验认识到，不存在什么恒常不变的教育形式，昨日的教育形式不能搬到今天。一方面，各个体系都始终处在流变当中，在任何一个给定的时间环节上，这些持续的变化都关系到一个单一的、固定的和具有限定作用的参照点，也就是在相关环节上的社会条件（至少当这些变化还属于正常的时候是这样的）。认识到这一点，我们就能够同时摆脱恐新症的偏见和恋新症的偏见，智慧也就由此开始滋长。这是因为，一方面，人们可以以此避免陷入传统教育实践非常容易诱发的那种过度的崇信，同时，人们也开始感到，必要的创新不能简单地凭我们指望事情好上加好的想象，不经过观察分析就推断出来；在发展的每一个阶段上，这些创新都必然与所有可以客观确定的条件维系在一起。

尽管如此，教育史又不仅仅在于对教育理论的某种介绍，其本身也许十分出色，但却只是泛泛而论。而我们可以期望它，也理当期望它满足其他任何东西都无法满足的我们的某些根本需求。

首先，为了在学校这个有机体中发挥作用，教师就需要了解这个有机体是什么，构成它的各个组成部分是什么，这些部分又是如何彼此关联，构成一个统一体的。这不是显而易见的吗？既然这就是他将要生活其中的那个环境，那么，他去熟悉那个环境也就尤为重要了。但现在问题来了：我们如何着手给他带来这种熟悉呢？我们只限于向他说明那些法规条令，它们确定了我们学术机构的组织方式在物质上和道德上的特质，而我们的办法就是向他指明其中形形色色的齿轮，揭示这些齿轮是如何相互嵌合的？当然，这种讲课也不会浪费时间；事实上，如果我们想一想，让我们的年轻教师在对统辖学术世界的法则一无所知的情况下，就贸然进入这个世界，或许完全有理由感到诧异。但这种知识其实算不上知识，因为开始设立这些教学机构与制定限定它们的法规并不是同一天出现的。这些机构有它们的过去，过去是培育它们的土壤，赋予它们现在的意义，脱开过去对它们进行考察，势必会出现大量简单化的理解甚至曲解。如果我们要了解它们究竟如何，由此我们又应该如何去应对它们，就不能光靠坐等闻听那些规定其相关形式、（在理论上）制定其组织方式的法律条款。可以说，我们需要了解的是机构内部的生活，它们的活力是如何调动起来的，它们致力于达成什么样的目标。因为它们已经获得了属于自己的动力，会驱使它们趋向某种特定的方向，这一点是我们最需要去了解的。现在，为了具体说明任何一条特定的脉络（尤其是一条比较曲折的脉络），我们需要的都不只是一个点；同样，如果我们想要做的是勾画出某个特定机构的演变轨迹，那么现在这个时间环节所构成的几何点，就其本身而言几乎毫无用处。正是它内在的一些力量，倾向于使该机构往这个方向而不是那个方向演变，这些力量使它具有了生命，但它们并没有在表面上清晰地展现出来。要想把握这些力量，我们就需要观察它们在历史的进程中是如何运作的。因为只有在历史中，它们才会通过所产生的效果的累积而展现自身。正是因为这个原因，要想真正地理解任何一项教育主题，都必须把它放到机构发展的背景当中，放到一个演进的过程当中，它属于这个过程中的一部分，但只是当前时代的、暂时的结果。

但历史有助于我们理解的并不仅仅是教育的组织；它还让我们看清楚这种组织旨在实现怎样的教育理念，以及是什么样的一些目标决定了这种组织的存在并赋予其正当性。

在此，我们又可以说，表面看来，要想解决问题，似乎根本不需要有那么多的历史考察。教育的目标难道不就是要把我们的学生变成属于他们那个时代的人？为了了解我们需要什么来塑造出一个属于他自己时代的人，难道真的非得考察过去？今日的教育必须努力去塑造的那种人的典范，并不是在文艺复兴时期、17 世纪或 18 世纪塑造出来的。所以，我们应当研究的是现代人，我们应当细究的是我们自己，我们需要考察的是我们的同时代人。在确定教育的目标时，我们应当研究我们自身和我们的友邻，在这种研究之后，我们会形成关于人的观念。然而，尽管知识分子经常宣称，只有这种方法能够使我们有能力为未来做准备，但我的看法却截然不同，我认为它几乎注定要导致大量危险的失误。事实上，我们在谈论当代的人、我们同时代的人的时候，究竟指的是什么？它只不过是把可以分辨出今天的法国人、将他们与往昔时代的法国人区分开来的那些特征凑合在一起。但这其实并不能为我们描绘出完整的现代人，因为在我们每个人身上，都不同程度地蕴含着我们昨日所是的那个人。事实上，甚至在事物的本性当中，都可以说我们过去的那个人占据了主宰地位。因为一旦拿现在与过去的漫长时期相比，现在就必然显得无足轻重，而我们正是由于过去的漫长，才呈现出今日的形式的。我们完全可以说，我们之所以并未直接感受到这些过去的自我的影响，恰恰是由于它们在我们的身上是如此地根深蒂固。它们构成了我们身上无意识的部分。因此我们才会表现出强烈的倾向，不承认它们的存在，对它们正当的要求置之不理。与此相反，对于最为晚近的文明成就，我们却有着真切的意识，这正是因为它们出于晚近，还来不及被我们的集体无意识所吸纳。这种情况尤其体现在那些处在发展之中的成就，那些尚未完全被我们所占有、还有一些方面不在我们把握之中的成就，因为这些成就对我们的思想能量整体上提出了莫大的要求，比其他任何成就都有过之而无不及。恰恰是因为我们尚未充分地把握它们，我们才要调动起我们有意识的心智，积极地作用于它们，从而照亮它们，使我们形成关于它们的心智图像，认为它们构成了最基本的现实特征，其价值无与伦比，从而也就最值得去研究。其他所有事情都只好屈尊于它们的阴影之下，哪怕在事实上，其他所有事情，没有哪一桩可以说要少几分实在性或重要性。科学就是我们这个世纪最大的新颖之物，对于所有那些亲身体验科学本身的人来说，所有文化，不管是什么，科学文化都似乎是构筑它们的基础。假如我们注意到，我们缺乏受过技术训练的实用人才，我们就会得出结论，认为教育的目标就是要培养实用能力。正是这种处境，催生出种种夸大、偏颇、片面的教育理论，表现的只是应一时之需和热情一阵的愿望。这样的理论无论如何都不会长久，因为它们很快就会产生出其他理论来矫正、补充和改造它们。所谓属于自己时代的人，就是被当时的需要和倾向所主宰的人，而这些人总是有所偏颇的，会在明天被他人所取代。结果便是各种各样的冲突和革命，唯一的作用就是妨害了进化的稳定进程。我们需要去理解的，不是属于自己的时刻的人，不是被我们感受时处在某个特定时点的人，也不是像我们一样受一时的需要和激情所影响的人，而是处在贯穿时间的整体性当中的人。

要实现这一点，我们就需要不再去研究处在特定时间环节中的人，而尝试以他的整个发展过程为背景来考察他。我们不能局限在我们自己所处的特定时代，相反，我们必须摆脱这个时代，从而摆脱我们自身，摆脱我们片面而偏颇的狭隘立场。也正是因为这一点，对教育史的研究才很重要，才值得去做。我们的出发点不是要搞清楚当代的理念应该是什么，而是必须把自己移送到历史的时间刻度的另一端；我们必须努力理解与我们自己的时代相距最为遥远的教育思想体系，也就是欧洲文化最先肇发的那套教育思想体系。我们将要去研究它，描绘它，并且尽我们所能去说明它。然后，我们将一步接一步地追随它所历经的、与社会本身的变化同步的一系列变化，直至最终达到我们当前的处境。这必须是我们的终点，而不是我们的起点；沿着这条道路走下来，我们会到达今日的处境，到了这个时候，今日的处境将会沐浴在一种新的光芒中，与我们原本用来观看它的光芒有相当的不同，否则，我们会立刻彻底忘却自己，毫无保留地投向我们时代的激情与偏见。通过这种方式，我们将会避免屈从于兴盛一时的激情与偏向所产生的备受尊崇的影响，因为历史的考察将会赋予我们感受力，这种新获得的感受力将捕捉种种具有同等正当性的需要与必要性之间的差异，对这些激情与偏向构成制衡。这样的话，这个问题将不再会陷入武断的过度简化，而会接受一种客观冷静的考察，全面展现它的复杂性。在考察我们自身所处时代的社会精神氛围的学人看来，它的形式也很重要，并不逊色于它在史学家眼里的地位。

在有些情况下，这种历史探究甚至会使我们有能力修正我们有关历史本身的观念。这是因为，教育理论的发展和人类的所有发展一样，都远不曾遵循什么稳定有序的进程。在相互对立的观念组合之间，曾经发生过种种的竞争与冲突，根本上来说是正确的观念，也曾经常在这些竞争和冲突的过程中被颠覆，而要是根据它们内在的价值来判断，它们原本是该留存下来的。和别处一样，这里的生存竞争也只能产生一些粗糙和粗略的结果。整体而言，生存下来的也是最具适应性的、最有天赋的，但与此相对的是，整个历史当中杂陈着一大堆可悲可叹、无法解释的兴亡成败。有多少健康有益的观念原本应该留存下来，发展成熟，结果却过早地夭折了！新的教育理论与道德理论或政治理论的情况不相上下，充满青春的热情与能量，以至对自己努力要取而代之的那些理论，采取了一种咄咄逼人的立场。它们对那些旧的理论视同死敌，非常清楚地意识到彼此之间水火不容，它们要竭尽全力去遏制旧的理论，乃至尽可能将其彻底根除。拥戴新观念的斗士们甘心相信，较旧的观念丝毫不值得去维护，哪怕它们其实就是自己的先驱或盟友，因为新观念正是从旧观念中脱胎而来的。现在与过去展开争战，全然不顾自身正是源出于过去，构成了过去的延续。有些过去的特征，原本可以成为也应该成为现在与未来的标准特征，就这样消失了。文艺复兴时期的人深信，应当彻底清除经院哲学，事实上，在他们猛烈的攻击之下，后者也确实没留下什么。我们以后还要来看看，在文艺复兴时期的人传给我们的那些教育理念当中，这种革命性的态度是不是曾经导致一种非常严重的缺失。因此，历史的研究不仅将会使我们有能力与我们自己的原则交流，而且也会使我们时不时从我们的前辈那里,发现我们必须纳入考虑的一些至关重要的东西,因为他们是我们的先辈,而我们是他们的传人。

这些便是我们的研究所要沿循的脉络。显然,我们所关心的并不在于对教育理论的考古学做学究式的考察:即便我们离现在而去,最终的目标也还是要重新回来的;即便我们远离了现在,也只是为了更好地看清它,更好地理解它。但事实上,现在始终不会逃出我们的视线。它是我们始终趋向的目标,在我们前进的过程中,它会逐步地凸显出来。说到底,只有在过去当中,才能找到组成现在的各个部分,有鉴于此,历史倘若不是对现在的分析,又能是什么呢?正是因为这一点,我相信,对于研究教育的学生来讲,接下来的历史研究会有莫大的价值。

第二讲　早期教会与教育

人们普遍认为，只要是一门心思钻进实际事务的人，都应该停止沉思过去，以便将自己的整个注意力放到现在上。既然过去已经不复存在，对此我们已经无可作为，那么，它似乎就只能满足我们的好奇心了。在人们想来，过去属于纯学问的领域。我们需要了解的并非曾经是怎样，而是现在是怎样，如果了解到今后可能会怎样，那就更好了：要想能够满足我们现在的处境向我们提出的要求，我们就必须努力预见到今后可能会怎样。在上一讲中，我主要是想揭示这种方法在什么程度上可以说成效甚微。原因就在于，其实，现在，也就是诱使我们将自己的注意力局限在它身上的那个现在，单独说来什么也不是：现在无非是过去的进一步推演，一旦与过去割裂开，就将丧失大部分的意义。现在是由无数要素组成的，这些要素紧紧纠缠在一起，所以我们很难看清楚，一种要素究竟从哪里发端，另一种要素又究竟从哪里终结，每个要素单独来看是什么，而它们彼此之间又有什么样的关联。如果只是通过直接的细察，我们就只能获得一种非常粗糙和含混的观念。而我们要想能够区辨并分析这些要素，从而得以在一定程度上看清这含混的一团，唯一的办法就是进一步推进历史研究，深入探究这些要素是通过什么样的方式一步步聚合在一起，组合并形成有机关联的。

我们出于本能地认为,事物是以同质的方式延展的,直到科学分析向我们揭示,我们是通过怎样的思维范畴化的原则来安排我们的知觉的;无独有偶,我们对现在的直接意识也使我们无法认识到它的复杂性,直到历史分析向我们揭示这一点。但或许更为危险的是,这样一种态度会诱使我们过高地估计我们当下种种愿望的重要性,而此时这些愿望已经不再受制于任何举足轻重的牵制步骤。这是因为,它们恰恰是借助了自己的当前性才麻痹了我们,攫取了我们,极大地损害了我们对除它们本身之外的其他一切事情的觉察。对于自己缺乏什么,我们的觉察总会非常强烈;因此,这种觉察往往拒绝去认识其他一切,将它们统统逐入阴影之中,以此使自己在我们的意识当中占据过分重要的位置。它成了我们的欲望中独一无二的对象,在我们看来成了至高无上的唯一价值,其他一切都必须从属于这个理念。尽管如此,真实的情况却是,根据这一标准算是我们缺乏的东西,并不比我们已经拥有的东西更为根本,甚至还有所不及。因此,为了满足我们那些一时兴起、较不重要的需要,我们不得不去牺牲真正根本和关键的迫切需要。卢梭就清醒地意识到,在他那个时代,教育给孩子的自发性留下的空间实在太少;他就此提出,任何正确的教育理论,都必须具备一点根本特征,就是一套系统的消极教育法。事实上,孩子还没有充分地融入自然现象,单凭这一点,不管是什么教育,他其实都会将通过接触自然现象获得教育作为唯一的基础。如果我们要抗御我们现在的成见所产生的受人尊崇的影响(其实,这既不可避免,也失之偏颇),那么,对于我们同样得注意到的人的其他所有需要,我们就都必须有所了解,以此来制衡这种影响;而这种了解只能通过历史研究来获得，因为它向我们揭示了如何将现在和过去（现在正是过去的延续）联结起来，以此完善我们对现在的理解。

关于教育的历史研究也具有实践上的价值，为了指明这一点，我已经提出了一些论点，不过，还不止这些。这种方法不仅能使我们得以防备未来有可能犯下的失误，而且我们也可以预见，它将为我们提供矫正某些失误的手段，这些失误是我们过去已经犯下的，并且至今我们依然在咎由自取。实际上，教育理论的发展和人的所有发展一样，并不是始终很有规则的。历史上，各种不同的观点你方唱罢我登场，发动了一场场争斗，在这些争斗中，颇有一些正确的观念被扼杀，尽管根据它们的内在价值来判断，它们原本应该留存下来。和别处一样，这里的生存竞争只能产生非常粗略的结果。一般说来，生存下来的也是最具适应性的、最有天赋的观念，但与此相对的是，在种种情势的偶然凑合之下，又有多少成功并无价值可言，又有多少失败与覆亡令人扼腕叹息。在观念史上，有一种原因比其他所有原因都更有效地促成了这种效果。不管是教育观念、道德观念、宗教观念还是政治观念，当新的观念刚刚形成的时候，都自然会拥有当代所有文化中的年轻人所拥有的那种咄咄逼人的热情与活力：对于它们力图取代的那些旧观念，它们开始展示出自己暴烈的怨怒。因此，它们会全盘抛弃这些旧观念。拥戴新观念的斗士们，被争斗的火热弄得忘乎所以，唯有心甘情愿地相信他们正在与之争斗的那些陈旧观念毫无维护的价值。他们对那些旧观念展开了全面而无情的战争，然而，真实的情况却是，无论何地，现在正是过去的传人，现在源自过去，并且构成了过去的延续。在任何新的历史处境与此前的历史处境之间，并没有什么固定的鸿沟，相反倒有着熟悉而密切的关联，因为从某种特定的意义上来讲，前者正是后者的传人。但人们并没有认识到存在这种关联：他们所感到的，只是将自身与其前辈分离开的对抗，而对于他们与前辈之间的共同之处，他们却是一片茫然。他们相信，如果自己反对一种传统，而这种传统还妄图抗拒，那就完全有理由去破坏它，并且这样的破坏活动是毫无限制的。这就导致了一系列令人叹惜的破坏行为；当过去的某些特征理当成为未来的特征时，它们却已经归于湮灭了。文艺复兴继经院哲学而起：文艺复兴时代的人径直认为，经院哲学家的思想体系毫无维护的价值，这一点不证自明。但我们不得不问：在已经留传给我们时代的我们的教育思想体系中，这种革命的取向是不是造成了某些断裂？因此，通过从历史的角度考察教育，我们不仅将有能力更好地理解现在，还有机会重新回顾过去本身，将那些我们很有必要予以认识的失误揭示出来，因为继承这些失误的正是我们自己。

对于我们即将开始进行的考察，我从一开始就颇费苦心地强调它在实践上的重要意义，因为这个方面几乎总是遭人误解。尽管如此，除此之外，这项考察也具有相当的理论意义和科学意义。初看起来，法国中等教育史似乎是一项非常专门化的研究，只有中小学教师这个狭小圈子里的人会对它有兴趣。然而，由于法国的某些特点使然，在我们历史上的大部分时间里，中等教育都是我们整个学术生活的核心。高等教育在孕育出中等教育之后，很快就销声匿迹了，直到普法战争后才重获新生。在我们的历史上，初等教育也只是到了非常晚近的时候才出现，只是到了大革命之后才真正站稳了脚跟。因此，在我们国家存在的大部分时期内，整个教育舞台都是中等教育在唱主角。这种情况所带来的后果，首先便是如果我们要修撰中等教育史，也就必然等于同时在为法国的教育和教育理论修撰一部通史。我们将要尝试勾勒法国教育理念所有最根本的特征的发展，办法是详细考察以实现这一理念为职责的学术机构，以及这种理念不时会努力自觉地从中表达自身的那些学说。更何况，从14、15世纪以来，整个国家最重要的思想力量都是在我们的中学里形成的，基于这种考虑，我们着手去做的工作，几乎相当于修撰一部法国知识分子史。另有一桩事实在于，在那段社会生活的总体当中，中等教育发挥了特别重要的作用，这是我们国家的特色，在其他任何地方都找不到同等程度上的这种情况。就因为我们应该去探求我们的教育思想史上出现这种特殊性的原因，我们才应该去揭示个人身上的某种特别之处，我们民族性情当中的某种特异之处，因为中等教育这种特别的作用正是从这里面来的，这是我们在开始研究前就可以确信的。教育思想史和社会民德(mores)研究其实有着密切的关联。

这样，对于我们如何理解我们将要去探讨的主题，理解它引发我们的关注的众多方面，我们已经做了具体的陈明。现在，我们就要着手来处理它了。但是，从哪里开始呢？我们应该从哪一个时刻展开这段中等教育史的研究呢？

为了充分理解某种活生生的现象的发展，为了说明这种现象在其历史的各个前后环节上所呈现出的不同形式，我们首先需要做的，便是去揭示在它整个演进过程的源头，那个初生的萌芽是如何组成的。当然，今天不会再有人继续宣称，一个生命体，在孕育它的那个卵细胞中所具备的胚胎形式就已经臻于完善了。我们知道，环境的影响，各种外在情势的影响，其实是相当大的影响。尽管如此，对于它最终演变而成的那个整体，最初的卵细胞也会产生实质性的影响，这也是事实。在第一个生命细胞得以构成的那一刻，也就具备了独一无二的、绝对是无法根除的意涵，它的效果会贯穿此后整个生命始终。生命体的这种情况也在同等程度上适用于社会器官，不管这些社会器官具体会是什么形态。它们的未来，它们发展的方向，它们在此后生存的各个不同阶段所蕴含的力量，都在极大程度上依赖于孕育它们的那个最初萌芽的本质。因此，要想理解我们将要考察的教育体制是怎样发展而来的，要想理解它已经变成了什么样子，我们就必须毫不迟疑地一直追溯到最久远的起源。我们必须追溯到文艺复兴之前，甚至追溯到经院哲学家之前。我们必须一直往前追溯，直到触及现代社会历史中找得到的教育观念最初的细胞核，学术器官最初的胚胎。一旦我们开始进行这项研究，就会清楚地看到，这种回溯性的研究绝对不是毫无益处的，我们现代的种种信念当中的某些根本特性，还依然留有这些相当久远的影响的痕迹。

但是，这个细胞核，这个最初的芽孢，又该到什么地方去寻找呢？

我们早期的思想文化，整个实质内容都是从罗马传到我们手里的。因此，我们也就有理由认为，我们的教育思想，我们的教育体系的根本原则，都是从同样的来源传到我们手里的，因为教育本身不过是对成熟的思想文化的一种选编。但是，这种传承的完成，又是经由什么样的途径，通过什么样的方式呢？日耳曼各民族（也就是法兰克人），即便不说是所有的日耳曼民族，至少是那些把他们的名字留给我们国家的人，曾经也是野蛮人，基本没有能力鉴别文明的任何精致之处。[①] 对于文学、艺术或哲学，他们没有半点儿新的贡献：我们知道，甚至连罗马人的建筑和雕刻，都只能激起他们的憎恶和蔑视。因此，在他们和罗马人之间，存在一道不折不扣的道德上的鸿沟，似乎使这两个民族之间无法进行任何沟通或相互影响。既然这两种文明如此隔膜，表面看来，它们也就只能彼此拒斥了。然而，幸运的是，这两个社会虽然在其他所有正面交锋中都是那么彼此对立，只存在相互憎恶和排斥的关系，却出现了这样一个侧面，让它们能够找到某种共同点，使它们彼此靠近，得以相互沟通。这个侧面当然不是一经交锋就即刻出现的，但也算得上是很迅速了。在相当早的时候，罗马帝国最根本的机构之一就在法兰西社会中扎下了根，而且不管怎么说，在本质上不曾有任何变化的情况下，取得了进一步的扩张和发展：这一机构就是教会。正是教会充当了不同性质的民族之间的中介，充当了一种渠道，使罗马的精神生活得以逐步融入还处在形成阶段的这些新兴社会。而导致这种融合的途径，恰恰是教育。

说实话，初看起来，在具有如此根本差异的社会环境下，教会居然有能力扎下根来，还在同等程度上取得了蓬勃发展，似乎很令人惊讶。教会最根本的特征，也就是教会引入这个世界的道德的

---

① 法兰克人公元3世纪时即见于史载，系生活在莱茵河下游东岸的一个日耳曼部落，3世纪中叶东进至罗马管治下的高卢地区。在旷日持久的争斗中，法兰克人逐渐受到罗马文明的影响。公元5世纪全面侵入西罗马帝国，统治现法国北部、比利时及德国西部地区，建立了中世纪初西欧最大的基督教王国。法国（法兰西）的名字即源于该民族。——中译注

最根本的特征，就是蔑视这个世界的欢乐，蔑视物质上和心理上的奢侈之风；它力图用更为严苛的克己之欢乐，来取代生活之欢乐。历经数百年漫长的过度文明，罗马帝国已经陷入了疲惫厌倦，这样一种教义也就很适合它，这完全是一件自然的事情。它所做的无非就是将满足感和厌憎感转化成神圣的东西，其实，这些情感长久以来都始终在一点点地侵蚀着罗马社会，伊壁鸠鲁学说和斯多亚学说也早已用各自的方式做出了表述。从文化的精致之处所能得到的一切愉悦已经逐步耗尽，因此，有一套宗教宣称能向人们揭示一种相当不同的幸福之源，人们是非常乐于接受的，把它当成一种获得拯救的手段。但是，这种宗教是在一个衰败颓朽的社会里诞生的，而这些民族却是正当年少，远远谈不上在此世的欢娱中过度沉迷，甚至还未曾品尝过这些欢娱，还远不曾对生活感到厌倦，才刚刚踏上生活的征程，又如何能够这么容易就接受了这种宗教呢？

这些孔武有力、生机勃勃的社会，活力四溢，如何会这么甘心情愿地臣服于一种沉闷抑郁的生活规则，而这种规则要求他们最重要的是践行节制、克己和自我剥夺？这些狂野的欲望，只要是节制和约束就都会觉得难以忍受，又何以会和一种首先规定节制和自我约束的教义取得调和？这里的差异是如此巨大，以至保尔森[①]在他的《学术教育史》(*Geschichte des gelehrten Untemchte*)中径直宣称，中世纪的整个文明都因此在其发展原则中包含着一种内在矛盾，构成了一种充满活力的对立。根据他的说法，这种文

① 保尔森(Friedrich Paulsen，1846—1908年)：德国著名教育史家、哲学家，著有《德国教育史》《教育学》等。——中译注

明的内容与容器、实质与形式互为矛盾，互不相容。所谓内容，就是日耳曼各民族以他们那桀骜难驯的激情，以他们对生活和快乐的饥渴热望所谱写的实际生活。而容器，则是基督教伦理，是一种牺牲、克己的观念，以及难以抗拒充满约束和纪律的生活的倾向。不过话说回来，如果中世纪文明的胸膛里果真燃烧着如此旺盛的矛盾之火，如此难以调和的对立，那它也就不会长久延续了。实质就会把这么不适应自己的形式击得粉碎，内容也会打破容器而出，至于人们所感到的种种需要，也就会迅速地战胜那企图压制它们的刻板伦理了。

然而事实在于，基督教教义中有一点能够和日耳曼各社会的种种欲望与心智状态取得完美的协调。这是因为，基督教基本上是凡夫贱民的宗教，是穷苦人的宗教，而这些人的穷苦既是物质上的穷困，也是文化上的贫瘠。物质上与思想上的质朴谦恭，都是它倡扬的美德。它赞美心灵的淳实和思想的单纯。而日耳曼各民族由于尚处新生，自己就是单纯和粗朴的。如果想象他们过的是一种激情放纵的生活，那可就错了。正相反，组成他们的生活的，是本能的禁戒、强制的剥夺和繁重的劳作，只有逢到偶尔纵情声色的机会，才会暂时中断这样的生活。那些不久前还处在游牧阶段的民族，只可能生活在习俗简朴、贫困不堪的状况下，所以也就带着满心欢喜，非常自然地接受了一种美化贫困、颂扬简朴生活方式的教义。日耳曼人本身对于和教会交战的这个异教文明所怀的厌恶之情并不逊于教会，基督徒和日耳曼人视罗马人为双方共同的敌人。而这种共同的对抗感与憎恨感就创造出了彼此之间的密切纽带，因为他们发现各自面对着同样的敌人。因此，尚处新生的教会也就很乐意将这些野蛮民族置于异教徒之上，并证明了自己的的确确更加偏好前者。萨尔维安就曾对罗马人说："野蛮人，野蛮人要好过你们。"①

所以说，教会与各野蛮民族之间就产生了一种有力的亲和，一种隐秘的投契；也正是这一点，可以说明教会何以能够把自身移植到他们当中，并且如此牢固地确立下来。这是因为，它回应了他们的需要、他们的渴望，给他们提供了道德上的抚慰，而这是他们从别处找不到的。不过在另一方面，它的起源还是希腊—拉丁的，也必然会多少留有对起源的虔敬之情。它从罗马世界获得了自己的形式和组织，它的语言是拉丁语，它浑身上下都渗透着罗马文明的气息。因此，它在把自身移植到野蛮人的环境中去的时候，不管具体情势如何，也就同时引入了自己无法根除的那种文明，从而成为皈依自己的那些民族的天然训导者。对于新的宗教，这些民族索求的只是一种信仰，一种道德框架；但与此同时，他们也找到了一种文化，那是这种信仰的必然结果。但不管怎么说，即使说教会确实发挥了这种作用，它也付出了代价，在自己与那种矛盾争战了数百年之后，依然未曾找到一个彻底的解决办法。因为在古代文学艺术的不朽典范中，有一种异教精神在生活、在呼吸，而教会正是以摧毁这种精神为己任的。这且不说，更何况在更一般的层面上，

① 萨尔维安（Salvien，约公元480年后去世）：曾任莱兰修道院院长，修辞学教师，著有许多圣礼书、讲道词，在其《论上帝之治》中认为，罗马之所以覆亡，盖因道德低下而遭上帝之谴（详见汤普森《历史著作史》中译本上卷第203—205页）。莱兰（Lérins）修道院约公元410年创办于戛纳附近地中海岛屿上，5世纪时为学术中心。——中译注

艺术、文学和科学都会在虔信者的心智之中激发出凡俗的观念，使他们偏离理当全神贯注的唯一念头，也就是自己的赎救。因此，教会一旦为古代人的著述留出一席之地，势必会顾虑重重。所以，早期教父们会不懈地告诫基督徒，一旦不加节制地接触凡俗的学问，就会面临各种各样的危险。教父们成倍地增加他们的禁令，为的就是将这类学问减少到最低限度。不过，在另一方面，他们也无法全盘抛弃这些学问。他们不由自主地放弃了对这些学问的禁令，菲利克斯[①]所阐述的教规就是明证：即使我们曾经克制不住思考了世俗的文学，并且从中有所感悟，也不要刻意以求，我认为除非是确有必要(Si quando cogimur litterarum secularium recordari et aliquid ex his discere, non nostrae sit voluntatis sed,ut ita dicam,gravissimae necessitatis)。首先一点，拉丁语之所以会成为教会语言，成为构筑信仰教规的神圣语言，也是时势所迫。而除了拉丁文学的不朽经典，又该到哪里去学习拉丁语呢？不错，可以对它们细加甄别，只允许阅读其中极少数作品，但不管采取哪一种方式，终归必须要回到它们。再者，异教固然首先是一套仪轨，无疑有一套神话在支撑着它，但却很模糊、散乱，也没有什么明确的强制性权威；而基督教却正好相反，是一种理念主义的宗教，具有成套的观念和教义。要成为一名基督徒，关键不在于按照传统规定去履行某种实质性的行为，而在于恪守特定的信条，分享特定的信念，接受特定的观念。

① 菲利克斯(Minucius Felix，公元 2 世纪后期)：德尔图良(145—220 年，第一个拉丁教父)同时代人，在皈依基督教前曾在罗马当律师。著有《屋大维》(166 年左右)。——中译注

要想灌输一种特别的实践做法，简单的训练就可以收到成效，甚至可以说是唯一有效的方法。但是观念和情感的传递就只能借助于教育了，不管这种教育针对的是情感还是理智，又或者是同时兼顾。正因为这一点，基督教自创建伊始，讲道（这在古代几乎闻所未闻）就立即开始发挥举足轻重的作用，因为讲道就是讲学。而讲学需要预先设定一种文化，可当时除了异教文化外，并没有其他文化。因此，教会也势必要去利用它。讲学与讲道都需要从事讲学或讲道的人事先具备特定的语言技能，具备一定的逻辑论证能力，比较熟悉人事历史。所有这些知识都只有在古代人的著述那里才能找到。基督教教义与典籍产生了复杂的勾连，它体现在每一位信徒日复一日的祷告中，而这样的祷告不仅要求信徒知晓字义，而且要领会精神。因此不仅使神职人员，而且使普通信徒都必须掌握一定的文化。圣奥古斯丁[①]在他的《论基督教教义》（*De doctrina Christiana*）中就对此有非常明确的论证。他的解释是，要想真正理解《圣经》，就必须对整个语言以及词语所表达出的事情本身都有精深的了解。这是因为，只要我们还对这些言语的象征或形象中出现的事情一无所知，言语中就会有不少象征和形象无法理解。对于年代考据来说，历史是不可或缺的。至于修辞，本身就是护教者不能不具备的一种武器，因为面对他有责任与之斗

① 圣奥古斯丁（Saint Augustine，354—430 年）：古代基督教最伟大的思想家。融合了新约与柏拉图哲学，并传输给中世纪的天主教与文艺复兴时期的新教。《论基督教教义》著于 397 年，其中明确表达了合理利用古代学问的态度："异教徒各科学问不只是错误和迷信的幻觉、殚思劳神的谜团，……也含有适合真理之用的自由学科教育、极为卓越的道德规则以及一种崇拜的真理。"（转引自赵敦华，《基督教哲学 1500 年》，第 143 页）——中译注

争的谬误，他又为何要赤手空拳、甘居软弱呢？

因此，教会面对这些层次较高的需要，被迫要开办学校，并且在这些学校中为异教文化开辟一席之地。第一批这类学校就开办在教堂附近。绝大部分学生都是预备投身神职的年轻人，不过，那些尚未下定决心献身神职的单纯的俗人也会被接受入学。在这些学校里，学生们共同生活在会所（convicts）当中，这是一种非常新颖、非常特别的学术设施，我们以后会有机会再来看看它的意义。特别有一点我们还知道，圣奥古斯丁在希波[①]就曾创立了一所这样的会所，根据修撰圣徒行传的波西第乌斯[②]的说法，从这间集体居所里，培养出10位以学识闻名的主教，而这些主教又在他们各自的主教辖区里创办了类似的设施。在时势的逼迫下，这种机构很自然地传向了西方世界；稍后，我们再来描述它的命运。

尽管如此，创办学校的并不只是在俗教士。各个宗教修会一经出现，便发挥了同样的作用；隐修制在教育方面的影响一点儿也不比主教制逊色。

我们都很清楚，在基督教最初的数百年间，克己的教义是怎样促成了隐修制度。要摆脱当世的堕落，全盘地离弃它难道不是最佳途径吗？所以，我们看到，从公元三四世纪以后，从帝国东部一直到高卢地区，各地都涌现出大批男女隐修团体。此后发生的种种入侵和动荡更是进一步加快了这股运动。世界似乎正在走向末

① 希波（Hippo），系北非努米底亚省城（今阿尔及利亚境内），该城在罗马时代长期占有重要地位。奥古斯丁曾于公元396—430年任该城主教。——中译注

② 波西第乌斯（Possidius）：圣奥古斯丁的学生与传记作者。撰有《圣奥古斯丁传》一部。——中译注

日(orbis ruit),世界正在全面地陷入瓦解;众多的民众转向荒僻之地寻求庇护。但从一开始,基督教隐修制度就与印度隐修制度等都有不同,因为它从来就不是纯粹冥思性的。基督徒负责监管的不仅是自身的救赎,而且还包括整个人类的救赎。他的职责就是为真理复归统治、基督复归统治做好准备,这种统治不仅在于自己的内心生活,而且在于尘世之间。不管是出于虔敬还是出于嫉羡,他不能只为着自身的利益来捍卫所占有的真理,而应该积极主动地向自己周围的人传播这一真理。他必须去开启那些愚盲的眼睛,让他们看见光;他必须把福音传给那些误解了福音或者根本不曾听闻福音的人;他必须为基督劝募新的献身者。要实现这一任务,至关重要的是,他不能把自己关在自我隔绝之中;即便他回避了尘世,他也必须和它保持关联。因此,修道士的生活并不是单纯的独自沉思,而是包括积极的宣讲信条:他是讲道者,他是劝教人,他是传教士。也正是因为这个原因,才会在大多数修道院的周边都出现了一些学校,求学的不仅有预备践行修道生活的人,还包括来自各种家庭背景、从事各种职业的孩子们,在学校里接受的教育也是兼具宗教性和世俗性。

主教座堂学校与修道院学校尽管都十分简陋,不事奢华,但却由此孕育了我们整个的教育体系。初等学校、大学、学院,这些都是从此发展出来的。正因为这一点,我们必须以此作为我们的出发点。不仅如此,由于我们整个的学术组织,它的所有复杂的性质,都是从这原生细胞中孕育出来的,所以它,也只有它,可以说明也确实说明了我们的教育在其历史进程中展现出的那些根本属性,或者它一直传到我们自身所处时代的那些根本属性。

首先，我们现在可以看到，在我们的社会中，其实是在所有的欧洲民族中，教育为什么会在这么长的时间里始终是一项教会的事务，似乎成了宗教的附从；甚至在教师已经不再是神职人员之后，也还要在相当长一段时期里，保持着神职人员般的面相，甚至是神职人员般的义务（比较明显的是保持独身的义务）。当我们注意到，教会在稍晚些时候把整个教育统统纳入自己名下，我们也许会不由自主地把这种情况归之为政治上的审慎。人们也许会认为，教会之所以要控制学校，是为了能够钳制任何本性上倾向于使信仰陷入困境的文化。但实际上，这种关系的起因非常简单：学校一开始就是作为教会的事工。是教会一手促成了它们，其结果是它们发现自己从诞生伊始，甚至可以说从酝酿之初起，就打上了教会的烙印，到最后再要想抹去这些痕迹，可就非常困难了。而如果说是教会承担了这一职责，那是因为只有教会能够成功地履行它。只有教会能够充任各野蛮民族的训导者，引领他们进入当时唯一存在的文化，也就是古典文化。这是因为，它既与罗马社会有关联，又与日耳曼各社会有关联；因为从某种程度上说，它有两副面孔，两个面相；因为它尽管维持着与过去的关联，但却是以未来为取向，所以它有能力，也只有它有能力充当这两个如此互不相干的世界之间的桥梁。

但我们同时也看到，这种胚胎期的教育自身就包含着某种矛盾。它由两种成分组成，无疑，从某种意义上说，这两种成分是相互补充、相互完善的，但同时也是相互排斥的。一方面，是宗教的成分，是基督教的教义；另一方面，是古代的文明，是教会不得不有所借鉴的所有教益，也就是说，是凡俗的成分。正如我们所见，教会为了捍卫自身,传播自身,被迫仰赖一种文化,而这种文化又只能是异教的文化,因为除此之外再无其他。但是从这种文化中生发的观念,又有可能与作为基督教的基础的观念产生冲突。两方之间,横亘着一整条鸿沟,区分了神圣的东西与凡俗的东西,世俗的东西与宗教的东西。有了这种认识,我们就可以说明一种主宰了我们学术和教育方面整个发展的现象,就是说,即使学校一开始就在根本上具有宗教性,但换一个角度去看,它们一经构成,就往往会主动地表现出越来越浓厚的世俗性。这是因为,从它们出现在历史当中的那一刻起,自身中就蕴含着某种世俗原则。这种原则并不是它们在自身演进过程中(以某种不为我们所知的方式)从外部获得的,而是本身所固有的。它的开始固然羸弱、稚嫩,但往后便逐渐地发育壮大;它固然是从后台一步步走向前台的,但从一开始就确确实实存在着。学校从其源起之时,自身就孕育着神圣与凡俗之间、世俗与宗教之间激烈的斗争,我们要去回溯的就是这整个历史。

不过,这种新生的教育形式的外在组织已经体现出根本上的独特性,足以概括随之而来的整个体系的特征。

在古代,学生从不同的老师那里接受指导,而这些老师彼此之间也毫无联系。学生会到一位文法教师或文学教师那里去学文法,到齐特琴师那里去学音乐,到修辞学家那里去学修辞,到别的教师那里去学其他科目。这些各自不同的教学形式在他脑中汇集,但从外面看来却是相互隔离的。它只是多种教学类型杂凑在一起,只有形式上的关联。而我们看到,最初的基督教学校的情况与此恰恰相反。那些学校里的所有教学都集中在同一个场所,也就受制于同一种影响，往同一个道德方向发展。它来自于基督教的教义，形塑着人的灵魂。此前的教学是分散的，而它现在获得了一种一体性。学生和他们的老师之间始终保持着联系：会所，也就是最早的一种寄宿学校，它的独特之处，其实正是这种联系的持续性。现在，教学集中在一个场所，构成了一种至关重要的创新，表明了人们关于思想文化性质与作用的观念所发生的深刻变化。

第三讲　早期教会与教育(终)

——加洛林文化复兴前的修道院学校

我们在上一讲里看到,如果我们今天的教育体系已是繁花似锦,那么它的种子又曾是怎样的。作为我们教育生活的最初萌芽,那些学校正是在教堂和修道院的庭院中开设起来的。种子已经以初级的形式,在自身中蕴含了日后将从中孕育出的生命体的典型特征;同样,在我们的教育体系的最初种子中,我们也已经看到了某些标志其日后发展的特征的起源。实际上,由于这些学校诞生在教会里,由于它们是教会的事工,所以也就很容易明白,为什么它们从一开始就在根本上具有宗教的本性,渗透着宗教的精神。但与此同时,由于它们已经在自身中蕴含了某种凡俗的成分,尤其是教会从异教文明那里借鉴来的那些东西,因此我们也就可以理解,为什么它们从创办一开始,就在一定程度上力图去除自己的教会特征,变得越来越具有世俗性。实际上,从这一刻开始,它们身上蕴含的世俗原则就已经表现出发展的趋向了。早期教会需要从异教文化那里为自己的教育体系借取素材,也就是说,教会需要吸纳那些与自己的教义相矛盾的观念与情感。只有认识到这种需要,才能理解这种发展。

不仅如此,对这种早期教育体系进行考察,还将有助于我们理解我们今日组织的特征之一,因为我们对它习以为常,所以通常会忽视它,但是,它却很值得考察。

在古代,不管是希腊还是罗马,学生都是从不同的导师那里接受对自己的指导的,而这些导师彼此之间毫无关联。学生的每一位老师都是在各自家里、以各自的方式传授学业的。即使说学生通过这种方式学到的各种东西最终会在自己脑子里汇合到一起,这些东西也是由那些根本没有考虑到彼此存在的教师独立地教授出来的,没有什么共同的动机或目标可言。每位教师各做各的事情,一个教阅读,另一个教如何正确发音,还有一位教音乐,再有一位教如何像有学问的人那样谈吐。但这些活动都是各行其是。这与最初的基督教学校一经创立后的情况构成了鲜明的对照。基督教学校一经出现,就宣称有能力教给孩子他那个年龄需要了解的一切。它接管了孩子的整个人。孩子会在学校里找到自己所需的一切。他甚至无须为了满足其他物质需求而不得不离开学校。他就在那里度尽一生。他在那里饮食起居,他在那里投身于自己的宗教职责。其实,这就是最早的一种寄宿学校(也就是会所)的独特之处。所以说,在早期的极度分散之后,出现的又是一种极度集中。主宰这种学校的是单一的一种压倒性影响,即基督教信仰的种种理念,因此,孩子们一生中时时刻刻都会发现自己处在这种单一的影响下。

教育的组织方面本身出现的这种创新,来源于一种新颖的教育观与教学观。

在古代,心智教育的宗旨,在于将一定数量的专门才能传授给孩子。这些才能或者被认为是某种增益,有利于提高个人的审美价值;或者像在罗马一样,从功利主义的角度来看,被认为是人们发挥自己在生活中的作用所需的工具。在这两种情况下,问题的关键都是要把特定的一些知识内容和行为模式灌输给孩子。这些特定的知识内容与行为模式,是可以从彼此几乎毫不相干的教师那里获取的,并无不便之处。问题的关键,并不是对人格中能够赋予人格基本一致性的那个部分施加影响,而是从某种意义上用一套外在的盔甲来装备这个人格,这套盔甲的各个部分基本可以完全独立地打造出来,以至每个工匠也都可以独立地操作。与此相反,基督教很快便发展出这样一种自觉意识:在我们每个人的理智与情感的特定属性之下,都潜藏着一种更为深层的属性,是这种属性规定了其他属性,使其他属性统一为一个整体。如果我们真想履行自己作为教育者的职责,并产生能够长久留存下来的效果,我们就必须把握这种更为深层的属性。基督教清楚地意识到,要塑造一个人,关键不在于用某些特定的观念装备他的心智,也不在于让他养成某些特别的习惯,而在于在他身上创造出一种具有一般倾向的心智与意志,让他用一种特定的眼光来普遍地看待一切。

至于基督教是如何形成这种洞见的,倒很容易理解。我们已经指出,这是因为,要想成为一名基督徒,不能只是学会这样或那样的东西,能够通过某些特定的仪式或做出某些特定的表白,熟悉某些传统的信念。基督教根本上在于灵魂的某种特定态度,在于我们的道德存在的某种特定习性(habitus)。所以,在孩子身上培育出这样一种态度,从此便成了教育的根本目标。这一点可以拿来说明,为什么会出现这样一种皈依的观念,在古代世界闻所未闻,相反却在基督教世界里发挥了重大作用。所谓皈依,照基督教的理解,其实关键不在于恪守特定的一套信念和具体的信条。真正的皈依是要使整个灵魂转向一个非常不同的方向,以此让整个灵魂改变它的立场、它的姿态,从而改变灵魂对世界的整体观照,最终激起一种深层的转向。这种转向与获取特定数量的真实信念没有什么关系,因此,也可能是瞬间见效的事情。当头棒喝之下,灵魂的基础即刻会发生动摇,从而产生这种皈依的转向,也就是说,这一切都是在瞬间发生的,一下子改变了自己的取向。用神学的话来讲,这便是灵魂在一瞬之间被神恩所触动。那一刻,这种所谓"一百八十度大转弯",使得灵魂发现自己在一眨眼的工夫后,面前气象一新;不曾料想的现实,不曾听闻的世界,那一刻都在它面前显露。它去看,去了解这些片刻之前还全然不知的东西。但通过逐步渐进、不易察觉的压力,也能缓慢地造成同一种视角转移。教育的结果便是这样。但不管怎么说,要想对灵魂的至深至隐之处产生如此强有力的作用,最根本的,显然在于不能放任孩子所受到的不同影响以不同的方向分散开去,而是要强有力地汇聚在同一个目标上。而要实现这一目标,唯一的途径就是让孩子们生活在同一个道德环境当中,让这个环境持续不断地呈现在他们面前,让他们彻底地沐浴其中,无法摆脱它的影响。基督教开始负责学校教育的组织之后,整个儿童教育的集中,其实是孩子整个生活的集中,都可以用这一点来说明。

甚至到今天,除此之外,我们也再无其他的教育观。在我们看来,首要的目标同样不是要给孩子多少可以说是大量的知识内容,而是要在他身上灌输一种深刻的、内在的心智状况,一种能够给灵魂指出明确方向的灵魂取向,而且不仅仅是在儿童时期,还要终其一生。当然，我们不认为教育的目标就是生产基督徒，因为我们已经抛却了有关忏悔的目标，但我们依然认为教育的目标在于生产人。要成为一名基督徒，就必须养成一种基督徒式的思考方式和情感方式；无独有偶，要成为一个人，只是拥有一副装备了特定数量的观念的头脑是不够的，还必须首先养成一种真正符合人的标准的情感方式和思考方式。我们对目标的理解已经世俗化了，因此，所采用的手段也必须同时改变。但教育过程的概貌还是原样，其中的关键仍然是要深入触及灵魂的至深至隐之处，而古代对此却是一无所知。

这也说明了我们现在对学校的理解。因为我们相信，学校不该像旅馆那样，素不相识的不同老师来到这里，把一大堆类型各异的指导教给学生，而这些学生也只是偶尔一聚，彼此之间毫无联系。我们还相信，不管是哪一级的学校，都应该提供一个道德上颇具凝聚力的环境，紧密围绕在孩子们的周围，对他的整个本性施加影响。我们把学校比作一种社会共同体，我们常说所谓学校的社会共同体。这种共同体其实就是一种社会群体，具有自身的统一性、自身的构造、自身的组织，和成年人的社会并无不同。这一切都清楚地表明，它的构成不再简单地像古代那样，只是有那么一群学生，在相当物质性的意义上，在一个单独的处所里集合。把学校看作是一种有组织的道德环境，这样的观念我们现在已经是非常熟悉了，以至我们很难再去相信，它并不是一开始就这样存在的。然而，事实上，我们已经看到，它只是一种比较晚近的发展，在历史的某个特定环节之前，它并未出现，也不可能出现。它是和特定的文明状况分不开的。我们现在可以看到这是一种什么样的状况了。正如我们所知,学校要想出现,只有同时出现了一群特殊的人,在这些人看来,人类文化的精髓不在于获取某些特殊的心智能力或习性,而在于心智与意志的一种一般趋向。简言之,是要发展到这样一个环节,人们的观念论已经发展得很充分了。因此,教育的目标根本上在于给孩子一种必要的推动力,让他能以正确的方向开始人生之旅。所以,教育的目标必然要以一种特定的方式加以组织,使其有能力产生符合该目标要求的深刻而持久的效应。

这条见解有一项很重要的推论。当我们把中世纪描述成这样一段历史时期,上承罗马帝国之衰亡,下启文艺复兴的时代,我们显然就是把中世纪仅仅理解成一个过渡时代,中世纪的唯一功能就是将古希腊罗马时期与现代串接起来,将古代文明耗尽活力的那个环节与它再获新生、重上征程的那个环节串接起来。表面看来,仿佛除了在某种间隙期坚守岗位、占据舞台,它就再没有什么别的历史功能了。但是,这种中世纪观真可谓大谬至极,所以我们给这个时代所命的名也是最不适当的。它远不只是什么具有辉煌创造成果的文明之间的过渡时期,完全没有属于自身的创新性,而是全新文明的良种的孕育期。关于这一点,最明显的证据可以到这段教育史和教育理论史里去寻找。像我们在中世纪之初找到的这种学校,其实真正构成了一种重大的创新。它的那些独到之处,对于古代人同样称作学校的一切来说,都是完全陌生的。当然,我们也已经说过,它从异教文化那里借取了所教授的基本内容,但这种基本内容却是以一种新颖独特的方式来阐发的,这种阐发又导致了一些很新的东西,这也是我刚才已经指出了的。不仅如此,我们甚至可以说，只是在这段时期里，真正意义上的学校才开始出现。这是因为，学校不只是老师教学的一个场所，它有属于它自身的道德生活，道德环境，渗透着特定的信念与情感，而这种环境也紧密围绕在教师周围，其程度不逊于学生。这在古代可是闻所未闻。古代的确是有教师，但并没有真正的学校。所以，中世纪在教育理论和实践方面都可以说是一个创新的时期。至于这种说法的充分意义，我们以后便会看到。

到这里，我们已经在一般的意义上概括了基督教学校的诞生的特征，现在，我们必须尝试追溯它在我们自己国度里的历史。

高卢地区在被罗马征服后，也就此接触到了古典拉丁文学。但这种转型当然不是被征服后一夜之间发生的。高卢从它的征服者那里最先学到的，就是如何改良它的土壤，改善其市镇的物质面貌。它修造，耕种，逐步走向富足。但是到了4世纪，它已经比较成熟，为获取一种思想文化做好了准备，并且也的确实现了这一点。市镇吸引来许多教师，学校也建立起来了，其中有许多光彩照人，包括马赛（Marseille）、波尔多（Bordeaux）、欧坦（d'Autun）、特里尔（Trevès）等地的学校。高卢地区的许多基督教主教都是从这些学校里培养出来的，在这些学校里养成了对古典文学的挚爱之心，所以努力想要将这种对文学的崇拜与新信仰的要求调和在一起。甚至在野蛮民族最初一轮的入侵之后，这种光彩还延续了下来。其中有些民族，比如哥特人和勃艮第人，不管怎么说都已经是基督徒了，很快开始对高卢成熟精致的生活方式产生了艳羡之情，将自己引入文学、科学和艺术的殿堂。我们看到图卢兹的提奥多里克学习修辞学和罗马法；勃艮第国王贡德博德则在学习希腊语，还招来一些罗马学者,委以高位。[①] 最初无疑是一段充满争战和混乱的时期,但很快,我们就看到学校又相继开办,生活又重新回到了正轨。

而当轮到法兰克人越过莱茵河,散布到高卢全界的时候,情况就大为不同了。他们像一股狂野的激流,淹没了在这个国度里相继定居下来的那些民族,包括罗马人、高卢人、哥特人和勃艮第人,所过之处,皆成废墟。《法国文学史》的作者们说:"高卢地区这些新来的定居者,有着令人生畏的性情,由此导致的种种悲惨的后果,可谓不胜枚举。"如果说我们对所有这些灾难的细情一无所知,那是因为这些黑暗的时代没有历史:"再没有人继续写了,因为再没有人知道如何去写了。"图尔的圣格列高利慨叹道:"哀哉吾民,文学品味夫复何寻。"(Vae diebus nostris,quia periit studium litterarum a nobis)[②]其实,同样是这个图尔的格列高利,尽管在他那个时代被视作博学善辩之士,却坦承自己不通文墨(nullam litterarum scientiam)。无论是修辞还是文法他都从来没有学过(Sum sine litteris retoricis et arte grammatica)。[③] 这一切可怕的

① 日耳曼部族中的西哥特人在公元410年洗劫罗马后移师西向,公元418年以图卢兹为首都,建立了西哥特王国。勃艮第人约于公元457年在高卢东南部,以里昂为中心,建立了勃艮第王国。图卢兹的提奥多里克(Theodoric at Toulouse,公元451年卒):西哥特王国国王;贡德博德(Gondebaud,474—516年):在其统治下勃艮第王国一度极盛,颁布《贡德博德法典》和《勃艮第罗马法典》,见《法兰克人史》(中译本),第85页以下,名作贡多巴德(Gundobad)。根据瑟诺博斯《法国史》(中译本)第46—47页:西哥特人与勃艮第人在未到高卢之前已是基督徒,但属于阿里乌教派,而法兰克人当时还是异教徒。——中译注

② 见《法兰克人史》序言。——中译注

③ 图尔的圣格列高利(Saint Gregory of Tours,538—594年):图尔城的基督教主教,历史学家,撰有10卷《法兰克人史》,详细记叙了公元5—6世纪法兰克王国的政治、社会、宗教和历史。此书以不合文法的拉丁文写成,充满奇闻,刻画了一个被玄想笼罩的世界。——中译注

破坏以难以想象的迅疾之势到处蔓延。图尔的格列高利和阿波利奈尔(卒于489年),[①]两人之间相隔只有50年。而如果我们比较一下此前和此后两个时期创造出的成果,就会发现正如人们所言,它们似乎"属于两个不同的时代"。

在那个时候,假如教会也不曾存在,那么人类的文化将就此被扼杀,你也大可以试问,文明本身又会有怎样的遭际。不过话说回来,法兰克征服者一旦在高卢站稳了脚跟,就皈依了新的信仰,而教会也就成了形成中的新国家的一种统治力量。所以,它所荫护的所有东西,它能够提供庇护的一切过去的痕迹,都分享了它所享有的保护,得益于业已为它创造出的特殊优待的处境。我们已经指出,如果全盘抛弃古典文献,教会是无法勉力支持下去的,哪怕只是为了有能力去说、去理解那种此后成为膜拜语言的语言,它也不能这样。因此,古代的一些东西就由教会来挽救了。4世纪初以来让高卢地区熠熠闪光的所有那些市镇学校,到这时候已经是荡然无存,被入侵的激流彻底扫除了。只有主教座堂学校和修道院学校还在维持。它们是公共教育的唯一机构,是为思想活动提供庇护的唯一场所;亏得有了它们,持续不断的人类进步才不至于彻底中止,不至于产生无法弥合的断裂。

但是,对于成功地留存下来的文化生活,我们也绝不能夸大它的重要性。我们已经看到,即便教会不得不重新求助于古希腊罗马时期,也不是心甘情愿的:我们已经解释了教会为什么要以犹疑

① 阿波利奈尔(Sidonius Apollinaris,约430—484年,又有488年、489年等说法):系罗马驻高卢地区官员。曾任克莱芒(Clermont)主教。著有大量诗歌、信函与赞词,其中信函是研究当时历史的重要文献。被称为古典文化之最后代表。——中译注

的眼光看待世俗性的研究。而且,野蛮民族从自己的角度出发,也觉得根本就不需要这些东西。处在这种双重的漠视之中,或者更准确地说,处在这种双重的敌视之中,这些研究的命运也就不难设想了。对于所有这些凡俗的学问,教会本能地产生了极度的反感,而野蛮民族也体验到同样强烈的极度反感,两相激荡之下,从此再无限度。教会还继续教授一点儿拉丁文,以及一些零碎的基本知识,但总是尽可能少地教些东西。通过教育养成人的心智的各种努力,而今已被缩减到如此可怜的地步,真可以说是前无古人、后无来者。超出绝对必需的限度的任何东西都会受到严格禁止,甚至稍微往深一点儿研究语法,都会被认为是一种奢侈之举,该当罪咎。教皇大格列高利的头脑,算是7世纪最杰出的一个了,不过,当他得知维恩(Vienne)大主教迪迪埃,在这座曾经是高卢地区最具文化气息的城市里,通过自学语法开始接受学术化的研究时,便写信给迪迪埃:“有一事着实令我们感到羞愧,但我不得不在此重提此事,你的兄弟们在教某些人文法,并以此为己任。”①无论高卢地区在那时陷入的黑暗是多么深重,也依然能够有些光亮之点在

① 教皇大格列高利(Pope Gregory the Great,约540—604年):公元590—604年任教皇,即格列高利一世。出身罗马贵族,将自己的宅第庄园捐出办隐修院多处。巩固权势,建立教皇直辖领地,为后来中世纪教皇国之滥觞。他对文雅高深之教育持轻视态度,曾在一封书信中称:“一想到神谕的言辞要服从多纳图斯的规则,我就怒火中烧。”迪迪埃(Didier)即德西德里乌斯(Desiderius)。

据博伊德《西方教育史》(中译本)第103页,信的下文还有这样的词句:“一张嘴不能既颂赞耶稣基督又赞颂朱庇特神。你想想,一个大主教讲些对虔诚的俗人来说都不适宜的话,是多么不成体统!要是以后能确切证明我们得到的报告不实,你也没有沉溺于虚荣的世俗学问,我们就要感谢上帝,使你们的心免受卑鄙者渎神的赞词所玷污。”——中译注

这里或那里汇聚起来:这就是那些在修道院和主教座堂里留存下来的简陋的学校。现在我们要来看看,这些弱不禁风的微光,是怎样一步步地恢复自身的活力,一点点地增强自身的力量与光芒的;然后,它们不再散居各处,彼此隔绝,而是逐渐走到一起,抱成一团,而这种集中的结果便是相互的支撑,最终它们成了学院和大学,成为强大的光明的中心。我们习惯于把"文艺复兴"这个词留来专指16世纪时产生的思想重建与道德重建的伟大运动。但实际情况是,思想史与教育史完全体现为一系列连绵不绝的复兴。在目前这项研究的一开始,我们就会碰到一次复兴。

高卢的文明曾经陷入了如此的低谷,以至如果任其自便,它或许就只能以卓绝的艰辛,重新爬出深渊。在使我们的国度重新恢复生机的那些力量当中,有一股就是从外降临到我们头上的。多亏种种情势巧合,在笼罩于一片黑暗之中的高卢周边,还有两个重要的文化中心靠自己的力量确立并发展起来,其中一个在意大利南部,另一个在爱尔兰北部。正是从它们那里发出的光芒照进了法国,导致了或者至少是准备好了最初的复兴,也就是我们的学术组织所走过的道路上迈出的第一步。

罗马文明在意大利的土壤上可以说是根深蒂固,入侵者要想拔除它,始终得多费许多周折。而且,即便他们确实拔除了它,也始终是远不如在欧洲其他国度那样干净彻底。这都是很自然的事情。古代思想生活的有些东西,也和古代的物质遗迹一起留存了下来,代代相传。有些记忆是永远也不会彻底消失的,始终准备着重新浮现出来。所以说,对于文学的品味要在那里恢复活力,也始终比其他地方容易得多。正因为这一点,不止一次的教育革命,最初的推动力常常都是来自意大利;正因为这一显著的原因,从6世纪以来,那里就创立起一种修会,对学术研究恢复活力可以说是居功至伟。这就是本笃会,创建者是圣本尼狄克。[①]

我们不敢肯定,圣本尼狄克是不是有意筹划要捍卫文学与思想文化的事业。作为一名正统的天主教徒,在他眼里,所有的凡俗兴趣,不管是什么,一概从属于信仰的兴趣。但是,由于情势所迫,他开始在隐修生活中为研究留出了一块重要的位置。为了不让他的僧侣们闲散无事,他让他们忙碌于繁重的体力活,但在白天总会有些时候(随四时更替而各有不同)无法从事这类劳作,就用来阅读。诚然,在理论上,僧侣只能读些宗教经籍。“众弟兄须定时劳作,定时诵经”。(Certis temporibus occupari debent fratres in labore manuum, ceteris iterum horis in lectione divina)[②]不过,在宗教经籍当中,除了《新约》与《旧约》,也必然包括最负盛名的那些早期教父做出的所有评注与阐释(et expositiones earum quae a nominatissimis doctoribus orthodoxis et catholicis paribus factae sunt)。可是单凭这一点,就足以打开研究与思考的大门。因为谁又能确切地指出,在那一长串最为正统、最负盛名的早期教父名录上,究竟是从哪一位开始算起呢?因此,为了理解他们的评注与争

① 圣本尼狄克(St Benedict,约480—约547年):出身意大利贵族家庭,少年起求学罗马,目睹骄奢的罗马归于覆亡。公元527年在卡西诺山拆毁阿波罗和丘比特神庙,兴建本笃会(the order of the Benedictines)隐修院,并制订严格的会规章程,奠定了西方隐修制度。修士入隐修院后须经过一年观察期,然后发愿终身居于隐修院,不得拥有私人财物(注意也不得拥有自己的纸和笔),每日祈祷、劳动、读经。修士亦以抄写各种古代基督教文献为每日功课。“本笃”为“本尼狄克”的另译。——中译注

② 本笃会会规第48条明确规定:“懒惰是灵魂的天敌”。僧侣每天需劳动7小时,读经至少2小时。——中译注

论，就必须了解他们在讨论的和被他们拒斥的各种学说。凡俗的文献就这样不可避免地渗入了修道院。

如果本笃会修士们确实已经完全服膺于他们修会的精神，如果他们日后的发展依然完全遵循自己最初的内在原则，那么，进步就很可能会极其缓慢。但有一项外在的原因似乎刺激了他们在文学和教育方面的活动，迫使他们更新自己，接受新的观念和兴趣。这个原因就是他们碰上了爱尔兰的僧侣与教会。各种影响相互激荡，对基督教僧侣的思想发展起到了相当重要的作用。

基督教比较早就传入了爱尔兰。尽管我们不太清楚确切的方式，但可以肯定它来自欧洲东部。在很长一段时间里，爱尔兰教会在许多方面更接近于东部教会而不是罗马教会。因此，最初的爱尔兰基督徒身上都带着希腊文化的成分，而对这些东西，西欧已经多少有些一无所知了。另一方面，当欧洲大陆遭受一次次入侵的洗劫时，外岛却享受着和平，从而也使这些文明的种子得以发展壮大。整个地区迅速出现了一大批修道院，它们一方面依然践行着严格的苦行，但也同时对智识教育给予了相当的重视。天文、辩证法、诗律，这些都在教授之列；除了拉丁文，还研究希腊语。就这样，人们从各地跑来参访这片“圣贤之岛”。

话说回来，如果爱尔兰教会始终固守于外岛的范围，那么，纵使它声名日盛，也可能从来不会对欧洲大陆的精神生活产生什么重大影响。但中世纪的僧侣根本上就是个行游者。而这一特点也并不是僧侣所专有。在骑士身上，在最初的大学教师身上，我们也能发现同样的性情。这里我们就看到了中世纪的一种独特性格，需要我们日后再做深入的探讨。这就可以说明，爱尔兰的僧侣们如何能够甚至在欧洲大陆也建立定居点。而本笃会修士们被同样的趋向所驱使，也把自己的传教士派往英格兰。在那里，他们发现自己遇上了爱尔兰人。推动这两个隐修组织的原则非常不一样。本笃会全身心地致力于罗马教廷的事业，它所体现的原则就是整个天主教教会的原则，要维护宗座的至上性。与此相反，爱尔兰修士们有着非常明显的个人倾向；他们有特别的仪礼，对于凭自己之力已经实现的一切，对于他们在并无外助的情况下已经达成的实质效果，也都有着清楚的意识。这使他们产生了一种强烈的自主感，并由此导致了一场争斗，其间不乏暴力。在争斗当中占了上风的是本笃会，它的组织更活跃、更强大。但是，尽管本笃会凯旋得胜，却也对落败一方的精神渗入自身之中采取了容忍的态度。实际上，为了取得胜利，它不得不效仿自己的对手，借用对手的武器，从而为自己期望征服的民众提供了一种新的教育，不再像欧洲大陆上的教育那么贫乏无味。盎格鲁—撒克逊教会就这样建立起来，并且在整个天主教会体系里始终保持着自身的特性。它的独特之处，就是最为偏爱思想之类的东西，并充当了场所和渠道，使学术研究的水平得以提升。而由于它不断地向欧洲其他地区派遣传教士，也就同时带去了这种新的精神。因此，欧洲大陆的隐修制度本身也感到需要在自己的学校里更加重视世俗的研究。

在爱尔兰僧侣们榜样的激励下，本笃会的修士们为欧洲的思想更生铺平了道路。不过，他们也仅限于此。他们自己并没有实现思想更生这一任务。在使人们从思想的愚钝中惊醒方面，他们并未起到多大作用。依靠他们的宣传，确实有更多一些的教学内容能够被更广泛地传授了。但真正深刻的转型可不能单凭这样的手段来完成。最重要的是，在他们眼里，教育并不具有内在的价值，而只不过是一种斗争的武器，是一种扩张自身影响范围、赢取民众思想的手段。所以，他们所做的一切，他们所能够做的一切，就只是随着四处漫游而传播这种教学内容，悄无声息地播种下去，一点一滴地扩散开来。他们早已挖就了通往异教世界的战壕，而今又不屈不挠地奋力拓展；他们一座又一座修道院、一所又一所学校地扩展开去，结果，曾经照亮笼罩着高卢的黑暗的那些屈指可数的亮点，既在一定程度上变得更为明亮，同时在数量上也变得越来越多。

但是，就这样持续不停地漫向整个欧洲，并不能形成大型教学机构。而当时缺少的正是这种机构。要想为它们的出现创造条件，就必须把一个国家里的所有思想力量都汇合起来，集中到少数几个场所里，以便能够相互增强。要想形成一个稍微有点重要性的文化中心，就只能靠充满活力的集中运动。因此，要想在学术和教育的进步道路上有可能迈出重要的一步，关键就在于新的社会安排能够使教导显得更为必要，能够使人们更清晰地感受到需要教导。不仅如此，至关重要的是要有一个大权独揽的强势人物，把散布各处的思想资源统统拧成一团。这就是查理大帝①在教育方面的成就。我们不会在此耗费太多的时间，但确实很有必要理解

① 查理大帝(Charles the Great，拉丁文作 Carolus Magnus，英文写法为 Charlemagne，约 742—824 年)：公元 768—814 年为法兰克国王，经过多年征战，几乎将西欧所有的基督教国家统一到一个超级国家里。公元 800 年接受皇帝称号：神圣罗马帝国的查理一世和法兰西的查理一世。在位期间除扩张政治权力之外，还推动了文化复兴。——中译注

查理大帝所做的事情,因为这开启了另一场甚至更为强劲的集中运动,进而导致了以后一段时间中出现的大学和学院,后者已经是具备所有能够延续到相当晚近的基本特征的高等教育和中等教育了。无论加洛林文化复兴[①]显得多么遥远,有一点很清楚,通过对它的考察,我们能够更好地理解那一直通向我们现代教育组织形式的演进过程。

① 加洛林文化复兴(Carolingian Renaissance):加洛林王朝时期在查理一世治下出现的文化复兴运动。为与16世纪前后始于意大利的文艺复兴相区别,通称文化复兴。——中译注

第四讲　加洛林文化复兴

在上一讲里我们看到，7 世纪末以前已经是极度衰落的世俗研究，由于本笃会修士受到爱尔兰僧侣的榜样作用和相互竞争的刺激，是如何开始止跌上扬的。但是，教育发展的这些早期阶段不管有多么切实，也仿佛都是无声无息地发生着，因为它是无意识的。它就像一次缓慢的入侵，虽然永不停息，却也是步步为营，而每进一步，也不会随之更清晰地看出最初生发的确切起点。教学活动依然留有种种的原初痕迹，僧侣们身上便带着这些痕迹，这样的教学传播的领域越来越大，但却不曾拥有或者是确立一个主要的中心，可以以它为源地而发展壮大。修会所掌握的思想力量散布到欧洲的四面八方，但却从没有集中到一个或几个特定的地点，如果那样的话，它们原本可以达成彼此之间的联系，从而取得相互的支撑。我们在教育史上第一次看到的这类集中，是和查理大帝的名字联系在一起的。

加洛林帝国有时被说成是天纵英才的个人成就。从某种程度上说，查理大帝完全是通过自己个人意志的力量而白手起家，开创这个帝国的。但是在我看来，这样一种说法既没有把握住它的重大意义，也没有能够看到它的深远影响。原本这桩事件在后来整个历史上造成了极其广泛的影响，却被这种说法化减成有幸出现了一个特殊的人物。此外，如果设想欧洲国家能够只凭一个人的感染力就这样横空出现，等于是在历史说明中假定有奇迹存在。如此庞大的一个社会，除非是回应了某些特定的社会学事实，否则永远不可能形成，永远不可能形成后还能延续良久。事实上，它最深的根源不是别的，正是当时欧洲的状况，它就是这种状况的产物；如果我们想要把握此后发生的一切，这是至关重要的事实。

对于欧洲的各个民族，我们不一定要以它们今天的面目为标准来判断当时的面目。换句话说，我们不能认为它们都具有一些构筑有力、分化明显的集体特征，都对自身的存在有着敏锐的意识，像一个个人一样清楚地相互分辨甚至是相互冲突。这是因为，数百年来，欧洲都更像是一个变幻不停的万花筒，各个时期的面貌都很不一样。不同的民族相继组成极其多样的组合，几乎不用费什么力气，就可以从一个国家的控制转到另一个国家的控制，从一群人的支配转到另一群人的支配。在这样一些状况下，又如何能指望这些民族维持某种同质性的特征呢？在势不可当的一次次入侵之后，必然伴随着一团混战，而这些民族也必然在这混战中，在接二连三的冲撞中，丧失自己的大部分特性。那些原本将他们分割开来的边界，在征服者的铁蹄之下，也多多少少地被抹除了。另一方面，所有这些民族尽管自身都缺乏稳定性和持久性，但是随着基督教的发展，也都逐渐成为一个大得多的社会的组成要素。这个社会把他们统统包容进来，并且拥有他们所缺乏的这种稳定性与道德一体性，至少是逐渐获得了这些性质。这个社会就是教会。基督教越来越成为独一无二的文明，所有这些缺乏属于自身的文明的社会，都开始到基督教这里取得相互之间的沟通。因此，从某种意义上说，欧洲在道德上比今天还要统一，因为可以说当时没有任何一个国家的文明堪与那个欧洲所有民族共同拥有的文明相抗衡。也正是因为这一点，在欧洲的道德形态和思想形态上，隐修制度才会发挥那么重大的作用。实际上，僧侣不属于任何一个具体的国家，不属于任何一个具体的社会，而属于基督教世界这个庞大的社会。是这个社会使僧侣具有了高度的流动性，在各个国家之间行游，像一个真正的游牧者，从欧洲的这头跑到那头。他走到哪里，哪里就成了他的祖国。就这样，他成了整个欧洲的老师。既然欧洲的教育是跨国的，难道会没有一种颇为实质性的欧洲世界主义吗？

不过在这里，我们也需要有所保留：欧洲社会还是某种潜在的东西，还缺乏自我意识，因为它缺乏组织。基督教世界里的所有民族都不曾清晰地感受到自己属于一个单一的整体，也不曾创造出某种特别的机构去表达这种感受。当然，有一个罗马教廷，但是它缺乏必要的物质力量，足以把一个幅员辽阔的政治聚结转变成真正的政治社会。在这种时候，是查理大帝为基督教世界提供了后者所缺乏的这种中央机构。在他那里，经他之手，欧洲的基督教世界才成为一个国家。这种基督教世界统一体的观念此前一直处在半知半觉的昏暗之中，而今从他那里得到了实质，成为一种历史现实。这就是他的成就。他并不是通过某种魔术把戏凭空创造出这个统一体来的。正相反，他只是把它表达出来，组织起来。但组织这件事情本身是一个事关其他方面的创新，尤其是在精神生活方面。

事实上，生命体组织得越好，就越是会产生自我意识。一种动物要是缺乏中枢神经系统，那么对于稍稍远离自己躯体的范围内所发生的事情，就只能含含糊糊地意识到。而人类或高等动物就完全不同了，它们有中枢神经系统，对于它们当中发生的任何一点稍稍有些影响的事态，都能够随时保持警觉。这一点也适用于社会。如果一个社会拥有某种中央机构，自己的整个生活，无论是内在的方面还是外在的方面，都在其中达到顶点，那么，这个社会就能够更好地了解自己。它就能够更清楚地意识到自己正在经历的事情，正在影响自己的事情，正在承受的磨难，是什么造成了这种磨难，以及自己正在奋力赢取的需求。我们已经看到，基督教本质上就需要有教育；没有教育它无法维持下去。圣本尼狄克的僧侣们当时所做的，正是力求以自己的教学来满足这种含糊的需要，不管这些教学是多么的粗陋。而在代表基督教世界的查理大帝身上，这种需要已经浮到了表面，达到了充分的自觉。现在，它不再只是一种含糊的感觉，而是一种已经得到明确把握的观念。与此同时，它还进一步强化了，因为对于这种感觉所点明的种种倾向来说，自觉意识一方面会使它们更加明晰，也会使它们有所增强。一旦我们清楚地知道什么是我们的欲望，这些欲望就会更加活跃、更加旺盛。此外，一个有组织的大型社会就需要更强的自觉意识和更多的反思，从而也就需要更多的教育与知识。这是因为，这样的社会所构成的机制会更加复杂，无法完全自动地发挥功能。所有这些原因加到一块儿，就使得加洛林帝国的创立必然会产生一系列重要的教育改革了。

为了把整个基督教世界都归到单一的权势手中，归到单一的法律之下，一次集中运动就这样发动了，它的结果就是一个新的国家，它自然会倾向于将自己包容的所有思想力量都以某种方式集中起来，形成一个文化上和思想上的中心，有能力对整个帝国都产生影响。这个中心就是宫廷学校(Ecole du Palais)。宫廷学校是否是查理大帝建立的，或者说在他登基之前是否已经存在，围绕这个问题已经有大量的讨论。对于这场纯学术性的争论，我们不想花许多时间来考察。不过可以非常肯定地说，宫廷学校不是没有任何前期准备就突然在某一天诞生了。我们知道，墨洛温王朝[①]的国王们会把他们麾下大领主的子嗣传唤到宫廷里，让他们在宫廷里成长，以便使他们和国王们之间的纽带更为牢固，同时也确保他们获得大量利益回报。这实际上意味着国家中最为重要的职位都留给了他们。这群年轻人在一起长大成人，已经形成了某种地位特殊的学校。不管怎么说，在矮子丕平[②]的统治下，已经可以相当肯定地讲，宫廷里在提供某种教育了；如果我们相信查理大帝的侄子御史官阿德拉尔[③]的话，这个时候的教育已经涉及人类知识的所有领域(omnis mundi prudentia)。不过，可以肯定的是，在查

① 墨洛温王朝(the Merovingians)：法兰克人的王朝(476—750年)，传统认为是法兰西国王的"最初家系"。王朝末代国王于公元750年被矮子丕平废黜，篡位建立加洛林王朝。——中译注

② 矮子丕平(Pépin le Bref，约714—768年)：法兰克人加洛林王朝第一位国王，查理大帝之父。此前墨洛温王朝多年式微，大权旁落于宫相之手，而丕平家族为宫相中首要家族。公元750年篡位，前后与罗马教会之间互为支援。——中译注

③ 阿德拉尔(D'Adalard，公元826年卒)：曾任科比(Corbie)修道院院长。加洛林文化复兴之核心人物。虔诚者路易(Louis Ⅰ，778—840年，查理大帝之子，曾加冕神圣罗马帝国皇帝)的宗教事务顾问。据汤普森《历史著作史》(中译本，上卷，第257页)，科比人阿达尔哈德(Adalhard)著有《宫廷统治论》(*De ordine palatii*)。——中译注

理大帝的统治下，宫廷学校获得了前所未有的重要地位，并取得了与此相应的发展。当然，我们不应该照着描绘一所现代学校的方式来描绘它。所以，当有人提出它究竟位于帝国的什么地方时，这样的问题显然是徒劳无益的。它构成了宫廷中一个不可或缺的部分，随着宫廷而迁移，从而在皇帝频繁的巡游中一直追随着他。它是一所流动的学校，但已经不再专为贵族领主子嗣而设立，而是也向来自社会各阶层的年轻神职人员开放。来自圣高尔的一名僧侣所报告的著名事件堪为明证。[①] 不仅如此，它还从欧洲当时拥有的最杰出学者当中挑选教师，让他们来掌管教育。这些人中就包括文法学家比萨的皮埃尔，希腊学学者保罗·沃内弗里德(Paul Warmefrid)或保罗·迪亚克尔(Paul Diacre)，还有爱尔兰的克莱芒。[②]

在这些教师中有那么一位，无论从他所发挥的重要作用而言，还是从他对查理大帝所产生的影响来说，都使其他所有人黯然失色。这个人就是阿尔昆。阿尔昆恰恰是我们已经提到过的盎格鲁—撒克逊教会最虔诚的信众之一，而这个教会不同于其他基督教会的地方，就在于它明确地渴求属于思想的东西。他成长于负

① 圣高尔(Saint-Gall)：即圣加仑(Sankt Gallen)，瑞士东北部城镇，公元612年起即有隐修院，公元720年左右扩大为本笃会隐修院，城镇就是在此基础上发展起来的。圣高尔修道院佚名僧侣约公元883年写成《查理大帝传》，与艾因哈德的《查理大帝传》合编出版。涂尔干所谓著名事件，参见中译本第56页前后。——中译注

② 查理大帝曾经师从比萨的皮埃尔(Pierre de Pise)学习文法。爱尔兰的克莱芒(Clement d'Irlande)兼通圣俗之学，被查理大帝延聘在宫中，公元796年继阿尔昆任宫廷学校校长。——中译注

有盛名的约克郡学校,[①]在那里他受到的教育要明显优于当时欧洲大陆上的学校所提供的教育。他把在那里获得的品味和知识都带到了宫廷学校,并在公元 782 年成为宫廷学校的督学。在查理大帝的侍臣中,他享有出众的地位,使他能够让自己的影响超出宫廷之外,波及王国的其他地方。

但查理大帝并不满足于创办这种模范学校,这种中央机构。他鼓动自己的主教们在各自教区内创办了大量同类机构。[②] 甚至在遇到阿尔昆之前,他就已经致函美因茨大主教拉尔:[③]"承蒙神之佑助,您正致力于赢取灵魂;可是朕听到一个令人震惊的消息,您对于向辖下教士教授文学颇感累赘。可是您四顾所见,众人通常都是陷于无知的黑暗之中;当您有能力让他们一同沐浴在您知识的光芒中时,您却听任他们深陷愚昧的黑暗之中……所以说,为了在我们最为关注的事情上满足我们的期望,向您的孩子们教授自由技艺吧。"不过,最重要的还得算是查理大帝公元 787 年写给

① 约克郡学校(school of York):8 世纪前后为当时最有名的天主教学校。拥有当时最大的图书馆。著名学者阿尔伯特、阿尔昆(前该校学生)先后任该校校长。——中译注

② 查理大帝于公元 789 年下令所有教堂与寺院开办教会学校,训练神职人员,要求平民百姓会背诵祈祷经文和教义。——中译注

③ 美因茨(法语 Mayence,德语 Mainz):德国中西部城市,公元 747 年成为主教管区,公元 775—780 年为德意志基督教教会中心。公元 746—48 年,卜尼法斯(Boniface,约 675—754 年,英格兰传教士和改革家,在德意志传教功勋卓著,为巴伐利亚地区最终并入加洛林帝国起到重大作用)任美因茨大主教期间,此地基督教事业获得巨大发展,有许多弟子从其故乡英格兰追随来此。后来他任命自己的学生拉尔(Lull,盎格鲁—撒克逊人)接任大主教。——中译注

富尔达修道院院长 Bangulfe 的一封信，[①]信中我们发现他对自己的计划做出了最好的阐释，并给出了自己认为足以证明这些计划合理性的各项理由。他写道："主教教区与修道院是仁慈基督授权我们统辖之地，除了遵循规则的生活、奉行圣教的仪轨，也应当致力于文献的研究(litterarum meditationes)；而蒙神的恩惠获得教授能力者，须当各尽其能，奉讲学以为使命。我们已经判定这属于有益之举。"这些研究之所以必要，首先都是为了使"语言获得规则与美"。这并不是说查理大帝已经领悟到了体裁的审美价值；他所关心的是语词对观念的作用，事实上，如果一个人不能清清楚楚地表达自己的思想，也就不可能清清楚楚地思想："如果不是逞口舌之机巧，言谬误之事理，那么灵魂可以大大增进对自己想要做什么的理解。"其次，要想有能力理解圣经，就必须探察到语言的所有奥秘："我们恳请您切勿漠视文献研究，不仅如此，还应当满怀对上帝的谦卑与喜悦，以挚诚与坚毅全心投入，这样才能够更方便、更确切地洞察圣经的诸般奥秘。那里面含有比喻、转义及其他类似的辞格，所以没有人怀疑，读者如果想要更加迅速地把握到神圣的意涵，单凭潜心经文文法的理解是不行的。"在这里，我们看到了对圣经的一种神秘理解，圣经被看作一部充满奥秘教义的书。根据卡辛(Cassin)的说法，这种神秘的意涵只会向已经通过苦行实践达到至为澄明之境界的圣徒揭示。而阿尔昆和查理大帝对这一点的

① 富尔达修道院是中世纪德意志最大的修道院，很长一段时期内也是德意志的学术中心。公元744年由卜尼法斯所创，后由莫鲁斯接任(详参本书第五讲注)。据艾因哈德《查理大帝传》原序：富尔达修道院院长鲍古尔富斯(Baugulfus)将艾因哈德本人送至查理大帝的宫廷。此处人名原文拼写似有误。——中译注

理解则更加具有理性主义的色彩。在他们看来,要想理解这些充满寓意的奥秘,只需要通过学术的训练,使自己的头脑得到锻炼,变得越来越敏锐。不过,这种训练是必不可少的。而且,查理大帝用来证明自己建议合理性的这两点理由,还会导出第三点根据,本质上更带有政治的色彩,既包含了前两点,也概括了前两点。就其根本而言,最重要的是在民众的眼里,神职人员应该享有一种特殊的声望以维护权威。因为只有这样,才能维护信仰,进而维护教会与帝国的统一。所以,要想让民众信任他们的神职人员,就不能光靠教士们在自己内心深处独享隐秘的虔诚之情。他们必须在智识上高出归他牧领的教众,教众也必须感受到这种权威。"我们期望,您作为教会的合格战士,内心受虔敬之情驱使,外表以学者面目示人……言辞善辩,以便使任何渴慕上帝、追寻神人交流而欲亲睹您之面目的人士,都可以通过您的外表而获得启迪,通过您的学识而获得教导。"

此后,在接连颁布的法规中,加洛林王朝反复重申这些呼吁。作为回应,在主教座堂、大小修道院、隐修院附近,都办起了许多新学校。不少杰出的教师从意大利和爱尔兰赶来,期望能够在这些学校中提供比往常更广泛的教育。主教们也积极贯彻了当时的政策,在基层堂区教会的资助下,在各地普遍创办了比较初级的学校,在那里可以进行基础教育。今天,我们还能读到当时奥尔良主教狄奥多尔夫[①]的一封信,他敦促各个市镇和村庄里的神甫们免

① 狄奥多尔夫(Theodulf de Orléans,750—821年):法兰克王国高级教士、神学家、诗人。原是查理大帝的宫廷侍臣,公元775年任奥尔良主教。阿尔昆之后主管全国教育。公元804年任查理大帝首席神学顾问。赞助艺术,兴修教堂,改革教会事务,倡办学校。被视为当时最有成就的诗人。——中译注

费为自己堂区内的教民子弟提供教导。一整套学术等级体系就这样建立起来了，包括三个梯次。底层是堂区学校，教授最基础的东西；主教座堂学校和大修道院学校居中；最后，顶层是专为精英阶层预备的模范学校，也就是宫廷学校。作为这所学校的督学，阿尔昆在这个职位上就好像某种特设主管，负责监管这种尚处幼年、刚刚起步的公共教育。

这种组织不仅比此前的组织更加复杂、更具学识，而且还具有更加显著的世俗成分，从而显得十分特别。当然，掌管教育的还是神职人员，[①]但从思想上为教育提供动力的却是一位在俗人士，是尘世的权力促成了这场教育的更新。因此，对尘世的种种关注也在教育中找到了从来不曾拥有过的一席之地。可以相当肯定地讲，对查理大帝来说，信仰的种种关注与国家的种种关注是很难分得清楚的。不过，同样可以肯定的是，最终是国家的关注成为其他一切均应从属的目标。教学的内容不再只是限于宗教的实践活动所不可或缺的东西：教学者关心的主要是将会有助于帝国基业的东西。正因为这一点，查理大帝才会仅仅出于促进与东方关系的考虑，就想到要安排教授希腊语。甚至连宫廷学校的组成方式都脱不开这种立场的影响。它的学生中不仅有年轻人，还包括成年人；而在这些成年人中不仅有神职人员，还包括廷臣。这些久经世事的人是不会满足于一种纯粹教会味道的教育的。有一样事情足以无可置疑地告诉我们，这种环境的性质对里面提供的教育产生了多么大的影响。终于有一天，阿尔昆退出了查理大帝的宫廷，回

① 公元829年，巴黎主教会宣布，教会学校隶属于教会，由主教直接掌管。——中译注

到图尔修道院。[①] 就教育方面的立场而言,他不久便成了一个我们今天所谓的极端保守派。从前的开明精神在他身上消失了。他的学生几乎完全禁止阅读异教作者的读物。最后,在那种主教座堂学校里发生了另一场重大变化。此前一个时期,主教座堂学校被修道院学校的光彩盖过,如今,从查理大帝的时代开始,它逐步占了上风。比起隐修院和修道院来,主教座堂及其神职人员与外界的关系要密切得多。他们更多地接触到世俗的关注,更多地接触到世俗的情境。我们很快便再有机会来探讨这一点,因为大学就是从主教座堂学校这里演化而来的。

至此,我们已经考察了这种新的教育体系包括哪些部分,又是如何确立起来的。现在,我们不妨再来看看,在这种体系里传授的教育内容是什么。且让我们从容器转向内容,从器官转向其功能。我们不得不避而不谈堂区学校,因为不管从哪个角度来说,我们都几乎对此一无所知。这样,我们才能更集中地来谈主教座堂学校,尤其是作为其典范的宫廷学校。因为只有这些学校与我们力图回溯其历史的中等教育有所关联。我们对宫廷学校了解得挺多,因为阿尔昆总结其教育理论的著作一直留存至今。[②] 由于主教座堂学校只不过是照搬了宫廷学校中实施的各种细节,因此我们也就等于是在描述当时的整个教育体系。

这种教育的首要特征,就在于它是百科全书式的,或者说它力求成为百科全书式的。它的目标不在于以特定数量的知识门类教

① 阿尔昆于公元796年离开宫廷,到著名的图尔圣马丁修道院任院长,该修道院成为整个法兰克王国的学术中心。——中译注

② *Didascalica*, *Reg*., 191.——英译注

育学生，而是要以人类学识的总体教育学生。一旦教会的地位稳固下来（也就是从 6 世纪初开始），我们就看到出现了一批特殊的著作家，他们都为自己设下了这样一项任务：将古代学问的一切成果搜集在一起，归入某种汇编，浓缩成尽可能精练的一卷。早在波伊提乌（公元 525 年去世）[①]那里，就已经有了这样的尝试。但波伊提乌首先是一位辩证法学者，所以他的影响要充分发挥出来，得一直等到辩证法研究蔚为兴盛的时候，也就是经院哲学时期。只有到了那个时期，波伊提乌的声名才传播开来，主要是借助了卡西奥多鲁斯的著作（562 年完成）。[②] 卡西奥多鲁斯的作品《论七艺》（*De septem artibus*）涵括了当时的全部学问，但是，能够更充分地揭示这种百科全书性质的作品，还得算是塞维利亚的伊西多尔，一位 7 世纪著作家，公元 636 年去世。他的作品《词源学》（*De originibus*）假托是研究语词的来源，实际上是要把古代希腊罗马时期拥有的所有知识做一次总括。他从语词转向了事物，从而以词源学研究为名，探究了学问的所有门类，所有关于人的学科，从最低

① 波伊提乌（Anicius Manlius Severinus Boethius，470—475? 至 524 年）：古罗马学者、基督教哲学家、政治家。将亚里士多德的著作译成拉丁文并加注释，并译出柏拉图所有的著作（据说有注释）。他的逻辑学著作对中世纪教士的培养至关重要。他的翻译和注释，尤其是对亚里士多德《范畴篇》《解释篇》的翻译和注释，是经院哲学的基本教材。由于他卓有成效的学术工作，古希腊细密精确的学术用语得以用拉丁文保存，而希腊文本身却在很长一段时间里知者甚少。所著《算术原理》《几何原理》和《音乐原理》成为中世纪教授四艺的课本。主要著作《哲学的慰藉》探讨生活哲理和基督教思想，被译为多种文字，广泛用作中世纪学校的教学参考书。——中译注

② 卡西奥多鲁斯（Cassiodorus，约 490—约 585 年）：古罗马历史学家、政治家和僧侣。公元 540 年后退出政界，创办一所寺院，保存了罗马文化的精华。本人虽非大作家或学者，但所从事之手稿搜集抄录工作功不可没。曾编写过《神学教育与世俗教育之选择》。是他将自由七艺与圣经中智慧的七根柱子联系起来。——中译注

级的开始一直往上走，从文法到医学、法学、自然史，一直到神学。[①] 正是这些著作，尤其是上述两部，是整个中世纪时期的经典。中世纪时期的教育自始至终都在使用这些著作，对它们做出评论和注释。一直到15世纪，它们还拥有形形色色的仿效之作，但这些都只不过是复制了最初的模式。教师只限于从这些基本著作里的随便一本当中借取对一个主题的某些现成阐释，甚至连话都是原样照搬。莫尼埃(Monnier)曾经拿阿尔昆的教学著作与《词源学》中的相应部分做过整段整段的比较，发现它们经常是逐字逐句分毫不差。他们对于原创性这个概念是这样的陌生，以至做起文抄公来毫无顾忌。在这些书里，他们仿佛看到了一股共同的智慧之源，就像是一处集体的宝藏，不属于哪一个具体的人的专有财产，人人都可以自由地加以利用。

另外，还有一种趋势，在普遍性和持久性上毫不逊色，也与基督教思想根本特征的有关方面有着明确的必然联系。人们可能首先想要搞清楚，这种趋势是否来自基督教对待知识统一性与真理统一性的态度。基督教本性上采取的这种态度，即便不能说是一清二楚的，至少也是比较鲜明的。对于基督教来说，真理并不是由

① 伊西多尔(Isidore of Seville，约560—636年)：基督教神学家，最后一位西方拉丁教父，西班牙塞维尔地区大主教，百科全书编纂者。《词源学》为其最重要著作，全书分20卷，根据基督教教义和当时培养神职人员的要求，将所收集到的古希腊、罗马作家的著作和基督教教父的著作加以汇集整理并予以阐释，第一次明确了“三科”与“四艺”的提法。为了说明当时的知识体系，特详述各卷内容如下：三科(卷1、2)、四艺(3)、医学(4)、通史简编(5)、教会礼仪(6)、神学(7)、各地教会及各种异端教派(8)、人类及各地各语言的人类分类(9)、文学(10)、人与人性(11)、动物(12)、天文(13)、地理(14、15)、矿产(16)、文化(17)、战争(18)、建筑与服饰(19)、菜肴及家庭用品(20)。其中第5卷是后世辞书编纂家的重要资料来源。——中译注

许多特殊真理所组成的多重体或总体被给定的一个抽象专名。真理本质上是一个统一体，因为它是上帝之言，而上帝就是一。正好像道德真理完全包含在圣经这一部书中，对于基督教思想家来说，下面的推论想必也是完全自然的：尘世的真理，知识的真理，也必然有着同样的统一性，能够表达在一部书里，一部摘编[1]在凡俗领域所起到的作用，就相当于圣经在神圣领域所起到的作用。

除了这种意识，还有一项原因想必对我们正要理解的现象发挥了重要作用。我们已经看到，对于基督教来说，教育的目标并不在于培养这样或那样的具体技能，而是在于形塑整体上的心智。同样，为了形塑作为整体的心智，也就需要有作为整体的知识。不完整的教育只能塑造出不完整的才智，而无法触及人类思想的根本。教育行为要想发挥切实的功效，就不能完全偏于一隅，不能只把目光放在某些特定的方面，而应该涵括整体上的才智，任何方面都绝不能舍弃。一句话，在基督教看来，教学必须起到教育的作用。而除非教学是百科全书式的，否则它就无法起到教育的作用。这种观念我们在现代教育理论家那里能够读到，但在我们的教育观念的演进过程中，它其实是贯穿始终的观念。我绝不是宣称现代学者只不过是把一个老掉牙的观念又给翻了出来，远不是这样。即使这个观念从那时候起就有了，那时的它也只是以一种非常含混、非常模糊、非常缺乏自觉意识的形式存在着的。我们还会有机会看一看，它是沿着什么样的道路发展而来的，是沿着什么样的道路逐步变得具体并有所转化的。我们也必须注意到，它已经逐渐黯淡下来了。但重要的是要指明，在这个观念之后出现的所有教

① “brèvlaire”一词兼有每日祈祷书与摘编之义。——中译注

育发展当中，都蕴含着这个观念。我们很快就会看到，大学是如何以一种新的形式，使这个观念变为现实的。

但是，这种百科全书式的教育，究竟包括哪些东西呢？又是怎样组织在一起的呢？

整个人类知识被分成七大门类，或者是七个基本学科。它们就是所谓的“自由七艺”(septem artes liberales)，卡西奥多鲁斯的巨著就用这作为书名。这种七分法可以追溯到古代希腊罗马时代晚期。在6世纪初的卡佩拉那里，我们第一次看见了这种说法。[①]但到了中世纪，它已经不再是哪一个个人的一时之见了。它成了一种实实在在的制度。在数百年间，它一直都是教育的根基。就这样，在当时人的眼里，它带上了几分神秘的色彩。七门技艺被比附于智慧的七根支柱，七大行星，七项德性。[②] 人们相信，七这个

① 卡佩拉(Martianus Capella，创作时期4世纪末—5世纪初)：北非人，迦太基律师。用散文和诗的形式介绍七艺，在文化上所产生的重大影响一直延续到中世纪后期。其著作全称不详，根据手稿，前两部题为《墨丘利与论学术的联系》，其余七部分别对应七艺：《论文法》《论修辞》《论逻辑》《论几何》《论算术》《论天文》以及《论音乐》。主要内容是墨丘利给他的新娘七位使女，她们各自代表一种技艺，并为新娘宣讲。此处涂尔干所说的时间有误。——中译注

② “柱子”一说典出圣经《旧约·箴言》第9章“智慧建造房屋，凿成七根柱子”。卡西奥多鲁斯第一个将自由七艺与之联系在一起。

基督教教义认为，人应具备七德，“勇、义、智、节、信、望、爱”，即勇敢、正义、智慧、节制、信仰、希望和博爱。其中前四项为四枢德，后三项为三超德。

另外，教会还制定有七项圣事：浸洗礼、坚振礼、圣餐礼、告解礼、圣职礼、婚配礼、终敷礼。

在哥特式建筑的雕塑、与日常生活有关的细密画和壁毯，以及与宗教生活有关的墓碑雕刻上，七门技艺分别有各自固定的代表人物：普里西安(文法)、西塞罗(修辞)、亚里士多德(辩证法)、毕达哥拉斯(算术)、欧几里得(几何)、托勒密(天文)，以及毕达哥拉斯或图巴-该隐(音乐，前者据说是因为算术起源于音乐；后者据说是音乐的发明者)。——中译注

数目本身就有某种神秘的意涵。

七项技艺的地位并不都一样。它们被分成了两类，各自对教育的重要性也是很不一样的。中世纪始终一丝不苟地将这两类区别开来。

首先有三门学科，文法、修辞和辩证法，组成了当时所称的“三科”（trivium）。这个词的命运多变，起源是这样的。在罗马时期，它们被称作“常规知识”（trivialis scientia），也就是教文法的老师所教授的基础内容。它是日常知识，是属于平民的，贩夫走卒皆有所用。或许这也是一种暗指，因为事实上这些初级学校一般坐落在通衢之地（triviis）。但一旦“trivium”这个词进入了日常用语，它的起源就被淡忘了。人们认为它专指基础教育的三分体系，就意味着一种包括三个知识门类、三条途径的教育。结果便是为了指称不包含在“三科”中的其他四项技艺，就使用了“四艺”的表述。四艺包括几何、算术、天文与音乐。

这两组技艺之间的区别不仅在于所包括的学科的数量，还有一点深刻的区别，在于这两组中所教授的学科的性质。三科旨在教导心智和有关心智本身的东西，也就是说在它思考和表达自己的时候所遵从的法则，也就是它为了能够正确地思考和表达自己应该遵从的规则。实际上，这就是文法、修辞和辩证法的目标。所以说，由三门课组成的必修课程完全是形式方面的内容。它所涉及的完全是推理的一般形式，从对事物的具体应用中抽取出的抽象，甚至是比思想更为形式化的东西，也就是语言。因此，三科的技艺也被称作是“交谈技艺”（artes sermonicinales）或“逻辑学”（logica）。与此相反，四艺所包括的都是与事物有关的知识门类。

它的作用在于促成对外在现实以及主宰这些现实的法则的理解，包括数字的法则，空间的法则，关于星宿的法则，以及主宰声音的法则。因此，它所包含的技艺就被称作“实际技艺”(artes reales)或“物理学”(physica)。所以，三科与四艺有着两种相当不同的取向：一个是面向人类的心智，另一个则是面向实在世界中的事物。第一种的作用在于采用一种一般的方式来形塑才智，让它看到自己的正常状况和姿态；而第二种的目标则在于装备它，滋养它。显而易见，在此我们已经看到了两大知识门类之间的那种对立，日后我们还将遇到它们为了占据首要地位而展开的竞争：一方是涉及关于人的真理的人文学科，另一方则是自然科学。这样我们就有了两种教育：一种是古典教育，另一种是实科(Realschulen)教育，也称作专科教育。所以说，“三科”“四艺”，这些初看起来如此古旧、距我们如此遥远的词语，其实是被找来指涉一些我们今天还以某种方式使用的观念和提出的问题的。找到它们的古老形态是多有意思啊！单凭这一点，我们就不太可能过分注重我们今天发现它们所有的那种偶然的、暂时的面目，实际上，这种面目常常使我们看不到它们所表达的那些现实的真实面目。

好，现在我们已经概括了这两组基本分类的特征，还需要确定它们在教育中各自所享有的地位。

尽管尊重宗教确实是七艺共同的目标，尽管人们觉得它们具有统一性，但要说三科和四艺在学术生活里发挥的作用是同等的重要，可远非事实。四艺是一种“奢侈之物”(de luxe)，也就是可有可无的课程，是为专家和内行之类一小撮精英而准备的。至于这种地位是如何形成的，可以看看其中包括的这四门学科是怎样被人理解和运用的，就不难说明了。在人们的心目中，它们在一定程度上还属于神秘的技艺，与巫师的那些技艺相仿。比如说，算术的目标是要发现数字的神秘属性。所以我们会发现，阿尔昆同其他人一样，也效仿塞维利亚的伊西多尔赋予这些数字以寓意。有些数字是凶兆，另有些数字则是吉兆。数字三和六是破解自然界一切秘密的钥匙，任何人只要洞察它们隐秘的意涵，就会从它们那里得到完善的知识。这种学问是阿尔昆最着迷的："说到这事儿时，他只是喃喃自语，不过，他也总是喋喋不休。"他甚至还把其中的某些教给了查理大帝，后者闻之大为惊讶。[①] 占星术的情况与此完全一样。又是阿尔昆，把占星术界定成研究星宿，研究星宿的属性以及力量。也就是说，他依然承认星宿对人间事件有所影响。彗星被认为是长胡子的星，宣示发生了某些关系重大的事件，比如改朝换代、瘟疫流行之类。最后，中世纪的人之所以会着迷于有关音乐的科学研究，原因之一就在于它为他们的想象力开启了神秘莫测的广袤视界。在他们想来，和声律必然能够说明宇宙的和谐、四季的和谐、人的灵魂的不同部分之间的和谐，或者是灵魂与身体的统一所产生的和谐。可以说有重重的神秘笼罩着这些研究，显然它们不适于在学校里公开地传授。它们不能成为一门公共必修课的主题，只能由极少数内行来探讨。

就这样，在当时的研究中，三科（文法、修辞与辩证法）单独构成了所谓规范科目，充当了主教座堂学校与修道院学校里教授的基本内容。而我们已经看到，三科的知识完全是形式性的；它们的

① 查理大帝曾师从阿尔昆学习天文、算术与哲学。——中译注

视线完全指向人。由此可以推出，即便在那个时候，教育确实倾向于成为百科全书式的东西，但在现实中，它的这种百科全书式的性质也只是表现为形形色色的纯形式研究体系。至于是什么产生了这种形式主义，结论是不难得出的。自此之后，人们所理解的教育目标就是用空泛之论，用根本的和基础的原则来训练头脑，而不考虑后者可能会有的各式各样的具体应用方式。而要实现这个目标，似乎唯一的途径就是让人类反思自己的本性，对自己有所把握、有所自觉。自然科学也不是不能服务于同样的目标。但是，出于我们将要考察的一些原因，对于自然科学在这个方面所能发挥的作用，人们只是经过很长时间以后才开始认识到。只有与人类有关的研究才能够真正有助于塑造人，这在数百年的时间里，似乎一直是条不言自明的道理。因此，我们得出一个重要的结论：教育的形态起初之所以会完全是形式性的，这一过程中自有其逻辑上的必然性。不难想象，要想根除这种与生俱来的形式主义，此后将会面临多么大的困难。实际上，我们将会看到它从一种形式主义过渡到另一种形式主义（因为形式主义也有许多种类型），而不能成功地摆脱它，有时候甚至还为情势所迫，使最初的这种趋势愈演愈烈，以至这个问题至今依然悬而未决。

第五讲　加洛林文化复兴(终)

——文法的讲授

在上一讲里,我首先概括了我们国家历史上,其实更一般地讲,是在欧洲各个社会的历史上,出现的第一个有组织的教育体系都具有哪些特征;我所指的那个体系,一定程度上是在查理大帝的影响下,从8世纪末开始出现的。这种教育的独特之处,就在于它力求涵括人类知识的总体,它的目标是成为百科全书式的东西。不过话说回来,我们也同样看到,它所包括的不同学科在学术生活中所发挥的作用,其重要性并不是一致的。人,人的心智,思想的机制,甚至是表达思想的机制,探讨这些东西的研究,也就是文法、修辞与辩证法,多少是完全唱了主角。至于算术、几何、力学、音乐、外在世界,那些以物为主题的研究,则是充当了一种补充性教育的内容,专为少数的精英准备。四艺是一种较为高等的教育,而三科则与我们自己的中等教育更接近一些。由此可以推出,在实际的学术实践当中,教学是由一套完全形式性的学科组成的,目的是要促进对思想的最一般形式的思考(逻辑),或者可以先去思考观念在表达时所采取的那些甚至更为外在的形式(语言)。

这样一种体系尽管未臻完善,但仍然被当作一种百科全书式的课程体系,其中的缘由其实也不难说明。这是因为,从某种角度来看，它的确发挥了这种作用。确实，世界对于我们来说之所以存在，也只是因为它被反映到或者是有能力被反映到我们的头脑当中；一旦它不能影响我们的理智，就仿佛不存在了。因此，从某种意义上讲，存在的每一样东西都得在思想的最一般形式、最一般框架内去寻找。宇宙间存在的万事万物，都可以在理智的某一个主要范畴中予以把握，因为这些范畴正是些级别比较高的类属，涵括了所有事物，在它们之外再没有任何的事物。所以，当我们理解了这些范畴或基本概念的性质，理解了它们彼此之间的关系，以及它们在进行推理和做出判断时的运作方式（因为所谓心理科学研究的就是这个内容），我们也就同时理解了作为整体的现实，并且是从最充分的一般角度来理解的。人们常说，心灵就是一个小宇宙，一个规模缩小了的宇宙，是外部大世界的一个缩影。因此，从某种角度上来说，理解心灵也就是理解世界，种种以心灵为基本研究内容的科学和学科加起来，就构成了一部简明百科全书。

但不管怎么说，对于在 8 世纪和 9 世纪期间主教座堂学校和修道院学校中提供的教育，这样的初步描述是不完备的。因为即便在其后的几个世纪里，当大学和学院已经建立起来之后，三科也依然是课程体系当中的基本内容。不过，我们学术史上的这两个阶段还是很不一样的。8 世纪时的教育形式主义怎么说也和 12 世纪时的教育形式主义不是一码事儿。那么，前者又在什么地方表现得这样独特呢？

其实，在三科本身所包括的各个学科当中，有一些虽然后来在学术上取得了巨大的进展，成为课程体系当中的核心内容，但在当时却很不起眼儿。首先，修辞就属于这种情况。要想证明这一点，我们只需读读阿尔昆在这方面的论著。这篇论著其实是西塞罗《论演说术》(*De Oratore*)的翻版,而且贫乏无味,呆板无力。显然,阿尔昆在探讨这一主题的时候,并没有投入多大的兴趣。在西塞罗的书中,你会感到有一个理想的演说家的形象渗透在全书当中,使全书生气勃勃,浑然一体。而在阿尔昆的版本里,这个形象消失了,剩下的只是干巴巴地列举种种抽象定义和毫无生气的公式。用来具体说明这些公式的实例也不是借鉴自古代——不管是希腊还是罗马,那里面雄辩的范例比比皆是——而是从圣经里面倒腾出来的。这样一来,《创世记》里写上帝接受了亚伯供物而拒绝了该隐供物的那段经文,就被拿来当作肯言式的例证;在是否要背叛大卫的问题上,亚希多弗(Achitofel)和户筛(Chusai)给押沙龙(Absalom)提供的建议相互冲突,这就成了选言式的例证;[①]而我们在《使徒行传》里能够找到的有关犹太人对保罗的指控和他的辩词的那些记载,则被举为判言式的范例。其实,对于这么一门不再有任何存在理由的知识门类,又怎么能够指望中世纪赋予它重大的意义呢?在古代,雄辩术发挥着相当重要的作用,因此演说家在那时候的地位也是至关重要的;同样,在这些质朴无文的社会里,容不下注重修辞的斗嘴,演说家也就注定要显得多余了。即使我们坚持阿尔昆自己给出的定义,所谓修辞也只是在政治问题上(in civilibus quaestionibus)才有实用价值,所以也只对那些以处理此类事务为天职的人来说才是有用的。查理大帝在要求他的老

① 此二例分别见《旧约·创世记》第4章;《旧约,撒母耳记(下)》第17章。——中译注

师阿尔昆为他引入这门技艺的时候，刚起话头就提到了这一点，并且把这当成了自己的观点，认为对任何一个操心国事的人来说，对修辞一窍不通都是很愚昧的（Ut optime nosti，propter occupationes regni et curas palatii in hujuscemodi quaestionibus assidue nos versari solere，et ridiculum videtur ejus praecepta nescisse cujus occupatione involvi necesse est）。这里我们看到，人们用一种相当狭隘的眼光来看修辞的用处。当然，在当时掌握有一套教育理论的人中，也并不是都从这么狭窄的角度来看修辞的。莫鲁斯[①]是阿尔昆的门生，也是为重振德国学术生活贡献最多的人之一，他就承认（不过，他也只是因袭了圣奥古斯丁在这方面已有的教诲），修辞可以有助于达成虔诚的目标。据他说，如果真理护卫者想要战胜谬误，那么修辞就是他一件必不可少的武器。既然宗教的敌人可以诉诸修辞技巧来传播谬误，那又为什么要禁止基督徒运用修辞来捍卫自己的信仰呢？不过，也只是在这一点上，莫鲁斯会认为修辞是有用的。他之所以关注修辞，只是在于它能够有助于达成宗教的目的。即便这样，在他看来，它在这方面所起的作用也只是次要的。所以，他认为基督徒不应该在修辞上花费太多的时间："我们认为，它的价值还没有重要到让我们乐意见到人们在正当年的大好时光投身其上。它只是一种少年的消遣（satis est ut adolescentulorum cura sit）。进而言之，我们希望培养来为教

① 莫鲁斯（Rabanus Maurus，约 776—856 年）：先后在富尔达修道院和图尔的圣马丁修道院学习，公元 818 年起执掌富尔达修道院。大力推行七艺教育，著有文法、天文、算术等多种修道院学校教材。其中 819 年出版的《论圣职者的教育》为中世纪最著名的教材之一。公元 847 年起任美因茨大主教。——中译注

会利益服务的人士,也不必人人都受这种熏陶。只需那些还没有承担更急迫、更重要的职责的人来研究就可以了。”

至于辩证法,所受到的器重也只是稍微多一点儿而已。当然,在课程体系里,它毕竟是获得了一席之地,不管是多么不起眼儿,也已经是一种进步的重要标志。实际上,我们绝不能忘记,在从异教文化那里承继来的所有学科当中,辩证法是早期教父和早期教会神学家最有疑虑的一门。事实上他们认为,真正的信仰是不需要证明的,而且他们觉得,按照古代人对理智和逻辑的理解去诉诸这些东西,始终只会是有利于异教创始者。这些人中就有一位把亚里士多德说成是阿里乌派[①]的主教。9世纪时出现了一些乐于放弃这种偏见的迹象,即便如此,它的影响依然是挥之不去。当人们注重辩证法的时候,也只是拿它当一种与异端做斗争的手段。恰恰是谬误的存在使它有了必要性。在这一点上,阿尔昆和莫鲁斯取得了共识。不过,我们得附带说一句,尽管莫鲁斯原则上建议神职人员认真地投入辩证法研究,但在那个时候,这门主题似乎很可能是非常不发达的。这一点最好的证明就是阿尔昆自己的论文。它不仅是粗浅至极,而且是以一种被普朗特尔[②]毫不迟疑地说成“荒谬”的方式拼凑起来的。如果人们以这样一种方式来理解和讲授辩证法,也就不难想象辩证法所能具有的影响范围了。

① 阿里乌派(Arians):古代基督教异端派别之一,反对三位一体教义,主张基督是人不是神,反对教会占有财产,公元325年被尼西亚公会议斥为异端,但得到下层民众的拥护。——中译注

② 普朗特尔(Karl von Prantl,1820—1888年):德国哲学史家,逻辑学家,著有《西方逻辑史》。——中译注

因此，在课程体系中，文法的讲授占据了压倒性的优势。文法被视为至高技艺。莫鲁斯说道："它是其他所有技艺的起源和基础"（Haec et origo et fundamentum est artium liberalium）。是文法教给我们怎样去理解经文，而所有学问最终都得依赖于对经文的阅读和理解。这种唯书至上的教育观正是人们时常拿来指责经院哲学家的，但它的历史其实比经院哲学还要古老。人类文明被认为完全存在于书本当中，因此，引领我们步入对书的理解的学问，也就成了学问之王，成了开启其他所有门扉所必需的钥匙了。对于基督徒来说这门学问更加显得必要，因为只有它能够使基督徒得以理解圣经，而一切真理都蕴含在这部经书之中。因此，不管是从学术的角度还是从教育的角度，从 9 世纪到 12 世纪的这段时期，都完全可以称作是文法时期。在这个时期，文法成为学术活动和写作活动当中首要的主题。

在这段时期里问世并构成教育基础的文法论文，可以说是不计其数，它们的谋篇布局和遣词造句都如出一辙。而这种文法论文所做的，无非就是复制罗马帝国末期乃至其后数百年间拉丁文法学家的著述。图洛（Charles Thurot）说："它们亦步亦趋，所做出的变动都只是为了对通俗拉丁文本圣经[①]的神圣经文表示尊崇。"一些著述家常常以这种方式作为典范被征引，其中有两位尤

① 通俗拉丁文本圣经（Vulgate）：主要由圣哲罗姆翻译而由天主教会采用的拉丁文本圣经，约公元 405 年告成。此后数百年各种修订本纷纷出现，13 世纪巴黎大学所出版本最为重要，为神学教学和神学辩论提供了公认标准。1546 年特伦特公会议将此本定为唯一权威的拉丁译本。——中译注

其突出,就是普里西安和多纳图斯。[①] 几乎在整个中世纪里,他俩的名字都一直充当着文法这门学问的象征。特别是多纳图斯,成了这段时期学者们的洛蒙德(Lhomond)。[②] 对于这两部基本文本,教师们一般只限于添加些评论和注解,逐字逐句照搬,不敢越雷池一步。比如说,多纳图斯在谈名词时说:"名词的属性有两重"8(qualitas nominum bipertita est)。而他在谈代词时又换了种说法:"拉丁文修辞中所使用的所有名词"(omnia nomina quibus latina utitur eloquentia)。文法学家们马上就开始疑惑了:为什么会有这种用语上的改变?普里西安的论文《论名词、代词及动词》(*De nomine et pronomine et verbo*)起首讨论的便是"拉丁文修辞中所使用的所有名词(omnia nomina quibus latina utitur eloquentia)"。9 世纪时一位重要的文法学家欧塞尔的雷米吉乌斯[③]严肃地考察了究竟是什么原因使普里西安采用了"修辞"(elo-

---

① 普里西安(Priscian,活动时期约公元 500 年):古代罗马最负盛名的拉丁文文法学家,所著《文法基础》对拉丁文教学乃至欧洲普遍的文法教学都产生了深远影响。下文提到的《论名词、代词及动词》系专门为文法教学所撰写的一篇论文。他的著作在 7—9 世纪被广泛引用,逐渐成为中世纪各学校文法教学的标准用书,也为思辨语法(语言的逻辑)在 13、14 世纪的兴起提供了先决条件。他的作品大量引用拉丁语著述家的文句为例证,从而保存了许多佚文。

多纳图斯(Donatius,活动时期为 4 世纪中叶):古罗马著名文法学家、修辞学教师,圣哲罗姆曾为其学生。著有大小两本文法教科书《文法进阶》和《文法初阶》,后者为青年学生而写,采取问答形式,讲授八大词类的基本课。整个中世纪都在使用这本教科书。他还撰写过关于泰伦提乌斯和维吉尔的详细评注(见本讲下段)。——中译注

② 洛蒙德(Lhomond):18 世纪末的拉丁文法权威。——中译注

③ 欧塞尔的雷米吉乌斯(Remigius d'Auxerre,公元 908 年卒):中世纪哲学家。曾任本笃会圣日耳曼修道院院长。曾在巴黎、兰斯、欧塞尔等地学校任教。对自由七艺、古典作品、圣经、波伊提乌的《哲学的慰藉》等做有评注。——中译注

quentia)而不是“语言”(lingua)的说法。当然,他找到了原因。如果有人碰到了一处错误或不精确的地方,就会调用自己所掌握的一切注经技巧,以证明这种错误只是表面上的。他不可能承认,那些享有如此高的权威的著述家,也可能会有犯错误的时候。显然,正如图洛所言,这种解释方法很能让人想起注解圣经的方法。使这种相似变为雷同的是,人们频频搬用所谓“索隐”(anagogique)解释法,从文法学家的表达、界定和分类中,寻找类似于他们从圣经中找到的那种神秘意涵。因此,一位文法学家才会写道,“如果说动词有三种位格,那是出于神灵感应(quod credas divinitus esse inspiratum)。”就这样,对圣三位一体的信仰甚至渗入了我们的日常言语。与此相类似的是,根据文法学家斯马拉格德(Smaragde)的说法,如果说词类分为八种,那是因为“八”这个数字在圣经当中经常体现为一个神圣的数字。

不管怎么说,愚昧已经深深地扎下了根。所以我们会发现多纳图斯那里出现了这样两种说法:“阉奴的喜剧,俄瑞斯忒斯的悲剧”(Eunuchus comoedia,Orestes tragoedia)。9世纪时的文法学家们认为,阉奴和俄瑞斯忒斯作为诗人,成就是如此地卓著,以至他们的名姓都成了“喜剧”和“悲剧”的同义词。[①] 面对这种情况,就不难想象为什么来自异教著述家的征引会如此罕见了。我们偶

---

① 《阉奴》(Eunuchus)系罗马伟大喜剧作家泰伦提乌斯(Publius Terentius Afer,约公元前195—公元前159?)的作品(公元前161年)。泰伦提乌斯著有六部诗体喜剧,长期被看作纯正拉丁语的典范,现代风尚喜剧的基础。《阉奴》一剧使其家喻户晓。俄瑞斯忒斯作为希腊神话中的著名悲剧性人物,被埃斯库罗斯、欧里庇得斯、索福克勒斯等创作成剧,成为悲剧风格的典型。此处的意思是说机械照引多纳图斯的文法学家,将戏剧人物误作实有其人。——中译注

尔碰到的寥寥数语,几乎都是直接从两位拉丁文法学家那里抄来的,那两位当时正在被人不断地复制。尽管他们出于偏好,例证一般取自圣经,以便将启迪与教导融为一体。可是话说回来,深入研究诗人,并且通过这种研究来具体说明文法,这种做法并不是严格禁止的。不过,莫鲁斯本人尽管比阿尔昆更开明一些,却还是建议,这些著述家笔下所有无助于基督教宗旨的东西都应该摒弃。他进而指出,最重要的是,我们不能使我们那些意志较为薄弱的弟兄受到惊扰。

不管这种课程体系也许多么有缺陷,与此前的课程体系相比,它依然向前迈出了重要的一步。事实上,在法兰克人入侵后的黑暗年代里,文法研究并没有彻底衰亡。它继续存活了下来,而对于它那种特别的存活形式,也有一些考察的趣味,首先,是因为它本身就是某种很可能会使我们感到困惑的思想状况的奇特症状,其次,也因为它能够使我们更好地评价加洛林时期文法学家的著作。

6 世纪末或 7 世纪初,在图卢兹有一位文法学家托名亚细亚的维吉尔(Virgil the Asiatic)。至今他仍然以这个名字传世。维吉尔的名字在皈依基督教的各野蛮民族那里家喻户晓,他们如此急迫地要用这个名字来装扮自己,以至今天我们依然听说过一大堆维吉尔。奥扎纳姆[①]说:“在他们看来,这是一个智者的名字,一个先知的名字,他在《牧歌第四首》中已经预言了救世主的到来。如果说这是一个圣徒的名字,几乎也不为过。”而图卢兹的这个维

① 奥扎纳姆(Antoine Ozanam,1813—1853 年):法国历史学家、律师和学者,天主教味增爵会创始人,该会 1833 年创建于巴黎大学,逐步发展成世界著名的慈善组织。——中译注

吉尔倒还有几篇作品留传至今，尤其有好几封“关于不同文法问题的信札”。所以，我们有条件去重新构想那个时期讲授文法的方法，因为这个维吉尔所奉行的方法也不是他自己所独有的。事实上，我们知道，这个维吉尔还开办了一所学校，而且当时他很有影响，再说他的学校也不是独一无二的。还有其他一些教师，尽管在某些细节问题上与他意见不一，但在看待文法的观念上却想必与他非常相似。

关于这些学校，最能马上给人留下深刻印象的，就是文法已经在多么大的程度上被塑造成了一种崇拜的对象。这个维吉尔告诉我们，他在年轻的时候参加过一次集会，有30位文法学家到场，来讨论他们的这门技艺。会上明确指出，对于学术性的沉思来说，所能追求的最崇高的对象就是动词变位。在文法学家的这些会议当中，总是能明显看出分为两派，争辩不休，以下是他们争论的一些话题。“ego”这个代词是否有呼格形式，为这个问题两派的领头人争论了整整两个礼拜。而要确定是否所有拉丁文动词都具有反复体，又得需要半个月。这真可以说是一种痴迷，至于为什么会这样，是因为对他们来说，拉丁文是一种充满神秘的语言，而他们自己就在煞费苦心地为它披上神秘的外衣。文法学家们的集会很像是秘密会社的集会，在晦暗不清的遮掩下，全身心地投入神秘的仪式当中。他们并不满足于协调规则，尽可能清晰地讲授这些规则，而是要把语言交付给近乎狂热的烦琐分析，挖空心思地琢磨词义、句法和拼写，为的是要炮制出一套普通人难以索解的符号体系。就是在这段时期，他们成功地确立起12套拉丁文法，它们以一种等级序列逐级叠加上去。最低一级体现在日常语言中，而其他各级则离这个起点越来越远。这个维吉尔列举了“火”这个词为人们所知的 12 个不同名称。普通人管火就叫“ignis”,而哲人就不一样了,根据侧重点的不同,把自燃的火说成是“ardor”,把散发出烟雾的火说成是“spiridon”,如此等等。篇篇论著,从头到尾都是用这种华而不实、冗长费解的东西堆砌而成的。而且,我们还会发现,从这样一些论文里寻章摘句的人,本身也都不乏才智。这也证明了学校享有何等的权威。正是它在自己周围制造出的这种神秘,使野蛮民族为之迷恋,在他们眼里,学者又一次成为某种巫师和方家。正是因为这一点,宫廷学校才会成为某种秘密会社,如果不先经过入会仪式,以及一次包括改名在内的新的洗礼,就别想加入。也正是因为这一点,我们会发现有一种对于谜题的爱好,它是这么奇怪,却又那么盛行,甚至在学术练习中发挥了重要的作用。

如果拿这些学究气十足的迂腐之作和加洛林时期文法学家的作品(比如阿尔昆的作品)相比,后者尽管错误频频,多有不足,却似乎表现出一种相当不同的面目。它已经明确地向前迈进了一步,摆脱了这种荒诞的巫术,越过亚细亚的维吉尔及其门徒,直抵拉丁文法学家,重新回到多纳图斯,回到普里西安。它重新唤起了常识,使人们重新感到需要去追求明晰,从而需要去追求真正的学术精神。它的反面正是所有这些神秘的观念,这种对于晦涩的喜好,正好表明了此前主宰着人的头脑的那种一片糊涂。它证明了曾经笼罩着人的理智的黑暗已经开始消散。所以,如果我们想要对这套最早的课程体系做出公平的评价,最不能忘记的就是这一点。

同样,不管它的相对价值如何,综上所述,我们似乎不得不认为它有着重大的缺陷。我们已经看到，由于属于三科的各门学问被赋予了压倒性的重要地位，当时学校的课程体系是完全形式上的。不过，教育中形式主义的程度，则取决于教育是否只关注多少远离事物本身的那些形式。如果像我们刚才说的那样，认为教育在起步时就完全注重文法，那也就等于承认，它一开始就表现出一种最外在、最表面、最空泛的形式主义，也就是言辞形式主义。实际上，文法形式就是思想的一般形式的另一种表达，而思想的一般形式本身也就是事物的一般形式的一种表达。这是处在相互分离的两个阶段上的形式主义。因此，对于把一种和现实相距如此遥远的符号体系作为自己主题的课程，我们又该如何理解呢？

无疑，我们必须承认，靠这种养分来培育心智是不够的；对于此后一个个时代里，数不清的教育理论家充满激情地号召要以事物而不是词语为中心，我们也不可能说他们有什么错。但另一方面，在那些极其激烈地抨击这种单纯注重文法的课程体系的人中，有许多人也未能认识到，它其实也具有相当的教育价值。它绝不一定是空泛的、贫乏的和纯粹机械的，如果正确地理解它，那么对于发展一种逻辑思维能力来说，它可以说是一种上佳的、其实是不可替代的工具。

之所以这么说，是因为语言并不真的像通常人们所说的那样（是用了个比喻，虽说这个比喻由来已久，却并不准确），语言并不是某种外衣，从外面把思想包起来，根本就不可能有什么真正合身的衣服。真正的情况是，语言是人类思想中一种整合得非常好的成分。思想固然是语言的前提条件，但在同样的程度上，也是语言才使思想成为可能。没有语言，思想将会停留在极低的层次。要是不借助语词,连最简单的精神生活形式都不可能得以确立。因此,我们在处理语词、处理语言的时候,也就是在以某种直接的方式处理思想。所以,关于语言的研究如果筹措得当,也就是在研究思想本身。思想中有一些根本的要素,也就是我们在其中思考的最具一般性的范畴,它们构成了我们的精神生活永不磨灭的画布,在这块画布上,具体的经验对象得以展示出变化无穷的形貌。如果照上面所说,那么划分语词的不同类型,或者我们所说的不同词类,不就是在划分这些要素或者范畴吗?名词对应的是实体的范畴或观念,形容词对应的是属性的范畴,动词对应的是主动与被动的范畴,而动名词对应的则是抽象的存在范畴,如此等等。因此,即使探讨的是最基础的文法问题,也不可能不触及最严肃的逻辑问题。在对应原则中,观念在某些特定条件下彼此取得和谐,仿佛共同参与并且分享了同一种生活。如果说对应原则表达的不是这样一种方式,那么它表达的又是什么?而在句法原则中,句子的根本要素彼此关联,形成了一种结构。如果说句法原则表达的不是这样一种方式,那么它表达的又是什么?总而言之,在每一种语言中,都有一种内在的逻辑,而发掘这种逻辑,展示这种逻辑,就是文法要做的事情。因此,尽管今天人们习惯于反复主张应当尽量缩减文法在课程设置中的分量,但如果它真的消失了,就会在心智的教育上留下一处空白,一段相当严重的裂口。与此同时,语言的研究也会失去其反思性,会丧失它们对于教育的绝大部分好处。

很显然,9 世纪和 10 世纪时的文法学家们种种谨小慎微的努力,并没有完成上文所概括的这些预想中的文法教学目标。尽管如此,对于这项主题的理解来说,这些努力也远不是无关宏旨的。

比如说，阿尔昆的文法就绝不是什么对文法规则的简单汇编，显然，它志在成为一部属于学问研究的作品。从一开始，作者就把语词与对象联系在一起，把文法与逻辑联系在一起。他说："言语由三个要素组成，一是我们得自判断的对象，二是我们借以把握事物的观念，三是我们借以使我们的观念对象化的语词。"对于语言的每一个要素，对于语词的每一个类别，他都试图给出哲学的定义，以表达词语及精神生活中相应观念的功能。这些定义中有许多其实是非常抽象的。在图洛已经整理出版的选编中，有些甚至可以从中找出有关文字的性质、究竟是什么因素构成了种类等形而上学的论文，以及一些相似的思考。这种教育在当时发挥了相当实质的作用，我们如果期望理解这种作用，就必须始终牢记上面这一点。在初级的、预备性的语言学习中，有些观念可能会被忽略，而协调并精确地呈现这些观念，远比单单教会那些不懂拉丁文的孩子值得关注。这种文法面向的不是初学者，其实，只有像查理大帝这样的成年人才会发现其中的价值。它的关键不在于学会规则，而在于说明这些规则，用一种合乎逻辑的方式将它们系统化。今天的我们面对这些界定、分类和说明，也许会惊讶地感到它们是如此地简单幼稚，或者是感到它们太含糊不清。但是，这丝毫不能削弱它们对当时所追求的目标的见证程度。

从这个角度看来，通过文法研究所实施的教育呈现出了截然不同的面目。它所承载的重要含义是我们一开始无法期望的。它不再是一种纯粹的词语研究，而是逻辑研究的一种早期形式。这是思维可以反思自身性质的一种基本形式。当然，我不是说文法学家们有意要挑选词语和句法来作为某种方便的中介，由此将有可能进一步触及思维,观察思维的生活。但是,他们需要去思考、去分析,这就很自然地会把语言作为研究的素材,因为通过语言能够最直接、最切近、最方便地把握人的思维。正是因为这一点,我们至此一直在研究的这段时期,也就是所谓的文法时期,为随后的那个时期,即我们下一讲将要切入的经院哲学时期,也就是逻辑和辩证法的时期,做好了准备。事实上,欧洲思想史上具有相当实质性作用的中世纪辩证法,在足以概括加洛林时期思想活动的文法研究中已经初显端倪了。

不仅如此,从12世纪以后,有一个重大问题成为了哲学论争的唯一主题,单靠这一问题,似乎就足以滋养中世纪整个精神生活了,要想说明这个问题的缘起,只有通过以下渠道。这就是共相的问题。这里的关键之处,就是希望理解抽象和一般观念的性质。它们是否表达了事物、表达了实在?“白的”“好的”“不同的”“凡俗的”“红的”“有形的”……像这样的一些词背后,是否有什么类似于具体个别存在的外在实在?白,好,有形,刨去拥有这些属性的个别事物,是否有自身的存在?或者,它们是否纯属思维的构建,或者只享有唯名的存在?就是这样的问题,将一代又一代有识之士害得殚精竭虑。人们诉诸柏拉图、亚里士多德以及亚历山大利亚学派[①]等哲学体系的影响,用来说明这个问题如何能够让人们的头脑在这么长的时间里执迷不悔。中世纪并非对这些体系一无所

① 亚历山大利亚学派(the Alexandrians):埃及的亚历山大城是希腊化时期著名的文化中心,欧亚非各民族思想在此交汇,政治气氛宽松,学术思想活跃。柏拉图主义者在此建立学派,公元2世纪后期,基督徒在此建立教理学校,在3—4世纪成为基督教神学中心,主要人物有克莱门特(克莱芒)、奥利金等。——中译注

闻,至少是间接地有所了解;实际上,在这些体系里,这种论争确实扮演了重要的角色。事实上,还不止如此。这是因为,试问在这些体系里探讨的所有问题当中,为什么只有这一个问题引起了思想家的好奇?这里,必然有某种特别的原因,激起了他们思索中这种特别的偏向。这些人昨天还属于野蛮民族,才初猎思想,遇上这么抽象的主题,这么远离活生生的现实,这么缺乏实际效用的东西,就会对之迷恋不已,这难道真的可能吗?要知道,中世纪时的思想一开始就关注文法问题,并且关于文法的研究又为其他问题的提出铺平了道路,只要我们搞清楚这一点,一切便都清楚了。因为说到底,经院哲学家的问题的明确表达和系统阐述,多少都是通过文法术语来进行的:表达抽象和一般观念的那些词语意味着什么?实词,如其名称所指,是否始终对应于实体?在那种情况下,抽象的、一般的实词也对应着抽象的、一般的实体。种类也有某种实际的存在。实在论者说得不错。

因此,由于纯粹从文法上来思考分类,人们自然会进一步问关于本体论的问题。事实上,实在论开始成为传播最广也是信众最多的哲学学说。我们要想对此做出说明,必须得说说阿尔昆。这不仅仅是出于与正统有关的缘由,而且是由于对当时那种人的理智来说实属自然的思维模式。我们已经看到,在文法学家的著作里,这种思维模式开始对自身有了清楚的意识。实际上,从阿尔昆对实词给出的界定中,我们就可以看出,他不可能区分实词与形容词。在他看来,如果说“山”(mons)是一个名词,那么“山地的”(montanus)也同样是一个名词。要想进行充分的思维分析,以期能够将对象与对象可能具有的属性区分开来,人类的头脑还不够发达。在阿尔昆的文法里,形容词并不是一个单独的词类。一种观念是经验中遇到的、由具体名词指称的具体的个别主词,另一种观念是这些主词可能拥有的属性,要想把这两种观念归于一个"目"下的一个"属"中,势必会试图把这些属性当作与主词相类似的实在来考虑,从而把主词构建成自在的东西,而谓词则不具有这样的特性。这就是实在论的根本原则。如果"白的"是像"桌子"一样的实词,那么白不就应该完全和桌子一样是自在的么?我们看到,宫廷学校的教师当中另有一位所说出的也正是这条原则。他就是弗里德基斯。他说:"一切实词所表达的皆为具体事物(Omne nomen finitum aliquid significat, ut homo, lupus, lignum)。"每一个名称都对应着一个具体实在。由此他得出结论,认为即便是"nihil"这个词,意思是"没有"(nothing)或"无"(nothingness),也对应着某种实在,也就是说"无"本身就是某种实在的东西,"非存在"其实也存在着。①

不仅如此,在我们以上考察的这段时期里,我们找到了此后发生的进程的萌芽,而且,这也不仅是从一般取向来说的;甚至在教学技术方面,细节上也有相当明显的相似性。我们将会看到,在经院时代的大学与学院的讲学中,最重要的训练之一就是辩论,即"disputatio",我们需要搞清楚这种特别的教学技术的意义、形式

① 弗里德基斯:原文为"Fridugise"。阿尔昆有一学生名叫弗里德基斯(Fredegisus de Tours,? —834 年),写有一封《论虚无与黑暗》的信,为虚无的实质性辩护,"黑暗"即灵魂认识之前的蒙昧,"虚无"指柏拉图创世说中"世界灵魂"被创造之前的"前存在"状态。艾因哈德的《查理大帝传》中称此人为修道院院长。参见赵敦华《基督教哲学 1500 年》,第 207 页。——中译注

及其在教育上的意涵。我们将会看到,产生这种技术的原因深深地根植于那个时代的整个教育体系当中。阿尔昆的教育论著已经以辩论作为表现形式。两位学生,具体说就是阿尔昆自己和查理大帝,为所探讨的主题展开辩论,而不是径下定论(ex professo)。有一些论文干脆直接题名为《辩论集》(*disputatio*)。[①] 当然,这些争论还没有以经院哲学家的风格进行,但它们终归是争论,而且有意思的是,我们注意到,从此之后,它成了学术著作的一种典型写作方式。这一事实无可辩驳地证明,在一般意义上,这种训练起源于中世纪精神。

如果说我觉得有必要坚持认为,在加洛林时期教育和经院哲学时期教育之间的确有所类似,那么可以肯定的是,这首先是为了明确这两个时期之间存在的关联,不仅如此,还因为我想要说明这种以文法为中心的教育在实际当中发挥作用的方式和原因。人们一旦认识到它为经院哲学铺平了道路,认识到它的学术体系为这种哲学搭起了一副多么宏伟的框架,就不再会倾向于错误地对它嗤之以鼻。它真正的重要意义在于自身所承载着的那个未来。与此同时,从这个角度来看,中世纪的整个思想发展体现出了一种一体性,而我们一般意识不到它的存在。从它的源起一直到文艺复兴时期,它的独特之处就在于将逻辑方面的论题作为压倒一切的头号问题。9 世纪之前,对这个问题的迷恋已经被唤起,尽管还只是模糊不清的。而到了 11 世纪,它就已经彻底确立起来,得到了明确的表述,并且依然在不断发展。我们这里看到的这项特征,完

① Migne,101,p.975.

全是各基督教社会思想演进的特点。希腊开始是对自然和宇宙进行哲学化的思考,只是在比较靠后的阶段,在苏格拉底和柏拉图那里,才绕到了对人的思维的思辨。与此不同,中世纪一开始就是径直探讨思维问题,并且是从它最具形式性和抽象性的一面入手,让思维成为自身思考与讲授的素材。如果在我们看来,这段时期对古代的文学之美不屑一顾,那么也不只是因为狂热的反传统崇拜甚至纯属缺乏文化修养,而是因为整个时期的取向很不相同,因为这个时期体验到了一些类型完全不同的需要,并力图满足这些需要。9—15 世纪,这种方向一以贯之的演进表现出了显著的连续性,唯一能够说明这种连续性的就是它深深地根植于欧洲各民族(也就是基督教世界各民族)的思想结构中,当我们对文艺复兴的成就做出评价时,我们必须始终牢记这一点。

不过话说回来,直到现在,我们还只是考察了这一演进过程的预备阶段。我们现在就走进这些萌芽开花结果的时期。随着它们盛开在经院哲学中,我们也将第一次遇上类似于我们今天所拥有的那种庞大的公共教育机构。

第六讲　大学的起源

在上几讲中，我们已经看到，欧洲各个社会最早确立的教育体系是由什么构成的。这种教育体系无可置疑的独特之处，就是那种极度的形式主义。尽管在理论上它力求成为百科全书式的，但当实际应用到学术生活中时，却几乎只是包括了屈指可数的几门全盘形式化的学科，这些学科所探讨的就是思维及其表达的一般形式：文法、修辞和辩证法。实际上，在这些学科里，人们认为地位最重要、从而也最关注的那一门，就是最具形式性的一门，这门学科所研究的是思维最外在化的形式，这样的主题是最远离具体事物的。这就是我所说的文法。正因如此，我们可以为从 9 世纪延续到 11 世纪的加洛林时期取个别名，称之为文法时期。不过与此同时，我们也已经指出，不管这种教育自然会显得多么地贫乏和欠缺，也还是孕育了一些颇具生长力的种子。它的目标不是要多少借助死记硬背的办法，为初学者讲授语言的传统规则。相反，它关注的是以一种合理的方式协调这些规则，给出说明，揭示它们与思维法则之间存在的关联。照这样理解，文法似乎能够孕育出逻辑。实际上，人们毫不怀疑，文法的教授方式完全有能力成为逻辑研究的一种预备研究。如果单就其本身来考虑，词语及多个词语的组合只是空洞的、无生命的、纯形式的对象，因此，一旦人们把它们看作是通过外在化的形式来传达思想的生活，它们就会重新获得活力，让人迷恋不已。从这个角度来看，文法时期也就是一段序曲，揭示了随之兴起的时期，即经院哲学时期，我们完全可以把这一时期概括为逻辑时期。

这两段时期之间这种连续性的证据的得出，这一整套文法教育的方向的来源，渗透着逻辑生命力的现实的明证，都不仅仅在于我已经指出的一件事实，即经院哲学的重大问题，也就是占据了整个中世纪的那个问题（有关共相的问题），所有这些在阿尔昆的著作中都已经有了非常多的明确体现；而且，还在于另一件事实，就是在他的直接继承者的作品中，可以发现从形式的角度提出了这个问题。追随阿尔昆的脚步，他的学生莫鲁斯考察了属的性质。这些属是实在，还是人的思维的构造？他自问道，既然“ens”这个词被用来指称一切存在物，那么是不是能够进一步推出，这个单称实词是某种唯一实体的名称，而在这种唯一实体自身当中包含了所有具体存在物？莫鲁斯之后，就是埃里金纳。[①] 这位非凡的天才，早在9世纪就已经写了极其深刻的著作，甚至连后来经院哲学时期的杰出思想家们都未能超越他。莫鲁斯还有其他几位继承者，一位是埃里克（Heiric），宣扬一种彻头彻尾的唯名论；另一位是欧塞尔的雷米吉乌斯，信奉的却是极端的唯实论。当然，唯实论和唯名论这两个词当时还未见使用，这两派思想也没有像后来那

① 埃里金纳（John Scotus Erigenus，810—约877年）：即爱尔兰的约翰（当时爱尔兰与苏格兰并无分别），基督教神学家、评注家，加洛林文化复兴时期最著名的哲学家。长期任法王查理二世宫中文法和辩证法教师。主要著作《论自然的区分》有泛神论倾向，受到教会谴责。——中译注

样，在公开的竞争中确立自身。但是不管怎么说，自此之后，争论揭开了序幕，问题也被提了出来；所有这一切都表明，这种文法教育绝不能说没有成为具有巨大潜力的思想上的刺激因素。

但是，即便说从那时起，确实有那么几个我已经提到过名姓的思想家，把自己的思想提升到了一个新的高度，可以去沉思经院哲学的重大问题，即便说他们直觉地预见到逻辑将在学校当中发挥相当重要的作用，他们也并没有成功地使逻辑成为教育的基石。也许，在这些努力中，的确有一些努力富于魅力，也很有力，尤其是埃里金纳，但无论如何，它们依然是一些个人的事业，缺乏相互联系和前后呼应，不能在精神生活和学术生活中创造出一种复兴的气象。教育的素材和方法几乎依然如故，唯一的例外是辩证法多少获得了些重要性，具体还得看教师本人的性情如何。事实上，教育如果不是这样，又能如何？在查理大帝统治下建立起来的这套课程体系，如果没有受到任何刺激得以发展和变化，如果没有遭到任何外在于自身的致命指责，从而把诸如此类的转型推上轨道，那么，单靠它自身，是不会自动产生发展和变化的。而现在，一旦查理大帝退出了历史舞台，教育也就进入了一个渐趋衰败的时期；始作俑者查理大帝曾经以强有力的方式，将欧洲所有的思想力量集中起来，这样的日子已经不复存在了。从此，精神生活只能逐步走向衰落，事实上也确实如此。因此，要想让它重振活力，要想让它达到必要的强度，也就必须有一种强有力的新思维开始发动公共理智，必须出现一些新的情势，能以某种方式使欧洲在思想上升温，以便使那些未来的种子成熟、开花，那些种子在加洛林时期的教育阶段已经入土，但要是没有任何新的东西出现在舞台上，就会始终在一定程度上不得破土而出。

而这些巨大的变化就发生在 11 世纪。所有历史学家都一致认为，在这个时期，欧洲各民族都出现了真正的思想欢腾。此时发生的是第二次复兴运动，比第一次要深刻得多，其重要性也绝不比日后在 16 世纪发生的那场复兴运动逊色。一旦千年纪元安然度过，整个欧洲都仿佛迸发出一股新鲜的灵气。当然，我们也必须清楚地意识到，这就像人们不时所做的那样，在安然度过据说是致命的时刻之后，会体验到一种欢快，而今就是让一切都沐浴在这种欢快之下。如果说在那个时候，基督教世界各民族在希望与信心中重获新生，那不仅仅是因为某种误入歧途的蒙昧迷信已经消散，也因为这些民族的生活已经发生了深刻的变化。

在刚刚逝去的 10 世纪，加洛林王朝最终覆灭，[①]而对于整个基督教世界来说，这也是个苦痛不堪、焦虑弥漫的时代。人们所面对的急迫问题难以计数，但却不得不去忍受。斯堪的那维亚人再一次劫掠了北部，萨拉森人入侵了南部，而诺曼人则威胁着整个海岸线。在内陆地区，加洛林帝国土崩瓦解，分裂成不同的封建集团，由于它们彼此之间缺乏协调，所以面对种种内部的不和乃至冲突，一直在努力寻求某种较为稳定的组织方式。这是一个纷争不断的时期，是一个暗中求索、艰难求适的时期。欧洲各民族需要调

① 加洛林王朝早自 9 世纪中期开始即已陷入纷乱之中，国王积弱，权势旁倾，但在公元 887 年被罗贝尔（卡佩）王朝的国王废黜后，加洛林王室成员又曾于 10 世纪两度重掌政权。作者故有此言。更要注意到，今天的人们习惯于以国王接连世袭的眼光去看待王朝继替，但当时国王的尊号在相当程度上是个人性的，经常可以成为军事竞争或贵族夺权的对象。——中译注

动起自己所有的力量，以抗御外敌，捍卫自身，重建内部均势。因此，他们既没有相当的闲情逸致，也没有充分的思想自由，足以达成理智方面的成就。所以，10 世纪是一个思想停滞的世纪，甚至有某些倒退的趋势。当然，在教堂和修道院里，教育还在实施着，只是全无创新和进步可言。整个时期从头到尾，硬是无法挑出一个伟大的名字。与此相反，在 11 世纪，充满严峻问题的时代过去了。斯堪的那维亚海盗已经成为庞大的基督教共同体的成员，诺曼人也接受了文明的熏陶，开始定居下来。封建体系已经充分组织起来了。

从这以后，为了对抗这纷繁复杂的问题而调动起来的所有力量，所有道德能量，都发现自己仿佛挣脱了束缚，大有可为。由于他们不再有什么特定的分内之事去做，就不可避免会去寻找某种新的用武之地。这就导致了一连串十足的鲁莽之举，整个欧洲一时间都搅了进去，其中最招摇的例子就是十字军东征。我们只有从这个角度入手，才能说明这些大规模的宗教骚动为什么会突如其来，自发而起。当教皇乌尔班二世[①]在克莱芒向整个基督教世界指出，他们的基督徒弟兄正在圣地遭受灾难，如果说从这一刻起，一夜之间，王公贵族和普通民众都众口一辞地做出了近乎狂喜的反应，在一片吵吵嚷嚷之中，向着教会派遣他们去的那些遥远之地进发，其原因就在于，当时整个欧洲都弥漫着一种发自内心的强

---

① 乌尔班二世(Pope Urban Ⅱ，约 1035—1099 年)：1088—1099 年任教皇，适逢发生历史深刻变革的时代，也是教会经历危机与变革并调整对世俗威权的关系的时代。1095 年在克莱芒(Clement)会议上发出关于发动第一次十字军东征的号召，十字军于 1099 年攻克圣地耶路撒冷。——中译注

烈需求，为了某种值得付出自我牺牲的事业而投身行动、投身运动。教宗并非蓄意发起这场运动；它所做的只不过是面对这一整个缺乏调动、然而又正在寻觅某个目标以便献身的行动力量，为其指派了一个具体的目标而已。至于这种普遍存在的欢腾是怎样很容易就转变成了一种思想的形式，倒也不难看出。这是因为，就文明而言，当各个共同体中积聚起一种活力，一心想要找到一个出口，找到某些消耗自己的手段，与此同时却又不存在任何非解决不可的迫切之事，能够理直气壮地吸纳这种活力，恰恰要到这样的时候，会出现一个文明富有创造性的年代。从某种意义上来说，艺术、科学乃至整体上的精神生活，都属于奢侈的消遣，先得在共同体中有多余的能量，超出了维持生存的当务之急。为了能够献身于纯粹、客观的思想工作，就必须储存有丰富的能量可供调用，超出应对日常生存种种困难之所需。一旦确实有这样的储存，由于并没有什么强迫它用到外部去，它自然就会转向内在生活，转向思想，转向反思。

但十字军东征向我们揭示了当时社会的另一特点，它对于来自各个阶级、各行各业的人的高度流动性所起的促进作用，想必至少和上面那点一样多。因为这些难以确定其边界的普通民众正是查理大帝时代欧洲的基本特征。到了 11 世纪，欧洲各民族得以确立的牢固程度相比 8 世纪末时也没有见得有任何改进。即便是较大的群体聚合，不管是当时正在逐步形成，或者已经消失，或者其实已是空有其名，都已经被形形色色的封建团体所取代，而后面这些团体太过细碎，人为凑合的味道也太重，没有能力取代道德意义上的祖国。与此相反，基督教世界对自身的身份认同感则非常强烈。

因此，十字军东征无非是基督教世界针对异教徒而发动的一场大众民族主义战争。查理大帝发动的战争中也有十字军的东征，[①]只不过当时是出于一个人的个人意愿而已；而11世纪的十字军东征是一场出自各民族意愿的战争。不仅如此，当时正值教皇与神圣罗马帝国竞争欧洲霸主地位；这就意味着双方都从自己利益出发，力图创造出整个基督教社会的统一。这些背景情况可以说明，为什么人们并不会对自己的出生地感到强烈的眷恋，为什么他们会以一定的自由在整个欧洲区域内四处移动，尽管他们之间除了习俗相似而产生的纽带之外，其他纽带都很脆弱。毋庸多言，当时生活的不安定也使这种移动确有必要。

上述游牧习性融合了欧洲所有思想力量中的这种欢腾，这种普遍弥漫的过度兴奋，不可能不有助于对学术研究的兴趣。不仅是期望成为受教育者的人数增加了，而且，由于没有国界的障碍阻止他们，他们自然可以成群结队地游历到一些特定的地方，在那里，他们最有机会找到这种为自己所需的教育。他们不是四下分散，散布到一大堆不同的学校中去，而是聚集在寥寥可数的"教席"周围，聚集在他们最有机会找到自己所寻求的东西的地方，以此充分利用了自己的迁移自由。这就是当时的真实情况。10世纪的学校在默默无闻之中逐渐枯萎，而在随后的这个世纪里，我们看到一些规模较大的学者群体开始确立，并且，由于他们的涵盖面更为

① 查理大帝在某种意义上是十字军战士的鼻祖。曾出兵打击基督教世界之外的"敌人"，击退莱茵河与易北河之间的日耳曼异教徒部落，进攻西班牙的回教徒，每次远征都带一批传教士随行，任务是立即使被征服地区改信基督教。——中译注

广泛，也就更加富有活力，更加积极主动。正如功能会创造器官，正如需要会为自己努力求得满足自身的手段，那些不凡的名姓也会将自己附着在这些不凡的机构上。在兰斯学校（Ecole de Reims），是声名赫赫的热尔贝校长，他是中世纪最杰出的有才之士之一（此人就是后来的教皇西尔维斯特二世）；[①]在夏特尔学校是富尔贝尔；[②]在巴黎学校（Ecole de Paris）是朗贝尔（Lambert），他曾是富尔贝尔的学生；在拉昂学校（Ecole de Laon）是著名的安瑟伦；[③]在贝克学校（Ecole du Bec）是兰弗朗克，[④]等等。上述各所学校都聚集着来自各个国家和阶级的学生。

如果再不曾有别的事发生，当然还会有一大批卓越的学校和卓越的教师出现，但也就不会有任何根本性的教育创新实际发生了。其实，11 世纪的教育尽管比此前数百年间的教育更有光彩，但在根本方面并没有什么不同。结构依然如故；还是主教座堂学校或修道院学校，所讲授的素材也不曾有什么明显的变化，只是辩

① 热尔贝（Gerbert，约 945—1003 年），999—1003 年任教皇，即西尔维斯特二世（Pope Sylvester Ⅱ）。早年即受教皇赏识，曾为神圣罗马帝国奥托一世的太子当导师，983 年暴乱后逃往兰斯。是一位杰出的学者和优秀的教师，曾发明多种实用教具，编制修辞学图表，制作数种天文仪器、风琴和测弦器等。——中译注

② 富尔贝尔（Fulbert，约 960—1028 年）：法兰西夏特尔主教，990 年任该城座堂学校即夏特尔学校（Ecole de Chartres）校长，在他主持下，该校成为欧洲重要学术中心。1006 年起任该城主教。——中译注

③ （拉昂的）安瑟伦（Anselme of Laon，11 世纪上半叶—1117 年）：神学家，著名的早期经院哲学家，曾在贝克学校（见下）师从坎特伯雷的圣安瑟伦学习。11 世纪最后 25 年在巴黎教学，成绩卓著。1110 年左右返回拉昂，创立神学和注释学校，颇为著名。1114 年左右阿伯拉尔曾在此校学习。——中译注

④ 兰弗朗克（Lanfranc，约 1005—1089 年）：意大利本笃会修士，在诺曼底地区的贝克修道院任教，颇有名望。当时此地为欧洲著名文化中心，学者云集。1070—1089 年期间曾任坎特伯雷大主教。——中译注

证法显得越来越重要。实际上的差异其实也只是次要的,最终可以归为侧重点的变化。但是,从 12 世纪初开始,在法国开始发生了一场重大的转型,不仅对于我们,而且对于整个欧洲学术界,都产生了深远的后果。卡佩王朝[①]巩固了自身,并逐渐组织化。王室在此之前一直迁移不定,全凭国王的一时之念和大体局势的左右,在王国各地四处移动,现在,王室在巴黎安定下来,巴黎成为王国的首要城镇,成为首都。从此以后,法国有了一个中心。而随着城镇本身求取特权的过程不断推进,巴黎学校也势必越来越多地分享了这种特权;对于王国的所有年轻学者来说,巴黎学校所具有的吸引力都远远高于国内其他学校乃至邻国的学校。

尽管如此,事实上,"巴黎学校"这一说法本身的意义根本就没有什么清楚的界定,因为在巴黎始终有各式各样的学校存在。有几家修道院办有学校,圣热内维埃夫[②]修道院和圣维克多(Saint-Victor)修道院最为著名。但在所有这些学校里,有一所学校的光彩要盖过其他所有学校,很快便获得了全面的支配地位,这就是附属于巴黎圣母院的那所学校。学校坐落在都主教教堂(metropolitan church)脚下的一圈回廊里,与主教的居所很近。那座都主教教堂当时已经叫作圣母院,不过,还不是日后那座庄严巍峨的圣母

① 卡佩王朝:中世纪 987—1328 年的法兰西王朝。其历代国王通过扩大并巩固王权,为法兰西民族国家奠定了基础。王室统治范围开始越出巴黎周围的狭小领地。——中译注

② 圣热内维埃夫(Sainte-Geneviève,约 422—约 500 年),巴黎的女圣保人,预言巴黎将受匈奴攻击。451 年匈奴国王阿提拉进逼巴黎,热内维埃夫劝说居民留城固守,后来,阿提拉于奥尔良被击败。——中译注

院，后面这座纪念碑式的建筑是在腓力二世的手中开始修造的。[①]这圈回廊就是一处院落，从教堂前面的广场开始，沿着教堂北厅伸展，然后再与主教宅邸的花园相接。就在这块地方，聚集了来自欧洲各个角落的学生。主教学校因此获得了霸主地位；我们将会看到，相比于其他学校，它甚至在法律上拥有某种优越性。从此以后，法国乃至欧洲其他社会的学术生活都有了一个固定的中心，界定明确，不易更改。而这个中心的重要性并不在于某一位杰出教师所拥有的权威和声望，因为这样的名人只能倚重一时，有可能去别处另谋教职，迟早是会消失的，学校的命运也只能系于其一人之身。此后被称为"巴黎学校"的那所学校，它的优越之处首先来自于一些比较持久的非个人性原因，来自于它的地理环境和位置——它占据了国家的最中心。因此，它在学术等级体系中的地位不再像其他学校那样仰仗在校教书的教师的个人素质；以它为中心的集中更可以确保持久性，因此也可以期望，它必将产生出更多的实质效应，这是那些聚散不定的聚合所无法比拟的，后者只是看哪里有一位知名教师占据了某个有名气的"教席"，就以此为中心而形成。教育体系开始有可能以一种新的方式组织起来，成为稳定的，有规律可循的，非个人性的，并且走上持续发展的道路，从中浮现出一种此前不曾听闻的新的学术生活风格。

① 巴黎圣母院(Notre-Dame)始建于 1163 年，系根据年代更为久远的圣艾蒂安大教堂和 6 世纪的圣母堂改建而成。腓力二世(Philippe-Auguste，奥古斯特系其名号，1165—1263 年)：卡佩王朝杰出国王(1179—1223 年)，逐步收回英格兰国王占有的法国领土，尤其注重巴黎建设，规划市内街道。曾为圣母院学校颁发特权证书，在拉丁区一带〔城岛(见后注)与圣热内维埃夫山之间〕建立学校的治安特权，意欲平抑学生与市民之间的冲突。——中译注

因此,产生这些剧变的种种力量,至少是种种非个人的力量,可以分为两种。至于这些力量的后果,我们稍后将进行考察。第一种是整个欧洲的思想活动普遍恢复了活力。这种思想活动通过两种方式逐渐集中在一起:先是集中到一些地方,数量不多,彼此分散;再集中到一个地点稳定下来。这个单一的地点居于中心,位置优越,这样的环境会产生出生命力,进而孕育出教育创新,我们稍后将会来勾勒创新的进展。从这个源地中孕育出大学教育的组织形式,中世纪的文明在此获得了最切实的发展,而这种组织也通过自身的转化,确保自身一直延续到我们自身所处的时代。之所以这么说,是因为在所有的中世纪机构中,时至今日,显然只有一种机构留存下来,尽管它的确有某些变化,但依然与当时的面貌极为相近,这种机构就是大学。

在这些非个人的力量之外,机缘巧合之下,出现了那么一个人,为这一现象做出实质性的贡献。所谓的机缘巧合,是说整个中世纪最负声望的人物之一,或许就是最负声望的那么一个人,正好出现在了巴黎。我这里指的就是阿伯拉尔。① 这里我们没有必要深入他那动荡的一生中所经历的许多事件,更无须描述他非同寻常的体相。而且,不管他的人格与辩才的魅力在他的成功中起到

① 阿伯拉尔(Peter Abelard,1079—1142 年):法国神学家和哲学家,因对共相问题的解释和创造性地运用辩证法而著称于世,也因浪漫故事而为人传奇。阿伯拉尔在巴黎圣母院主教座堂学校任教时,与管堂神甫富尔贝尔的外孙女爱洛漪丝(Heloise,1101—1164 年)发生热恋。为不妨碍阿伯拉尔的神学教师前程,17 岁的爱洛漪丝与之秘密成婚,并生下一子。富尔贝尔恼羞成怒,指使人私下将阿伯拉尔阉割。作者下文所谓"体相"即婉指此事。日后卢梭以此事为原型写成著名的《新爱洛漪丝》。有关他此前此后的多次著名论战与讲学盛况,以及对于当时整个知识界人文精神的影响,参见勒戈夫《中世纪的知识分子》(中译本),第 31—44 页。——中译注

了怎样的作用，在我看来，似乎不可能完全从他的个人天赋出发，来说明他的影响如何深远。很少有人曾经享有过这么彻底的美名。古代的哲学家和现代的哲学家一样，即便为人所知晓、所景仰，也只限于知识分子同事的有限圈子。而阿伯拉尔却是三教九流共同景仰的偶像。雷姆萨特（M. de Rémusat）①说："只有伏尔泰，也许只有伏尔泰，只有他在18世纪所享有的地位，能够让我们大概领略12世纪人们对阿伯拉尔的看法。"按照一位编年史家的说法，我们从来不曾见过像他这样的人物；此前历代都不曾听说有过像他这样的人物。人们谈起他来，就说高卢从未有过如此伟大的天才，他是伟人中的伟人，他的能力超出了一切用来估测人的尺度。能够与其相提并论的是柏拉图和亚里士多德，事实上还有西塞罗和荷马，这当然是就他的文学天赋来说的。今天，一位名叫雷姆萨特的学者，在对阿伯拉尔及其著作进行深入研究后，首先承认他是"人类思想的解放者中最卓越的先驱之一"，但又说道："可他并不是一位伟人；他只是拥有一副敏锐出众、聪慧过人的一流头脑，作为一位批评家，他的观察之深刻、表达之明晰，足以证明他的理解力令人惊羡。"所以说，他的声名与他本人的素质是不相称的，因此，这样说想必另有缘由。他之所以享有这样的声名，不仅仅在于他的知识和辩才，而且还在于他属于这样一种人：我们通常会发现，在所有伟大的历史时期来临时，都会矗立着这样的人，而他们的同时代人从他们身上看到的，则是自身放大了的伟大肖像。阿

① 据赵敦华：《基督教哲学1500年》，第253页，19世纪初学者拉姆萨特（de Ramusat）著有《作为一个人、一个哲学家和神学家的阿伯拉尔》。——中译注

伯拉尔也许是整个中世纪时期最全面的一位代表性人物。在他身上，我们还能看到人格化了的中世纪的一切偏好：精深的辩证法造诣，基于理智的信仰，宗教的狂热和求知的激情都奇怪地融合在一起，这正是这个伟大时代独有的标志。关于共相的问题，这个使中世纪如此迷恋，让整个中世纪思想在数百年间趋之若鹜的问题，其设问从未如此出色，格局从未如此宽广，论辩从未如此畅达，而气韵也从未如此雄浑。每个时代都会倾向于颂扬甚至神化某些人，自认为可以从他们身上看到自己的形象，而他们也为时代本身的理想充当了魅力四射的化身。在景仰阿伯拉尔这个人的时候，12世纪也是在景仰它自己，就好像18世纪从伏尔泰的形象中景仰自己一样。

不管阿伯拉尔的影响力来自何处，总之超出了我们的设想。当他开始在巴黎讲学时，这座城市便成了欧洲整个思想界的关注焦点。“到处都在争说着他，从彼此相隔遥遥的各地，从布列塔尼[①]和英格兰，到波罗的海和日耳曼诸国，人们蜂拥而至，亲聆教诲；甚至罗马教廷都派人来听他讲学。人们聚集在街上，期盼能望他一眼，走到哪儿都有人拦住他。为了一睹他的面容，楼上的住户会跑下楼来守在自家的门廊下，妇女们则会把自家小窗的帷帘拉开一条缝。”[②]他的学生数以千计，其中有许多后来也成为名师。据说，他的学校培养出一位教皇，19位红衣主教，还有五十多位驻

---

① 布列塔尼(Brittany)：法国西北部大区，曾是古代省份和公爵领地。阿伯拉尔就是布列塔尼人。——中译注

② 瑟诺博斯《法国史》(中译本)第136页举证：阿伯拉尔在巴黎圣热内维埃夫山上做露天讲学，因为巴黎城中没有一个大厅能够容纳下他的听众。——中译注

法国、英国和德国等地的主教或大主教；其中，有著名的巴黎主教彼得，他的著作《教父名言集》后来成了巴黎大学讲授神学的标准教科书。[①]

如果你想想，课程体系的核心就在于有关共相的某一命题，那你会发现很难理解如此这般的狂热之情。“属”究竟只是人的思维的构造，还是高出自己所分有的具体事物的某种客观实在；再比如，在人的个别存在之上，是否还存在某种所谓“人性”的抽象实体，或在各种动物之上，是否还存在某种称为“动物性”的抽象原则，在我们看来，这类问题都是些极其枯燥的理论问题，如何能够激起如此激动的情绪？

其实，在这场著名的论争当中，还牵涉到其他许多问题，直接触及当时道德意识和宗教意识所能提出的一些最关键问题的核心。我们姑且承认，除了个别实体之外不存在任何实体，而一个“属”也只是包括构成它的那些个别事物，属也就是一个词，用来指称这些个别事物的集合，或者是它们的各项共同特征的集合。如果是这样的话，教会最关键的那些教义就无法解释了。比方说，我们如何理解圣三位一体？如果说个体凭借他的总体性和统一性，可以让自己成为一个实体，如果说组成他的各种要素并无任何实体性的现实存在，那么三位一体中三个神圣的位格，就该是三个无法化约的独立实体。这样的话，我们就等于接受了一种彻底的多

① （伦巴第的）彼得（Peter Lombard，法语为 Pierre Lombard，约 1100—1160 年）：巴黎主教，所编纂的《教父名言集》（*Liber Sententiarum*）汇集了早期基督教教父的教导和中世纪诸神学家的见解，集多年神学教材之大成，在 16 世纪之前一直是各大学法定教科书。——中译注

神论，而这对基督徒的心智来说，是完全不能接受的。要么，我们就得主张三个位格其实只是一个，是同一个实体的不同方面，并无自身独特的个别性。这样的话，我们又陷入了上帝一位论，而这种论调与教会教义之间的抵触丝毫不比前一种少。[①] 同样，带着这个问题，我们应该如何解释圣餐中所谓上帝确实在场的教义？如果每块面包都是一个单独的、不可分割的实体，而这一实体又能通过某种方式消失，被另一种相当不同的实体取代，后一种实体却能保留第一个实体的所有外在表现，对此我们又做何说明呢？再有，如果个体相互之间有着不可化约的差异，如果他们之间没有任何实体性的纽带，如果所有人都用不同的方式来表达“人”这个类，而且后者也没有独立的存在，那么，我们如何说明第一个人的原罪就不是纯粹个人的呢？它如何能够把它的后果传递给其他并未犯有此罪的人？这样，原罪学说就成了自相矛盾的了。

这样一来，认为“属”有其现实存在的唯实论能够被天主教正统学说所采纳，似乎也就很合乎逻辑了。实际上，唯实论本身就带有某种正统学说的特征。比如说，根据唯实论的说法，万物皆由两种成分组成：一方面，是属的本原，在属于该属的所有个体身上，这一本原的表现都是相同的，它是这些个体的灵魂，看不见，摸不着，纯粹是神性的；再有一种是有形的形式，通过这种形式，属的本原得以个体化，从而说明它为何会以不同的形式呈现于不同的地方。由此，我们可以看出，在圣事中，面包中属的本原与神的本原是如

① 上帝一位论(unitarianism)：主张上帝只有一个位格，反对三位一体说。否认基督之神性，认为耶稣是人不是神。前述阿里乌学派即持该主张。——中译注

何消失的，并且在不改变其有形形式的前提下，是怎样被另一项要素所取代的。正因如此，神的本原能够化身为一块块面包。但是，即使唯实论的优势在于能够以更容易理解的方式表述某些信条，可同时又产生出何其多的问题！如果属确实是一种自在的实在，那么，属就是一种真实的实在，而对于我们自身来说所有个别的东西，都无非是些可感的表象、有形的形式、纯粹的偶然。所谓实在的东西并不是我们独立占有的东西，而是我们与自己所属的那个属的全体成员所共有的东西；个别的东西就此消失在属的东西中，这样的话，信奉泛神论的宇宙观也就很合逻辑了。

这场争论中的焦点，还在于构成当时道德意识和宗教意识之基础的那些信仰。信仰本身就是焦点。概而言之，在这种表面上显得抽象而思辨的问题背后，我们可以发现一种早已形成而且强劲有力的尝试，就是用理性来检验信仰。当然，此时尚未出现任何企图质疑宗教真理的质询，但已经让人感到需要去检视一下宗教的真理，挑战它所宣称的可以置信的证据，找到一种形式，能够理性地、理智地表述这种真理。人们在感受到需要去理解信仰时，甚至未曾去质疑这种需要是否是虚妄的，这本身就构成了一种实质的创新。如果把理性、批判和反思精神引入一套此前一直显得不可置疑的观念，那么这一刻也就是终结的开始了；敌对方就此站住了脚。如果理性未曾获得应有的地位，那么，从它在某个地方确立起自身立足点的那一刻开始，就注定会推翻人为的阻碍，克服种种力求维持这阻碍的企图。而经院哲学的成就正在于此。它用理性来检验教条，哪怕它拒绝否认教条所具有的真理。在理性与教条这两种力量之间，它力图维持一种均衡，这既是它的力量所在，也是它的缺陷所在。

这段时期向我们展现了一种景观，在对传统的尊重与对自由探究的向往之间，在维护对教会的信仰的欲望与日渐增强的理解的需要之间，它备受折磨；尽管如此，它依然蹒跚前行，包含着某种有趣的甚至是戏剧性的东西。在有些人看来，这几百年始终处于思想迟钝下的麻木状态，但其实它们从来也不知道什么心灵的平静。它们内部产生了分裂，被扯向两个相对立的方向。这是人类心灵欢腾、激发创新达到最高程度的几个时期之一。果实的收获尚有待后世，但种子却是在此刻播下的。鲜花盛开要等到17、18世纪的辉煌，那时候，阳光明媚，一片欢愉，而播种却是件充满艰辛的工作，但正是种子的质量决定了收获的丰厚。如果我们着手研究我们将要涉足的那个时期，这一点必须时刻铭记于心。正是因为这一点，中世纪时的人们才会在展开辩论的时候满怀激情。这些辩论引起了我们的兴趣，正是这种兴趣，使我们得以理解当时经历了这些辩论的人们对它们所持有的兴趣。

最后一点，可以在很大程度上帮助我们说明阿伯拉尔所具有的影响力是从何而来的。这是因为，他将自己与自己所处的那个世纪融为一体。这是因为，他比其他任何人都更充分地理解了那种充满苦痛的混乱，而恰恰是这样的混乱既使他得享盛名，也使他饱受折磨。他和他的时代（事实上，不只是他自己所处的那个时代）并肩而立，使他不仅体会到了探究的激情，也最终体会到了怀疑的折磨。

对于阿伯拉尔的个人影响力，我们既不应该否认，也不应该夸大。时常会有人指出，他就是巴黎大学的创建者。这种说法不符合事实。首先，在这段时期，还不存在任何可以享有此名的组织。再者，与他的名字连在一起的那场运动，之所以会表现得那么强烈，在很大程度上不能完全归结于此。从他那时候起，出现了一种思想上的焦虑，一种对知识和知性的渴求，这些才是簇拥着他的人群背后的真正推动力。当然，他凭借自身的个人素质，为增强和巩固这场运动做出了自己的贡献；他就此开辟出的道路，将一直通向巴黎大学的创立。实际上，受他吸引来到巴黎的大批学生，已经使这座城市荣光倍增，并进一步促使欧洲的学生群年复一年地向此地聚集。在这种情况下，由于学生的数量实在太多，教师本身也不得不成倍地增加人手。圣母院学校已经不够用，大量教师开始把授课地点移到私人宅邸、自家居所、巴黎城岛[①]乃至塞纳河的桥上。如此成群聚集的大批教师，是促成巴黎大学诞生的物质条件，但也仅仅是物质条件而已。我们需要说明，为什么这所学校会自我组织起来，确定成为一个享有这一称呼的学术体系，这是一个全新的体系，一个史无前例的体系。

① 或音译为西岱岛。巴黎城筑于2000年前，位于塞纳河一岛屿上。现代巴黎城已自该岛向周围伸展，远远超过塞纳河两岸。但城岛一直是巴黎古城的教权与俗权中心，塞纳河左岸则一直是文化生活的中心。——中译注

第七讲　巴黎大学的诞生

——就职礼(inceptio)与执教权(licentia docendi)

在上一讲结束时,我们已经触及这门课必须考察的最重要的问题之一,就是关于那场重大学术运动的实质。随着历史的演进,这场学术运动获得了它的名称:“巴黎大学”。这个具体的表述又体现着什么样的教育理念?为了确保得出正确的答案,最好的办法就是回溯这个机构的起源,考察它是如何逐步形成的,是什么导致了它的出现,是哪些道德力量造成了这个后果。我们要考察发出这棵嫩芽的那粒原初种子的构成,细究组成它的各种成分,看看它们是如何聚集并组合在一起的,这样,我们便能够指明,在怎样一种精神的激励之下,这个机构确定了自己的取向。

这个问题之所以引起我们的关注,原因是多方面的。首先,在教育理论中,它的重要性和研究价值都是极其显著的。这是因为,巴黎大学就是一个基体,我们整个教育体系都是从它那里发展而来的。此后将要构成我们的中等教育体系的一切,它从一开始就都蕴含其中了。而我们的学院也是从它这个母体里孕育出来的。此后我们整个的教育发展都带上了它的印记。其次,这个问题的历史研究价值也相当可观。尽管它影响我们的方式并不那么直接，但还不至于让我们可以漠然视之。这是因为，再没有什么机构能够比它更好地体现中世纪的精神。大学不仅仅是一所教授一定数量学科的学校，而是最如实、最具代表性地反映这个时期的机构，甚至可以说强于教会和封建制度。欧洲民众的精神生活所配备的器官，从来没有这样的精准，从来没有获得过这样普遍的认可，一句话，从来没有这样良好地适合于它的功能。因此，大学的影响力远比政治史家引导我们猜想的要高。我们将要进行的研究会使我们更好地理解这个组织，这个孕育出我们自己组织的组织。

关于我们将要探讨的巴黎大学的起源问题，已经有大量的重要著作以此为主题了。我不打算在此开出一份完整的书单，但至少得择要说明任何一个着手研究巴黎大学校史的人都理当参考的主要原始资料，以及利用这些原始资料完成的主要著作。就原始文档而言，可以查考德尼弗尔教父和夏特兰合编的《巴黎大学文件汇编》，这部书的头两卷分别出版于 1889 年和 1891 年，一直可以把我们带到 1350 年。[①] 另一部材料极为丰富的文献，也是第一部系统的巴黎大学校史，是杜・布拉伊编写的《巴黎大学校史：自查理大帝至本朝》（*Historia Universitatis Parisiensis a Carolo Mag-*

① 德尼弗尔教父（Heinrich Suso Denifle，1844—1905 年）：多明我会学者，遍访欧洲各主要国家图书馆，后利用担任梵蒂冈档案馆副馆长的机会，于 1885 年出版了材料扎实的《1400 年前的中古大学》（*Die Universitäeten des Mittelalters bis* 1400），推翻了布拉伊的研究结论，开列出几十个从教廷文献中重新发现的中世纪大学，使对中世纪高等教育的研究发生革命性变化。后应巴黎大学之邀，整理出版其早期历史资料。大学图书馆长夏特兰（Chatelain）为他的助手。在数年时间里，他们就很快编出对开本四大卷《巴黎大学文件汇编》（*Cartularium Universitatis Parisiensis*，1889—1897）和两卷《文献补编》（1894—1897）。据德尼弗尔本人在第二卷序言中说，他在教廷登记室看过 20 万封信，用了其中 8000 封作为该卷注释。——中译注

no an nostra tempora)(对开本六大卷,1665—1679 年出版)。[①]不幸的是,此书作者一点考据精神都没有,对巴黎大学起源的叙述完全是神话式的;名为历史,实为传奇。不过话说回来,这并不妨碍它在相当长一段时间里充当经典。有大批著述家在不同程度上忠实地仿制了它,至于他们的名姓就没有复述的必要了,因为他们的作品没什么价值。索邦本身就收藏有一部非常古老的手抄本,它的主旨恰恰是要驳斥杜·布拉伊。但这部题名《巴黎大学史考:四点实据》(*Universitatis Parisiensis ejusque Facultatum quatuor orgio vera*)的佚名稿本从来没有正式刊行过。

只有到了 19 世纪下半叶,巴黎大学校史才算进入了学术研究的阶段。这股趋向是由图洛开启的,他的博士论文题为《中世纪巴黎大学的教学组织》,[②]通过极其细致的考察,描绘了中世纪大学里教育体系的运作原貌。不过,对于起源问题,他只是略有述及。德尼弗尔教父的巨著《1400 年前的中古大学》开始填补了这个缺憾,此书于 1885 年开始陆续问世。最后是比较晚近的一位,拉斯代尔(M. Rashdall),他对中世纪时欧洲各大学做了广泛研究,写出了《中世纪欧洲各大学》(*Universities of Europe in the Middle Ages*,Oxford,1895,共 11 卷),而在书中,巴黎大学不可避免地占据了主要篇幅。[③]

---

① 杜·布拉伊(Du Boulay):即 Bulaeus。据汤普森《历史著作史》中译本(下卷),第 742 页,该书出版日期为 1665—1673 年。——中译注

② "The Organization of Teaching in the University of Paris during the Middle Ages",Paris and Besançon, 1850.——英译注

③ 勒戈夫《中世纪的知识分子》引用了 H.(而不是 M.)Rashdall 的同名著作,牛津大学出版社 1936 年版,3 卷本。——中译注

记住了这些原始素材，我们就可以来看自己的问题了。

在很长一段时间里，我们曾经有这样一种倾向（事实上，今天依然有证据表明存在这种倾向），就是如果历史说明在解释社会制度时，依据的是据说创建或所谓发明了这些制度的重要人物，那么我们就会接受这种说明。本着这种精神，人们习惯于去寻找一个人，可以把巴黎大学的创立和这个人联系在一起。而中世纪之初就有这样一个人物出现，如巨人一般屹立于世，此人便是查理大帝。正是出于这个原因，杜·布拉伊才认为可以把巴黎大学的起源一直上溯到查理大帝。所以，在他看来，巴黎大学的组织只不过是从巴黎学校发展而来的。对于这种纯属神话式的观点，在此我们就不需要去考察了。我们只需要注意到，巴黎大学是在巴黎诞生的，这一点我已经指出过，并且很快还会举出更多不容置疑的证据。巴黎大学在本质上是属于巴黎的，相反，巴黎学校则附属于查理大帝的王室，是和这个王室本身一样四处迁移的。而这位帝王到过那么多市镇，住过那么多宫堡，我们甚至都不能肯定，他有没有在巴黎这座城市停留过几个小时。查理大帝与巴黎大学之间的唯一关联，就在于的确是靠了查理大帝的支持，才有了主教座堂学校的重新兴起，而我们稍后将会看到，至少在某种意义上，巴黎主教座堂学校就是巴黎大学的摇篮。

今天，已经很少会有人再拿这种历史神话当真，实际上这种转变已经有一段时间了。但又有另一位人物接过了查理大帝曾经被赋予的角色，他就是阿伯拉尔。就连图洛这样出色的史学家，也推断出他是巴黎大学的创办者。表面看来，是当时表现出的巨大的思想活力开创了教育方面一个全新的时代；而把欧洲学生群吸引到巴黎来的这种对于学问的狂热之情，则有相当一部分得归功于阿伯拉尔的个人影响力。但是，不管这场运动真正的起源是什么（我们已经有充分的理由相信，这场运动的那些根本起因已经超出了阿伯拉尔的个人特征），可以很肯定地说，当他发现自己被名副其实的学生大军所簇拥的时候，在巴黎还不存在任何配得上“大学”之名的机构。实际上，大学并不仅仅是哪一所主教座堂学校或修道院学校更高级的形式，学生人数比一般的学校要多，而是一种全新的学校教育体系，随着我们考察的推进，它的独特之处将会逐渐浮现出来。而在阿伯拉尔的时代，除了那些附属于主教座堂和修道院的学校，根本就不存在其他任何学校。他自己教学的成功开展，最初是在巴黎圣母院的回廊里，然后是在圣热内维埃夫修道院里，这座修道院坐落在同名山丘顶上，今天我们在原址看到的是先贤祠。[①] 确实有数以千计的学人来到这些学校，为的是亲聆这位伟大的教师授课，但这根本不能改变这些机构的性质。

不过，那时确实也发生了一样重要的创新，它所开辟的道路导致了巴黎大学的创立，使得巴黎大学的组织形式变得很有必要。在 12 世纪，由于阿伯拉尔的教学，在同样程度上也由于巴黎在法兰西王国中的中心地位，巴黎在欧洲公共舆论中获得了一定声望，精神生活愈益增强，出于这些缘故，学人越聚越多，在宗教机构内创办的特有的学校，不管是主教座堂学校，还是修道院学校，面对

① 先贤祠（Panthéon）：建于 1755—1792 年，路易十五患重病，病愈后想以此作为对圣热内维埃夫的谢恩奉献物，取代以这位女主保圣徒之名命名的 5 世纪修道院。后修道院日渐圮毁，大革命期间改为先贤祠。祠内有铭文“国之伟人，永膺感戴”。葬有雨果、伏尔泰、卢梭，左拉等。——中译注

这大批大批如饥似渴地求学问教的人群，都已经无法充分提供他们所要求的教育。它们的这种欠缺很快便恶化了，因为事实上这些学校大多数停办了，只有圣母院主教座堂学校硕果仅存。即便是阿伯拉尔曾经在那里大出风头的圣热内维埃夫学校，在阿伯拉尔死后也是一蹶不振。从12世纪末以后，即便这座学校还在勉强维持，也只能是借着昔日荣光的荫护了。圣维克多修道院所属的学校也遭到了同样的命运。因此，圣母院的那个回廊就成了巴黎唯一的思想中心，唯一向在俗之人开放的教育中心。显然，单凭一己之力，它无法为依然不断增多的大批学生提供他们所需的教育。这样一来，授权教师个人在教堂之外开办学校也就势在必然了。他们在自家居住的私宅里授课，但教区当局要求他们只能居住在巴黎城岛或塞纳河桥上。其中，就有一批教师在小桥（rue du Petit Pont）上开设了他们的学校。我们知道的就有一个叫小桥上的让（Jean du Petit Pont），一个叫小桥上的亚当（Adam du Petit Pont），再有一位叫小桥上的皮埃尔（Pierre du Petit Pont），他们都是12世纪时的名师。这些学校的创办构成了一场真正的革命，这也为另一场意义甚至更为重要的革命做好了准备。只要这些学校还坐落在教堂或修道院的院落或附属建筑里，在回廊的环护中，也就根本不需要什么特别的组织形式。它们会受到教会组织的庇护。它们是教会的一个机构，因此也就受制于教会的规章和纪律。而现在，不管怎么说，我们有大批的教师与学生开始在这个教会氛围之外活动了。尽管说他们依然留在教堂附近，也不得不留在教堂附近，但却在很大程度上独立于教堂了。他们是些在俗之人，过着世俗的生活。至于教会，他们受它的管制只是间接的、遥远的。

在这样的情况下，势必会有新的观念和新的渴望问世，势必会有一种全新的学术生活形式诞生，它需要一种特别的组织形式，与中世纪迄今为止已知的任何形式都很不一样。

这种组织形式又是什么呢？

在我们所说的这段时期中，公共活动各个领域中的法团生活也是盛极一时。[①] 一方面，行业的相似使同操一门职业的劳动者维系在一起，相互之间确立起更加密切的关系；另一方面，社会生活条件本身也使维系起来的做法对于他们来说事关重大。因为只有联合起来，形成持久的社团，强大到足以要求得到尊重的地步，他们才能成功确保自己得到存在下去的合法权利。自然，这种权利实质上就包含着某种垄断。那些已经获得这种权利的人会守护它专归己有。但是，对于那些享有垄断的人来讲，这些垄断也同时包含着义务。这是因为，社团为了保持强势，会用义务来约束自己的成员，而如果这些成员没有能够履行义务，他们的特权就会被剥夺。中世纪法团的典型特征，就是一些享有特权但却受制于严格纪律约束的群体。如此说来，在城岛上并肩授课的老师们，其处境与其他某种手艺或行业里的师傅们并无不同，也是通过从事同样的职业来谋生，也要为确保自身存在下去的权利而被迫奋争。因此，他们必然要以同样的方式，将自己组织成一个法团。

一种旧有的职业惯例仿佛成了结晶的中心，教师法团就围绕着它组织起来了。这是一项由来已久的惯例，任何人如果想要授

① 瑟诺博斯《法国史》中译本第 122 页：1291 年的巴黎纳税人花名册上，载有三百多个行会。仅皮匠一行，至 1160 年后便分为五个行会：皮鞋匠、鞣皮匠、补鞋匠、制皮带匠、制钱袋匠。——中译注

课，都必须先跟从其他某位教师上课，并且必须达到一定的期限要求，大约五到七年不等。而这位教师本身也必须获得应有的授权，并且为他的学生举行过某种授衔仪式。在阿伯拉尔的时代，人们已经认可了这项原则。阿伯拉尔在自己的职业生涯当中，其实曾有一度有志于教授神学。他被迫遵循旧例，在自己可以教授这门课之前，先去一位已经被认可的神学教师的学校听课。而指导他的那位神学家便是拉昂的安瑟伦。可是，由于他生性急切，又恃才自负，[①]就截短了正常的学徒期，还没等得到老师的授权，就开始自行开课了。这种不得体的举动遭到了相当强烈的指责，被视为大逆不道。他被迫离开拉昂，离开这个他以自行授课的方式嘲弄了规则的地方。当他被送到苏瓦松主教会议（the Council of Soissons）上接受审判时，对他的几项主要指控中就有这一条。他被指控为“无一教师在场而自行开课（quod sine magistro ad magisterium…accedere praesumpsisset）”。这些措辞清楚地表明，如果一名教师的学生要能够自己授课，至少在第一堂课上，该教师本人必须到场。

而教师的角色也不只限于被动地听课。得由他来为自己的学生佩戴上象征其新教职的徽章，然后行亲吻礼并致福。这种仪式当然很早以前就有了，尽管形式也许并不总是日后所表现出来的那种；它在我们无法确知的某个特定时刻，得名为“就职礼”（inceptio）（首次亮相，就任试讲）。现在可以清楚地看出，在所谓“就

① 阿伯拉尔认为自己的老师有负盛名，甚至批评自己的老师像一棵光长叶不结果的树木，一座光冒烟不发火的炉子，只学了不到两年就离去了。——中译注

职礼"的仪式中，已经包含了这样一种观念：过去的学生要想成为一名教师，就必须得到既有教师社团中的一位或数位教师的首肯，然后被这个社团所接纳。这种仪式也就此证明了某些特定的职业团结感，以及对全面垄断的渴望，而这是整个法团生活的最初种子。这种惯例与整体上的法团生活组织之间确实有着相当密切的关联，证据就是事实上几乎没有任何法团中不曾举办同类仪式。一旦新同事已经拿出了他的出师活儿[①]并且获得认可，就算被接纳进了自己的行业。年轻的见习骑士要由他的前辈接纳，才能正式进入骑士团。从这些例子里我们都能找到这种仪式。已经有人指出，后面这种仪式与就职礼之间有一些相当具体的类似之处：教师几乎就被视为某种思想骑士。因此，在某些地方，习惯上不仅用剑或指环来授予新骑士，也如法炮制来授予新教师。与此类似，在这两种场合当中，似乎也都要求在开始前先来一次沐浴，其目的无疑是要净化候选人。

如此表达出来的团结感并不难理解。获得授权的教师关心的是要确保没有人能够在违背他们意愿的情况下成为他们的同事。这种方法一方面限制和阻止了竞争，同时又维护了对传统的尊重。在阿伯拉尔的时代，所有的教学活动都在教堂和修道院内进行，从而教师的数量也由宗教方面的权威机构来管制，此时传统没有受到任何威胁，而这种情感却已经存在并且很活跃了；如果是这样的话，那么，一旦教师不再被封闭在教堂的院落内，一旦他们就此可

① 出师活儿：中世纪时学徒为取得师傅资格而向行会呈交以做鉴定的手工制品。——中译注

以扩张数量,教多得多的学生,可以想见,这种情感就会大大增强,大大发展。从业教师想必会很自然地感到,需要自己组织起来,抗御不符合某些特定要求的新来者侵入。而且,这种感觉比以往任何时候都要强烈。但是,为了实现这个目标,他们就必须组成某种长久性的群体或社团。他们必须系统地制定出一套共同的行规,换言之,必须进一步发扬那种肇始于就职礼的法团生活。就这样,从就职礼的仪轨中,从该仪式所包含的种种观念中,通过某种自发的演进,形成了教师法团。

如果这一点是当时情势中唯一的诱因,那么这个新生的法团也许就不会有很强的生命力了。它也许不会成为中世纪社会的根本制度之一。要想让所有的社会群体——不管是不是职业群体——都充分地团结一致,都充分地意识到自身及其道德一致性,光靠群体成员共享某些情感和信念是不够的,还必须挑动它去反抗其他限制它、抗拒它的群体;必须让斗争的需要促使它将自身更紧密地维系在一起,产生一个强大的组织。而我们正在考察的处于形成之中的法团,就属于这种情况。我们刚刚看到的是促成它出现的因素,但是,赋予它这些独特之处,推动它迅速发展的,还要靠它对另一个非常强大的集团所发动的战争。这个集团就是教会,而从某种意义上说,它就是从这个集团里演变出来的。这是因为,尽管教师们如今已经是在教堂边界之外定居下来,但却依然通过一些韧性十足的纽带和它维系在一起,只有经过数百年的斗争,他们才能彻底挣脱这些纽带。

为了把握这场斗争发生在什么地方,又产生了哪些后果,我们首先必须来谈谈圣母院修道院以及整体而言的主教座堂学校是怎样组织教育的，即便只是寥寥数语。

起初，这些学校都坐落在直接归主教管理的地方。主教负责指定教师，但他更多的时候是把学校中教育的管理委托给一名专门的教师，而这名教师一般是从属下全体教士中挑选出来的。他的衔头是“magister，magister scolarum，caput scolae”，或者简称“scolasticus”，通常可以译作“écolatre”（掌校教士）。起初，掌校教士的权威仅限于主教授权予他的那些。但在12世纪，掌校教士的权力有所增加，因为学校的人数越来越多，地位越来越重要，主教不再有能力担得起掌管学校的职责，就此把挑选和任命教师的任务交给了掌校教士，这项任务换个说法，就是授予合格者教学的权利，也就是“执教权”（licentia docendi）。它是德性与才干的一种证明，对于任何符合条件的人，掌校教士都必须免费授予。从此，掌校教士就获得了前所未有的重要意义。他不再只是一名教师，结果，他甚至把主教学校的日常运作又转授给其他人。此后，他的主要职责便是为自己所属教会或教堂控制下整个地区的教学职业候选人授予执教权或者驳回他们的申请。这种重要的新功能一般是由教堂的主事（chancelier）执掌，最突出的例子便是巴黎。之所以会安排这种特定的人选，是因为主事负责照管档案，所以必然是个受过较好教育的教士。因此，谁想要开办学校或就任教职，就必须从圣母院主事那里获得一份执教权。只有在他获得执教权后，才有可能被允许举行就职礼，也就是说，使他有资格成为法团成员。所以，执教权和就职礼（这是博士学位的最初形式）是两个必不可少的阶段，是立志从教者在真正成为一名从业教师之前，需要依次通过的两级学位。

这样便产生了冲突。事实上，这两级学位是分别由两个不同的权威机构来授予的，而它们的出发点也不一样。主事以何种方式履行自己的职责，教师们没有任何发言权。他只是根据自己对事情的理解方式，决定是否颁发执照。因此，有些候选人即使被教师评为相当称职，也有可能在主事手里断送掉他的职业前程，反之亦然。不难想见，如果看到做出上述干预的这个人既不属于自己当中一员，也不凭本人的能耐获得应由称职人士获得的权威，会激起这些候选人何等的挫败感。而这种仰人鼻息的处境还是一辈子的事情，这对于他们来说，不啻于雪上加霜。主事即使已经核准了什么人的执教权，但只要自己认为他不再称职，就随时可以撤回。结果，对于整个学术共同体，不管是执教者还是求学者，他都充当了一种类似于普通法法官的角色，而在他的裁决背后，更有一种令人生畏的制裁在做后盾，那便是开除教籍。为了摆脱这种彻底受制于人的处境，教师们很快便意识到需要更加紧密地结合起来，以缔造一个更团结、更有力的组织。随着他们的人数越聚越多，他们的道德影响力也由此不断增强，教会当局自己认识到，再也不能小觑这种对抗，这些渴求独立的愿望了，如果它不能成功地扼制这场抵抗，教会传统上的影响力就将宣告完结。因此，主事及其所代表的主教竭尽全力地抗拒新法团的发展，后者也同时在不遗余力地削弱主教教区的控制。

敌对双方开始了漫长的决斗。主事的武器是开除教籍；而教师们的主要武器首先是联合抵制那些不经他们同意便获持执教权的人，拒绝他们加入法团，不拿他们当同事看，拒绝参加这些人的就职礼。教师们通过种种的联合行动，有效地使这些人已经获得的权利有名无实。他们还有另一项武器，就是威胁要拒绝履行自己的授课职责。鉴于学生群及其始终存在的强大爆炸力的重要性，这样有组织、有规模的罢教，既引发了接连不断的动荡，也使主教忧心忡忡。从历史的角度来说，这场斗争中值得关注的地方，就是两股主要的道德力量开始相互搏杀。一方是教会的传统力量，此前一直主宰着学校，不仅如此，因为学校曾经是它所缔造的，因此这种主宰地位还是合法的。另一方则是新兴力量，它们才刚刚兴起，因此还比较薄弱，但却代表着未来的力量，注定要将学校引往崭新的方向。正是在这场斗争的进程中，新生的法团确立并巩固了自身，并且越来越清晰地意识到了自身及属于自身的独有身份。

曾经一度，法团只是一个软弱无力、易受打击的机体，不得不完全依靠自身的力量。但它不可阻挡地发展到足以破坏旧有主教组织的地步，因为它从悠久的传统中，从在俗人那里所享有的尊重中，从所掌握的强大的政治武器库中，逐步积累起了种种力量。为了防止教师法团在可以说尚处萌发的阶段就被粉碎，法团的一件至关重要的工作，便是联合其他某种能够提供援助与支撑的力量。人们原本会不假思索地预料它必然求助于王室的力量，后者既是近在咫尺，又是世俗利益和尘世利益的天然捍卫者。尽管如此，这样的情况并没有发生。教师们寻求自己所需的帮助时所依托的力量，不仅距离遥远，而且本质上是宗教性的，事实上还是至高无上的宗教力量。这股力量便是罗马教廷。至少在教师们的法团诞生后的第一个世纪里，是教廷支持、保护并捍卫了这批人，以一致的思想、不渝的信念抗御主教座堂。因此，才会有一系列的教皇诏书应教师们的乞请而颁行，增加了他们的自主性，同时却越来越限制主事的权力。大约1210年前后，教师们的社团已经获权自己挑选一位首事，此人可以代表社团，可以以社团的名义出面谈判，可以代表社团的利益诉求公正。这样一来，社团本身越来越团结一致，与此同时，也就有可能采取更多的即时行动，也可以更好地组织抵抗。1212年新颁行了一批教皇诏书，此后，任何候选人只要被一定数量的教师评定为有资格获此学位，主事便有义务向他颁发执教权。至于具体的教师人数，根据候选人想要从事的教学类型不同而各有差别。1215年，教廷使节，枢机主教库尔松，①订立了一部法典，将所有这些法令都汇编在内。这部法典从法律上认可教师社团有权利为其内部事务的所有有关事项制定法律，有权利要求其成员宣誓遵守法团规章。最后，大约是在1220年，主事手上最有力的武器也被彻底摧毁了。除非事先经过宗座授权，否则禁止他将整个法团开除教籍。

我们无须追踪这个渐进解放过程的每一个阶段。但比这一事实本身更有意思的，是它获得解放的方式：教廷与教授团体之间，无论在物质上还是道德上都相隔遥远，却结成了离奇的结盟。在此我们所看到的现象值得做一番说明，因为造成这种现象的是一些非常深层的原因，来源于处在创建过程中的巴黎大学的基本特征之一。巴黎的教师们之所以会转向教皇，促使教皇成为这些教师的保护人，肯定不是因为偶然的意外，也肯定不是一时兴起。相

① 库尔松（Robert de Courçon，1160—1219年）：曾为罗马教皇伊隆桑三世的特使，1215年制定巴黎大学首部章程。担任过巴黎大学训导长。——中译注

反，这两股道德力量之间的关系是必然要建立起来的。我们已经看到，归根结底，这是因为整体而言，中世纪的学校都具有一种跨国的特点，巴黎学校这个方面尤为突出。巴黎学校不属于任何一个具体的民族，而是属于整个基督教世界。老师和学生来自各地，不分民族，共同组成了这所学校。不仅如此，在13世纪早期，在巴黎授予的学位被视为在欧洲所有国家均属有效。在巴黎获得执教权不仅可以延用于整个法国，从根本上说，人们可以凭借它享有在任何地方执教的权利（通用执教权，“jus/licentia ubique docendi”）。在巴黎大学拿到的博士学位被视为从整个教会拿到的博士学位，也就是“doctor universalis ecclesique”。因此，它可以说是某种世界主义的自然后果，我们已经注意到，这种世界主义正是中世纪社会生活的主要特征之一。

再没有什么别的领域，会比精神生活和学术生活更明显地体现出世界主义了。巴黎不仅被看作是法兰西王国的精神首都，而且被看作是整个基督教世界的精神首都。按照中世纪一位作者的说法，“神职”、“帝国”和“学术”（Sacerdotium，imperium，studium），这是基督教世界的三根支柱。神职的基地在罗马；世俗权力（帝国）在皇帝手上；[①]而学术则以巴黎为中心。在这些情况下，我们正在考察的处于形成之中的巴黎大学，自然就会表现为这样一个机构，它不属于哪一个特定的社会，而是属于整个基督教共同体。因此，它自然应当与支配基督教世界的至高力量（也就是罗马教廷）结为同盟。只有教廷才足以高屋建瓴，把握事物之间的相对

① 即神圣罗马帝国的皇帝。——中译注

价值，它看待其中任何一件事物的眼光，都不至于让哪一所教堂的全体教士或哪一个主教所有的那些地区利益和个人利益，盖过了巴黎大学所代表的一般利益和普遍利益。正因如此，巴黎大学才会将它还处在萌芽状态的组织置于宗座的庇护之下，而宗座也才会将其置于自己的羽翼之下。这两大道德力量就这样通过密切的关系拴在了一起，而这种关系是如此地切合它们的性质，以至中世纪开始后不久，从中世纪中期以后，人们就接受了这样一条原则，也就是说只有教皇真正有资格创办一所整全的学校（studium generale），并且有权授予通用执教权。唯一能够同样宣称拥有这种权利，并且也在一定范围内行使这种权利的力量，便是皇帝的力量。即使说皇帝宣称对此项特权享有同等的权利，那也是因为他同样自视为基督教世界的首领，是这个世界的世俗首领。就这样，我们不断回到同一个观念：像巴黎大学那样的学校是基督教世界所共有的。不管怎么说，由帝王法令促成的大学在数量上要远远少于由教皇诏书促成的大学。

巴黎大学诞生时所具有的这一特征之所以值得我们关注，不仅是因为它有助于我们了解，在那个相隔久远的时期究竟是什么构成了大学，而且也因为它有助于我们了解，大学的典范形式是什么，乃至今天的大学应该是什么。事实上，似乎很难想象，一种制度能够在它的历史进程中，完全去除自身形成之初如此彻底地包含的那一点内在特征。这难道不是要我们说，在它的发展进程中，这种制度已经完全改变了它的性质，已经变成完全不同的一种实体，它与以前的自己所具有的唯一共同之处只是它的名称，所以这个名称或标签具有误导性，因为它涵盖了两组完全不同的现象？

如果说大学起初还只是一个机构，在这个机构里，制度性的学术生活在跨国的基础上取得了繁荣，那么我们也完全可以说，甚至在今天，如果不背叛它自身的根本属性，它也不可能养成狭隘的民族性。其实，欧洲各大学几乎都保留有这种古老的国际主义的痕迹。事实上，过去20年间，在我们自己的大学的复兴中，就有一种努力，要向外界开放自己，要吸引外国的学生和教师，要大力拓展机会，从不同于我们自己的概念视角去看世界，同时努力将它们的影响力扩散到国界之外。总而言之，一步步努力成为一种国际文明的中心。难道我们不曾看到过这些吗？现代大学对于现代欧洲，必然就像中世纪大学对于基督教欧洲一样。它们是开展科学研究的中心，这种研究的形式与民族性的偶然因素几乎没有什么关联，因此，也远比基督教世界的精神生活曾经有过的那种普遍性更为普遍，难道不是这样吗？

归纳来说，我们在这一讲里已经看到，从12世纪中叶开始，教师法团是怎样聚集在城岛上形成的，是哪些力量塑造并助长了这种法团。至于教师法团的内部组织怎样，巴黎大学的结构又如何，还有待我们进一步考察，然后才能去考察巴黎大学的课程是怎样安排的，都包括哪些内容；换句话说，在我们考察头脑之前，必须先考察身体。

第八讲 “universitas”一词的含义
——教俗兼具的巴黎大学；以同乡会和教授会为单位的内部组织

在上一讲里，我们看到了巴黎大学最初的一些表现。某些史学家试图把这些表现归为极少数天才人物的个人影响，但这是很不可能的事情。在我们眼里，巴黎大学是由一些更具一般性的因素所造成的，是一种演进过程组合的结果。这种演进过程持续得如此长久而不曾中断，以至不可能确切地说出巴黎大学是何时出现的，或者说不可能确定它开始存在的日期。一旦有一批学校在教堂辖界之外建立起来，就会有形形色色的因素组合在一起，促成正在那里教书的教师们组织起来，组成一个能够日益有效地相互协作的教师联合会。但是这种团结一致要达到怎样的程度，才能让人有根有据地认为，这里面有某种类似于日后被称为大学的东西？这个问题并没有一个可以一刀切的答案。直到 1210 年，教师社团才有了成文的规章条令，但在此之前，可以非常肯定地讲，他们就已经有了规章，只是并没有变为法典，而是受习俗约束；纵然没有一套清晰的规章条令，他们也有一些传统需要依循。事实上，我们知道，大约在 1170—1180 年，让·德塞拉（Jean de Cella），就是日后的圣阿尔拜恩修道院院长（abbé of Saint-Albain），在巴黎期间，曾经被接纳为巴黎教师社团（ad electorum consortium magistrorum meruit attingere）的成员。另一方面，当时的一位作者，就是索尔斯伯里的约翰，[①]他在1149年之前还在法国，但未曾提到过半点有关此类群体的事情。因此我们势必得出这样的结论：在1150—1180年（也就是说，在12世纪趋于结束时），这个团体开始呈现出比较明确的形貌，并且开始产生比较明显的影响，足以使观察者注意到它的存在。

巴黎大学创建伊始，无非是各方面的教师所组成的一个法团。而今天，我们习惯于把大学想作一个特定的学术建制，具有明确的界定和具体的位置，就像是一所单一的学校，其中有各个方面的教师讲授着人类知识的整个内容。但是在中世纪，根本不可能像我们这样，把某种机构，或者是由相类似的一些机构组成的群体当作是巴黎大学的外在象征，当作是它的物质体现。不管是在学术方面还是在其他方面，没有哪一座特定的建筑物是属于整个巴黎大学共用的。集会是在教堂或修道院里举行的，教学团体在这些地方不享有任何权利，不管怎么说，也不曾永远固定在一处，而是会根据具体情况选择地方。只是到了14世纪初，这种处境才有所改变。在这段时期，我们看到，有一些组成巴黎大学的同乡会[②]群体

① 索尔斯伯里的约翰（John de Salisbury，1115或1120—1180年）：英格兰著名拉丁语学者，曾任坎特伯雷大主教秘书和夏特尔主教。——中译注

② 同乡会（nationaux）：中世纪大学中由某一地区或某个国家来的学生为了相互保护和合作而在异地结合在一起的一种团体。在一些大学里，这种同乡学生会负有教育学生和检查学生的责任。每一个学生都受其监督者管理，而监督者本人则由选举产生，任期从一个月（巴黎大学）到一年（博洛尼亚大学）不等。通过参加选举和会议，大学生们也体验着宪政的实际运作。后来有许多人在君主的各种委员会和政务会里任职。本书将同乡学生会简译成同乡会，但敬请读者注意它与现代具有纯粹乡谊性质的同乡会不同。——中译注

开始以集体的名义租用学校。至于各个教授会[①]开始作为独立的实体确立下来,则要等到 15 世纪了。即便到了这个时期,我们也不曾知道有任何为整个大学所共有的财产。即使是坐落在大学街(rue de l'Université)现址上的 Pré-aux-Clercs,也只是专属于艺学院(Faculté des arts)。[②] 所以说,中世纪时期的巴黎大学多少可以说是两手空空地来到这个世界上。它毫无根基,完全是由一群根本没有共同财产的人组成的。但这种贫困却给了大学以道德的力量,大大促进了它们的发展。无论什么时候,只要巴黎大学发现自己与教会当局或世俗当局产生了冲突,要想战胜对手,手里最好的武器也就是罢课。它暂时取消所有的讲课,移到别的地方,要不就自行遣散。有好几次它祭出了这最后一招,从而使自己始终保持着激起忧惧的威慑力。[③] 比如在 1259 年,它不想听从一道教皇

① 教授会(Facultés):欧洲中世纪大学的教师法团组织,一般大学有文学(艺学)、法律、医学和神学四个教授会(比如本讲中的巴黎大学),每个教授会推选一位主任,大多由资深教授担任,为该会在大学组织中的代表。但是,由于日后教授法团组织、教学专门化单位、学生管理单位这三种性质逐渐融合,人们逐渐用系科来称呼。本书以下翻译作院系或系科,但请注意它起源时的法团意涵。——中译注

② 据勒戈夫《中世纪的知识分子》(中译本)第 67 页:除了大学院墙外的普雷·奥·克勒克运动场,不存在任何涉及整个社团组织的地产或建筑问题。关于“艺学院”的译法(而不是“文学院”或“人文学院”等更能为现代读者所接受的措辞),当然是想要突出“自由七艺”的源流,也依据了赵敦华《基督教哲学 1500 年》的译法。在没有统一的、更好的中文译名之前,译者只能尽量保持全文的统一(比如艺学教师之类),也许有些地方显得怪异。——中译注

③ 1229 年,巴黎大学学生与市民因生活纠纷发生冲突,学生受伤。次日学生报复。巴黎主教起诉学生,摄政王后下令追查,抓捕学生。学生与国王卫队发生流血冲突,许多学生被卫队杀死,巴黎大学大部分人员参加罢课,并撤往奥尔良。在接下来的两年时间里,巴黎几乎没有再开任何课程。直到 1231 年,教皇格雷古瓦十一世(1145—1241 年)出面调停,发布谕旨,同意颁布新章程,大学恢复,并扩大了 1200 年即已获得的特权:结盟权与罢课权。国王圣路易确认巴黎大学具有法人资格。至此,巴黎大学摆脱被监护地位。——中译注

敕令,于是宣告自行解散。它之所以有能力采取这种极端举措,而且不费太多气力,正是因为它一无所有。它所包括的只不过是这样一群人,他们能够多容易地聚集起来,就能够多容易地解散开去,只要他们觉得有必要如此。教师们真正拥有的共同财产可怜巴巴,很容易就能点清分光,然后去到任何一处适于用作学校的场所,再重开讲坛。并没有什么东西能够把他们拴在巴黎。他们人走了,也不会留下任何物质财富可供王室税务官或教堂侵夺。当时的确有些具体情势,让贫困赋予这些群体以力量,让他们可以四处流动,增强了他们的抵抗能力。

对于所有将"universitas"视作一种集体性学术建制的观念,我们必须一概放弃;同样,我们也得注意,不要认为这个词意味着彼此联合的这些教师所讲授的东西必然是百科全书式的,涵括了人类学问的所有分支领域。事实上,这个词取自法律用语,意思不过是一个具有某种一体性的团体,其实就是一种法团。它和"societas""consortium"这两个词同义,这些不同的表述经常可以互换使用。而"collegium"这个词最初也是这样,尽管它日后逐渐被用来更专门地指一种特定的机构,隶属于我们行将探讨其形成的大学。同时,"universitas"这个词之所以指称法团,并不只是指教师法团。我们发现它也在同样的程度上指各种行业法团,甚至包括任何拥有一定程度一致性和道德一体性的集合,比如由所有基督徒组成的那个整体。就其本身而言,这个词没有丝毫的学术和教育方面的关联。在很长一段时间里,如果要传达这个特定的意涵,就必须使用其他的表述来具体指明。因此,人们会说"universitas magistrorum"(教师法团),甚至"universitas studii"(学术法团）。“学术”这个词最常用的意思，实际上是指在法团的怀抱里培养出来的教育生活。

在少数情况下，“universitas”这个词可以指知识的整全，指人类学问的总体。而这个词更多的用法，还是专指更适于说成大学的东西当中的一部分。同样一个词既用来指整体，也用来指整体当中的部分。因此，我们很快便会看到，教授自由技艺的教师群体不久便在法团整体当中又组建了一个专门的法团，也就是艺学教师法团。人们在提及这个群体的时候，常常用的是“universitas”这个词，说艺学教师法团（universitas artistorum）。实际上，即便“universitas”这个词确实意味着百科全书式的教学，也只有很少几所大学可以适用。不只一所大学只限于教授一门科目：在蒙彼利埃①只教授医学；在博洛尼亚②，很长一段时期内只教授法学。甚至在巴黎大学，作为其他大学的母体，至少在很长一段时期里，根本就不讲授民法。③ 这样的实例还可以举下去。对于我们来说，一想到大学，首先意味着一群讲课者从事着同样的教育工作，可是在中世纪的有些大学里，根本就没有什么教师，组成大学的完全是学生。比如博洛尼亚大学的情况就是这样。在博洛尼亚，只教授法学。学法律的学生都是些成年男子，经常是些已经生计无

① 蒙彼利埃（Montpellier）：法国南部古城，1160 年建立法律学校，1220 年建立蒙彼利埃大学，1221 年在大学中建立医学院，在中世纪曾闻名于世。——中译注

② 博洛尼亚（Bologna）：意大利北部古城，一译波隆纳，12 世纪初成为自由市镇，博洛尼亚大学建于 11 世纪，系欧洲最古老、最有名的大学之一，在 12—13 世纪名望最高，成为欧洲研究民法和教会法规的主要中心。——中译注

③ 巴黎大学的法学院只讲授教会法规，1219 年，教皇洪诺留三世（Hon oriusⅢ）颁令禁止民法教学。直至 1679 年，法王路易十四才颁布敕令，准许巴黎大学讲授民法。——中译注

忧的神职人员。这类学生可以不服从任何人的发号施令。所以，他们组成一个法团，一个“universitas”，与教师的“collège”保持区别和独立。他们的法团由于组织有力，能够为教师们制定规章，把自己的意志加到教师头上，让教师不得不一切听命于自己的学生。也许在我们看来，这种类型的学术组织颇有些奇怪，但是不管怎么说，它的存在并非只此一家。

因此，巴黎大学创建伊始，就是一群人的集合，而不是一组讲授科目的集合。它起初所表现出来的教师之间的连带关系，要远远高于他们所教授的科目之间的连带关系，后者只是最终从前者中派生出来的。是人与人之间的一种联合，导致了研究与研究之间的联合。教师们之所以不得不聚在一起，合为一体，说到底是因为一些偶然的因素（当时社会的特定情势，使法团生活成为一种必然的选择），尤其是因为他们需要抵抗圣母院主事。即便是这样，人们也不敢确信，这种学术机构对中世纪乃至此后各个时期都产生了非常有力的影响，其本身却是一些暂时的、局部的因素所造成的，而这些因素与它们所产生的效果之间一点逻辑关联都没有。学问的各个分支领域集中到一起，人的学问的所有方面尽可能多地集中到一起，而无论是过去的大学还是现在的大学，真正有价值的功能就是这种集中。但这种集中似乎是面对一些历史偶然所产生的不可预料、不曾预见并且颇有些迟缓的反应。此处的历史偶然，也就是在一个特别的时间，一个单一的地点，一些特定的偶然事件凑合在一起。可以肯定，这样来解释这些事实倒也颇有些道理。然而，一旦人们认识到，巴黎大学并非专属于一个特定时间或一个特定国家的机构，相反，它一直延续到我们自己所处的这个时代，足以概括它特色的那种组织方式传遍了整个欧洲，适应了形形色色的社会环境（众所周知，巴黎大学和博洛尼亚大学提供了两种原型，前者的这种作用尤其明显，其他所有大学都真正是亦步亦趋地以它们为自己的典范），当人们想起了这一切，似乎就不可能认为，它的起因纯粹可以说是我们国家及其首都的历史上的一些偶然因素了。

人的聚合，教师的聚合，这当然是首要的事实。先有了这一点，才进一步导致人们想到要将所教所学的各种科目聚合起来、集中一处。但是另一方面，如果这种观念不是已经流传于世，如果它不是已经回应了中世纪及其后各个时代的渴望，那么，这种观念想必也就永远不会这般走运，永远不会迅速走红，也不会一以贯之地延续下来。其实，我们不是已经发现，这种观念是所有我们有机会谈论过的教育体系的基础吗？事实上，我们不是已经多少有些自觉地肯定，这种观念是所谓起教育作用的教学这一观念本身所固有的，而后者与基督教相伴而生，此后的一切都只是某种发展？这种观念认为，如果要想让教学产生教育效果，就不能漫无头绪；所讲授的各个学问分支应该本着单一的目标来加以严格的组合，应该贯穿着同一种精神。而我们在此处所探讨的正是这一种观念，只不过有些放大，和过去相比较，所蔓延的领域已经要广泛得多。我们所探讨的已经不再只是有那么一批教师，由于他们共同从事一种教育事业，决定了他们的结社，主教座堂学校才属于这种情况；我们探讨的已经是数以百计的教师，以协调一致的努力，共同组织一种以满足数以千计学生的需要为宗旨的教育体系。当然，假如不曾有方方面面的因素组合在一起，让一大批教师聚集到欧洲的某个特定地方，在环境的推动下相互结为群体，那么，这种观念也就永远不会获得如此富于戏剧性的发展。但是另一方面，这种学术有机体的观念事先已经在一定程度上存在于人们的头脑中，虽然表现得还不那么雄心勃勃，但一旦环境有所催发，它也做好了广泛蔓延的准备，如果不是这样，那么，光凭这种结社的存在，也就不足以产生这种既错综复杂又四处蔓延的观念。

在某些情况下，我们可以看到，即便当时的环境并不令人鼓舞，这种观念依然能够为越来越多的人所接受。我们已经揭示了，在最初的“universitas”观念中，如何并不必然隐含着对一种百科全书式课程体系的需要，而在最初的大学中，大多数也并不以这样一种课程体系为典型特征。但同样可以肯定的是，这些大学也有一种天然的、自发的倾向要获得这种特征。如果它们确实发现自己只包括了一门学问分支，它们就会本能地努力要变得更为全面。有一位历史学家就认识到了这一点，他的著作堪称最出色地揭示了狭义上的“universltas”这个词。他说：“萨维尼[①]认为，中世纪的一所大学，其主要任务并不是要涵括人的学问的总体。但这样的学说只能导向谬误。尽管不能把这种百科全书性质看作是大学的本质，但它却是一种绝对值得向往的目标。”早在1224年，腓特烈二世[②]就曾希望，在他于那不勒斯创建的“studium generale”（广学

① 萨维尼（Friedrich Karl von De Savigny，1779—1861年）：现代德意志民法体系和一般私法理论的创始人，并以其国际私法体系闻名于世。著有七卷本的《中世纪罗马法历史》。——中译注

② 腓特烈二世（Frederic the Second，1194—1250年）：1197年起任西西里国王，1212年起任德意志国王，1220年起任神圣罗马帝国皇帝。1224年在那不勒斯（Naples）创办欧洲第一所国立大学。——中译注

院）中，能有来自人类知识所有领域的代表（doctores et magistri in qualibet facultate）。而在创立大学的许多敕令和教皇诏书中，我们也无一例外地读到同样的语句，声明由此授予的种种特权均须所有院系一概适用（in quavis licet facultate）。大学并没有在明确的界限内画地为牢，正相反，它受到了鼓励，把眼光尽量放得更远。所以，自此之后，就有了一种根深蒂固的情感，觉得如果大学不包含人的学问的多种分支甚至是所有分支，那么，它将永远不会完成它真正的使命，永远不会实现它真正的特性。它固然只是一种很少能够实现的理念，但也是大学努力追求、也被期望去追求的理念。如果我们希望准确地理解大学的形成和发展，就绝不能忽略这一点。除了促成它的种种外部因素，不管这些偶然因素对它产生了怎样的影响——正如它们确实对大学的组织产生了影响——也还有某种内部迹象，如果没有这种内部迹象，那么，从教育的角度来看，这些外部因素就多少还不会产生效果。这是用一种基督教社会典型的自成一类的观念来看待教育和教学，这种观念在时间上早于教师法团所执行的功能，但也在这种功能中找到了一种手段，能够以所能想到的最富有活力的方式实现自己。

说明了确定大学形成的种种因素，我们现在必须来更贴近地看看，大学法团究竟是什么。

我们首先得问一个问题，这个问题已经有了激烈的争论，我们也无法不予置评，因为如果对这个问题的回答不同，对大学本身的看法也会相当不同。大学是一个世俗的团体，还是教会的团体？17 世纪的法学家们对此多有争论，因为它触及了法律事务，但也具有道德和历史方面的意涵。

有一种观念认为，巴黎大学应该是一个纯粹的教会团体。但巴黎大学具体的形成方式本身几乎不能支持这种看法。实际上，它是在宗教势力范围之外形成的。只有当学校开始建造在教堂辖地之外时，巴黎大学才有可能形成。它从创建伊始，就发现在修士（包括在俗修士和修院修士）中存在两股不可调和的敌对势力。一开始针对主事发生了漫长的斗争，至少到最后取得了圆满成功。稍后，在1250年左右，又发生了另一场斗争，这次持续的时间不那么长，不过其结局也不那么圆满。这次斗争的对象是两大隐修院修会，方济各会和多明我会。① 它们表面上声称有权不受巴黎大学规章和惯例的约束，其实是暗中试图垄断神学教学。罗马教廷这次对这两个有势力的修会所表现出来的态度，要比此前对主教权威的态度更为纵容。教廷站到了修会弟兄一边，巴黎大学只好在几个方面做出妥协。这场斗争的结果是，巴黎大学不仅继续厌恶修院修士——不管怎么说这是一种以前就有的态度，而且还对它昔日的盟友宗座产生了某种不信任，后者在这场斗争中倒向了敌方。②

① 方济各会（the Franciscans）：13世纪初由阿西西的圣方济各创立。当时该会会士遍及欧洲各地，设在巴黎和牛津等大学城市的修士住所改作神学院，不久即成为欧洲最著名的神学教育机构。

多明我会（the Dominicans）：1215年由圣多明我创立。1217年，多明我将分别位于巴黎大学和博洛尼亚大学附近的房产献出创办神学院。——中译注

② 实际情况是很复杂的。修士们在取得教授资格方面时常不符合程序，经常不与其他教师联合罢课（他们又有什么必要呢？），由于靠布施生活，所以也经常不同学生要钱，从而造成不正当竞争。教皇英诺森三世于1254年责令修士遵守大学规章，并颁令限制修会在大学里的特权。但其继承人、前方济各会护卫枢机主教亚历山大四世，则于同年颁发教谕《反隔离》，取消了前任的诏书，并于次年颁发教谕《新的光明之源》，确定了修士对大学教师的彻底胜利。——中译注

日后始终作为巴黎大学神学标志的高卢主义，[1]我们可以一直将它的起源追溯到这个时刻。

巴黎大学的思想倾向根本上不是教士型的，不仅如此，甚至多少还容纳了一大批教外人士，具体数目还难以确定。除了神学，教外人士可以教授任何科目。而神学在整个大学里所占的分量非常之小，曾经一度只有八位神学教师。更有甚者，至少有一门学问分支，不允许任何教士涉足，不管是在俗教士还是修院教士。另有两门分支（其中一门是整个大学里地位最重要的）不允许修院修士涉足，就是法律和艺学。教师们在发愿时，必须起誓不让任何宗教性的成分介入任何考试（Nullum religiosum cujuscumque fuerit professionis recipietis in aliqua examinatione）。

另一方面，尽管巴黎大学与教会相互对立，却是从后者中演变出来的。归根结底，它来自于某种从圣母院开始的大规模外撤。尽管它建造在教堂之外，但在很长时间里还依然处在后者的阴影之下。只是到了很久以后，它才有足够的勇气离开原址，越过河桥，在塞纳河左岸重新安家。因此，它不可能不继续在骨子里渗透着此前一直主宰整个学术界的那种精神。甚至是针对《圣母院教规》（*the Canon of Notre-Dame*）的斗争，即便最终将教师们从他们最直接的宗教束缚中解放出来，但要是换一个角度来看，也使得他们依赖于宗座。这是因为，他们求助于罗马教廷的权威，也等于是默认了它的领导；而仰赖教皇力量来保护自己，这本身也就使他

① 高卢主义（Gallicanisme）：出现在法兰西的一整套宗教和政治理论及实践，强调限制教皇权力，世俗君主权力不受侵犯，一度成为法国天主教的主要特征。——中译注

们听命于前者。当然,他们发现自己通过这种方式所依赖的力量相当遥远,臣服的状态也不那么严格,他们还是有着比较大的自由。但是,他们却成了整个教会下的一个机构,在这一点上与隐修院修会不相上下,虽说是出于不同的原因,通过不同的方式。教师们和学生一样,有着共同的既得利益:不想彻底断绝那把他们和教会维系在一起的种种纽带。这是因为,教会以及属于教会的任何一员,不管具体地位如何,都享有某些重要的特权。任何人只要身处教会之中,只要甘居神仆,无论他是否位列神品,都将免于世俗司法,只能接受教会法庭的审判。不难想见,要一个新兴的法团放弃如此宝贵的豁免权,会是多么的不情愿。这便可以说明,教师法团为什么会渴求从教会背景中保留一点儿东西。因此,才会有学位服和削发礼(tonsura clericalis)的采用,但不管怎么说,这也绝不意味着那些如此装扮的人已经被授予小品神职。[①] 因此,才会首先规定独身生活的强制义务。在巴黎大学,起初这是不容置疑、普遍遵行的;直到 15 世纪中叶,它还发挥着效力,即便到了此时,也还只有医学院的一些成员不再坚持这项义务。这是因为,教会的非神职仆役或雇工一旦成婚,就不再能够享受教会豁免权。

这些相互冲突的现象,加到一起又造成了怎样的后果?这个问题可没有什么非此即彼的简单回答。巴黎大学既不是一个完全世俗性的团体,也不是一个完全教会性的团体。它同时具有两方面的特点,既包括依然在一定程度上保持有神职人员面目的教外

① 小品(ordres mineurs):一译“次级神品”。中世纪教会接受神职者从削发礼开始,即领受小品,可享受教会俸禄。——中译注

俗人，也包括已经世俗化了的神职人员。从此以后，教会的团体面临着另一种不同的团体，但后者却是在一定程度上根据前者的形象来塑造自己的，并且还与它相对抗。这也可以说明，关于巴黎大学，为什么会众说纷纭，尽管它们相互矛盾，却无所谓哪一种更正确一些。巴黎大学机体构成的这种复杂性，正是作为其灵魂的观念体系的绝妙体现。有些东西其实我们应该已经有所了解了，下面我们将会更清楚地看到：正是在巴黎大学这个机构里，被称作经院哲学的那套特定的哲学取得了繁荣。而经院哲学的独特之处，便是在同一套观念体系里，理性与信仰相互渗透，这套体系使它们相互之间无法分离。我之所以用“相互渗透”这个词，是因为它能使我们非常清晰地区分经院哲学与17世纪哲学，17世纪哲学也力图将理性与信仰融合在一起，在方式上却截然不同。这是因为，17世纪的宗教并不是排斥哲学，而是与哲学有着相当明确的区别。理性并不与信仰相矛盾，可这两个领域之间却可以完全独立。理性固然是信仰的延续，但绝无可能将两者混为一谈。但对于主宰着中世纪大学的哲学也就是经院哲学来说，情况刚好相反，这两者就是一个单一的整体。它的意思不是说把理性和教义相提并论，而是将理性引入教义，是用理性的形式表现教义。正是这种牵扯不清的混合，极其精确地反映了世俗的成分与教会的成分之间与此类似的混合，我们已经发现，后者是巴黎大学外在组织结构的典型特征。

对于早期巴黎大学中这种混合的局面，其实可以说是矛盾的局面，我们必须注意，它是处于低级发展阶段的表现。经过一段时间之后，巴黎大学的特征会变得更加专门化；它一开始所具有的那种形式所包含的两种成分当中，只有一种成分得以留存。从 16 世纪以后，尤其是在 17 世纪，它就被认为是一个纯粹世俗的团体了。但是，人们完全可以追问，巴黎大学在成为一个专门属于世俗的机构后，实际上是不是变得更加贫乏了呢？因为这种专门化程度的提高，只是在以令人惋惜地缩减巴黎大学的运作领域为代价才获得的。如果说巴黎大学变成纯粹世俗性的，那是因为精神方面的事务已经被彻底清除出它的关注领域，而完全为教会所接管。世俗研究得到了解放，但也与宗教引出的所有问题产生了隔膜，对它们毫无兴趣。我们必须考察，这种脱离是如何发生的。它只是一场序幕，将导向彻底平庸的折中主义，我刚刚说过，通过这场序幕，17 世纪认为它只能使理性和信仰彼此保持距离，在它们之间竖起一堵墙，以防止这两个世界之间出现任何形式的沟通，才可以使理性和信仰和谐共处。我们现在考察的这个时期，如果不曾有人试图将人类生活中这两个不可分离的方面相分离，如果不曾有人尝试疏导这两大思想潮流和道德潮流，在它们之间筑立堤坝，仿佛有可能阻止它们相互混合，那么这个时期会有意思得多！各式各样信念与情感之间这种普遍的、喧嚣的混战，比起接下来几个世纪典型的那种只不过是表面上的人为平静，要充满活力得多！

为了理解巴黎大学都由哪些成分构成，我们不能只是这样惊鸿一瞥，笼统观之，这样只能挑出几个最一般的特性。它是一个复杂的机体，包括了几个相互分离的部分，而这些部分又在一个单一的有机体内取得协调一致。因此，我们必须找出这些部分，考察它们各自的性质与相互之间的关系。在这样一种考察的过程中，我们将会碰上巴黎大学这个机体中最令我们感兴趣的那个部分，我指的就是与中等教育相对应的那个部分。

当巴黎大学已经成为一个不容怀疑的稳固机构时，此时的观察者眼里，它似乎有着一种双重组织结构。一方面，学生和教师组建了四个独立群体，根据它们研究的性质，分别享有一定程度的自主性。这四个群体分别是神学院、法学院、医学院和艺学院。而在巴黎大学的师生总体中，与这种划分并行的还有另一种基于完全不同的基础的划分。教师和学生根据他们的民族、根据他们在民族和语言方面的亲和性，分成不同的群体。根据目前所知，有四个同乡会，分别为“法兰西人”，指的是法兰西岛[①]及周边省份的居民，再就是皮卡第人（les Picards）、诺曼底人（les Normands）和英格兰人（les Anglais）。这些称呼中，每一个都包含了一大堆民族。在法兰西人中，包括所有来自操拉丁语系语言（langue latine）国家的人。[②] 在英格兰人中，也包括了所有来自日耳曼国家的人，这批人为数如此众多，以至到了15世纪中叶，人们用“日耳曼人”（Germanie）的说法取代了“英格兰人”（Angleterre）。[③] 皮卡第人中，则包括有来自低地国家的各个民族。[④] 随着时间的推移，这些

① 法兰西岛（Ile-de-France）：卡佩王朝时期，王室直接管辖的范围十分有限，王室辖地仅限于包括巴黎和奥尔良在内的所谓“法兰西岛”的狭长地带，即塞纳河与卢瓦尔河之间的小片分散地带。王室辖地不到3万平方公里，而此时名义上属于法兰西的领土有45万平方公里。如今，法兰西岛是法国22个大区中人口最稠密的一个，辖有包括巴黎市在内的8个省。——中译注

② 此处指现代罗曼诸语言和方言，主要包括法语、西班牙语、葡萄牙语、意大利语等。需要指出，巴黎和法兰西岛的方言直到15世纪左右才成为法语的官方正式语言，此前，皮卡第语、诺曼底语等都是与之地位相仿的方言。——中译注

③ 日耳曼诸语言包括英语、德语、荷兰语以及各主要北欧语言。——中译注

④ 包括现代的比利时、荷兰和卢森堡。在种族上，低地国家形成了西欧的古日耳曼语与拉丁语继承者之间的过渡地带。——中译注

庞杂的划分又都进一步细分成具体的省份，当时也称为群落（tribes）。但要我们深入这些细分的细节是毫无意义的，因为这对我们根本没有研究价值。对我们来说，重要的是要注意到，事实上，这两类组织并不完全是相互重叠的：第一种以院系划分，覆盖了整个巴黎大学；第二种以同乡会划分，只在艺学院里采用，在神学、法学和医学各系中都没有它的位置。

在很长一段时间里，人们都认为这两类组织对应于巴黎大学校史上的两个前后阶段。人们认为艺学院一开始是独立存在的；也就是说，认为“maîtres ès arts”（艺学教师）已经单独将自身组建为一个法团团体。据说他们比其他系的人更多地承受了主事霸主地位的压制。因此，他们有更多的兴趣联合起来以便抵抗。此外，他们的人数还异常众多，绝对是教学人员当中最大的一部分。因此，他们也最有条件组织抵抗。从这个角度来看，他们的法团是最早确立的，不过与此同时，由于它太过庞杂，很快便又根据其成员的民族，进一步细分成一些群体。因此，在稍晚些时候，其他院系的成员（也就是其他科目的教师）据说也仿效了他们做出的榜样，也组建起联合会和法团（法学、医学和神学），这些群体一旦确立起来，就和最初的艺学教师法团结成联盟。因此，巴黎大学作为一个整体，据说并不是来自于人群的大规模集中，在同一套体系里包容城岛上提供的所有教育成分，教授的所有专业；而是来自于此前业已建立的不同法团之间的结盟。

德尼弗尔教父已经无可辩驳地证明，这样来看待事情是有违于事实的。首先，可以相当肯定地说，这些院系并不是先相互分离地建立起来，稍后才结为联盟的。“facultas”这个词，意思是说致力于教授某个特定主题的学术群体，在13世纪之前还没有出现。即便到了那个时候，“facultas”也只是“scientia”的一个同义词，指某一门特定的学问分支。与此相反，“教师法团”（consortium magistrorum）早在12世纪下半叶就出现了。这种法团在它最初的年月里被人说起时，是作为一个由个人组成的社团，而不是由特定的、独立的群体组成的联盟。起初存在的是一个庞杂的社团，包括整个教学团体，而不考虑具体的专业。然后，在这种联合体的怀抱之中，逐渐形成了限制性更强的群体，它们的划分基础是围绕着特定研究的兴趣共同体而导致的亲和性。显然，神学教师的观念与兴趣会不同于艺学或法学的教师。经过一段时间的发展，这些有所限制的群体渐渐趋于稳定，并且在整个群体当中越来越获得自主性。院系就这么形成了。但它们称不上一种原初的现象，而是在各种教师共同体中发生的分化过程的结果。因此，我们没有理由把艺学院当作核心，而认为其他院系都是此后围绕着它一个个聚集起来的。艺学院从来也不曾相当于巴黎大学本身，由此，我们又可以进一步推出，以同乡会为界的组织形式在时间上并不早于以院系为界的组织形式。今天我们知道，艺学教师分成四个同乡会只是在1219—1221年才有的事情，也就是说，此时巴黎大学已经存在了半个多世纪了。

那么，我们又怎样来说明这种双重的组织形式呢？为什么会有这种双重结构化的体系？对于艺学院的师生来说，一方面基于他们的研究共同体而结成同一个法团，与此同时，却又根据他们各自所属的民族而划分成各自独立的群体，我们能说这是很自然的事情吗？在那种情况下，为什么其他院系中不曾发生同样的细分呢？为什么从这种角度来看，艺学教师就会与众不同呢？毕竟，在法学院、医学院和神学院的成员中，同样的民族亲和性也很强烈。此外，艺学院与包括四个同乡会的那个团体，尽管都是基于同样的成分而形成的，但构成的却是两个殊少关联的有机体，至少一开始是这样的。它们就像两个不同的人。关于这种双重性，德尼弗尔教父举的一个实例很能说明问题：艺学院没有属于自己的印章，而每一个同乡会都有各自的印章。有一次，艺学院不得不要用印章来签发它独立于巴黎大学其他院系而制定的一项条例，它盖了四个同乡会的印章，但只是在后者同意的情况下，须一致同意（consensu earum）。如果说该系被迫请求四个同乡会准许使用印章，那么显然就等于承认了这两种群体不是同一的。它们各自想必都有独立的功能，差别就在于：院系的建立是旨在严格操作学术事务，组织教学，抗御来自圣母院的侵害，但学术之外的生活就不属于其管辖范围了。不管怎么说，一个学者的生活中，除了他的研究之外，还需要一种结构来支撑他，照管他：他得找一处合适的住处，他得避免被人盘剥。面对巴黎生活的种种风险，他得受到保护。而将学生组织成同乡会，就能够满足这种需求。这样我们就可以说明，为什么只有艺学院会出现这种形式了。我们可以看到，这里的原因就在于，这个系里有些非常年轻的学生，还只是些孩子，可不能对他们放任自流。同乡会的组织形式和巴黎大学的兴起合在一起，表明学生们的来源其实地域相当宽广。只要他们还聚集在主教座堂学校周围，生活起居多半就会在附近地区。那些远道而来的学子当然会比较稀少，也不构成任何麻烦。而现在，他们人多势众了。他们的数量开始以百计了。正是因为这一点，他们不得不组织成同乡会，这是一种新颖的解决办法，而我们也将会看到，它只是权宜之计。

第九讲 艺学院

——内部组织;学院

组成巴黎大学的有四个院系,神学院、法学院、医学院和艺学院,其中只有艺学院是我们需要详细考察的。那时候的情况和现在一样,神学、法学和医学都是专科院系,以专门职业为取向,为年轻人的特定职业生涯做好准备。只有艺学院是一个属于非专业教育的单位,没有特定的既有利益,所履行的功能类似于我们今天的中学。实际上,在巴黎大学里,它所扮演的角色就相当于如今的中等教育。它其实就像是一间公用的前厅,任何人要想进入其他三个系,都必须先经过它。学生必须先在这个系里耗上一定的时间,才能继续攻读神学、医学或法学方面的课程。它是一所预科学校,期望学生们在开始致力于专业研究之前,先完成某种普通教育。这里所提供的教育根本上属于入门性质,就好像今天的学生们在我们中学里所接受的教育一样。

艺学院的入学要求包括读写能力和对拉丁文的全面掌握。这种掌握绝对是一种基本的要求,孩子们在被称作"文法学校"的小学校里就已经学过了。至少在一开始,这些方面的教育完全是在巴黎大学之外进行的,后者只是在后来才把自己的权威扩展到它们头上。它们是以前的教育体系(包括主教座堂学校、修道院学校和教会学校)留存下来的痕迹。巴黎大学的建立固然侵夺了它们的位置,但却不曾完全地吸纳它们。巴黎大学脱胎于一个集中和组织的重大时期,在这个时期中,它吸纳了教育中最高深的一些方面,却将一切粗浅的方面排斥在外,从而使后者依然如故,依然仰赖于宗教的权威。因此,在城岛上才会留有一些文法教师没有加入巴黎大学法团,继续在一切照旧的状况下从事教学活动。他们申领执教权的来源,他们所仰赖的对象,都不是圣母院的主事(让后者执行这等琐屑职事未免屈尊),而是诵经教士。[①] 除了这些学校,还有一些同类的小学校,附属于巴黎某些有教务会的教会(Églises collégiales)。外省的情况也是如此:来自街坊邻里的孩子们,就是在这些学校里获得最初的教导后,才有可能将来进入艺学院,从而进入巴黎大学深造。

但是,即使说要想进入巴黎大学需要拥有一定的基本知识,这种知识也只是完全基础性的。要求事先掌握的文法知识相当有限;因此,在艺学院里还得继续教授文法。就拉丁文的学习而言,学识的程度大体相当于我们现有文法课程的程度。因此,我们可以把艺学院说成是对应于我们中学里的高级班。我们刚才所说有关这种教育的预科性质的一切,都可以由学生的年龄来证明。正常入学年龄只有 13 岁,实际上,经常还有必要提早一些入学,因为从 14 岁开始,就允许拿"学士学位"(baccalauréat)了。而教师们自己的年纪也大不了多少,因为 20 岁就有可能拿到硕士学位。因

① 诵经教士(Chantre,precentor):主管修道院的图书室(抄录经文)。——中译注

此，学生和老师之间在道德上的距离要比日后发展的程度近得多。这个问题我们回头还会再谈。

在这些情况下，既然艺学院只是一种低等的、更基础的院系，充当着小学校和巴黎大学本身之间的中介，那就不难想见，它在巴黎大学的生活中所发挥的作用永远都只是次要的，有些还受到了抑制。它的首要功能便是让学生们的心智做好准备，以便能够步入它自己不教授的那些学科的殿堂。因此，它就被认为是一种通向超越其本身的目标的手段，从而也就只能在教育等级体系中占据一个比较低等的位置。那些受过教育的人说起来，相对艺学院来讲，神学、法学和医学各系在知识上和道德上都要高出一等。早在 1254 年，教皇亚历山大四世[①]就以官方的名义认可了神学的这种首要性(praeest reliquis sicut superior)。事实上，神学，关于神圣之事务的研究，难道不是所有研究、所有技艺的最终目标和真正的存在理由吗？稍后，法学和医学也被提到了同样的档次上。在典礼上，在游行中，它们的次序都要先于艺学院，事实上它们今天也是如此。然而，艺学院尽管面临这种因循的分类，尽管未臻成熟，地位低下，却并没有沦为某种无足轻重的院系，始终受更高等的院系的监护，而是在巴黎大学中，迅速为自己创造出一个自己能主宰一切的处境。它赢取了重要的特权，最终以实现对法团其他部分的十足霸权而大获全胜。

就这样，根据特定的特权，它获准开除任何一位成员，不仅有

① 亚历山大四世(Alexander Ⅳ，1199—1261 年)：1254—1261 年任教皇，支持巴黎众修士反对世俗教师，在法国增设异端裁判所。——中译注

权开除出它本身这个系，而且还有权开除出整个巴黎大学，而无须事先呈报四系联席会；相反，据说是地位较高的另几个系要想真正开除谁，倒是必须得到整个巴黎大学的一致同意。不过，还得算这样一件事实最明显地展现了艺学院最终获得的这种优越性：巴黎大学自打有那么一位首脑开始，就必须是来自艺学院，只能是从艺学院的成员当中挑选，根本就没有其他系成员说话的份儿。至于校长的权威是怎样树立起来的，那说来可就话长了，在此我不必详细道来。在较早的时期里，校长只是许多首领中的一个，是艺学院教师的头头。然后，他的根基越来越牢固，成了巴黎大学各项集体决策的执行器官，成为法定的联合会主席，最后成为整个共同体的首要管理者，当然，我们也不能夸大他的重要性和权力程度；由于他的任期很短，不可能发挥很大的个人影响。但艺学院的精神通过他取得了主宰地位。而且，在公众的眼里，他代表了整个大学；只要是事关巴黎大学的信函，不管是来自俗界还是来自教会，一律以他为收信人。[①] 无疑，只是在多回合激烈的抵抗之后，那些地位较高的系才认可了这种优先性。神学院的斗争时间尤其长，但最后它也不得不放弃了抵抗，而一道教皇诏书又给了艺学院的特权有力的保障。我们这里看到的这个现象是很不寻常的，需要做些说明。地位最低的系反倒是通过该系的主管为中介，领导着整个

① 校长(recteur)：大约出现于1245年。为巴黎大学最高长官，起初只能由艺学院教授担任，并要求候选人具有七年以上教授文法或修辞学、或教授哲学两年以上的资历。开始每月改选一次，后来每三月改选一次。校长对内进行最高监督，对外代表学校与后来的宗教裁判所、巴黎市政会议等打交道。对于国王，校长利用教皇赐予的特权保护自身利益；对于教皇，校长又利用国王批准的特权，使学校处于相对独立的地位。16世纪以后，校长一年改选一次。——中译注

巴黎大学。它不再跟在其他系后面亦步亦趋,而是成了它们的指导。再没有什么地方能够比公共典礼更为显著地表现出这种对比了。艺学院最后一个到来,可另一方面,它的代表,也就是校长,却和这块地盘上最显贵的头面人物并肩走在最前列。

为了说明这种独特的现象,人们已经提出了两点原因。首先,人们将它归结为艺学院相对于其他系所具有的人数上的优势。我们知道,在 1348 年,有 514 位艺学教师,而此时的神学教师才 32 位,法学教师 18 位,医学教师 46 位。换句话说,艺学院的教师人数占了整个巴黎大学的 5/6(总共 610 位教师当中的 514 位)。到 1362 年,这个比例没有明显的变化:有 441 位艺学教师、25 位神学家、11 位法学家以及 25 位医学博士。根据当时这种局面,地位较高的各系想必被纯粹的数量优势给压垮了,正是一系列人多势众的示威集会造成了它们的败退。至于为何事实上只是在长期的斗争之后才取得了这一胜利,有说明称是因为艺学院这种人数上的压倒优势也是逐步获得的。实际上,我们知道,在 1283 年,只有 183 位艺学教师,而在接下来的那个世纪里,分别有 441 位和 514 位的记录。

据说,第二个因素也进一步巩固了前一个因素的效应。从 13 世纪末(1289 年)开始,申请艺学教师职位的候选人在接受新职责的授予仪式之前,必须在校长面前亲口宣誓,承诺捍卫国家与所属院系的法律与习俗,而不管他们身在何处:“无论地位如何,汝等将谨守在俗教师,捍卫其地位、法规与特权……无论地位如何,汝等将发誓捍卫此一独具特色院系之权利,捍卫其可敬之习俗。”(Item stabitis cum magistris secularibus et deffendetis statum, statuta et privilegia corumdem ad quemcumque statum deveneritis...Item jurabitis quod libertates singulas facultatis et consuetudines facultatis honestas...deffendetis ad quemcumque statum deveneritis)我们知道,宣誓的权威在那时候被认为是神圣不可侵犯的。任何违背誓约的人,都会以伪誓之罪被传至宗教法庭。因此,教师们一旦发下我们刚才引用的这些誓词,会发现自己就此一生都和艺学院拴在一起了;不管他们此后从事何种职业,都必须奉行某种特别的忠诚。在上述固定程式中的誓词语焉不详,这本身就使得任何拒绝推进艺学院扩张势力的宏业的人,都有可能被指控为做伪誓。还有一件事实与此相关,地位较高的院系里的那些教师,全都或者几乎全都是从艺学院里出来的,因为艺学院是其他院系一种预科性的入门训练。他们在进入其他学位阶段之前,先要获取艺学方面的学士学位(la maîtrise ès arts)。因此,他们既然已经宣了誓,就得继续依赖这个系;即便他们不是这个系的常规成员,但出于宣誓人(jurati)的资格地位,他们也属于这个系。他们被称为"艺学院宣誓成员"(jurati facultatis artium)。所以,他们有义务表现出一个优秀的、忠诚的艺学院成员的样子。我们就此可以说明,为什么会出现这些具体情况,使神学、法学和医学这些系会逐渐陷入彻底臣属于艺学院的状况,尽管事实上后者低它们一等。

这样的说明看起来非常简单,但在我看来,它却经不起细致的推敲。首先,原则一旦确立并被人们认可,的确可以说明艺学院何以能这样容易地使其他系依赖于自己,即便如此,我们还需要说明,这种原则是怎样成功地确立并被人们认可的。在这种惯例之下，构成巴黎大学的各个机构当中，有一个注定会获得一种霸主地位，而这种霸主地位与该机构在等级体系当中被赋予的等级毫无关系，注定会削弱其他构成机构的自主性。对此巴黎大学又何以能够容忍？情况想必是艺学院已经享有了相当的权威，已经在整个大学里占据了主宰地位，可如果是这样的话，我们又怎么来说明这种主宰地位呢？宣誓只是这种主宰地位的一种表现，但不能说明它。它完全可以增进了这种主宰地位，但不可能最初创造出它来。这样看来，它可能起到的唯一作用必然只是附属性的。

这样的话，备选的首要原因就只剩下数量上的优势了。据说，艺学院教师充分利用了自身数量给他们带来的力量，从而最终使他们站到整个巴黎大学的首脑位置上。如果在巴黎大学联席会上，投票是以点算人头为基础的，那么这种说明还算有道理。在那样的情况下，确实可以认为艺学院只需通过直截了当的法定手段，就能够很容易地施加自己的意愿，扩张自己的霸业。可实际上的投票办法和这很不一样：投票是以院系为单位计算的。在开始的时候，甚至任何提议要获得通过，都必须先由各个院系分别商议，然后全都获得大多数的同意才行。再往后，到了 14 世纪，它们是否能获通过，是根据各个院系中人数最多的一种意见而形成的大多数所决定的。但是，在这两种情况下，每一个系不管其成员在政治上的影响力如何，和其他各个系的地位都是平等的。每个系都有而且只有一票。因此，最势单力孤的系也不会受到纯粹数量优势的欺负，在这样的情况下，很难看出艺学院是如何能够替其他的系来制定规则的，尽管它人数上占了大头。

艺学院人数上的这种优势，本身难道就不需要做些说明吗？

其实，它明显有一个前提，就是整个系已经享有了一种相当特殊的特权，足以为它在巴黎大学所占据的特殊地位给个合理的说法，难道不是这样吗？如果说年轻人都争着去当艺学院的教师，如果说教师们的数量为此逐渐增加，那么，这显然是因为他们所讲授的内容被认为是档次最高的教学。事实上，据说这种教学内容可以称得上是所有学问的基础、根本原则和源泉（fundamentum，originem ac principium aliarum scientiarum）。我们将会看到，这是因为它所教授的学科几乎就只是辩证法，其他都弃之不顾了，而辩证法在那时被认为是学问之王，是开启其他所有大门的钥匙。谁只要是把握了辩证法的基本原理，也就被判定为无疑占有了人类学问其他所有分支的精髓。不管怎么说，使巴黎大学获得辉煌声名的，难道不正是辩证法的论战吗？之所以有难以计数的听众先是拥到阿伯拉尔门下，然后是拥到他的继承者门下，难道不正是被辩证法论战吸引去的吗？从那时起，一个系产生了这些光彩照人的论战，又提供了如此高雅精妙的教学形式，就应该被认为是一个非常重要的系，这难道不是很自然的事情吗？这就简洁地说明了这个系是怎样获得首要地位的。针对这种说明，也有人反驳道，在当时思想家的眼里，辩证法只不过是一种手段，它最终的目标是神学；事实上，也的确有数不清的文句，把辩证法说成是追求神圣学问的事业中所使用的一种工具。麻烦在于，我们需要补充一点，就这种最终目标而言，很少感到有必要去考虑如何在实际当中实现它。神学方面的教师与学生其实都相当少，有段时间整个神学院最多也只有八位老师。绝大多数的学生眼里就只有辩证法构成的凡俗学问。即使辩证法偏向于神学，这种偏向也完全是柏拉图式的、纯理论性的。它的首要价值在形式上是被认可的，不过只是在迷蒙的远方瞥见的印象。明晰的眼前还有别的东西，关注的焦点放在了其他方面，生活的中心在别处，因此，权威之所在也在别处。不仅如此，艺学院也更有可能抗御教会的力量，捍卫法团的世俗利益。

对于我们的教育思想和教育体系来说，我们就此得出的结论具有相当的价值。正如我们所言（下面所说的一切都将证明这一判断），艺学院对应于我们所说的中等教育。所以，当时的巴黎大学是个复杂而含混的体系，其中包含了从最朴素的（从文法课程归到它名下开始）到最高雅的各种类型、各种层次的教学；而在这个体系里，通过艺学院，中等教育获得了最显著的地位。它构成了学术生活的中心，它是整个体系的基石。它是最关键的东西，是让学生趋之若鹜的东西，是整个世界的目光锁定的焦点。它的这种地位并不是出于偶然的外在情势，而是出于它内在的性质，因为它比其他任何形式都更好地适应了学生群的需要。我们就此找到了一个早期的证明，可以支持我在此书开头所发表的看法。我指的是作为我们学术史上一个独特之处的事实。在法国，长久以来，中等教育一直多少可以说是完全主宰了其他各级教育，实际上完全起到了统率作用。现在，我们可以看出这种主宰地位肇始何处了。一旦我们拥有了一种比较发达的教育体系，中等教育的这种主宰地位也就形成了。至于它是如何在它兴起的地方发生的，现在还不到探讨的时候。现在，我只打算点出事实，提出问题。我们会努力给出回答，不过得等到我们稍后占有更多的信息，也就是当我们已经看到，这种主宰地位在相当不同的情势之下，巩固了自身，也许还变得更加显著。

我们很快就会看到这个方向上的一种新的进展，看到这同一种趋向上的新的表现。前面我们其实已经看到中等教育在巴黎大学里获得了一种核心的地位，但它在其中发展起来的那个结构并非它所独有，这些结构与它的本质并无关联。正相反，从它们当中发展出来的是今天的高等教育（院系）。我们现在就来看看，同样是这个艺学院，是怎样为自己创造出新的结构，同时保存了中等教育的独特结构（即学院），又是怎样把可以利用的最好的教学资源都吸引到自己身上。

为了理解我们将要来谈的这个重大转变，我们首先必须试着来描述，学生在艺学院就读时，最初是怎样安排他的生活的。

我们不妨来设想，在13世纪的上半叶，有这么一位相当年轻的小伙子，大约十三四岁，来到巴黎求学。我们已经看到，那时候，还没有任何既有规模、名声又好的固定机构供人共同生活在一起，就像学院日后演变成的那个样子，小伙子们的父母可以很放心地把自己的孩子送到那里去。艺学院只是教师的一个联盟，同时在不同的场所开课，自筹开销，自担风险，先是在城岛上，然后又到了塞纳河左岸的福阿尔街。[①] 因此，孩子们不得不从同时开课的几百位老师当中为自己挑选一位，跟到他门下。他不仅需要从这位教师那里接受他来此寻求的教导，而且考虑到世俗当局的要求，还期望以此为自己找一个保人。实际上，如果他被市镇当局的人逮起来（这种事情经常发生），巴黎大学的一位常任教师就可以去把

① 福阿尔街（rue du fouarre）：巴黎街道名，索邦神学院所在地。——中译注

他认领出来。这一点非常关键。这位教师会担保这孩子是个学生，求诸这种身份所带有的豁免特权，以此把他从世俗当局的铁爪下解救出来。下一步，他必须为自己挑选一个住处，同时也挑选伙伴。这是因为，在那时候，独自生活是不可能的事情。在别的情况下迫使工匠、商人和教师各自组建起某种联盟的那些因素，也在学生群中产生了同样的效果，使这群人把自己组建成一个群体。很有可能就是这种需要，促成了一种以“同乡”为基础的组织。这事儿其实很自然：同出一地的学生想必会相互吸引，组成一个群体，分享共同的生活方式。他们会租下一处可以共同生活的地方，就像某种会社那样生活在那里，而他们的老师也经常和他们生活在一起，同桌共餐，同甘共苦。这就是所谓的“会馆”(hospitium)。博韦人文森特[①]记叙了圣者埃德默(Edme)照料他的一位患病的学生，每天带学生们一起到福阿尔街去上课：这些也许是和他自己同住一所会馆的成员。事实上，教与被教的人之间在年龄上相差不多，这也助长了这种亲密关系。双方经常在一起娱乐，而学生们卷入的丑闻他也脱不了干系。

关于这些会社是怎样组织起来的我们知道得很少，因为它们没有任何法律上或官方的地位。尽管如此，在成员之间盛行的那种平等，也使我们完全有理由认为，它们的管理想必是非常民主的。毕竟，这是它们所具有的特征，也是它们在牛津所保持的特

① 博韦人文森特(Vincent de Beauvais，1190—1264年)：多明我会僧侣。著有卷帙浩繁的《伟大镜鉴》(分为《自然镜鉴》《教义镜鉴》《历史镜鉴》)，是13世纪最完备的学问百科全书。后又写了其中《史鉴》的摘要《备忘录》。对于研究中世纪历史与文化的许多方面，他的著作都是极为重要的参考文献。——中译注

征。而大家知道，牛津大学是仿效巴黎大学建立起来的。他们的头儿是一位主事，由群体的全体成员选举产生，他的权威也只限于群体授予他的范围。无疑，经常会有很多非常合乎情理的想法，觉得主事该是个老师，但至少在很长一段时间里，这并不是一条法定的规矩。习俗只是经过了相当长的时间才确立起来，最终才具备了法律的约束力。

这种组织形式绝对是最常见的，但也有两类学生不适合这种形式。首先是富家子弟，他们有私人的公寓，和一位导师住在一起。另一方面，还有一些出身贫寒的孩子，缺乏必要的财力以支付会馆的开销。在中世纪的大学里，听课行列中有来自社会各个阶层的学生："有贵族，也有平民；有贵胄子弟，钱多得可以纯粹出于炫耀，长期雇着仆役扛着厚重的书册走在他们前面（参见拉伯雷）；也有鸡鸣狗盗之辈的儿子，由于实在是穷，为了支付学费，只好充当仆役，打各种零工，比方把圣水[①]担到私宅中去。"还有些人经常乞讨，因为托钵修会[②]的例子已经证明，在那时候，乞讨被当作是神圣的事情，所以绝没有半点儿见不得人的意味。总而言之，今天正把俄国大学搞得一团糟的贫困的毒瘤，以及伴之而生的所有不幸，也同样滋扰着中世纪的大学。对于贫困学生来说，要吃饭，要

① 圣水（bénite）：东正教会和天主教会中业经祝福而用来为教堂、住宅和礼拜用品祝圣的特别的水。——中译注

② 托钵修会（des ordres mendiants）：亦称"乞食修会"，天主教修会的一种，起自13世纪，初期拥有方济各会、多明我会等四大修会，规定不置恒产，会士以托钵乞食为生。其活动范围和组织体制与隐修院修会不同，后者主要在隐修院里活动，各以本修院院长为最高领导人。托钵修会则渗入社会各阶层，总会长直接隶属于教皇。——中译注

谋得一片栖身之地，要有钱买蜡烛、买书（而且只是价廉质劣的稿本，满纸都是难以解读的缩写，这些在我们的图书馆里还常能见到），这些都是极其困难的事情。[①] 为了疗救这些不幸，某些有善心的人想到了建立一些固定机构，靠着这些机构得到的稳定捐赠的支持，让一定数量的贫寒学生能够免费寄宿和维生。和我们在讨论的这种会馆相比，这些寄膳宿舍并没有什么真正的不同，也就是说，它们也就是某种客栈，只不过是受捐助的客栈，是供一定数量的学人寄宿的地方。这些受捐助的会馆就是最初的学院。它们大约是从13世纪初就开始出现了，只是形式上还很不起眼儿，比较简陋，甚至有些破败，所以一点儿也看不出能够有日后学院之类机构所享有的幸运。在绝大多数情况下，它们附属于一家医院或寺院。一直要等到13世纪中叶，特别是14世纪，才开始出现规模比较大的靠基金捐助建立的机构。头一个就是索邦学院（collège de la Sorbonne），是1257年左右特别为16位神学生建立的。然后，首先就得算是纳瓦尔学院（collège de Navarre），据称是巴黎第一所大型学院。[②] 它的创立是为了收纳20位神学生、20位艺学院学生以及20位修习文法的学童。修习文法的学生（我们在这一

① 随着图书在大学里被广泛使用（而不再是在修道院的图书室中被拴在书桌上），开本变小，装潢不再像以往那般讲究，原本有花体首字母和装饰字体的地方常常留出空白，囊中羞涩的买主（常常是研究哲学和神学的人）直接买走誊抄本，而富裕的顾客（多为法学家）则可再让人在相应位置上画上字母。简略记号越来越多。有关由此引发的书写文化传播及新的文化事业阶层的形成，参看勒戈夫《中世纪的知识分子》（中译本），第92—94页。——中译注

② 纳瓦尔学院后来长期是欧洲最先进的中学之一，培养出伊拉斯谟、亨利三世、亨利四世、黎塞留和波舒哀等名王大哲。另据勒戈夫《中世纪的知识分子》（中译本），第114页，该学院创建于1304年。——中译注

讲开头就已经谈到，在此之前一直生活在与艺学院学生分开的机构里）现在发现自己和艺学院学生在一起生活了，他们发现彼此之间有这么多共同之处，以至无法准确地分辨文法课程到何处结束，而艺学课程又从何处开始。在纳瓦尔学院后，就是哈考特学院（collège d'Harcourt），它固然早在1280年就已开始筹措，但直到1311年才真正开办。纳瓦尔学院和哈考特学院可以看作是14世纪开始大量出现的那种机构的主要原型。

这些学院对免费会馆的效仿程度如此之深（参看高僧布克[①]论哈考特学院），以至在根本上还保持着民主的性质，虽说民主在某种意义上已经有所淡化。今天，提起学院，让人想起的是一个多少带有权威色彩的组织，处理与会社有关的事务的不是人，而是特定的公务员，他们对这些事务各司其职，也各负其责。但早期的学院与此大有不同。可以肯定的是，学院的院长（principal），当时叫"proviseur"，[②]并不只是被选出来的学生，而是一位由巴黎大学正式授职的教师，听命于巴黎大学，并且在有些情况下，还同时听命于某些宗教权威机构，因为学院创建者已经授权这些机构控制学院的内部事务。不过话说回来，这绝不意味着学生们在寄膳宿舍的管理上丝毫不起作用。所以，在哈考特学院，校长在正式履职之前，必须是经学生大会选举产生的；而在纳瓦尔学院，很长一段时间里，不是学者的学生要想入学（不管是修神学还是修艺学），都得

① 高僧布克（Dom Martin Bouquet）：大革命前圣泽芒修道院僧侣，历史编撰家，在1738—1752年间编成《高卢和法兰西作家文库》或《高卢和法兰西历史著作汇编》的前八卷。——中译注

② 在今天的法语中，是公立男子中学校长的意思。——中译注

经过各位学者的一致同意。只有修文法的学生没有这项权利，这是因为他们实在太年轻了。

接下来要谈的就是艺学院学生最初是怎样安排自己的生活的。他去福阿尔街的某些街区听自己选的老师的课。可供教师上课的地方有限。就他学术之外的生活来说，他要不待在会馆或受慈善捐助的会馆里，要不就待在学院里，这些学院是以前者为样板建造的，只是细节上有些不同而已。这些至少就是最普通的生活方式。教育与日常生活的需求之间的界限是非常明显的。我们现在将要看到一场真正的革命，它模糊了这种界限，并且最终去除了这种界限，从而彻底改变了巴黎大学的组织方式。是慈善会馆或学院的设立与发展促发了这场重大的转型。在我们接下来的整个教育史当中，都不断能感受到它的影响。

相比于其他的学生，不管是走读生（绰号“雨燕”），还是私人会馆的房客，学院的学者都享有某些重要的便利。首先，他接受的训练更为正规。所以，除了在福阿尔街教他的公共教师，他还有某种辅助教师，或者英国人所说的私人导师，就是他的院长。院长必须和自己的学生一起听课，回答学生们向自己提出的问题，并应他们的请求做出说明。除了在公共学校里详细讲解过的书之外，他还会和学生们一起读些由大多数学者选定的逻辑、文法或数学方面的书。一起做练习既方便指导，效果也更好些。再者，学院或许可以有财力提供图书馆，这对学生来说是一种宝贵的资源，而个人或私人会社就有可能无力配备。这些便利是如此明显，以至不久之后，那些富裕或有闲的学生就自掏腰包付膳宿费用，以求被准许进入学院。这些人被称作学院的宿客，或者说是“寄宿学者”，因为他们自付房钱以及饮食份钱。风气一开便迅速传播。各个学院的总人数就此迅猛增加。而负责监管学生生活及学习的教师群体势必也要相应增加。在膳宿宿舍里进行的补课和加课也越来越多，并且也越来越重要。教师们不再在福阿尔街里等着他的学生来上课，而是走进学院来教学。这样一来，社会生活的中心也就逐渐转移了，从福阿尔街，从公共学校，移到学院内部。到15世纪，革命宣告完成。学院成为巴黎大学中唯一一种结构。在学院里，学生们除了找到吃住的地方，还能找到他们要求的所有教育。因此他们再也不需要外出了，寄宿学校的原则就这样确立下来。

我们有机会还要回过头来充分地评价这场革命。但在此之前，我们还需要大概地说说巴黎大学这段校史展现出的一点特征。很少能够找到这样一种重大的机构，它的形成是如此完全地起因于纯粹自生的进化力量，起因于和产生生命体的过程相类似的有机生长。如果它是一个生命体，我们会看到它从一个微小的、无定形的种子，逐渐成长，越来越大，在一般的、非人格的、无意识的力量下产生自然的转型；同样，我们也绝不会在哪个地方看到就此实现的变化能够直接加诸一个特定个体的工作。有一桩事实非常具体地证明了这个特征。事实上，发生在这种组织中的所有转型，随着机构的演进而产生的所有创新，都不能确切地定出日期。造成它们的那种演进是那么彻底地具有持续性，以至我们无法确切地定出开端与终结。在教堂周围大量出现的教师，又是在什么时候开始越过塞纳河到对岸去的呢？我们一无所知。同盟是什么时候成为一个得到公认的正式法团的？无人能下定言。院系本身内部什么时候开始发生分化的？它们是什么时候承认校长的权威的？

逐步开始的，这就是唯一可能给出的回答。慈善会馆，也是最初的学院，是从什么时候开始同时成为教学机构的？它们是什么时候吸纳艺学院的？这里是不可能定出什么确切日期的。所有这一切都证明，巴黎大学是一种自然现象，一种环境之力的产物，是社会的自然产物，并且也许比其他任何机构都更好地表现了社会。对我们所开展的历史考察来说，这绝不是它最没意思的一点特征。

第十讲　学院(终)

学术生活在其中发展起来的那些结构，应该根据学生的年龄，根据他们思想发展的程度而有所变化。这一点在今天的人们看来，都会认为是不言而喻的事情，是一条真理。当学生已经成长为一位青年，已经接受了一定的基本教育，也就已经在基础教育的过程中培养出一种特定的自我意识，开始了解自己。为了进一步提高他的教育水平，他进入了另一种学术机构，这种学术机构需要有足够的灵活性，能够允许他在里面以相当的自由发展，独立地探索自身。讲授的课程应该是提供给他选择，而不是强加到他身上。他必须能够根据自身已经获得和发展起来的有关自身需要与志向的自我了解，来选择这些课程。时机业已成熟，可以更加直接地让他在实际生活中摸爬滚打，因此，再也不可能让他听从过于操心的监管、处处限制的监护了。今天，欧洲所有国家的大学组织机制都满足了这些需要，只是各自的方式有所不同。在年龄较小的时候，当学生还是个孩子或者还处在青春期的时候，当他还缺乏足够的经验，能够凭一己之力应对世事人情的时候，当他对自己初露端倪的个体特征还很没有把握的时候，让他听从于一种比较非个人化的管制，一种更加直接的控制，就是至关紧要的事情了。孩子生活的那个道德环境必须更紧密地裹护他，以便能够更有效地支持他。

中等学校的组织就是基于这项原则建立起来的。所以,尤其是在法国,不仅在中世纪,而且在随后的各个世纪里,都有一点很突出:我们从来没有在其他任何地方看到,这两种不同类型的组织,这两种学术体系,像今天这样并肩发挥功能。整个舞台始终被它们所主宰,不是这个就是那个,仿佛它们都不拥有各自特别的位置与功能。一开始,艺学院最年幼的学生尽管是那么年轻,也过着巴黎大学的那种自由生活。后来就完全不一样了,学院出现后,发生了逆转,学生(就这个词的严格意义而言,也就是说,学士学位的候选人与修习初等文法的学童分量相等)开始把自己与外界隔绝起来,生活在这些新型的机构里,这些机构从此成为唯一贯穿整个教育体系的教育结构,从最初等的一直到最高深的。在上一讲结束时,我已经开始阐释这场重大的革命,但我们还得重提话题,因为它在我们的整个历史上余音不断。

如果我们想要正确地理解这场革命,就必须区分它里面包含的两个阶段,这两个阶段前后相继,但大有不同。

在第一个阶段,我们看到有一些新型机构逐渐形成并且大量出现,与它们所仿效的巴黎大学共存一时。它们被称作学院,在它们这里,学生们除了膳宿,还能找到补课与加课。这大大有利于他们在艺学院的学习,但是并没有使后者变得可以舍弃。巴黎大学生活的中心依然在福阿尔街,在公共学校。从这一点来看,学院只是作为附属物,只是发挥辅助性的作用。它们的直接功能在于为学生们提供道德上与物质上的庇护。我们已经看到,这些学院草创时无非是些学人会社,纯粹为了贫寒学子而创办,但后来逐渐地向越来越多的学生开放了门户,他们对于学院来说就不是寄宿的学生,而是付费的客人。如此发展下,学人却成了少数。几个因素凑合在一起,促成了这一结果。首先,我已经指出,能够被允许进入这些机构的学生享有相当的便利,他们在这些机构里能够找到各种别处无法得到的服务条件,既有人事上的,也有物质方面的。而对于付费学生数量上的增长,作为会社这方面只能是乐观其事,因为他们都付了钱。不过,除了这些因素,还有一点也肯定有着根本性的影响。这就是新型组织所提供的道德上的优势。也正是因为有这些优势,巴黎大学本身才会鼓励学院进一步发展。

那些时候,学生们道德生活上的败坏无论如何强调都不为过。但不管怎么说,在中世纪的生活里,自然的、本质上的桀骜难驯是一种内在固有的性情,就好像在任何尚未足够发达的文明中一样。保持避免过度的习惯,学会适度的品位,能够自我控制、自我约束,人身上的这样一些特征,都是只有当人类在一种文化中浸淫了数百年,服从一种严格的纪律,才能够体现得出来的。中世纪时期的人们离野蛮状态还没多远,还有各式各样的暴力倾向;他那些狂躁暴烈的性情不是那么容易驯服的。而同龄人的放纵骄奢,甚至是最年幼的学生也享有的极端自由,更加剧了这一切,创造出一种特殊的情境,任他们在无所拘束的纵情声色当中耗费光阴。维特里的雅克曾经对此做过十分著名的刻画,但是它实在是太过写实了,无法在此复述。诚然,维特里的雅克①是一位让人生畏的狂热僧侣,总是描述他同时代大最黑暗的一面。因此,或许可以怀疑他夸

① 维特里的雅克(Jacques de Vitry,1180?—1240年):13世纪初最著名的传教士,参加过十字军东征。曾任巴勒斯坦境内主教。著有《东方史或耶路撒冷史》,为13世纪的历史及风俗提供了很有价值的材料。其中第二卷是对西欧的严厉控诉,因为他们对十字军的神圣事业漠不关心。另著有《书简》。——中译注

大其词。但罗吉尔·培根的言辞之尖锐也毫不逊色。至于校长普雷沃斯廷(Prevostin)[①],则以自己的眼光来说,“艺学院的学生每天晚上都全副武装地在街上游荡,闯入民宅,在教堂的院里放肆喧哗。每天都有受了惊吓的人来控告他们,说他们打人,撕烂别人的衣裳,或者是剪断别人的头发。”而学生们并不限于这种暴力性的放荡,还常常犯下一些真正厉害的罪。“他们结交流氓恶棍,夜里全副武装地在街上横冲直撞,闯入民宅,强奸民女,偷鸡摸狗,杀人越货。同乡会所谓向其庇护者致敬的庆典欢宴,绝不是什么予人启迪的场合,而无非是为烂醉和放荡找借口开脱。学生们夹刀带棒地在巴黎的街道上巡行,大呼小叫,让平和的市民们不得安睡,还对撞上的无辜路人肆意侮辱。1276 年,他们甚至跑到教堂的圣餐台上掷骰子赌博。”他们享有豁免权,因此放荡起来更是变本加厉。学生们有效地摆脱了市长的世俗权威。一旦他们当中有人被抓了起来,巴黎大学就会去保释他,或是举行罢课,直至他被释放,因为巴黎大学首先关心的就是要保持自己所享有的特权。一旦该学生被移交给巴黎大学,就会接受宗教法庭的审判,落入后者的司法权限之中。但是这些法庭在处置学生时却是一贯纵容的。正如图洛所言,“哪怕所犯罪行该当用绞索了断,也只是一顿鞭打完事”。

生活在学院里的人们也牵连到这样的无序状态之中。而巴黎大学本身也深受这些过分行为之苦,于是利用自己的全部权威,推动了一场变动,驱使学者们成为学院的寄膳宿者。一旦它不再足

① 普雷沃斯廷:1206—1209 年任巴黎大学校长。——中译注

够强大,能够在王室权势面前捍卫自身的古老特权,情况就更是如此。实际上,巴黎大学最终将寄膳宿于学院变成了一项强制性的义务。法兰西同乡会于1457年决定,所有学生都得住在受巴黎大学承认的某个机构里,或者与父母合住,要么就是住在巴黎大学某位素有名望的成员家里当无薪仆役,否则他将拿不到学位证书。1463年,整个艺学院都做出了同样的规定。如果付费学生们还保留着自己的首要权利,就是说只要自己愿意,就可以随时离开自己待的学院,在受到自己不乐意的某种惩罚的折磨时就更是如此,那么这项规定就不会有什么效力。然而,从1452年以后,枢机主教埃斯图维耶[①]做出一项规定,任何机构的主事,如果在自己学院中接纳那些仅仅为逃避惩罚(ad evitandam disciplinam ac correctionem)而转投此处的学生,则视同违法行为。从此,除了少数例外,艺学院的所有学生都是寄膳宿者。

这种现象肯定不是偶然的局部状况所造成的,因为没有一所大学不在同一段时期内(也就是说,在15世纪)采取过多少有些类似的措施。在这段时期里,到处都是针对"雨燕"们的斗争,到处都使人们觉得有必要将那些学生控制起来,如果实施这种控制,要么是基础比较稳定的学院之类的共同体,要么是一位名声无可怀疑的个人,比如一位大学教师。无论在什么地方,牛津都不逊色于巴黎,剑桥更不逊色于牛津,还有维也纳,布拉格,莱比锡,人们都感

① 埃斯图维耶(d'Estouville):1452年,在法王查理七世的支持下,以教皇特使身份对巴黎大学执行新的改组行动。——中译注

到了同样的需要，也产生了同样的效应。[①] 因此，我们可以确信，学术生活的组织方面的这场变化，是一些极其深刻的普遍原因的必然结果。而假如巴黎大学就此打住，假如它仅限于规定自己学生必须寄住学院或某位教师住宅里，那么膳宿制度原本可能只是以适度而温和的形式确立下来，也许会有各种各样的便利，而没有任何惯常的不便。教育也会保持在学院的外部。至于艺学院，尽管仍然与这些机构保持联系，但也会始终维持着相对于它们的独立性。学生们也不会如此彻底地、不可逃脱地被囚禁起来；他的生活还会像从前那样维持着一种双重结构。在寄住的房子里，他会在专门教师的指导下生活与工作，因为这些教师与这位学生的接触更加直接，所以想必能够更密切地监督他，效果也会更好些。但是，学院的门天天都会是开着的，为的是让他能够去上公共学校，在那里从事他的研究。他还会保持着自己与外界的联系。所采用的制度会很类似于英国的导师制，后者也是在同一段时间里，在同样的一些力量作用下而确立起来的。可是在法国，那场导致了一种相对温和的住宿要求的运动，却并未在这第一个阶段就止步不前，而是继续推进，直至最后发展到这样一种学院，成为强制性的全膳宿制机构，甚至对于教师也是这样，学院成员接受的所有教学都来自学院内部。起先，学院内部开展的这类教学纯粹是补充性的，但它迅速增长，重要性也逐渐增加，与此同时，在福阿尔街上开展的教学却逐渐衰减。在公共学校里教学的教师们也改变了性

① 牛津大学于12世纪末建立，剑桥大学于1209年建立，维也纳大学于1365年建立，布拉格大学于1348年建立，莱比锡大学于1409年建立。——中译注

质,成为附属于学院的专门职员。不再是学生们来听他们讲课,而是他们去给学生们上课。由于逐渐成了多余的东西,福阿尔街上的学校也一家接一家地关门了。只有在举行正式典礼的时候,比如授予学位,它们才会重新人头攒动。从拉缪[①]那里我们知道,他看见的是在那里教书的最后一位老师。但是到了这个时候,教师也和学生一样,也必须住在一家学院里。

全膳宿制体系,也就是完全意义上的膳宿制体系,和采用宿舍的体系还不完全一样,此时的宿舍还同时是学校。只有在那时,才是彻底的膳宿制。从那以后,实际上,学生们就在给他宿身之地的房舍里,找到自己物质生活与精神生活的必需之物。因此,他显然可以与这个世界的其余部分脱离关系。对他来说,世界的终点就是自己居所的围墙,他不再能够任意穿越这道围墙。他的视野只限于自己所待的这片场院,其他所有地方都属于越界。他与世隔绝了。

除了这种与世隔绝的效果,全膳宿制还有严重的缺陷,因为这里一方面是学校,另一方面又是宿舍,两种几乎完全不相适应的生活方式混融在一起,产生了一种四不象的结果。作为宿舍,如果要恰如其分地行使自己的职责(也就是说,为孩子提供道德上的保护,以最有效的方式支撑他、照看他),就需要在规模上保持适度。事实上,恰恰是因为指导他们的教师对孩子们了解得很清楚,才能

① 拉缪(Petrus Ramus,法语名为 Pierre de la Ramée):法国哲学家、逻辑学家与修辞学家。曾求学于巴黎纳瓦尔学院,1536 年取得艺学士。后在巴黎的勒芒学院与万福玛利亚学院讲授亚里士多德的逻辑学。1546—1572 年任巴黎大学艺学院院长。1561 年前后改信新教,1572 年于圣巴托罗缪大屠杀中被暗杀。——中译注

够根据每一个孩子的个人特性来塑造他的行为。除此之外，还有一种截然不同的方式，就是大规模的聚集，从道德的角度来看，这会产生有害的影响。因此，宿舍的理想构成是学生们能够分散在一大批小规模的机构里，尽管不能和家庭的规模完全等同，但也尽可能类似于家庭的结构。最初的学院其实就是这个样子，为相当少的一批学者提供宿身之地。

与此相反，像我们已经确立的那种教育却是从一种集中的过程产生出来的。就教育而言，分散就意味着死亡。一所学校，如果不是特定数量的一群有学识的人聚集在一起，彼此维系，以期让其他人也变得有学识，那么又是什么呢？学校就是各种思想力量的聚合，这种聚合越是丰富多样，它所提供的教育的质量也会随之相应提高。而如果教师们在地理的角度上看集中在一起，那么学生也必然会这样。学问中心的吸引力是与其重要性相对应的，而这种吸引力是学生群无法抗拒的。不仅如此，集中的过程也在相当程度上属于教育的题中应有之义，以至教育会自觉、自动地朝这个方向发展，我们的学院的历史恰恰证明了这一点。首先是在巴黎建立起一大批学院；然后，教育逐步地集中到其中少数几家学院（“满负荷运转的学院”），其他的学院就依赖于这些学院，迟早注定会被它们所吸纳。我们在自己所处的这个时代也看到，在同样的过程下，学院也逐渐被吸纳到中等公共教育总体中。个别的学院之所以能够摆脱这样的命运，完全是归功于外界的帮助，是国家赋予了它们人为的抵抗能力。在同样的过程下，我们还看到，规模较小的中学被较大的中学所吞没；在更重要的大学面前，较小的大学命运也是如此。

如果上面说得都没错，那么为了履行它们的职责，宿舍与学校两者本身的需要就是相互对立、相互冲突的，以至无法在不牺牲两者各自合法利益的情况下，成功地融合在一家单个的机构里。即便说为了使教育能够繁荣，就得扩大学术生活的结构，学生也会在自己的住宿场所里茫然失措，无法得到根据自己个人需要裁剪的个人化直接教育。话说回来，如果是为了应对这种危险，学校限制自己的宿舍规模，那么教育又将得不到适当的发展，比较狭隘，缺乏生气。

15、16 世纪在法国发生的这场学术革命，我们已经概括出其中的两个不同阶段，由此看来相互之间大不一样，为了能够对整体上的成就做出评估，必须小心地将它们分别考虑。前一个阶段是必须经过的，不可避免的，事实上我们在欧洲所有国家都发现了这个阶段，也就证明了这一点。而基本是在同样的程度上，后一个阶段是偶然性的，是一系列地方独特性汇集的结果，事实上它绝对没有达到同等的普遍性，从这一点就可以看出来。和现代社会一起出现的重要学术中心的机构，必然涉及绝大多数孩子离开各自的家庭，聚集在这些思想中心的周围求学：这样就有必要创造一种道德环境，对于那些最年幼的孩子，可以代行家庭的环境。最早出现的学院就是顺应了这样的需要。它们的功能主要是住宿，而严格意义上的教育只扮演了次要的角色。这就是第一个阶段。但是，这些学院，这些宿舍，起先是对那些学校起一种辅助性、补充性的功能，而今却把它们吸纳到自己里面来，这个转变绝不是必然的，甚至也不是它们想要的。发生在第二个阶段的就是这种吸纳的过程。是这个过程赋予了我们的膳宿教育体系独特的性质，并进而赋予我们的学术体系独特的性质。那么,它又是如何得以发生的呢?

一谈起这种体系,要想描述它时,有一个词很容易就到了我们嘴边,这个词就是“claustration”。[①] 实际上,在照此理解的膳宿学校教育与隐修会的起居制度之间,的确是有某种无可否认的相似性。那么,我们能不能说是后者激发了前者呢?全膳宿制难道不就是隐修院观念的延伸,也就是通过一种自然传播的过程,从宗教领域延伸到学术领域吗?有一样事实往往会使这种假设显得很有道理。最初一批重要的学院正是一些神学院(索邦、纳瓦尔)。13世纪以后,神学不仅在修道院里被教授,而且最主要是在那里被教授。1253年,12个神学教席中有9个位于修道院里。实际上,学生们发现这些修道院学校有着种种的便利条件,从而使它们相当有吸引力。因此,最初创建的世俗性神学院就是以修道院的组织方式为原型,来塑造自己的组织的。全膳宿制不正是一种自然的手段,以整合一体的方式实现了基督教的教育观念么?我们已经注意到,有鉴于我们所认为的教育宗旨(即一个人整体人性的形塑),基督教不可避免地倾向于完全把孩子包裹在这样一个体系里,不仅将控制他整个的思想存在,而且将控制他的物质生活与道德生活,以便有能力更为充分、更为深刻地渗透到他最深层的本性,防止其中任何一部分摆脱掌控。

但事实上,在13、14世纪,牛津和剑桥就已经有一些大学与学院,尽管那时候的英格兰依然是个天主教国家,尽管托钵修会也在

① 法语此词兼有送进修道院、与世隔绝、幽禁等义。——中译注

那里扮演着重要的角色,但是法国式的全膳宿制教育从未在那里落地生根。这就表明,这种说明本身并不充分,只说出了一部分道理。因此,不能单从基督教观念的一般性使用来说明这一体系,而得由我们民族气质的某些特殊性来推断。那么这种特殊性又可能在何处呢?

要想逐步达到真理,或许我们首先得注意到,在英国的学院与我们的学院之间,存在着一种根本的差异,而随着时间的推移,这种差异不是逐渐缩小,反倒是越来越大。在牛津,学院在很大程度上是独立于牛津大学的,始终保持着一定的独立性;而在巴黎,这些学院不久便陷入对于巴黎大学的依赖状况之中,这种依赖尽管开始时还比较温和,最终却变得非常严重。当然,正如我们已经指出的那样,最初的那批学院依然保留着最初典型体现在私人会馆里的那种民主品格。不过,话说回来,即使在那些由学人来选举院长的地方,这种职能也被化减为纯粹的仪式,也就是说,为了切实生效,必须经过巴黎大学当局的核准。无论如何,这种特权始终只是个别情况,更有甚者,它还很快便销声匿迹了。我们看到,艺学院很早就派给自己如下权利:监管学院的内部生活,修订章程条令,考察校长、院长以及其他官员行使自己职责的方式,如果需要的话,还可以撤他们的职。学院成了巴黎大学所属的学院。就举一个例子,1362 年,巴黎大学强行变卖一所已经深陷颓势的学院〔君士坦丁堡学院(collège de Constantinople)〕的院产。诸如此类的干预并没有任何现实的法权依据,实际上,学院的创建者们并不想让巴黎大学对他们所创基业的命运拥有至高无上的控制,而巴黎大学却常常对这种明确的倾向报以蔑视的态度。不过,巴黎大学倒也有一种非常强大的劝诱顺从的手段。鉴于学院院长及其下属都是巴黎大学主体的成员，巴黎大学可以开除其中的反叛者。这种威慑强大有力，足以确保其干预不会遭遇到任何抵抗。

巴黎大学的这种干预已经造成了不可避免的后果，防止了宿舍循着自己的真实本性发展下去。由于这两种机构类型各自的要求之间有着如此深刻的差异，那么它们原本应该可以独立地遵循各自的发展进程，而无须割断两者之间的关系。但是，一旦巴黎大学开始插手学院内部的事务，并且是如此直接地插手，混合的过程也就开始了。而随着诸如此类的干预变得愈发重要，混合也就会变得越来越彻底，还产生了种种的冲突与纠葛。宿舍为了保持自己的特性，为了履行自己的教育职能，需要一种像家庭那样柔韧可塑的组织，从而可以根据具体情势，根据自身在时间与空间上所占据的位置，根据学生的性质以及其他一些因素，改变自身，并且使自身多样化。宿舍需要自我调控，以便具有充分的灵活性，符合自己所面对的种种情景下多变的要求。与此相反，来自巴黎大学的压力则完全趋向于将所有的学院都交与一种千篇一律的管制。就举一个例子，1452 年通过的一项条令，甚至用法规的形式来管制提供给宿舍成员的食物的质量、价格以及分配方式。

但是，这还不是事情的全部。当一个权威团体，不管是哪一个处在权威地位上的团体，满脑子想的就是要实行严格的管制，当它倾向于让一切都遵从一种单一的规范，那么，对于任何不符合规则的东西，对于任何出自一时之念或大胆想象的东西，它都会产生一种本能的厌恶。任何有可能扰乱既有秩序的事情，都像是一件丢脸的事情，必须予以避免。而对于已经行诸法令的课程体系，选课的偏向也必然会与之格格不入,因为这种偏向很容易酝酿某种无序状态。有鉴于此,当局竭尽全力限制自由以压制这些选课偏向。于是,就出现了一种倾向,要强加一种整齐划一的生活方式,尽可能不给不合规矩的表现留出空间。这样一来,一旦学生搬出了学院,就不再像还在学院里时那样容易被监督与照管了。墙外的生活不可能再是那么备受束缚、按部就班,被迫遵从规范。而一旦解脱束缚,那么就只会尽情舒展了。因此,几乎完全不可避免的是,被准许短期离开学院的人将会充分把握机会,纵情放肆。但可以肯定,有些人首先认同的是生活中的自由与多样性,他们会觉得这种表现绝对值得宽恕;而在那些非常注重一致性的人看来,这样的表现可就很让人震惊了。所以,当局会全力约束这些过分的表现。慢慢地,短期离开学院者的一切机会都受到了压制,包括公开辩论、游行和校外体育运动。实际上,艺学院常常禁止院长们在外出散步时把学生们也带上。这种发展趋势的逻辑后果便是将所有的教学都转到学院内部,从而建立起一套彻底的全膳宿制体系。

所以,法国的膳宿制就来源于这种过分热衷于整齐划一的严格管制,而 15 世纪时的大学则渗透着这种无与伦比的强烈激情。但是,这种激情本身又来自于何处呢?很清楚,它肯定是来自我们历史上的某种特殊性质,从而也来自我们民族性格中的某种特殊性质。而现在看来,或许再没有什么特性能够比我们的政治中央集权化的极端早熟与强度更独特、更彻底地体现我们的特征。与欧洲其他任何国家相比,我们的国家早就拥有了一种牢固确立的中央权力。从 15 世纪末以后,各项封建制度就开始逐渐消失了;多如牛毛的封建小邦开始混合成一个整体,就是法国这个国家。

王室开始将所有的权威都统揽到自己的手中。当然，这场运动发生得非常缓慢，涉及面也不那么广泛。那个时候没有一个欧洲社会会对自身政治与道德上的统一性有如此强烈的认识，不仅如此，也正是这一点说明了为什么在法国，两个世纪之后，会爆发一场革命。同样需要记住的是，巴黎在这段时间里成为欧洲最大的都城。而政治的中央集权化必然得有一个前提，就是在整个国家确立一个统一的政府，而它本身就倾向于增强这种统一性。事实上，王室的所有努力，整个的宗旨，正是要抹平国家内部在道德方面的多样性，强行统一复杂多样的地方制度，确立通行于社会各阶层的单一法典与伦理。正是在中世纪，生活表现为一幅复杂而不规则的镶嵌画；待到君主专制时代到来，一切就都被一体化、规则化和简单化了。

不仅如此，社会机器达到了这等规模，显然只有当包含的所有齿轮都协调运作，按部就班，服从明确的控制，才能发挥功能。但是，一旦对于管制的习惯、对于秩序的激情都这样被移植到社会有机体的核心当中，就必然会将自身从那里传播到每一个器官，每一种形式的公共活动，由此成为民族性格的一种特性。国家当中的任何机构，哪怕是一种私人的机构，都不可能避免分享这同一种心智态度，服膺于这同一种驱动力，而之所以出现这两种情况，都是因为这些机构有助于其生产，因为它们就此受到它的影响，而集体性的冲力更加剧了这种态势。也正是因为这一点，我们才会不无道理地认为，这群人本质上就具有组织性，而实际上，他们本性上并不就倾向于系统性的组织，只是在具体情境当中选择了这样做。这是因为，当生活可以自由地流动，不必非得追求某种预定的进程时,便有着种种不规则性,它的歧异性质,它的那些变幻莫测、难以预期的形式,这一切都让法国人的心智觉得难以协调,所以我们要尽自己的最大可能,用具体的框架和明确的范畴,对人与物进行分类。不仅如此,这还关系到我们对于明晰的偏向,对于独特性的喜好。这是因为,将秩序强加到心智生活之上,和将秩序强加到社会生活的实质之上,这两种需要在本质上并没有什么不同。

这样一来,就又回到了我们所关注的那个特定问题,从而为大学对其学院的态度提供了一种说明。我们把重点放在了15世纪,因为在这个时期里,教育最深地陷入了膳宿制隔绝状态。在这个时期,王朝即将实现最大限度的统一,获得最大限度的权力:在不到一百年后,它将会达到自己的巅峰。如此看来,我们便不难理解,大学这个巨大的法团,与国家有着频繁而直接的接触,而它的根源又直抵中世纪社会的最深处,原本就该被这种有序的精神、组织的精神、严格管制的精神所促动,因为这样的精神是普遍渗透在那个时代所有的机构中的。所以,它不会爽快地放手让学院以各自的方式发展,因为它倾向于强加给它们一种整齐划一的单一体制,防止并矫正对于规则的冲犯或偏离,而无论这种冲犯或偏离是多么地微不足道。最后,膳宿制因此才会这样的绝对,它是这种一致性的前提条件。如果说其他国家的大学允许其宿舍有更大的独立性,如果说它们的膳宿制发展得不那么严苛,那是因为它们未曾那么急迫地感到需要塑造一种合乎逻辑、全面系统的秩序;同样,它们之所以未曾感到这种需要,是因为它们的社会还没有达到同等的中央集权程度。

膳宿制就这样在我们的社会里扎下了根。我们根据依然活生生的记忆，常常希望把膳宿制归到第一帝国[①]的头上。毫无疑问，在第一帝国时期，膳宿制重新受到人们的尊崇，甚至是进一步增强了。但是，这个事实只能是证明了我们刚才提出的说明。第一帝国难道不正是政治上中央集权的最高体现吗？法国人对于秩序的偏爱、对于行政管理分类的偏爱，不正是在这段时期达到登峰造极的程度吗？无论如何，要说膳宿制是在这段时期被引入社会有机体，可不符合事实。数百年来，它一直流淌在我们的血脉之中。从我们的社会构成步入成年，具备在我们大部分历史上一直维持着的那种形式开始，膳宿制就一直是我们社会构成的内在因素。也正是因为这一点，我们才会发现，它是那么难以根除。在我一直试图描述与说明的那种心智状态的影响下，膳宿制最终在我们眼里成了教育的自然框架。试想，那种特定的所谓"高校"（grandes écoles），很久以来就取代了业已消失的大学，行使着高等教育的功能，一直到相当晚近的时候还几乎都是膳宿制的机构，其中有许多至今还保持着这个特性。

不过，话说回来，我虽然揭示出膳宿制在何等程度上是我们社会组织的一个不可或缺的部分，也绝不是要宣称这种制度是必要

① 法兰西第一帝国（1804—1814 年）时期，拿破仑在全国大力推行严格集权的教育改革。按照更加正规化、军事化和功能化的路子实行中等教育改革。无论是公立中学，还是地方中学，中学生均实行严格的纪律训练，过着军事化的生活。上下课均以击鼓为号，一犯大过即被开除。拿破仑改革教育的目的，就是要使学校培养出忠于皇帝的能干的行政人员和经济部门的实际领导者，他们不是思想活跃分子，而是有谋生技能、奉公守法的公民和热情、勇敢又顺从的战士。高等教育只限于培养工程师、教师、科学家和技术人员，分别由革命期间建立的专门学院来完成，如高等师范学校、综合工科学校、中央高等工艺制造学校等，参见本段下文对高校取代大学的说法。——中译注

的,或者说要去证明它的正当性。相反,可以很肯定地讲,产生这种制度的那种状况,在一定程度上来说是病态的。实际上,我们有各种理由认为,我们的道德与政治上的集中化与一体化发生的方式很有些过分。国家要想牢固地确立自身,原本不需要发动如此广泛的齐整化运动,无须破坏国家中等教育中所有的多样性,也无须成为唯一主要的社会组织形式。总之,我们原本无须走得那么远,把生命搞成这些非人化框架的囚徒,也可以成为一个道德上、政治上统合一体的民族。我想要揭示的就是:膳宿制只不过是一种本质状态或状况的特定征候。要想改变它,仅仅仰赖个别立法者的意愿是不够的,不管这种意愿是多么地强劲有力。需要改变的是我们的民族性情。我们必须重新找回对于一种自由、多样的生命的喜好,还有这种生命中所有的偶然、意外和不规则之处。这个问题尽管并非不可解决,却也十分艰巨。但是,只要我们意识到它的存在,也就等于有所进展了。一方面努力要去解决问题,一方面却试图掩盖困难,再没有什么比这更徒劳无益了。这些时候提出的那些局部性改革,所做的无非就是塑造出短暂的进步幻觉,原本是要寻求解决根本缺陷的途径,实际上只能进一步强化这种缺陷,使它更加顽固。这是因为,开展欠妥的努力势必伴随着失败,这只能导致沮丧,让人觉得这种病已经无药可救了。

第十一讲　艺学院的教学

——学位；研习课程

上几讲里，我们已经看到巴黎大学最初是怎样组织起来的，从而也看到艺学院最初是怎样组织起来的；我们还看到了这种组织从13—15世纪是如何演化的。而艺学院在福阿尔街学校教学的时间与被吸纳到学院里的时间之间并没有明确的区分；因为这种转型是逐步发生的，以至不可能讲出它是什么时候开始的，什么时候成其为一桩确凿的事实。考虑到这一点，在这里，我们认为有必要从总体的角度描述这场演进的整个过程。但是，到目前为止，我们所了解的只是学术生活的器官；现在我们必须从器官转向考察它的功能。我们知道了中世纪不同时段里的教育结构；我们现在必须来考察在我们历史上同一段时期里，这种教育都包含哪些内容。我们的研究对象在这一点上有一种区分，我们已经碰上了，在我们考察的每一步上，我们还都会碰上。确定一种学术体系的，不仅有它的学术机构，有这些机构的组织方式；而且，还有在这些机构里所教授的科目的性质，以及它们的教授方式。我们已经尝试重新构建了中世纪学校的形式；现在，我们可以深入这些学校的内部，以便看看其中发生的事情。

主导着中世纪的学生整个生活的，是一套学位与考试体系，它要么开启继续攀登的门径，要么就此关上大门。学生在自己学术生涯的每一个阶段，都孜孜以求于获取某种资格证书；是他为之准备的那个学位的要求，决定了他的学习。所以说，努力搞清楚这种体系都包含哪些内容，以及是什么因素导致了它成为这个样子，自然也就成了我们考察的出发点。这并不是一个纯粹的学术问题。因为巴黎大学学位的制度依然存在，我们把它给继承下来了。它甚至保存着中世纪的时候就有的那种外在形式，我们今天用来指不同的考试的那些术语，13、14 世纪的人们就已经在使用了。所以说，有意思的是要考察它们的起源，考察它们所迎合的需要。不错，对于它们，我们是这样的熟悉，以至相信，这种组织形式是自然就有的，而设想出这种形式的那些人，想必认为它的正确性不言自明。但是，像我们正在从事的这样一种历史研究，最有益的特性之一，恰恰在于它使我们能够驱散那些纯粹发乎习惯的偏见。即便是最粗略的历史考察，也足以使我们认识到，学位与考试的起源并不那么遥远。在古希腊罗马时期，不存在任何与之对等的事情。在那时，去一个特定的教师那里接受指导，只是慕名而去，而不是因为有一系列证书确保和证实了他的才干。甚至不存在一个拉丁词，能够在学位的概念之外，再精确地表达一种考试的概念。这样的词，这样的物，只是在中世纪和大学一起出现的。那么，又是什么使这些东西出现的呢？

学位的最高一级，也就是所有学生的最终目标，就是学士学位(maîtrise)。而在某些院系(法律)，则称之为博士学位(doctorat)，这种学位的标志其实就是博士帽。[①] 如果拥有了一个硕士学

① 我们这里被迫使用现代译法，请注意“学士”、“(行会)师傅”和“讲师”是一个词。所以，“艺学学士”就是“艺学师傅”，也就有了上讲坛的可能性。——中译注

位，就可以进入巴黎大学法团担任教师，享有这种身份所具备的一切权利与特权。所以，艺学院似乎形成了一种恶性循环，因为教师们的最终目标就是创造出新的教师。面对这样一些情况，你会奇怪，为什么随着时间的推移，却不曾出现教职人员的过剩。这里的说法是：对于许多年轻人来讲，艺学学士的学位只是一个起点，一种最初的资格，将使他们能够进入神学、法学、医学等其他领域的职业生涯，或者是进入教会。

尽管这是所有存在的学位中最高的一等，但要获取这种学位，好像并不需要经过任何我们所理解的那种考试。候选人只需出现在自己所属的那个同乡会面前，然后，不需要任何的测试，他就会得到口头赞成（placet）或授权，可以发表他的就职演讲。我们已经有机会谈到过，这个就叫作“就职礼”。而在就职礼中，并没有任何类似于考试的固有要素。它只是一种仪式性的典礼，类似于进入哪一个法团。为了获准进入某个同业公会，不管在什么地方，不管是哪一行的同业公会，都必须在法团众师傅面前，庄重如仪地执行某种职业行为。学士学位的候选人则是在自己师傅的面前讲授，以此履行这一类的行为。

如果说学士学位的授予不需要任何严格的考试，那么在此之前的那个学位，也就是通向它所经过的那个学位，则不是这样。

这个学位就是“执教权”。我们知道，起先，执教权并不是巴黎大学的学位，而是巴黎圣母院主事所做出的一种授权，无须任何前期考试，也无须同任何教师商议，全凭主事决定是否颁予，任何人都不可能对他的决定表示异议。在这样的情况下，执教权的授予完全是巴黎大学外部的事情。在这样一种体系里，教育的利益完全掌握在一个外在异己的职事手中，该职事对此负有责任，也享有垄断。但是，法团一旦意识到了自己的力量，就会拒绝参与这种体系。在法团与主事之间的种种冲突中，根本的要害就在于这种执教权的问题。起初这种权利完全在主事的掌控之中，但是巴黎大学要求控制授予，要求有权插手，要求发挥越来越重要的作用，要求能够去除这种权利的授予中任意性的成分，把它转变为巴黎大学的一种学位，在学位的等级序列中占得它指定的位置，从而可以发挥它的影响。在这个方面，巴黎大学最终获得了成功。事实上，在它所争得的处境下，如果有六位教师宣誓保证某候选人足以胜任，那么主事就无权拒绝这位候选人。而为了做出诸如此类的公开声明，事先就需要有某种考试。说到底，如果这六位教师不事先让自己对这位候选人的才干感到满意，又如何能够凭着良心核准这一点呢？这就是执教权考试的由来。随着时间的推移，艺学院在这种考试中所发挥的作用也越来越重要。发展到最后，必须先由四位教师所组成的一个委员会主持一项考试，然后主事才能授予执教权，而委员会的判定对主事是具有约束力的。人们找到了一种方法，创立了另一种执教权，以抗衡巴黎圣母院所授的执教权，并且更多地掌握在艺学院的手中。圣热内维埃夫修道院的主事也获得了教皇的恩准，有权授予执教权。这样就有了两种执教权，旧的一种被说成是“下颁之权”（d’en bas），新的一种被说成是“上颁之权”（d’en haut）。自然，新的授予者要比旧的授予者温和得多，这完全是因为他的权利要比后者晚来得多。所以，他也就更乐意接受教师们的申请。结果，在“上颁之权”这种方式下，艺学院就占了上风，后者也因此成为当时最为重要的一种考试——这是就这个词的现代含义来说的。因此，执教权就在学位的等级序列上找到了自己的位置，比它高一级的就是学士学位，后者不管怎么说来得会非常快，只在半年之后。这无疑说明了为什么学士学位的候选人无须准备经过任何考试，因为他只需要去拿一个就可以了。

不过，无论巴黎大学为了在这张执照上留下自己的印章付出了多么艰巨的努力，与其他学位相比，执教权始终是很特殊的一种。我们已经清晰地看到，它之所以出现，并不是巴黎大学生活的自然、自发发展的结果。一开始，不管是巴黎圣母院的主事，还是圣热内维埃夫修道院的主事，总之是一个巴黎大学之外的人，多多少少地插手了这件事情。最重要的是，它与学者的学术生活毫无对应之处。它既不标志着学者的学术生涯中某一特定阶段的结束，也不标志着什么新的阶段的开始。它既不是学士学位本身，也不是学士学位的某种见习身份，因为艺学学士的头衔几乎紧接着就可以授予了。因此，它所代表的是一种没有定型的状况，并不对应于学生学习模式方面的任何变化。不难看出，假如巴黎大学按照符合自己本质的法则正常地发展，假如它不必被迫适应政治的必然要求，那么人们恐怕永远都不会想出这种执教权的观念来。执教权这种制度，起源于巴黎大学外部，是巴黎大学在与巴黎圣母院的斗争过程中不得不吸收进来的，而不是它自身的天然产物。至于有待我讨论的另外两种学位，情况则截然不同。其中最重要的是业士学位（baccalauréat），因为它是其他所有学位的基础。这种考试就是自然、自发的演进的结果，对应于学生生活中一种相当明确的分界。

实际上，这种生活包括两个彼此相继、区分明确的阶段。第一个阶段一直持续到大约15岁，学生纯粹是一个学童，所有的时间都用来做那些学童练习。到了第二个阶段，他成了一位学士学位候选人，在这个身份上，他一方面演练讲学，同时还继续跟他自己的老师学习。当这种转变到来之际，一般都会举行一场典礼，与就职礼非常相近。它就是一种初级的就职礼。博士学位候选人要通过教学来展示自己拥有学士学位这一事实，同样，已经完成自己第一阶段学习的年轻学生也要参加一场公开的辩论，以此证明自己适合开始学术生涯的第二阶段。这场公开辩论被叫作辩定（déterminance），来源于“determinare”（限定）这个词，意思是设定一项命题。“辩定”本来只是艺学院的一个习俗，后来逐渐成了一项义务。所有的候选人要想拿到执教权，都要求有这么一道程序。与此同时，还发展出一个习俗，就是在这道手续之前，先进行一次考试，从而可以将那些缺乏能力的人事先清除出庄重肃穆的公开辩论。“辩定”就此成为第三级学位。不过，在其他地方，不同的行业都用“bachelier”[①]这个词来指一些年轻人，他们尽管已经实际从事自己所学习的那门行当，但还没有宣誓成为这门行当的师傅。同样，在封建制的用语里，这个词适用于一位年轻的贵族，他还没有权利自树其帜，只能随从他人队伍；这是一个介于扈从（l'écuyer）与骑士（le chevalier）之间的中间等级。这里的相似性如此密切，以至人们甚至认为，“bachelier”这个词就来源于“下级

① 我们在此保留了这个词的原型。法语中此词指中学毕业会考合格者，即“业士”，也就是上文所说的“baccalauréat”（按照本段下文的说法，是前者的一种应急的不规范说法）。我们会看到，它实际上用来指多种领域中的某种初级见习身份。——中译注

骑士”(bas chevalier),尽管这完全是一种错误的说法。根据图洛的看法,我们不能准确地说出,在15世纪的哪一个时刻开始,这种表达被用来指一个成功地通过了自己的“辩定”,位置介于学人与教师之间的人;而那时这种表达已经被用在工商行会中,用在组成骑士团的社团中。就在这个时候,出现了一种救急的不规范用法“baccalauréat”(bacchalariatus,转为 bacca laurea)。

从这种历史分析中,我们首先可以看出这样一个事实:如果不考虑执教权——我们已经指出,不管怎么说,这个因素是从外部移入的——那么,学位与考试体系就是法团组织的产物,是这种组织不可或缺的一部分;前者就来源于后者。拥有了最高一级的学位,就获得了以师傅的身份进入法团的渠道。法团是一个封闭的实体,所接纳的新成员必须先符合某些特定的条件,是这个事实造就了考试。任何人要请求加入法团,都要接受某种事先测试,这项规矩所有法团概莫能外。“适者请进”(dignus est entrare)这句老话最好地概括了支撑巴黎大学考试的根本原则。如果说不是只有一种学位,而是有一系列等级排列的学位,那是因为法团对引进新来者的抗拒态度,结果就是让人无法毕其功于一役。必须始终保持一系列前后相继的入门仪式。想想一个骑士团的候选人在最终全副装备之前,也就是说,在被纳入法团前要通过的一系列阶段,从学习骑士[①]到扈从,有时还包括见习骑士(bachelier)。其实,在一

① 学习骑士(page):在中世纪的欧洲,贵族子弟在幼年时代便离开家庭,到某个亲王或贵族家中学习怎样当骑士,他要学习如何使用武器、打猎、音乐、跳舞和与其社会地位相应的一些技能。然后,他可以晋升见习骑士,再晋升骑士。“knight bachelor”目前是英国爵位体系中最低一级爵士,在欧洲历史上,过于年轻的骑士只是见习骑士,还不能成为自树其帜的“方旗骑士”(banneret),只有在有了军功和拥有足够土地后,才可提出晋升申请。——中译注

定程度上可以说，法团带有某些秘密社会的特征。它有它的种种秘密仪式，你只有发下各种各样的誓言，才能成为它的一名成员。因此，很自然的是，它要借助难以攻破的壁垒来抗御外界，而这些壁垒也是逐级筑立起来的。所以，在有能力深入中心之前，就需要逐阶段地推进。在巴黎大学，这些阶段就在于逐级的“学位”(gradus)。我们已经看到，获取这些学位之前所需测试的性质与进入法团之前所需的测试，两者之间是多么的相似。这两类机体最初的核心都是一种庄严的典礼，在典礼上，候选人仿佛就此完全拥有了他的行当。现在我们可以看到，考试与学位为什么在古代和中世纪早期还不为人所知。这是因为，只有当教师们不再各自为战地讲学，而是自发地组成法团，并且认识到法团自身的身份，遵从共同的法则，才能出现这样的观念。

对于那时候考试的价值与程度，我们绝不能过分夸张。我们所探讨的还只是这项制度的起步阶段。庄重的典礼、肃穆的仪式和严格的仪轨所起的作用，要远远大于能够据之做出真正评价的测试。但这并不等于说，候选人不必非得参加真正的考试。索邦神父曾经向他学院里的学童们讲过一次道，讽喻的味道袒露无疑，甚至将艺学院的考试与末日审判相提并论，乃至宣称巴黎大学的判官们比他们的圣界同行还要苛刻。如果所有的考试都只是一场玩闹，那么这种比照就有些莫名其妙了。然而，即便考虑到那些欺诈性的考试技巧（它们是庇护关系甚至腐败所造成的，需要从时代的道德而不是制度本身的道德角度出发，来说明这些实践做法），似乎也可以肯定地说，通不过的情况是比较罕见的。在一些大学里，候选人的数目与成功者的数目完全一致，德国的情况尤其如此。而在巴黎，艺学院倒是的确有失败记录在案，但这些更像是一些例外情况，反而证明了一种规律。唯一有失败记录在案的那些候选人，都申诉评判于己不公，请求接受一个新委员会的审议，要不就是艺学院撤销自己的决定：要想让这样极端的措施也能可行，显然就得将失败视作完全非同寻常的事件。那么，当时如果有人不曾展现过最小限度的特定知识，是否也有可能获得通过？当然不是。但是，只有那些确实获得一定成绩的学生，才会被允许晋升到参加考试的阶段。每一位候选人都得由他的老师引荐，因为考虑到学习过程的时间相当长，老师有足够的时间去了解学生。而对于那些尚未做好准备的人，也可以建议他们先不参加考试。这就可以说明，为什么在注册学生总数当中，最多只有一半人会去参加业士学位考试，而其中又只有远不到一半的人，会就此成为“业士”，可以继续攻读学士学位。淘汰过程多少带有自我调节的性质，考试举行之前就已经完成了。因此，它发挥的作用无非是确认了事先就已经肯定了的结果，并且把这种结果给神圣化了。

这便是我们今天还在沿用的学位与考试体系的起源；因为很显然，这种体系的基本特征并没有什么改变。当然，每一级学位所要求的知识已经改变了。但是等级尺度没有变，学位的数量没有变，而划分大学生涯的三个阶段，各自的重要性也大体照旧。业士学位就是完成了学术生活的第一阶段，博士学位是这种生活的顶点，而执教权则和以前一样，介于这两端之间，是一种界定模糊的中间状态。当我们认识到，这套体系来源于一种已经消失的古老制度（也就是中世纪法团），而其中的构成要素之一（执教权）纯属历史偶然的产物，不禁会很疑惑：这种持久性（这种命运只降临到我们头上，因为欧洲其他国家都不曾表现得如此明显）是不是完全正常；学术生活的这种三重划分显然承自如此古老的过去，是否出于某种奇迹什么的，依然最能适合当前的需要。除非我们更进一步地推进这项考察，除非我们知道是什么导致了这种持久性，否则我们无法回答这样的问题。不过，至少从现在开始，我们就要着手来回答了。

但是，学位与考试还是学术生活最外在的特性；它们固然是这些阶段的标志，但却不曾使我们能够理解这些阶段都包括些什么。现在我们不妨试着来重新构建整个过程。

这样的话，我们就得重新回想那段时期的拉丁区。那时的巴黎大学正处于兴盛期，是在13、14世纪。那是冬天，因为在这段时间里，就是从圣莱米日（10月1日）到大斋节的第一个礼拜日，巴黎大学是最活跃的时期，[①]最重要的讲学都是在那个时候，被称作“grand ordinaire”（重要的常设课）。天刚破晓，拉丁区即已醒来，学生们从各家会社、学生会馆和学院里——它们都聚集在巴黎的这一区域里——出来，走向福阿尔街。拉丁区的四周晚上设有路障，防止教外人士中不那么令人欢迎的分子进入（一般来说，是为了预防人倾倒污秽不堪的垃圾）。而莫伯（Maubert）广场上的加

① 圣莱米（Saint-Rémi）：即兰斯的莱米吉乌斯（Remigius of Reims，约437—约533年），兰斯主教，劝化法兰克国王克洛维一世信奉基督教，大大促进基督教在法兰克全境之传播。其圣日为10月1日。

大斋节节期不定，一般复活节（每年三四月间）前一周的礼拜日为棕枝主日，棕枝主日的前40天为大斋节节期。涂尔干在下一讲中明确指出，教学时段为每年10月1日到次年3月25日。——中译注

尔默罗修会[①]托钵僧们一旦鸣响日出后的第一道弥撒，路障就被升起，供学人们进入。他们就走到各自老师讲学的讲厅里去。讲厅被称作复数形式的"scholae"（学校），哪怕只有一间房子。走进讲厅，学人们就在又是泥又是土的地上坐下来，因为没有凳子。只有在少数时候，尤其是在冬天，地上会撒些稻草，但不管怎么说，学生们不得不再添上一些。有那么两次，分别是在 1366 年和 1452 年，差一点儿就确立起允许听众们坐在条凳上的习惯。但是，圣塞西尔（Saint-Cécile）和埃斯图维耶两位枢机主教都压制了这种"腐化人心的奢侈"，学人们不得不继续坐在地上，"以免年轻人耽于骄傲"（ut occasio superbiae a juvenibus secludatur）。唯一的设置只是一个孤零零的讲坛，加一把讲椅和一张讲桌。老师就走到那里坐下来，穿着黑袍，袍子上镶衬着精致的鼠皮滚边。然后，讲课就开始了。

教师并不发表言论。他只是诵读，常常还来些听写。这并不是因为不曾有许多条令，三番五次地强调要采取多种多样的教学方法。这些法令确实努力让老师们有即兴的发挥，至少自己得说些什么，而不是兀自单调地诵读。甚至对老师们听写的速度也做出规定。他应该快读（raptim），而不能慢读（tractim）。"拼读这些词语时，就当他面前没有一个人跟写（ac si nullus scriberet coran，sese）。"他应该像一位讲道者那样讲学，这样，学生就会用他们的记忆来牢记观念，而不是把这些观念给强写下来。但是，尽管

① 加尔默罗修会（Carmelite）：又称圣衣会，中世纪天主教四大托钵修会之一，与多明我会、方济各会和奥古斯丁会（奥斯定会）并称。——中译注

有这些法令措施，并且有严格的制裁做后盾，这种诵读的习惯还是一直延续了下来。不管怎么说，这都是一种非常古老的习惯，因为我们现在还保存着属于老师的练习本，上面有清晰的听写笔迹，时间一直可以回溯到12世纪上半叶，也就是大学时代之前。重要的是要认识到，之所以能够这样持久，并不只是因为传统的力量。它后面还有一些坚实的根据。如果你认识到，那时候的学童们一本书都没有，无法在下课后，根据书本将忘却的记忆重新修补和巩固，那么你就不得不问：如果他不带走书面记下的笔记，又怎么能够正确地保持这些记忆？在那些时候，口头讲授要比现在必需得多，因为它有其存在的必然理由，而现在已经没有了。书本当时还不存在，它必须代替书本的位置，是知识传承的唯一方式。但是，为了履行这一职能，还有一点必不可少的因素，就是它不能被化减为纯粹随口而言。所以，如果发现人们用一种刻毒的笔调，在口头讲学中融入一些随兴发挥，会感到很惊讶的。

这是一种诵读出来或听写出来的课程。它到底包括哪些内容？不管具体科目是文法、逻辑、伦理、法学还是医学，都贯穿着同样一种特性：它总是体现为对一部具体著作的评注。就像我们今天对它的看法一样，讲授一门科目，就在于深入阐发一定数量的普遍真理。至于这些真理，无疑首先是由一些特定的学者所揭示和阐述的，但已经独立于这些学者最初阐释它们时的那些作品，作为真理而流传于世。因此，我们就按照它们现在的面貌来阐述它们，就按照它们自身的目的来阐述它们，在许多情况下，甚至根本不熟悉揭示这些真理的作者的第一手作品。13、14世纪对于知识与教学的观念则大有不同。中世纪从来没有成功地摆脱这样一种信念，即知识这个问题的关键并不在于知晓某些具体的事情，而只是在于知晓某些权威性的作者〔那时候是用“可信”(authentiques)这个词来描述他们的〕对这些事情都说了些什么。教学并不像我们今天的实践一样，属于根据自身目的而进行的对于真理的追求，而不考虑从前探讨这个主题的作者们是如何说的。相反，在各门学问当中，教学都在于阐释某一部探讨该科目的据说是权威性的著作。

正是出于这个原因，13 世纪初开始出现了研习大纲，详细开列出学位候选人必须修读的知识领域，但具体开出的不是问题，而是书目。研习逻辑，就包括学习如何阐释亚里士多德的《工具论》(*Organon*)；研习物理，就在于阐释亚里士多德的《物理学》(*Physics*)和《自然短论》(*Parva Naturalia*)；诸如此类。为了提取出这些书所包含的知识，就需要用解经的方法来研读这些书。这是所有中世纪教育的根本原则。罗吉尔·培根是这么总结这一点的：“当你对文本有了透彻的了解，也就对该文本所探讨的那门学问中的一切都有了透彻的了解”(scito textu，sciuntur omnia quae pertinent ad facultatem propter quam textus sunt facti)。正因如此，中世纪时研读一门课程，就叫作“读一部书”(legere librum)或“听一部书”(audire librum)。甚至在现代德语里，“教学”这个动词还可以翻译成“lesen”(阅读)或“vorlesen”(朗读)；在英语里，“讲师”就是教师的意思；而在法语里，“宣读者”(lecteur)长久以来就带有同一种意思，如今还保持在法兰西学院的用语里。这种古代的观念不仅仅是在学术语言里一直留存到今天，它还以非常实质性的方式和我们在一起。要证明这一点，我们只需看看指定的必修课程，不管是初级学位还是第二级学位，甚至不管是史学还是哲学，我们都会看到，有一长串的作者在里面占据着可观的位置，等待着被阐释。这里，我们有一大堆初看起来令我们惊讶的信念，但还远没有彻底消失。这就使成功地理解它们的起源，理解决定它们的那些因果因素，对于我们来说愈发显得重要。为了做到这一点，我们必须首先说明评注与解经的方法是如何使用的，因为文本中包含的知识正是借助这种方法传承下来的。

人们使用过两种不同的方法。

有时候教师是做阐释，当时把他所做的叫作“expositio”（讲解）。甚至到了今天，我们仿佛还能够见证到这些阐释中的一例，因为阿奎那关于亚里士多德的《评注集》（*Commentaries*），就是他一讲一讲的讲解稿。①

这些讲解或评注的宗旨并不像今天这种名目的有关练习那样，逐字逐句地对文本进行释义，以此转述作者的思想。它是对所研习作品做深入的辩证法分析。作为出发点的观念是：一部书只不过是一次长篇的推理论证，一种层层连绵的三段论推论。实际上，一部博大精深的著作，如果不是一系列的命题以及它们各自直接或间接的证明，那么又能是什么呢？因此，问题就表现为将这一

---

① 圣托马斯·阿奎那〔St. Thomas Aquinas，即（意大利）阿奎诺地方的托马斯，1224 或 1225—1274 年〕：基督教神学家、经院哲学家，著有《神学大全》和《反异教大全》两部巨著。1252 年进入巴黎大学神学院学习，1256 年开始在巴黎大学任教（1256—1265 年；1268—1272 年）。曾多次与人展开论战。其中第二次巴黎时期，一方面反对艺学院中阿维罗伊主义者激进的亚里士多德主义，一方面反对神学院方济各会学者保守的奥古斯丁主义，故此深感正确理解亚里士多德原著的重要性，对《物理学》《后分析篇》《解释篇》《政治学》《伦理学》《论灵魂》等做了评注。——中译注

大团逻辑的东西条分缕析，用一种特定的方式拆解出它的基本要素，能够揭示各个要素之间的必然关联。老师是这么来进行这项工作的。首先，他会有一个开场白，说明此书的主题、宗旨，以及与同一作者的其他作品有什么样的关联。在给出一个初步的整体观念之后，他会设定论证发展的第一个阶段，从起点推到他所确定的那个点，也是在他看来构成一个单元的那个点，因为这个单元处理的是同一个论题，也就是他所阐述的那个论题。比如说，根据阿奎那对亚里士多德《政治学》的评注，此书开头几章就是要把这门学问确立为学问之王。那么又怎么来证明这个论题呢？要通过两段推理：首先，他指出政治学研究的基本对象，也就是“société politique”，[①]具有内在的高贵，就此以一种绝对的方式证明了该项研究无比地高贵；其次，他采取了比较的方法，揭示出政治学比所有那些探讨其他人类社会类型的研究都要高级，从而证明了同样的结论。这样，我们就面对了两项支撑初始论题的新论题。评注者先采取这两项论题中的第一项，指出亚里士多德将该论题与初始论题的基础建立在第三项论题上，而这第三项论题本身还预含着另一项论题，如此下推，直至他达到一个被他设定为自明的命题。完成这一步之后，他回到第二条论证线路，用同样的方式来处理它。处理完第一套观念之后，他再继续到下一套，用同样的方法来具体陈明，用同样的思路来深入阐发。就这样，他不知疲倦地耐心推进，将主要的论点拆解为次要的论点，然后再拆解为其他更加基本的论点，一直到这些浓缩的、复杂的推理链已经拆解为它们最为

① 即城邦。——中译注

根本的要素。数百年来，现代的头脑已经不再习惯任何真正彻底的逻辑训练，会在这种划分、再划分、分析的迷宫中迷失方向，而年轻的艺学生们却不得不光凭听讲来理解，在绝大多数情况下，面前还没有正被阐释的那位作者的文本。需要指出的是，相比于书中所谓珍藏的客观真理，对于从作者自己的主观角度来考虑的作者思想，关注要少得多。因此，人们孜孜以求的有时候是作者并不曾给出的理由。当出现矛盾时，人们就会尽力调和它们。〔参看图洛《中世纪的文法教师》（*Les grammairiens au Moyen Age*），尤其是第二部分。〕

这种枯燥费力的方法，要求能够保持长时间的全神贯注。但它不是唯一使用的方法。还有另一种方法更有活力，也更有生气。对于这个辩论的时代中那永不宁息的热情来说，这种方法更具魅力。它不再盲目跟从文本，而是从书中抽取出所包含的一切富于争议的命题。人们将就这些问题本身对它们进行直接考察。对于所研习的作者作品中讨论的主题，人们会努力利用其中的种种线索，但是他们并不仅限于此。在这种方法里，文本只不过是挑起一场论证的机会与借口。这种方法就是“quaestiones”（究问）。还是拿亚里士多德的《政治学》来讲，我们刚才已经看到，阿奎那是如何用讲解法来评注它的。而另一位经院教师布里当，[①]却是使用了究问法，以这部著作为对象来推进的。亚里士多德在他那部论著

① 布里当（Jean Buridan，1300—1358 年）：亚里士多德学派哲学家、逻辑学家，曾在巴黎大学随唯名论思想家奥康姆学习哲学，任教巴黎大学艺学院 30 年之久。1328 年及 1340 年先后任该校校长，并于后一任校长任上签署禁止将奥康姆学说教条化的条令。——中译注

的第一卷中论证到:城邦的力量超出了个体的力量,从而不同于个体的力量。布里当就此向自己提出了一个老问题:共同的善是否优于个别的善(ultrum bonum commune sit praeferendum bono particulari),亚里士多德说,城邦是作为一种自然现象而存在的,即“phusei”(自然)。布里当并没有探究亚里士多德主张这一论题的理由,而是独立地处理它,完全让文本中提出的观念在论证推进的过程中自动浮现出来。他的论证法就在于此。首先,对所有那些有助于支持一种正面解答的理由做逐一考察(让它们尽可能令人信服);然后,再逐一考察所有那些可能有助于反面解答的理由。这种双重阐释的开展是不偏不倚的,以至无法猜测出正在发表言论的那个教师的个人意见。所以,他在把这两种彼此矛盾的观点告诉给听众后,就会陈述自己的立场,为自己的立场找根据,并且逐一驳斥那些曾经用来支持自己正在拒斥的观点的理由。所有这些争论的表现形式,都和我们方才谈到的讲解性评注一样。支持或反对的所有理由,提出的所有疑问,都是借助三段论的形式来确立的。因此,一旦需要,三段论的每一个前提都会被拿出来讨论,以另一个三段论为基础,依次进行证明。而后者又往往隐含着又一个三段论,直至最终达到一个本身自明的命题。外在的形式与兴趣是绝不值得为之做出牺牲的。唯一的关注就在于拆解论点,清晰地表明推理链中所有的关联。要想实现这一目标,提出论辩的人就得毫不含糊地做到一丝不苟。论证的每一步都得标定、归类并有相互参证。这里就是大前提和小前提。这个就是大前提采取的形式。这里又有三种反对意见。这个就是对反对意见的回答。这个是假言命题。这个是从假言命题推出的结果,如此等等。

这种论证风格或许会让我们大感惊讶，但在我们对它做出评判之前，必须搞清楚它的宗旨是什么，它是如何紧扣它所处那个社会的信念的。

第十二讲　大学中的辩证法教学

我们在上一讲里看到，中世纪的大学里，尤其是艺学院里，是怎样开展教学的，教师们在讲授各门学问的时候，并不是以一种客观、独立的方式就这门学问本身而讲授。讲学只限于评注一本或为数不多的几本探讨这门学问的著作。有时候，这种教学方法的目的就在于以肯定的方式，追溯某位权威性作者思想的逻辑推进；而有时候，书只不过是提供了一个机会，在学生们面前设置一种有条有理的争论，探讨这本著作中所论及的其中一个问题。在这两种形式中，教学的目标都是一样的。首要的问题是通过辩证法的实践来训练学生。就前者而言，学生们接触到一位杰出大师的思想，听到关于其论点中内在逻辑的说明。正是出于这种考虑，可以说教师拆解开论点，将它们分解到最简单的构成要素；为了让逻辑框架更为明显，所有的论证都以三段论的形式出现。学生以这种方式学到的东西，是一种被动的辩证法，通过这种辩证法，思想以与自身相和谐的方式揭示自身，展开自身，而不直接关注那些有可能提出来反对自身的异议与主张。后者的情况则截然不同，它是一种充满活力、更为生动的辩证法，学生是通过争论的方式进入其中的。他就此看到将不同的意见、不同的主张放在一起比照是多么的重要，看到真理是怎样从彼此矛盾的主张之间的碰撞中浮现出来的。相安无事的辩证法与兵戈相见的辩证法，讲解的辩证法与论辩的辩证法：这些就是所教授的最主要的东西，要远远多于任何具体的学说或学说体系。

这就意味着，逻辑在教育中的角色绝对是主导性的。实际上，逻辑的这种主导地位不仅像我们刚刚已经看到的那样，体现在教学的形式上，也体现在所使用的材料的选择上。我们知道，基本的课程，也就是主要从 10 月 1 日到 3 月 25 日期间的那些讲课，充当着教育的基础。正是这些课程，为学生们成为业士做着准备，因此也大致对应于我们的中学所进行的那种教学。而在那时候，这些讲课几乎全部是有关逻辑论著的阐释的。下面列出的就是 13 世纪被讲读和评注的作者：波菲利为《范畴篇》所写的导论，有关解释问题的一些论著，波伊提乌论学科分类的论著，他的《正位篇》的前三部，①亚里士多德的《正位篇》与《辨谬篇》，《前分析篇》与《后分析篇》，最后还有普里西安的《文法基础》，后来为亚历山大·德·维尔迪厄（Alexandre de Villedieu）的同名著作所取代。总而言之，即便到了后来那些时期，亚里士多德的《工具论》也依然是基础教育中几乎唯一的主题。

当然，在逻辑之外，还有一块空间留给了文法，不过也只是很

① 波菲利（Porphyry，约 234—约 305 年），新柏拉图主义希腊哲学家，师从普罗提诺（柏罗丁）。著述丰富，涉及哲学、语言学和自然科学等。为亚里士多德《范畴篇》所做导论后来被波伊提乌译成拉丁文，成为中世纪标准教科书。“波菲利之树”是中世纪研究逻辑分类的重要观念。波伊提乌翻译了亚里士多德的《工具论》，包括《范畴篇》及波菲利对此篇所做注释，还撰写了《范畴篇》、《解释篇》的注释，这些注释与译著在中世纪早期被广泛用作辩证法教材。而他翻译的《前分析篇》《后分析篇》《辨谬篇》《正位篇》（此四篇与以上两篇共同构成亚里士多德的《工具论》），则直到 12 世纪才被人发现。——中译注

小的一块。在那段时期里，文法被视为与逻辑关系极为密切的一门学问，这种看法要比加洛林时期明确得多。在许多情况下，人们说不清楚这两门学问之间的界限在哪里。当然，在文法小学校里，乃至以后（当这些学校已经附属于学院时）的同名班级里，拉丁文法的基础知识多少都是通过死记硬背来教授的。当这些学童已经不再是一名曾经所谓的“文法学者”，已经成为一位“艺学学者”，当他已经进入自己学术生涯的第二个阶段，也就是12—15岁这个阶段，文法教学的性质就大不一样了。在这个阶段，语言的研习不是独立的，仿佛自己就可以为自己提供依据，而只与关于思维的研习联系在一起。仅仅保证牢记那么几条规则是不够的。必须对规则做出说明，而且是从思维法则的角度来说明语言的法则。由于人类的思维无论在哪里都是一样的，由于它无论在哪里都服从同样的基本法则，因此，它的言语表现形式也应该是一样的。所以，也必然会存在某种独此一份的基本文法，某种与人的思维相对应的人的文法，而各种民族语言的文法只是它的一种特定的、偶然的具体表现形式。有一位13世纪的文法学家这样说道：“由于事物的性质与人们所是、所思的方式在所有人那里都是一致的，所以，他们表达自己的方式也必然是一致的。因此，支撑着某人言语表达方式的文法，与支撑着另一人言语表达方式的文法也是一致的。它们都只是同一种类的不同表现，之所以会有差别，只是因为它们所使用的语词形式不同，而这是一桩纯粹偶然的事实。所以，一个人只要了解了一种语言的文法，也就了解了其他语言的文法，至少了解了它们的本质。”

这种独此一份的通用文法是一门抽象的学问，和几何没什么两样。它的目标就是要发现语言的通用法则。科尔瓦比[①]说:“几何学所探讨的并不是具体的线或面的大小,而是以一种纯粹(simpliciter)的方式来探讨大小。同样,文法所探讨的也不是拉丁文或希腊文的结构,而是通用结构,是从任一特定语言独有的那些特性里抽象出来的。”这种通用文法显然就是语言的逻辑。但这并不等于说,教师们以一种抽象的方式教授语言这门学问,而不参照任何具体的语言,就像今天的专业语言学家在教通用语法时所遵循的方式一样。实际上,拉丁文就是文法这门学问的具体研究素材。但是,在研习拉丁文的时候,所探求的是语言的一般形式与法则。拉丁文,尤其是学者与僧侣所使用的那种拉丁文,似乎特别适于扮演这种角色,因为它本身就是一种通用语言,一种普遍语言。之所以这么说,是因为它的不同的通俗形式,即高卢拉丁语、日耳曼拉丁语与意大利拉丁语,都是它特殊的亚种。所以人们才会以这种拉丁文作为自然的研究素材,梦想建构这种语言的几何学。

除了严格意义上的逻辑与语言的逻辑之外,其他的学科也不是说可以彻底丢掉。但是,它们只是在一些称之为“非常设课”(extraordinaires)的专门课程上讲授。这个叫法的意思是说,它们不属于常规必修课程。因此,它们的时间定在正式学术时间之外的公共假日,或者是平常日子里的下午,因为早上是留给基本教学的。从复活节到圣莱米节这一段夏日时光,大多专门分配给了这些课程。形而上学、伦理学、数学、自然史、天文学以及诸如此类的科目,都是在这些课程上讲授的。而在允许讲授的科目名单上,

① 科尔瓦比(Robert Kilwardby):13 世纪多明我会的僧侣,曾在巴黎大学任教,并于 1270 年前后任坎特伯雷大主教。——中译注

也没有任何限制。如果哪一位教师想要阐述某一部未被艺学院事先指定的著作,他只需问一问自己的主管机构就行了。但是很明显,这些课程都属于并非必需的额外课程,可选可不选;其中,有些是为了获得执教权所必需的,但并不是为那些学士学位候选人所设计的。因此,它们不属于我们特别关注的那种研习序列,也就是对应于我们自己的中等教育的学习序列。志向远大的教师们必须掌握这些知识分支,而年轻的学士们就不一定非得掌握不可了。

在基本的必修科目中,甚至是对于那些处在成长过程中的年轻人的必修科目,我们都没有发现宗教方面的教导,这初看起来似乎令人惊异。考虑到我们如此轻易地赋予中世纪大学以教会的特征,人们原本会指望,这些大学里应该专门开设有宗教课程。但不管怎么说,事实上,在那时的课程体系中,宗教根本不占有显著位置。我们已经看到,我们之所以可以将学院与宗教社团相比,是因为事实上它们都与外界相隔绝,就此而言,它们其实很类似。不过,要再把它们与神学院相比,可就不对了。这是因为,中世纪根本就不存在宗教教导的概念。无论是关于宗教教义,还是关于宗教仪轨的意涵,都没有开设任何课程。严格意义上的宗教教育只是在宗教改革之后才在学院里出现的。它属于反宗教改革运动,在这场运动中,罗马教会为了能够更好地战胜宗教改革势力,从后者那里借取了武器。就此而言,它是反宗教改革运动的效果之一。但是,即便到了那时候,对于宗教的无知也似乎远远超出了想象之所及,不仅学童如此,连神职人员也是如此。你甚至会疑惑,究竟有没有一位神职人员曾经是因为对神学事务一无所知而被拒绝授予神职。要求他必须知道的东西,其实就只是如何主持弥撒。

因此，教育的素材与形式之间有着密切的关联。一方面，教学方法以提供逻辑训练为最高目标，哪怕用在逻辑之外的科目时也是这样；另一方面，在青少年离开学校之前，也就是像我们今天会说的那样，在他拿到自己的业士学位之前，所接受的所有教育中，逻辑本身多少充当着唯一的素材。我们已经见证了教育思想演进的肇始，而这种演进就这样继续着。事实上，我们已经看到，在欧洲社会里，尽管教育力图成为百科全书式的，但是，它从一开始就具有彻底的形式性。这是因为，在加洛林时代的学校里，教育的目标是输导对于把握世界的思想的理解，而不是对于世界本身的理解；是微观世界，而不是宏观世界。在思想的这个微观世界中，在构成自觉意识的这个缩微现实版本中，人们所遭遇到的外在宏观世界只体现为最一般的形式。正因为这一点，任何以思想为素材的教育都几乎必然是形式性的。这样我们就可以理解，大学的发展与经院哲学的发展如何成为同一种运动。两者之间唯一的差别在于：在教育里，形式主义的性质已经发生了改变，从言语与文法的形式主义变成逻辑的形式主义。教育不再仅限于那种构成语言的外在形式，而是力求超出这一点，达到思维本身的形式。

但是，"逻辑"这个词还是太过笼统，不足以概括这种教育的特别之处。事实上，它里面包含的逻辑具有相当特别的性质，因为论辩扮演着举足轻重的角色。关键的问题在于教会人们如何去论辩，而远不是什么教会人们如何去推理。所教授的东西首先就是与另一个人争辩的技艺，就是辩驳的技艺，甚至比证明的技艺还要重要。

为了对权威性的著作做出评注与解释，人们使用了两种方法。其中一种是讲解（expositio），仅限于阐明所探讨的作者的论点。

与此相反的另一种方法是究问(quaestiones),也就是一种论辩。演练究问的教师会设定一个真实的论点。他与自己展开论辩,与和自己相反的观点产生冲突,将这些观点对峙、对照;正是这种冲突使练习饶有趣味。这两种方法中的前一种很快便声名扫地。1452年,枢机主教埃斯图维耶提请教师们记住,他们应该逐字逐句地阐释亚里士多德的文本,而这种提请本身就证明,这种讲解的方法当时是被忽视的。究问的方法要有活力得多,所以取代了巨细无遗、费时费力的分析。对于当时的种种需要与喜好,它要适合得多。在这些练习里,教师仿佛是在和假想中的对手论辩。但除此之外,在现实当中,教师们还不得不在相互之间展开论辩,至少每周一次,而且当着学生的面。不仅如此,每年的冬天,在穷者圣尤里安教堂(l'église de Saint-Julian-le-Pauvre),还要举行一场场面庄重的论辩。四个同乡会各自推选出一位教师,就涉及所有自由七艺的问题展开论辩。这叫作"actus quodlibetarius"(自由论辩表演)。当然,在阿马尼亚克战争[①]期间,这种惯例逐渐被荒弃

① 阿马尼亚克(Armagnac)战争:阿马尼亚克为法国西南部一地区名。从12世纪起,成为法王控制区与英王控制区之间的缓冲地带,战略地位日益重要。英法百年战争(1337—1453年)中,根据1360年《加莱条约》,英王取得对该地区的宗主权。1380年,年仅12岁的查理六世继位,成年后成为间歇发作的精神病人。此时,封建贵族乘机结党争权,形成以勃艮第公爵为首的勃艮第派和以奥尔良公爵(系查理六世之兄弟)为首的阿马尼亚克派(奥尔良公爵之岳父为阿马尼亚克伯爵)。1407年,奥尔良公爵在巴黎被勃艮第公爵所杀。巴黎人全体拥戴勃艮第派,市内笼罩恐怖专政气氛,打手队在市区巡行,见奥尔良人便杀。阿马尼亚克伯爵联合另两位南方领主,兵临巴黎城下,市民倒戈,与之谈判。勃艮第公爵退出巴黎城。阿马尼亚克派控制了查理六世。英王亨利五世趁机于1415年恢复对法战争。勃艮第派投降英军。英军很快占领巴黎和法国北部地区。1418年后,查理七世与勃艮第公爵取得和解,阿马尼亚克派权势不再。1428年英军围攻奥尔良,次年奥尔良守军击退英军(史传民女贞德星夜驰援,军心大振;后巴黎大学在审判贞德为女巫的过程中扮演了不光彩的角色)。——中译注

了。每周的定期论辩本身也很快被教师们中止了。但是，此处的教师却被业士们所取代，他们在一位教师的主持下，在各自同乡会的学校里展开争辩。

在教师之间或业士之间的论辩中，学生们只是旁观者。但除此之外，还有学生之间的论辩。实际上，这是中世纪的学童们所知的唯一一种练习。书面的作文听都没有听说过。(除了朗读)要求学生们做的唯一主动的事情，就是每周一次复述自己听过的讲课(resumptiones)和论辩(disputationes)。根据索邦神父的说法："这种练习甚至比诵读还有用，因为它能够有效地阐明所有的疑难。任何东西只有在论辩中经过反复咀嚼之后，才能获得完整的了解。"而学院在吸纳了巴黎大学的那种生活与职能后，甚至进一步发展了这种保持论辩的惯例。学人们每个礼拜六都要开展论辩，由所在机构的院长主持。他们当中的每个人都会轮流充当立论者与反对者。当然，除了这些每周定期举行的论辩，还有其他一些论辩。比维斯[①]在 1531 年写道："吃饭时他们论辩，吃完饭他们也论辩；公共场合他们论辩，私人场合他们还论辩。总之是无时无地不在论辩。"

文艺复兴时期的人对这种惯例做出了最猛烈的抨击，而提出批判也是容易的。显然，在这些公开论辩中，要想让自己的才华获得赞赏，就可能会怂使人们以空洞无聊的雕琢辞章来和别人展开

① 比维斯(Juan Luis Vivès，1449—1540 年)：西班牙人文主义者，伊拉斯谟的学生。在教育、哲学和心理学等方面颇有建树。强烈反对经院哲学，主张以归纳法为研究方法。1509—1512 年曾在巴黎学习。1531 年写成《论纪律二十卷》，主张运用个人的探索与经验进行归纳的原则来学习自然。——中译注

竞争。为了最简单不过的问题,也会激起重重的争论。比维斯和人文主义者就曾经留给过我们有关某些论辩的回忆,在这些论辩里,辩证法退化成一种在词语上要小聪明的游戏,而且平庸之极。有一位作者就描述过这样一个例子,论辩的目的是要决定,到底是系着猪的绳子还是牵着绳子的人,把猪拉到了市场。还有一些情况下,提问的角度也是玄玄乎乎,漫无边际,我们理解起来十分困难。从另一个角度来看,虚幻的荣誉感常常怂使论辩者不得退缩,哪怕这会使他不得不走向极端的荒谬,这样他至少可以表现出不曾放弃的样子。最后一点,不可否认,论辩经常蜕变成相互谩骂、粗言恶语乃至侮辱恫吓:“人们甚至发展到拳脚相加、彼此撕咬。”最后留下死伤者横在地上。

对于这种练习,对于围绕着这种练习的整个教育体系,文艺复兴成功地用大量的激烈辱骂淹没了它们。但是,所有这些事实,即便还要严重上许多倍,也不足以证明文艺复兴对待它的态度是正当的。我们绝不能忘记,不管是哪一种学术上的规矩,都最容易陷入刻板,发生变质。总是没有几个人,能够合乎理智地运用这种规矩,始终清醒地意识到论辩应该服务于什么样的目的,应该始终遵从于什么样的目的。一旦它成了一种习俗,一旦它被赋予了习惯的权威力量,就往往会机械地履行自己的功能,这几乎是不可避免的。人们在做这种练习的时候,完全没有意识到这种练习所指向的目标,仿佛它就是自己的目的和根据。它成了一种盲目崇拜的对象,为种种歪曲和过度铺平了道路。任何一种教育惯例,就其日复一日的运作方式而言,都是很容易遭到嘲笑的。实例教学课原本可以大有收获,不也常常蜕变成空洞的言语练习吗?像裴斯泰洛齐[①]这样的老师，把时间都浪费在让他的学生数旧挂毯上有几个洞，或者让学生对他们完全熟悉的东西进行命名或描述（裴斯泰洛齐也因此受到批评），嘲讽这样的老师不也很容易吗？然而，一种原则可能会以这样的方式被误用，却绝不能证明这种原则本身站不住脚，因为它可能是一项非常棒的原则，能够产生有益的效果，哪怕有些人对它的使用是不得要领的，是过度的。如果说论辩确实服务于什么宗旨，如果说它们确实顺应了什么需要，那么，它们所招致的所有过度、所有荒唐，都不足以让它们遭到彻底的谴责。必须根据论辩惯例的内在价值来考察它，评价它。史学家认为它只不过是历史上出现的巨大的教育偏差，就像文艺复兴时期的大师们所相信的那样。但是，在将近三百年的时间里，这种惯例在欧洲的教育中确实发挥了极其重要的作用，单凭这一点，这种假定就几乎没有什么根据了。

实际上，这种惯例远不是一些奇特而短暂的信念所造成的偶然结果。为了充分理解这种论辩惯例都包含哪些内容，具有怎样的教育价值，我们最好回到亚里士多德，他对论辩的概念做过清楚的分析。当然，不能说中世纪之所以会如此实践论辩技艺，只是因为中世纪的人们在亚里士多德那里发现了对它的描述。如果说这个时代的人在论辩上耗费了那么多的时间，那并不只是出于对亚里士多德学说的忠信，对它的权威的敬重；而是因为论辩的惯例回

① 裴斯泰洛齐（Johann Heinrich Pestalozzi，1746—1827 年）：瑞士教育改革家。主张贫民教育，强调加强学生自身能力的教学方法。他的大多数教育原则被现代初等教育所接受（至少是表面上，因为涂尔干似乎对此很有疑惑，参见第十九讲开头）。——中译注

应了那个时代的某些特定需要与要求。而理解这些需要与要求的最佳方式，莫过于看看亚里士多德自己的说法，因为他构建了一套关于论辩技艺的理论，而中世纪并未增添任何具有根本意义的东西。

在亚里士多德看来，学识的作用、实质和存在理由就在于证明，就是搞清楚事情的依据。但是，即便说没有证明就没有真正的学问，也不等于说所有证明都会导出真正的学问。只有有可能确立必然的关联，也就是具有不容反驳的说服力的关联，而且没有任何一个有理智的人能够不自相矛盾地否认它们，这样的学问才配得上称为真正的学问。这种关联的最佳例证就是数学命题所表述的关联。但是，这样的命题又是如何得以确立的呢？只有当我们分析命题中凸显出来的某一个项，在其中发现有某种属性或构成元素，必然蕴含着另一个项，形成了与它的某种统一性，这样我们才能确立这类命题。比如，我们有理由说，三角形的所有内角之和必然等于两个直角，因为在三角形内角之和这个概念里，我们发现有一种内在固有的属性，使这些角的安排形式可以恰好叠加在一个T型上；反过来说，从任何一个T型中，也能够得出一个三角形。与此类似，如果我们知道，日食概念的意思是说日面掠过了月面，我们就可以说，日食必然是一个发光表面被掩映的结果。显然，对于亚里士多德来说，数学证明为所有的科学证明树立了典范，所有的科学都只有在分有数学本质的意义上，才真正称得上是科学。我们很快就会看到，是什么因素导致了这种如此明显的具有排斥性的观点。

但这种类型的关联绝不是始终有可能确立的。当我们探讨数学中的概念时，可以开展诸如此类的证明，因为这类概念非常简明，拥有的属性和构成要素就那么几个，不仅如此，它还是我们自己构造出来的。因此，我们对这些概念了然于胸；我们知道它们包含什么，从而可以很容易在这些概念中找到一个中间项，充当自身与另外某个项之间的纽带，使第二个项与第一个项之间产生不可分割的关联。但是，当我们探讨的东西只是通过我们的经验才被我们所了解时，情况就不是这样了，这样的东西要么联系着经验世界，要么联系着道德世界。在这种情况下，只有通过观察和归纳来确立统一关联，而后面这些程序哪一个都不能产生必然关联。即使我们根据自己的经验，发现A与B始终相维系，也绝不能从这个事实推出，A与B之间有着必然的关联。即使我们所知道的所有天鹅都是白天鹅，也绝不能从这个事实推出，天鹅都必然是白的，或者说黑天鹅这个概念就一定是自相矛盾的。那么，这是不是等于说，我们只能注意到这种关系，而对它们何以成为目前这个样子毫无了解，也根本没有任何手段去知道它们是否确实属于必然关联，哪怕它们再怎么具有一般性，也只不过是一系列多少属于频繁发生的偶然事件？有一种论证式的立论，它的性质与价值都不同于严密的科学证明，但它绝不是毫无价值的，因为这种手段能够为我们提供严肃的依据，确定或否认关联属于必然关联的可能性。方法如下。

假设有一命题："骡子不能繁殖。"我们每一天都会借助观察来验证这项命题。但关键在于要了解它是否是一项必然真理。因此，我们必须考察，在骡子的本性中，是否有什么决定了它必然不能繁殖。为了给出这种严密的证明，我们不得不在骡子的概念本身中去寻找不能繁殖特性的致因。由于骡子是马与驴配种的后代，我们需要考察马和驴各自的专门属性，考察它们的解剖学和生理学构成，以此作为证明的起点。然而，根据亚里士多德的说法，考虑到我们现有的知识状况，这样一种严格证明是不可能办到的。不过话说回来，我们还可以这样做。我们可以尝试一下，是不是可以从这里找到某种特性，它也为骡子所拥有，或许能对我们的问题有所启示。从某种意义上来说，公骡与母骡的交配是不同物种的两对亲本之间的交配，因为无论在公骡身上还是在母骡身上，都同时存在着两种不同物种的亲本，而它们就是这两对亲本的后代。同一物种的两个亲本是不可能繁殖出与它们自己不同的物种的，因此，只有把公骡与母骡看成是属于同一个物种。另一方面，属于不同物种的两个亲本又不能孕育出一个与它们各自物种相同的动物来。而这项法则也适用于公骡与母骡，因为它们的交配被视为类似于不同物种的动物之间的交配。这样一来，公骡与母骡既不能生育出属于它们自己物种的后代，又不能生育出属于其他任何物种的后代。因此，它们必然是不能生育的。这样的方法也适用于政治学。假设我们在考察政府是如何导致了自身的覆亡。如果我们从分析政府的概念与覆亡的概念着手，难道就不能取得丝毫进展吗？我们已经知道了政府是如何使自身得以维存的。那么好，对立的因素也会产生对立的效果，而维存正是覆亡的对立面。因此可进一步推出，不管政府得以维存的原因是什么，它的对立面就是导致政府覆亡的原因。所以，可以把支撑这种论证方法的原则表述如下：我们先不分析我们想要分析的特定概念，也就是那个滴水不漏的依据，单凭它就可以来确定关系是否属于必然；而是用与最初的概念有关联的一个或一些其他概念来代替，我们可以根据它们来验证一些特定的命题，然后我们可以回过头来，把这些命题用到最初的概念上去。

这样一种程序能够产生绝对的确定性吗？当然不能。相反，很显然，原本只是参照更为一般的案例而确立的那些命题，如果就这样拓展到具体的案例中去，我们就必须考虑到有相当大的误差。方才我们复述的亚里士多德的论点就是这方面最好的例子。它之所以是错误的，就是因为它太一般了。它适用于所有的杂交品种，事实上，有些杂交品种是可以自我繁殖的。我们可以从这种程序中推断出来的所有命题，都是些似真的或然命题，加以理智的思考，它们并不具有绝对的说服力。这一点是如此的严重，以至一种似真命题的反命题也可以显得同样的有道理。与我们上面举例说明的这种论证类型不同，还可以提出一些反面的论点，而它们也同样值得关注。那么这是不是等于说，上面这种论证毫无价值呢？当然，如果我们说一个命题似真时，意思是说它只是从外在的表面来看是真命题，那么情况可以讲是这样。但是，人们对似真性的理解与此有很大不同。如果一个命题即便不具备直接的自明性，但成为真命题的机率却很大，它就是似真的。这种命题尽管没有让人相信的决定性依据，但确实有充分的依据。同样，诸如此类的或然性也不可能不包含真理的某些部分。因此，它们并不是毫无价值的。每一个命题都取决于如何去使用它。

由于可能会出现各种各样同样具有或然性的命题，但是其中有些命题是相互抵触的，因此，我们显然不应该仅仅凭着根据这些命题引出的推理，就接受其中哪一项命题。相反，应该把它们与其他论证似乎支持的那些与之冲突的观点相对照；必须将它们彼此对比，比较它们各自依赖的论证。一句话，必须把它们交付论辩。正因为这一点，亚里士多德才会在每次遇到一个问题的时候，都遵照一种严格的方法论规则，将自己前辈们就这个问题已经给出的不同的解决方案放在一起，逐一考察。这样，他就可以把这些解决方案与自己的放在一起，同时加以考察。换句话说，他就可以让它们展开论辩。实际上，他经常就自己的命题想出一些自己的反对意见来，与假想的对手展开论辩。可是，这样一种对照，如果不是在我们自己私下的思辨中开展，而是在公开的外在场合，在公众的瞩目下开展；如果它不再是在我们自己身上与那些理论上的对手展开论辩，这些对手说到底只能以我们给予它们的声音说话，从而多少也只能是说些我们根据自己的热情与偏好而想要它们说的东西，现在，我们却是与有血有肉的现实中的对手进行坚决的论争；换句话说，如果在公开论辩中，我们与不同意见的捍卫者短兵相接，勇敢地站出来捍卫自己的观点，那么，这样的一种对照，难道不会产生更好的效果吗？这样一种活生生的论辩，难道不是构成了一种更为合适的方法，可以揭示所讨论的种种意见真正具有的抵抗力，从而也揭示了这些意见各自具有的相对价值吗？对于有些事情，我们只能得出一些似真的意见来。在这些事情的领域里，论辩与论证看起来就是用来追求真理的一种正确的方法程序和不可或缺的工具。当然，它也是需要小心应对的武器，很容易会使用不当。人们会只想让敌手难堪，就使出这种武器，举出一些似是而非的论点，只具有似真性的表象。在这种情况下，它纯属诡辩。但是，人们也可以是本着真诚善意来使用论辩，脑子里的唯一目的就是寻求真理。在这种情况下，就是在真正地操习辩证法，因为辩证法这种技艺，正是要以富有说服力的方式，论证似真的命题。鉴于论辩是这种技艺实践的一项基本程序，所以从根本上来讲，这项技艺也就是论辩的技艺了。

这样来看待辩证法和论辩，也正是中世纪时候对这两者持有的观点。事实上，你必须小心，不要把辩证法与论辩当作同义词，也不要认为在中世纪，辩证法被视为通往知识的道路。恰恰相反，只有在严格意义上的知识不可能存在的地方，才会出现辩证法。这种方法适用于那些探讨充其量不过是或然命题、似真命题的事情上。正是这一点，使我们能够去理解，中世纪在学术生活和思想生活中为论辩赋予了什么样的角色。不是什么东西都可以成为论辩的主题的，只有那些不可能进行严格证明的事情才可以拿来论辩。问题的实质绝不是用论辩来取代证明，而是在严格的证明尚未穿透到的地方，用论辩来辅助证明。无须深入就不难看出，对于诸如此类的事情来说，讨论其实是在我们掌握的程序中唯一能够用来区分并看清有可能吸引我们支持的形形色色观点的，我们就此可以理解，中世纪的学校里为什么会演练论辩与讨论的技艺；你甚至一定会想见，在任何一个教育体系里，它都注定要占有一席之地。

现在，只有一个问题还有待考察，就是论辩技艺在学校里的操习为什么会这么具有排他性；为什么它被视作培养一种逻辑思维能力的至高无上的教育技术；一句话，为什么它获得了一种多少可以说是彻底的垄断地位。答案显然在于，在那时候，属于或然性、似真性的领域看起来要远远大于由证明与严格论证主导的领域。

但是，为什么会这样呢？这两个领域之间，这两种思维范围之间，这种相当失衡的差异是从何而来的呢？如果明确回答了这个问题，如果揭示出差异的这种失衡性是合情合理、有根有据的，那么我们就不该再认为赋予论辩的那种重要地位是非同寻常的。有一桩一开始就值得注意的事实：亚里士多德本人几乎完全使用的是辩证法的方法，以及作为辩证法基本要素的讨论方法。根据他自己的说法，他只在构建三段论学说时使用了严格证明的方法。因此，辩证法与论辩的主宰地位的基础，并不是中世纪思想方面某种偶然的事实，某种一时的偏差，而肯定是深层因果因素的产物。那么这些因素又是什么呢？只有当我们理解了这些因素，我们才能去评判这种被大加贬毁的教学技术。到那时候，我们不仅可以评价文艺复兴时期的人对它发动的那些猛烈的批判，而且可以欣赏到它的适宜之处，并且还可以考察它们在取代了自己所挑战、所反对的那个教育体系之后建立起来的新的教育体系。

第十三讲　辩证法与论辩
——艺学院里的学科

如果说文艺复兴时代的人对经院教育采取了无情打击的态度，如果说他们认为必须彻底根除这种教育，以便在它原有的位置上建造起一种全新的教育体系，那首先是因为辩证法与论辩在经院教育当中占据着主导地位。这一切激起了文艺复兴时代的人如此强烈的反感，以至他们连想都没有想到过，一代代人如此热情地实践的技艺，一定应该是迎合了某种思想上的需要。他们由此看到的，只是人类愚昧登峰造极的体现。因此，他们不停地向这些东西发动充分的批判。但在许多情况下，他们只是满足于对它们进行谩骂、嘲笑，倾泻着自己对它们的蔑视。在牺牲辩证法以换取搞笑这一点上，拉伯雷做得可谓无与伦比。他为我们刻画了一位第五要素夫人（Dame Quintessence），她是亚里士多德的教女，是隐德莱希王国的女王。[①] 她就是辩证法的人身体现。这位 1800 岁的老妇人，由一群已经获得执教权的空想家簇拥着，吃饭时不吃别的，光吃一点儿范畴、"jecabots"（这是一个希伯来词，意思是抽象

① 例见拉伯雷《巨人传》第五部第 19 章以下。1532 年，拉伯雷在里昂首先出版了政治小说《巨人传》的第二部（全书共五部，1564 年出齐），次年即 1533 年，最高法院与巴黎大学就宣布此书为禁书。——中译注

概念)、第二意向(secondes intentions)、反题、转生灵魂(métempsycoses)和先验概念(transcendantes prolepsies)。侍臣们忙着解决最抽象、最难缠的问题。有些在为公羊挤奶,有些在采摘葡萄上的刺和蓟上的无花果,有些在“从无中创造出大事,又让大事复归无”,有些“在一个大屋子里细心测量跳蚤跳跃的距离,我相信这事比王国的治理、战争的指挥、共和国的管理有必要得多”。不难看出,辩证法要从这样一种讽刺挖苦中恢复过来,会是多么困难。可怜的约诺土斯[①]和他的同事们,“在索邦的废物、诡辩家、学生、讲师、疯子”身上体现出的那种技艺,在公众舆论中想必该彻底地名誉扫地了。但我相信,完全有根据反驳它所带来的那样尖刻的评判,重新审视这个被太过粗略地探讨的个案。在上一讲里,我们已经开始进行了这种重新审视。

可以相当肯定地讲,在所有的教育中,讨论的技艺在正常情况下都有着一席之地。只有一种命题是可以在某种意义上外在于并高于论辩的,这就是科学充分严格地加以证明的命题,足以排除任何怀疑。不管你怎么理解科学证明,哪怕你对它的理解完全不同于亚里士多德的理解,不同于我们所描述的理解,有一点也是毫无疑问的:科学证明的严格程序是不能适用于所有事情的。我的意思并不是说,你能够给科学指定一些具体的限制,是永远不可能被超越的。人们力图把科学包裹在一些界限里,而科学却始终不懈地要突破这些界限,侵入那些人们认为它没有能力渗透进去的领

① 约诺土斯(Janotus):索邦的神学大师,参见《巨人传》第一部第18章以下。——中译注

域。即便如此，科学也只是并且始终只是一种有限的、暂时的体系，而现实在各个方面却都是无限的。因此，在实践中，科学思想始终不能穷尽现实，就算它有这个能力，要到达这个终极理想点，也还有很长的路要走，与我们现有位置之间始终有着巨大的距离。不过话说回来，对于科学遵照绝对可靠的程序而无法触及的那些事情，我们也不能彻底放弃对它们的思考与推理。我们不能仅仅因为不能免于谬误而确证这些事情，就听任我们的理智放弃对它们的思考。因此，我们还要继续去推理，哪怕只有当我们的推理具备严格的科学性时，才会被视为具有证明性的价值。遇到这些情况，我们必须让自己接受这样一个事实：我们对它们的要求，不能超出它们所能提供的限度，也就是那些或然的、似真的、并有充分依据的命题，即便它们不像必然真理那样，在理智上是无可辩驳的。属于或然性领域的命题，就是可以论辩的命题，会引起争议的命题。由于这些命题里没有任何一个有权力完全勾除与自身不同乃至对立的命题，所以，如果要在它们之间做出取舍，我们就只能通过一种途径：将它们放在一起，相互对照：让它们彼此竞争，以便让符合最适者生存条件的那个命题能够通过战胜其他命题来展现自己的优越性。这样一种对照也就是构成论证的素材。正因为这一点，就这一类问题来说，论证必然始终具有最后发言权。而由于辩证法属于一种似真性的推理技艺，论证与论辩也必然是其中的一个基本部分。

这一点揭示出，文艺复兴时期的人以咄咄逼人、冷嘲热讽的态度，全盘否定了辩证法和论辩，这样的态度无论怎么看都是没有依据的。即便如此，我们还需要去考察，为什么在中世纪，这种特定的推理类型会成功地发展到如此惊人的程度，几乎成为唯一的考察工具，以压倒性的优势成为最重要的学术练习。对这个问题的回答，得到学问在这段时期里的状况中去寻找。

这段时期所确立的唯一一门说明性、证明性的学问就是数学，希腊人已经把这门学问发展得相当成熟了。结果就像我们已经借亚里士多德的例子证明的那样，科学的证明只有在与数学证明一致的情况下，才是可以理解的。但是，数学的方法论并不适用于经验的现实，并不适用于由具体事实组成的世界，后者通常看来是超出科学证明的范围的。当然，古代人与中世纪时候的人都非常清楚，所谓观察是怎么一回事。但是他们并不知道，可以用这样一种方式来组织和转化观察，以便让观察为一种依循规则的论证性证明提供要素。就此而言，观察所起的作用就只是记录现象以怎样一种方式自然显现在特定数量的一些案例里。这样的记录即使相互关联，也丝毫不能确保所记录下的关系也会在迄今尚未记录的其他案例中获得。因此，看起来不可能通过观察来证明任何一般性命题。实际上，为了让观察获得证明力，就不能让它只是出自基于或然性情形的偶然遭遇，而应该最终让人去挑战它，在周详考虑之下，带着一种具体的目的去提出它，以便能够按部就班地调控它，遵照某些特定的理性原则来组织它，因为只有当观察伴随着理论阐述，才有可能将它转化成为一种真正的逻辑操作。

这种中心明确、系统严整的观察，我们称之为实验或实验性推理。由于实验是一种与观察相当不同的东西，它的基础在于将许多观察进行一种组合，以使结论的推出能够像从三段论的前提中推出三段论的结论那样。观察要想具有科学上的价值，就得时常重复进行;而实验性推理的价值与范围,则在相当程度上独立于所依据的实验的数量。尽管如此,重要的却并不在于观察应当是大量进行的,而在于观察应当精心构造,系统严整,并且具有确定性。不仅如此,正如几何学中的定理一旦得到证明,也就证明在任何时候都是正确的;今天人们也认识到,通过一种精心构造、精心实施的实验,科学家可以证明一种四海皆准、亘古不易的正确而有效的法则,例如接种就能够防止炭疽病。实际上,实验这种证明的方法在研究自然时所发挥的作用,是与数学推理在研究数与量时的作用一样的。

但是,在那些时日里,实验性推理的观念是闻所未闻的。今天我们拿它当不言而喻的东西,可它其实只是在一段漫长的演进之后才逐渐浮现出来的。只有到了 16 世纪,随着伽利略以及与他的名字联系在一起的科学运动的到来,它才有可能出现,并且事实上也就是在那时候出现的。只有在 16 世纪,在培根[①]的努力下,人们才开始认识到,他们所探讨的是一种自成一体的逻辑操作,一种新的证明方法。

中世纪为什么会如此不顾其他地培植辩证法与论辩,答案就在于此。除了数学问题这个唯一的例外,论证似乎不可避免地成为唯一的方式,可供人的思维以最小的错误机率区辨真理与谬误。任何事情都交付公开论辩,因为它们除了属于特定的、有限的知识领域,还属于充满争论的领域。"Deus tradidit mundum homi-

① 和上文所说的培根不同,这里指的是弗朗西斯·培根(Francis Bacon,1561—1626 年)。他有关归纳推理的重要性的观点,参见《工具论》。——中译注

num disputationi”(世人论辩乃神授之例)这句格言在当时用得可是不折不扣。严格词义上的辩论被认为是众学之王,是我们手中一种独一无二、普遍适用的工具,用来将万事万物交付理智的审察。所以说,那时候通过辩证法实践训练年轻人因为过度而产生的问题,就不应该归之于一种病态的浅薄造作,或是逻辑感的发展严重过度。相反,这是因为在当时学问的状况下,既不存在也不可能存在任何其他的推理方式,可以适用于经验世界。因此可以说,在这段历史时期,学习如何思考就在于学习如何论辩。

与此同时,这种教育的学究气也不再显得那么令人震惊或恼火。为了能够论辩,为了能够面对形形色色的人的意见,你首先必须去熟悉它们。而这些东西都在书里。从这个角度来看,为了了解事情以及主宰这些事情的法则,从逻辑上讲首先就必须学习人们曾经就它们说过些什么,写过些什么;因为只有从各种观点的冲突之中,真理才会绽露出来。即使是最初赋予某些声名卓著的作者的重要意义,如今看来也是十分自然的事情。为了理解这一点,并不需要引入某种关于思想奴役状态的理论什么的。辩证法的方法所能允许的推进程序就只有这一种。这是因为,即使说为了实施这种方法,必须理解形形色色的人的意见,也要特别地关注贤哲的意见,关注贤哲中最有权威的人的意见,这也是非常重要的,因为这些人的意见最有可能成为真理。在这段时期,人们对那些被正确或错误地视为伟大思想家的人,确实常常表现出迷信般的尊崇,但造成这种结果的事实,并不是人们想当然地认为,真理必然完整地浓缩在某一部特定的著作当中;而是在这个世界上,理智在一片懵懂之中艰难摸索着或然性,人们感到需要找到一种更可信赖的日常养料。当然，我并不是想说，教会的教育对被奉若神明的权威典籍不抱尊崇，而是有一点很显然，根本的原因一定在别的地方(也就是说，在于辩证法的概念本身)，就是我们在最开放的思想家亚里士多德的著作里找到的所阐述的原则。他说，我们可以通过两种迹象来判定一种观点是似真的：要么它对于所有人或大多数人来说看起来是真的；要么它对于那些贤哲来说是如此，不管是对于所有贤哲，还是大多数贤哲，还是最受敬重的那些贤哲。因此，与唯书至上相伴出现的，并不是这段时期里所有对于活生生现实的感觉都陷于麻木呆钝之中，或者书面文字成了某种盲目尊崇的对象；而是强加到这个时代上的某种特定学问观的必然后果。

我们应当注意，不要认为这样一种唯书至上的教育本身就很让人恼火，只能把它解释成某种偏差。恰恰相反，恰恰是这种教育概念，从开始组织一种教育体系开始，就显得对人的思维来说最自然不过。这是因为，所谓教育，就是在一个特定的文明里，有那么一整套知识与信念，当时被视为那个文明的基本内容，在代与代之间薪火相传。否则教育又是什么？而正是在书本里，维存着、浓缩着不同民族的思想文明。因此，书本被视为最重要的教育媒介，也就是相当自然的事情了。与此相反的观点，就是说与具体现实的世界之间的直接接触，至少应该在某些方面取代书本，是要到一个相对比较发达的阶段上才会出现的。它的前提是科学要发展到一个比较成熟的程度。所以说，我们可以看到，只有到了17世纪，它才开始有了立足之地；一直要到18世纪下半叶，它才获得充分的发展。我们还会在适当的时候，来考察产生这种相反观点的源泉。现在我们只需要指出，它并不是那么不言而喻、一目了然，以至让我们看到它不是一下子被人接受时会感到惊讶。它所引出的问题在于它最终是如何出现的，而不是它最初如何能够不被人所认识。

正如我们可以看到辩证法与论辩何以会在中世纪的教育当中具有如此重要的意义，现在我们也可以理解，当时有根有据的这种重要意义，为什么它的原初形式到了今天不再具有相关性。原因就在于，我们已经逐渐发展出了对于实验性推理的性质与价值的自觉意识。今天我们知道，有另一种可供选择的证明方法，有另一种与之不同的论证类型；把辩证法的技艺教给中世纪的学人是相当必要的，而现在，我们给自己的孩子灌输这种论证类型也是非常根本的，比起前者来毫不逊色。不仅如此，实验性推理就该取代辩证法，这桩事实是一种完全自然的发展过程，因为前者本身也是一种辩证法，只不过是一种客观的辩证法。正如辩证法在于意见之间的一种系统对照，实验性推理就在于事实之间的一种系统对照。

即使说辩证法在今天已经不再全盘维持它的古老特权，即使说我们可以比前朝往世更清楚地看到它的所有缺陷，即使说我们诉诸辩证法时已经审慎备至并且也应当审慎备至，这也不等于说，从今往后，我们无法再对它有进一步的利用，我们应当彻底根除它，将它完全驱除出所有的教育。无论实验科学或许已经取得多么大的进展，它们也依然未能并且也永远不能涵盖现实中某些多少不容小觑的方面，原因很简单，它们无法穷尽现实。有些领域我们是不能采取实验性推理的，可是在那些领域里，我们却常常被迫表明某种立场，哪怕只是为了能够在行动刻不容缓的地方有所行动，为了合乎理智地行事，我们必然接受针对相关问题的理性反思的主导。由于科学推理无法适用，我们必然要借助类比、比较、概括、假定等手段，一句话，借助辩证法，尽我们最大努力来推进。而由于我们通过这种推理形式所得出的结论充其量也是或然性的，它们也就必然有可能引发争议。

因此，如果说法律、道德与政治方面的问题还属于可以论辩的领域的话，那是因为实验方法只是刚刚开始在这些问题上采用。正因为这一点，在考虑诸如此类的问题时，我们不仅要熟悉事情本身，还要熟悉有关的书。在这些富于争议的领域里，我们无法看到绝对明晰的真理；我们需要深入思考并比较我们前辈的种种观点，以及珍藏这些观点的那些著作。而对于物理科学或自然科学来说，情况就不是这样了。但是你能够想象在哲学、法学甚至社会学的教育里，不包括对这些领域中那些声名最高的思想家做初步研究吗？这样我们就可以合理地说明，我们的某些考试为什么会赋予文本研究这样的地位了。概括来讲，我们可以说，尽管随着科学的进步，随着科学得出越来越精确和可证明的结果，使可争议的领域范围越来越收缩，但是，它是永远不可能从这个地球上彻底抹除争议的。论证在思想生活中，论证技艺在教育中，将始终占有一席之地。

我们已经对中世纪学术生活的运作与机构做了描述和说明，已经尝试重新构建了这种生活本身的性质。但是，所有的学术生活都包括两种不同类型的要素：一方面是课程的内容与方法，另一方面则是道德纪律。后者还有待我们讨论。

文艺复兴作家对经院哲学家纪律攻击之猛烈程度，较之他们对辩证法与论辩的攻击无有不及。众所皆知，拉伯雷和蒙田与他们那个时候的学院，那个“吝啬的蒙太古（ Montaigu）学院”，那个

“我们身陷囹圄的年轻人的监牢”之间，爆发了激烈的论战。在他们为我们描绘的场景下，这些地方回荡着鞭打声和受刑者的惨叫。根据这些见证者的证词，树起了一种因袭之见。基于这种见解，在中世纪这个时代，学术纪律就其严苛性乃至非人性而言，都算得上登峰造极。不仅如此，人们还认为，这种野蛮鄙俗不仅与经院教育的严苛相契合，也与那个时代道德的粗鄙相契合，充满了平庸习气，对于给人带来愉悦的技艺则是一无所知。因此，它更适于在学生中滋养厌憎，而不是在他们身上注入热情。看起来，它仿佛只有借助粗鲁的强力和外在的约束，才能博取学生的注意力。殊不知，这种因袭之见在很大程度上依据的只是一种传说，揭示这一点是很有必要的。

可以相当肯定地说，在教授文法的小学校里开始时确实使用着鞭笞。人们总是把文法教师刻画成随身携带笞鞭的形象，这是他职责的象征标志。但他也始终是佩带这种标志的唯一人士。在夏特尔教堂的正面，通过形象的比喻表现了自由七艺：只有文法携带着笞鞭。在这些初级学校里，只有不到 12 岁的孩子。相反，一旦学童们超过了这个年龄，一旦他们开始学习自由七艺，一旦他们成为艺学院的学生，加到他们头上的纪律就是相当宽松的。在 15 世纪之前，我们没有发现任何体罚的记录。对于违犯巴黎大学校规的惩处，要么是开除，要么就是直接罚款了事。但是这些校规并不干涉学人们的私人生活，除非他们的行为扰乱了公众安宁。有一本书叫《论学校纪律》(*De disciplina scolarium*)，曾经被张冠李戴到波伊提乌的名下，其实最近也是从 13 世纪才问世的。书中清楚地显示了当时的学生们享受到何等的纵容。实际上，书中建议教师们应当在严厉（rigidus）的同时保持温和（mansuetus），不过也明确指出，他有时候必须知道如何容忍学生的傲慢（elationem discipulorum）。再过几行，书中又提到有一位教师，因为无法控制自己的学生，绝望地上吊自尽了。此书的无名作者说，这位教师本应该更好地贯彻纵容（Sapientius egisset si mansuetudine usus fuisset）。只有到了 1450 年前后，我们才看到巴黎大学变得更加严苛，更具有压制性。在这段时期里，它力图阻止学人之间无休止的体力争斗，这种争斗已经成为学人们的一项消遣，常常造成血洒街头的结局。有鉴于此，巴黎大学禁止在愚人节[①]上佩带武器。任何人违反此项规定，都将当着艺学院代表的面领受公开鞭刑。不过，显然这远不是什么司空见惯的措施，它的严厉和庄重本身就证明了它是非同寻常的。

自从学院和会馆大量出现，要求学生们住在这些地方的约束也更加严格，纪律也从此越来越严厉，因为从前可以宽容的行动此后将被禁止。但是，惩处还是非常温和的。我们还保存着哈考特学院 14 世纪创建时的规章，惩处手段仅限于罚款，犯规程度再严重些，就是开除（参见高僧布克）。有几条规章只是把带品行可疑的女人进学院作为次要的过错来惩处。而在许多情况下，仅仅是要求义务为会社提供一定量的酒就可以代替罚款。这种宽厚为怀的原因在于，最初的学院还是以民主的方式组织起来的。院长由

① 愚人节（fête des fous）：中世纪欧洲民间节日，定在 1 月 1 日或此日前后，特别盛行于法兰西，13 世纪前后演变成讽刺基督教道德礼仪的一种场合，可以假扮高僧达官，肆意妄为。虽屡遭禁止，1431 年巴塞尔会议也规定处罚办法，但直到 16 世纪才绝迹。这一节日更类似于今天的狂欢节，而非愚人节。——中译注

学人们选出，从某种程度上说，整个会社都对规章有发言权。民主性的共同体从来也不会有十分严厉的纪律体系；当判决者与被判决者都感到他们是平等的，那么法律也就对任何人都是宽松的，原因很简单，今天被判决的人或许明天就会成为判决者，反之亦然。要想让法律采取强硬路线，就必须由一个或几个大人物来代表，他们在他人眼里，在自己眼里，都比大多数人高出一等，他们负责监管后者，裁定其行为，服从规章的方式也和其他人不一样，执行规章正是他们的职责。

只有到了16世纪，也正是在文艺复兴曙光乍现的时刻，鞭笞才成了学院生活的家常便饭。钟声响起，全体学生齐聚大厅，鞭笞就在那里执行。从此，"habuit aulam"这个神圣的词语就被用来指惩治。"habuit dorsum"（笞背）这种说法也有使用，对于这种表述，当时的一位名叫科尔迪埃①的作者这样精辟地评论道："背部清白无辜，可受罚时总选它来担当。"（Omnino aliud est quam tergum；verum ubi agitur de poena，tergum dici solet）就是这同一个"背部"，在（Pierre du Pont）的一段诗篇中，哀叹自己命运之悲苦与不公，因为它要为身体其他部位犯下的所有恶行赎罪：

> 手足胡作非为。却由我们受罚
> （Quidquid delirant alii crudeliter artus
> Plectimur）

① 科尔迪埃（Mathurin Cordier，1479—1564年）：巴黎大学教师，加尔文1523年进入该校，曾在其门下学习拉丁文。——中译注

只有一家学院对鞭笞的使用似乎发展到相当过分的程度，它就是蒙太古学院。拉伯雷、蒙田、伊拉斯谟（曾经是那里的一名学生）和比维斯谈起这家学院，都是厌憎不已、义愤填膺。在这一点上可以说是众口一词。经营这家学院的就是著名的坦佩特（Pierre Tempête），在拉伯雷的书里被刻画成伟大的“鞭笞学生者”。但我们一定不能再犯文艺复兴时期作者们的错误，他们过于笼统地将蒙太古学院的真实情况概括为其他所有学院的真实情况，而蒙太古学院看起来的确只是一个例外。实际上，这家1314年就开办的学院，在16世纪初又由一位神秘主义者和苦行主义者Jean Slaudonc进行了彻底改革。[①] 针对学生们在其他学院过的那种过于安逸的生活，他立意要引入一种尤甚于修道院的纪律规则。禁食禁欲只是这家学院的日常惯例。学生们几乎没有什么可吃的。他们的食物就只是蔬菜汤，一个鸡蛋，还常常是烂了的，或者是半条小鱼，几块烧土豆，要不就是一点儿李子干。所有这些东西都只是用井水淘洗一下。大一点的学生可以吃到一整条小鱼或两个鸡蛋，一片干酪或一点儿水果，再加一点儿稀得不能再稀的酒。至于肉类，可是想都不敢想。因此人们说，在蒙太古（Montaigu）学院，什么东西都“太苦”（aigu）（法语里兼有“锋利”“苦痛”的意思）：它的名字太苦，内部的环境太苦，就连那些饥肠辘辘的苦主学生们牙齿也是磨得利利的（mens acutus，ingenium acutum，dentes acuti）。

① 据勒戈夫《中世纪的知识分子》（中译本），第137页，应为Jean Standonck。据李兴业《巴黎大学》，第143页，Johann Standonck为荷兰人，1485年曾任巴黎大学校长。——中译注

但是我们知道，其他学院里的情况并不是这样。根据比维斯本人的说法，尽管你也不会真的发现自己周围摆满了珍馐美味，但食物的营养还是足够的。所以完全有理由认为，如果只是单单鞭挞这一家学院规则管制过分，还算公允。同一时期里图尔学院（collège de Tours）的实际情况可以为证。只有15岁以下还在修习文法的学生会接受体罚。即便真的施行体罚，也是有所节制的，并没有像规章的措辞中规定的那样残忍（modeste et non saeve）。

无论如何，很显然，严苛的纪律措施，虐待身体的惩治手段，这些都绝不是中世纪的独有特征，也肯定和经院教育没有什么必然关系。相反，虐待开始出现时，经院哲学其实已经开始衰落了，而文艺复兴先驱们的声音也已经为世人所闻。几乎可以说，这些严苛的措施和虐待的手段正是现代的产物。在13、14世纪，艺学院里的年轻学生们，年纪在12—15岁，就像拉斯代尔曾经说过的那样，是某种绅士，不受任何有辱身份的处置，享有相当大的自由，他既使用这种自由，也滥用这种自由。而到了15世纪末、16世纪初，他却变成了纯粹一个小学童，也受着小学童该受的那种处置。到了此时，整个学生群都遭到失宠的命运：他们此前一直生活在一种类似成人的生活之中，如今突然成了未成年人，自然会苦恼不已。至于衰落的原因，就是学院的设立，尤其是那些改革，它们在城外的隔绝之地实施，基于修道院的原则来组织。一旦这些设施的院长开始代表巴黎大学而不是代表学生，一旦他们被赋予了新的尊贵身份，从而享有了实质性的纪律权力，一旦（从另一种角度来看）学生们与外界相隔绝，学生们就只能死死地依赖这些教师，再没有任何东西可以保护他们免受教师们的专制。相比于这些地位如此显赫的大人物，这些巴黎大学的显贵，这些规章的解释者，年轻的艺学院学生们就像是无足挂齿的小动物。因此，学生所采取的任何抵抗或反叛都会像是大不敬的行为，也会照此遭到压制。正是在这段时期里，产生了纪律方面的转型。实际上，在学院纪律风格的变化当中，学院本身所采取的新形式具有非常深刻的因果作用，以至尽管有来自人文主义者的种种攻击，新的秩序还是不同程度地维持了下来，远远超出了经院时期乃至文艺复兴，一直维持到了旧制度(l'ancien régime)终结之时。年轻人扭转这种贬黜的趋势，足足花了几个世纪的时间。

学术纪律既意味着一种惩罚体系，也同样意味着一种奖励体系。就奖励而言，经院哲学时期的纪律对于我们今天有着特别的意义。

我们已经如此习惯于认为，竞争是学术生活中的根本推动力，以至我们无法轻易地想象，一所学校要是没有细心制定的分等奖励体系，以便让学生们的热情始终旺盛，又如何能够存在下去。给个好分数，对令人满意的表现郑重其事地给予肯定，授予荣誉称号，组织征文竞赛，颁发奖金，在我们看来，对于任何一个坚实的教育体系来说，都必然在不同程度上伴随着所有这一切。但是，在16世纪以前，在法国实施的教育体系，实际上也可以说在欧洲实施的教育体系，都典型地表现出一桩令人惊异的事实：除了考试通过之外，根本就没有任何奖励。而且，任何候选人只要是勤勉自觉地跟上研习的课程，也就确信取得了成功。当然，想要在论辩中崭露头角的欲望，还是有力量点燃学生的自我渴欲的。但是，并没有任何正式规章明确地支持这些口舌之争。唯有一样习俗可以说类似于正式的分级，和已经成为我们学术风习中不可或缺的一部分的那些分级多少有些相似，就是在一个特定的时期，艺学院会按照学生的成绩给他们分级，把他们依次送到圣母院主事面前，让主事可以庄重地授予这些学生执教权。至于颁发奖金，这些做法直到16世纪末才出现。在弗朗索瓦一世[①]的统治下，开始举行每年一度的典礼，其间会举办某种竞赛，所有最优等学生都可以参加，获胜者将赢得一顶学生帽。但这还算不上一种充分发育的颁奖，后者得包括一系列备受推崇的广泛竞争。但是到了此时，经院时期已经是明日黄花，我们已经完全融入文艺复兴的洪流中了。

对于今天的我们来说，中世纪开展的实验依然有着鲜活的现实意义。我们依然在争论着竞争、考试与定期的正式奖励是否构成了任何学术活动的驱动力的根本内容。现在我们看到，在过去就存在这样一种教育体系，它延续了几个世纪，激活了整个欧洲的思想生活，将其维持在一个相当高的强度上，可这种人为设计的教育手段在其中却是闻所未闻。艺学院的年轻学生们最初享有彻底的自由，却又完全缺少任何直接的激励，或许也有它的缺陷，对此我有充分的意识。你大可以设想，如此开明的一种体制，对于那些更为理智的学子，对于那些真正想要获求知识的年轻人，不失为一种绝佳的体制，但对于那些庸庸碌碌的学生，或许会有它的缺陷。原因就在于，没有任何东西能够迫使这些庸碌的学生抗御自身沉湎其中的那种庸碌，他们很少能够从自己所接受或想来是接受了

① 弗朗索瓦一世（François Ⅰ，1494—1547年）：1515—1547年任法国国王。文艺复兴时期的艺术与学术提倡者，人文主义者。1530年创办皇家学院，即后来的法兰西学院。——中译注

的教学当中有所获益。还有一大批学生只是徒有虚名。这就说明了为什么在所有注册的学生中，只有一半人拿到了业士学位。而在所有业士中，又只有一半人成功地取得了更高的学位。要治疗这种事态的弊病，并不在于设立一套复杂的奖励体系，那只能对好学生起作用，因为只有他们能够获得奖励。它也许会过分地激励最好的学生的热情，却不会提高最差的学生的素质。需要建立一种不那么宽松的纪律，对年轻人的错误不那么纵容；学院恰恰有助于达成这种目的。尤其值得指出的是，一旦学院创立起来，学生被当作学童而不是学人，就不会有任何人在管理他们时，想到要运用我们教室里使用的那些华而不实的奢侈激励。当然，我的意思不是说我们必须彻底摆脱所有的奖惩手段，一夜之间废除这一整套相沿已久的机制。它是不可能被破坏的，除非有新的来取代它，除非我们可以找到其他刺激学生热情的手段。但是，为什么我们会在中世纪取得成功的地方陷于失败呢？为什么我们提供的教育还不如中世纪经院哲学那种严格、粗朴的辩证法更能激发并维持学生们的兴趣和好奇呢？

第十四讲　关于巴黎大学的结论
——文艺复兴

我们已经分析过了12—15世纪法国所实施的教育体系。现在，我们将要进入一个新的时代。但是在此之前，似乎有必要最后一次回到经院教育，以便从整体上来审视它，从正反两方面对它做出总的清点，并且以此得出结论。我打算忽略所有的细节，以便阐明这种教育的基本特征，从而能够区分两类东西：一类就是日后被视为我们自己的国民教育体系中的一个根本部分；一类则与此相反，注定要消失或发生转变。由于文艺复兴时期的人以拆毁为己任，也就是对自己先辈的工作进行彻底的革命性变革，所以我们也需要对这种规划的价值做出详尽而准确的评价；只有完成了这项工作，我们才有能力理解和评价他们的后来者的工作。

首先，我们必须无条件地承认，就教育组织，也就是我们最近所研究的这段时期中的教育组织来说，它表现出的那种丰富多彩、新意迭出，足以令人称奇。实际上，这段时期几乎是从零开始的，单凭白手起家，就演化出一套历史上未曾有过的最强大、最全面的学术机体。简陋的主教座堂学校与修道院学校所能招收的学生数目从来也就相当有限，彼此之间毫无关联。而在欧洲大陆，在一个固定的地点，确立起一套庞大的教学机体，它是匿名的、非人格化的，也是自我维持的，取代了主教座堂学校与修道院学校。它的教师数以百计，学生则数以千计。这么多人都一起从事同一项事业，服从同样的规则。因此，这个机体的组织最有可能体现人类学识的所有分支领域。也正是在这套体系里，创造出被称为院系的中等教育机构，对应于不同的学术专业。在学习场所的环境方面，创建起了宿舍、学生会馆和学院，为学生群提供道德上的庇护。各级学位也设立起来了，为学术生活分出了等级，也勾勒出了循序渐进的各个阶段。为了控制获得这些学位的渠道，又设立了考试。研习的课程制定出来了，为学生明确指定了他在这些阶段的各个步骤上都需要获得哪些知识，也为教师指定了需要教授的基本内容。这些就是在两到三个世纪的时间里出现的主要创新。

这些接二连三出现的创新，都属于中世纪时期——也就是这一段特定的中世纪时期——独特的、原创性的成就。无论是古希腊罗马时期，还是加洛林时期，都不曾提供任何可供效仿的典范。尽管说所有这些制度都与它们的起源有着密切的关联，与中世纪生活的特定背景有着密切的关联，但它们在这段时期里可以说是牢固地扎下了根，从而可以不受触动地一直存活到今天。当然，我们不会像我们的先辈那样解释它们，我们已经为它们注入了一种新的精神；但是，它们在结构上并没有实质性的改变。要是有一个中世纪的学生回到我们中间，听我们谈论大学、院系、学院、业士学位、执教权、博士学位、学习课程、常设课和非常设课，很有可能这样想，除了从前使用的拉丁词被法语词所取代，其他一切照旧。只有当他坐进我们的讲演厅或课室，才会体会到已经发生的变化。他会就此看到，学术生活已经发生了转型，但依然在中世纪为它挖就的沟渠里流动。

这种组织除了具备这样的耐力与韧性，使它能够抗御时间的洗刷，而且还具有显著的弹性。我们已经有机会注意到，在整个中世纪，这种组织是多么容易地通过形形色色的形式转换了自身，展现了自身，并且不管怎么说，也从未表现出背叛它所依据的根本原则的迹象。要知道，在它诞生时，只是一个松散的同盟，没有任何官方的性质，没有任何具有约束力的章程，没有一块限定的安定处所；曾经一度，它只是一些学院的集合。而就在这样的时代，这样的时刻，发生的变化又是多么地剧烈！尽管如此，这些变化的发生却并没有造成什么剧烈的停顿，基础的动摇，或是革命性的巨变，而只是一种日积月累的缓慢过程的结果。这种过程在多大程度上能够对新的需求做出回应，完全取决于这些需求在多大程度上得以展现出来。

这种组织的弹性不仅体现在它的历史演进方式上，而且体现在它的地理扩散方式上。至今为止，我们几乎完全是在巴黎一地来考察这种组织方式，这不仅是因为这种体系就是在那里诞生的，而且还因为巴黎大学是其他大学极力效仿的主要原型。即使是这样，我们还是很惊讶地注意到，这些纷繁多样的大学尽管复制着同样的基本属性，在很大程度上只是同一范型的不同摹本，但是彼此之间的差异却是那么地大。有多少地方坐落着大学，几乎就有多少类型的大学。有些大学将人类知识一网打尽，有些大学则只限于一个专门领域（比如博洛尼亚大学、蒙彼利埃大学）。而在这两种极端之间，还有各种中间过渡类型。有些大学，比如巴黎大学或牛津大学，唱主角的是艺学院；而在另外一些地方，居于至高地位的是另一个院系。巴黎大学是一所属于教师的大学，它的学生群基本上都是比较年轻的人；而博洛尼亚大学的学生群主要是成年人。牛津大学和巴黎大学都包含学院，但是牛津大学的学院和巴黎大学的学院可不是一码事儿。要找到这样一个既千篇一律又纷繁多样的机构是相当难得的，人们透过它所表现出的种种外表认识到它的内在，但没有一个地方的具体表现是与其他地方完全一致的。这种一致性与多样性确凿无疑地证明了，大学在多么大的程度上属于中世纪生活的自发产物，因为只有活生生的事物，才能够以这样一种方式，在充分维持自己的同一性的同时，还能顺从于、适应于各种各样的具体情势和环境。

不过，事情还有未彰显出来的另一面。我一直在努力描绘的这些复杂的机构，归根结底是建立在法团概念基础上的，也是从这个概念中导出它们的一致性的。巴黎大学本质上就是一个法团，要想说明它的组织机制的基本特征，就要考虑到它作为一个法团的性质。除此之外，今天是不是还能以这种方式来概括它呢？我们知道，中世纪的法团一旦确立起来，就会很快呈现出一种明显的趋势，越来越抱守传统、难以变通。一方面，组成一个机构的一群人实际上要比各自分离、相互独立的个人更难以变化；一个法团的规模之庞大，本身就加剧了运动和变化的困难。不仅如此，法团的目标还在于充分利用垄断，消除所有的竞争。因此，一旦它确立起自己的排他性权利，排除了所有的竞争，也就不再有任何理由要创新或变化。要对自己周围不断兴起的新的需求做出充分的关注和努力的适应，它并无利益可得。它自顾自存在，与自己的环境失去了接触。由于巴黎大学也是个法团，所以它也面临着同样的危险。

我们还会有不止一个机会指出，教育的演进始终大大滞后于整个社会的普遍演进。我们会看到，整个社会普遍弥漫着新的观念，却感觉不到对巴黎大学法团的触动，它的研习课程或教学方法都没有调整。就举一个例子：16 世纪诞生了一场伟大的科学运动，并历经 17、18 世纪而进一步发展，但直到 19 世纪初之前，却从未对巴黎大学产生影响。

但不管怎么说，尽管有这种不利之处，这种先天缺陷，要说中世纪在学术组织方面成就巨大，也并非夸张。不过，就课程内容与教学方法而言，它的贡献并不是实质性的，尤其不是原创性的。这是因为，无论哪朝哪代，教育都只能以缩微的形式反映人类知识的当时状况。不错，中世纪对新知识的创造无所贡献；它只是继承了罗马帝国末期已有的成就，或者更准确地说，鉴于罗马人自己也并没有在希腊人已有的成就上再添上浓重的一笔，所以，我们更应该说中世纪只是继承了希腊文明末期已有的成就。但是，中世纪只看到了希腊文明中一个有限的方面，就是对逻辑的培养。也正是在这一点上，中世纪构造了自己的整个教育体系。实际上，从来不曾出现这样一段时期，逻辑在一个民族的思想教育中占有如此压倒一切的位置。这说明，亚里士多德为什么会在这一时期享有如此高的声望。这种声望并非纯属意外，即人们出于偶然才不知道柏拉图的著作；[①]也不能用一种平庸习气来解释，说这段时期的人

① 基督教亚里士多德主义与基督教柏拉图主义是一种非常肤浅的区分。12 世纪与 13 世纪通过翻译亚里士多德著作来恢复其思想，确实是欧洲思想史上一个重要事件。但是，13 世纪时所谓亚里士多德主义的经院哲学家们，尽管全力投入亚里士多德的新译本及其哲学和神学意蕴，但也深受奥古斯丁、波伊提乌和（埃里金纳注释的）伪狄奥尼修斯一脉的影响。——中译注

没有能力欣赏柏拉图的思想或诗学。关键在于，他们的注意力集中在别的地方。他们首先感到的是需要让自己接受一种严格的学科训练。他们转向亚里士多德的著作以满足这一需求，可不是没有理由的。

至于是哪些原因使得逻辑素养的发展成为绝对首要的事情，则来自于中世纪心智最深层的特征。事实上，中世纪所有的思想活动都指向单一的目标：创造一套可以充当信仰基础的知识体系。我这么讲，并不是说神学在这个时期成为哲学的卫护者，而是说信仰正体验到一种诉诸理性的需要，与此同时，理性也获得了自信，准备好着手对信仰做出说明。那么，这种被人感到如此必要的学问又是如何建构起来的呢？是通过综合有关经验现象的观察并做出解释吗？我们已经看到，就这段时期而言，单凭观察，根本不能确立任何有效的论证。因此，从认识论的角度上说，观察是毫无价值的。那段时期里的人的经验还太简单，太缺乏实证材料，不足以从中导出任何具有相当概括力的结论。所以，剩下的就是推理，也只有推理。必须借助推理的力量来建构这种新的学问，因为这种学问注定要同时增强并验证教义。实现这一目标的唯一途径，便是让人们的思维习惯于推理技艺，实践并开发逻辑方法能够办到的所有练习。这就说明了中世纪的人何以患有这种思想上的盲视，从希腊文明的整体中只看见这种逻辑训练，精妙善思的希腊天才已经把这种训练发展到一个相当成熟的程度。

除此之外，考虑到它所服从的目的，异教的辩证法在被移植到基督教的时代后，必然会表现出在古代从未具备或从不可能具备的新特征，在此之前，它完全是一种此世的活动，是诡辩家之间一种简单明了的游戏，是照柏拉图和亚里士多德设想的那种世俗知识方面的一种推进方法。而现在，它和教义紧密关联在一起，共同沐浴在教义所激发的那些情感之中。对于道德教育和宗教教育来说，它不再是某种外在的、异在的东西，而是某种准备。作为最高神圣的一项前提条件，它也披上了一层神圣的光环。或许从未有这样一段时间，人们曾经给予学识及其道德价值这样高的敬意。也正是这一点，激起了一种思想热情，让那些蔚为壮观的学生人流，不顾旅程的艰辛与危险，从欧洲的这一地迁徙到另一地，去追求真理。因此，即便说中世纪确实是从古代那里借取了自己教育的素材，但还是用一种新的精神激活了它们，并由此转化了它们。当我们今天从外部来考察这种逻辑训练时，它完全给人一种枯燥、淡漠乃至冷酷的印象。然而，事实却是，对于这段时期的人来说，它属于一种道德训练。毫无疑问，这种见解比起与之相反的那种学说要有成效得多，后者所主张的是多少将人类生活中这两个方面彻底分离开来。认识到这一点是非常重要的，因为我们已经抵达了发生这种彻底分离的时代前夕。

不管中世纪把逻辑训练看得多么崇高，对于人的心智来说，它本身还不能构成一种完满的教育。一个人并不仅仅是由纯粹理智构成的；单单让人理解人的思维形式机制是如何构成的，正常情况下是如何运作的，还不足以培养出一个完全的人。必须引领他从总体上去理解他的人性。并且，鉴于处在一个时期、一个国度里的人并不能构成人类的整体，所以必须让他知道，在历史的进程中，人的自然已经发展出多种多样的形式，体现在千姿百态的文学艺术、伦理体系和宗教体系中。由于人只是宇宙的一个组成部分，所以为了让他真正地理解自己，还必须学习去理解那些不同于自己的事物。他不能只关注自己，还得环顾四周，努力理解围绕着他的那个世界，自己正是这个世界中不可或缺的一部分。他得领会到，这个世界是那么地纷繁复杂，已经完全不能局限于纯粹逻辑的狭小界限内。如果就此说中世纪的种种教育学说立足于当时的思想需要，那么也不难看出这些学说是多么片面，多么有缺陷。考虑到它的意义至关重要，很自然，所有的努力一开始都集中在这个有限的目标上。但是，随着时代的推演，人对自身的理解越来越全面，与此相应，不仅这种早期的理念会扩大，新的成分也会丰富它。这就是16世纪的人们所承担的任务。现在我们可以来考察，他们是如何解释这项任务，他们本人又是如何履行这项任务的。

教育的转型始终是社会转型的结果与征候，要从社会转型的角度入手来说明教育的转型。要想让一个民族在一个特定的时间环节上感受到改变教育体系的需要，就必须有新的观念、新的需要浮现出来，使此前的体系再也无法满足需要。这些需要与观念本身也不是说凭空产生的；如果说它们在被忽视了数百年后，突然一下子进入了人类意识的最前沿，那么中间过渡期必然会出现某种变化，上述需要与观念就是这种变化的表达。因此，为了理解16世纪的教育成就，我们首先需要知道，在一般的层面上，是什么构成了这场被史学家称之为文艺复兴的伟大的社会运动，而16世纪的教育理论只是这场运动的一种体现。

人们经常认为，文艺复兴的实质就是复归古典时代的精神；实际上，通常用来指欧洲历史上这段时期的这个说法，就是这个意思。在人们看来，16世纪是这样一个时期：人们抛弃了中世纪阴郁的理念，重新用古代异教世界盛行的那种更加快乐、更加自信的眼光来看待生活，至于这种转向的起因，据说是重新发现了古典文献，这些首屈一指的杰作，被埋没了数百年之久，只是到这个时期才被拯救出来。从这个角度来看，正是对古典文献中伟大作品的发现，产生了西欧心智图景的这种新变化。但是，这样来谈文艺复兴，只能最肤浅地指出它正面的外貌。如果说16世纪确实只是继承了古典的传统，而早在黑暗时代到来时，古典传统就已经发展到这样的程度，只是暂时从我们的眼界中被遮蔽掉了；那么，文艺复兴就像是一场很难解释的道德与思想上的回应。我们或许可以假定，人类在长达1500年的时间里迷失了自己本来的道路，因为它不得不跨越如此漫长的一段时期去追溯自己的脚步，从而焕然一新地踏上自己征程的全新阶段。当然，进步并不是以直线推进的，进步也有曲折和迂回，前进也会伴随着倒退，但是，这样一种偏离会拉长到1500年的时间，从历史的角度来说是难以置信的。不错，这样来看文艺复兴，符合18世纪的作者们谈论文艺复兴的方式。但是，难道就因为他们对初民社会那种简单生活抱有一种敬羡之心，我们就能说他们的社会哲学试图重建史前史的文明吗？难道就因为处在革命浪潮中的人认为自己正在效仿古罗马人的行动，我们就能把革命中诞生的这个社会看作是对古代城邦的模仿吗？卷入行动的行动者所处的都是最不好的位置，最难看清支撑他们行动的那些原因。他们用自己的方式，把自己所属的那场社会运动呈现给自身，但对这种方式始终应该抱以怀疑的态度，绝对不能认为有任何特殊的权利可以诉求可信性。

不仅如此，要说在我们此前正研究的这几百年时间里对古典文献一无所知，只是到了 16 世纪初才被发现，并且正是这种揭示，一夜之间扩大了欧洲思想的视野——这些说法也是完全错误的。在整个中世纪里，找不到一个时期对这些文献巨著不曾听闻；在每代人中，我们都会发现有几个人具备足够的理智和敏锐，能够欣赏古典大师的作品。阿伯拉尔这位辩证法的英雄，同时也是一位文献学者：他熟悉维吉尔、塞涅卡、西塞罗和奥维德，就像熟悉波伊提乌和奥古斯丁一样。12 世纪，夏特尔地方有一所著名的学校，在创建者夏特尔的贝尔纳的激励下提供了一种古典教育，让人想起日后耶稣会组织的那种教育。[①] 诸如此类的例子比比皆是。诚然，这些将文学引入教育的尝试还只是一些互不牵扯的事例，从来没有成功地俘获经院学者们的鉴赏力，倒是在他们的手下重新被埋没了。但不管怎么说，它们实实在在地发生了，这足以证明，即便说古典文献在中世纪得不到赏识，即便说它不曾在教育中担当什么角色，那也不是因为人们不知道它们的存在。简单地讲，当时的情况是，中世纪的学者们知道古典文明的所有主要方面，但只是保存他们认为重要的东西，也就是能够回应他们自身需要的东西。他们整个的注意力都放在逻辑上，这样的东西遮蔽了其他所有东西。因此，如果说这一切在 16 世纪都发生了转变，如果说希腊罗

---

① 夏特尔的贝尔纳（Bernard de Chartres，11 世纪末—约 1130 年）：人文主义者与哲学家，法国著名的夏特尔学派领袖。12 世纪柏拉图主义代表人物。1114 年开始在夏特尔学校任教辩证法与文法，1119 年当选该校校长。1124 年起执教巴黎，学生中有著名的索尔兹伯里的约翰（后曾任夏特尔主教）。夏特尔修道院及其学校是 12 世纪著名的学术中心，非常注重四艺的研究。把教育重心放在古典文化和世俗知识上。倡导人的重要性。史称“夏特尔精神”。——中译注

马的文学艺术突然间被人们承认具有无与伦比的教育价值，这显然也是因为在这一历史时期，由于公众心智中发生了一种转变，逻辑失去了它以前拥有的特权，相反，人们第一次感到迫切需要有一种更精致、优雅和文学气的文化。之所以获得这样的品味，并不是因为刚刚发现了古代，而是因为人们从古希腊罗马时期那里索取某种东西，他们知道借助后者能够满足自己刚刚获得的这种新的品味。所以说，如果我们希望理解文艺复兴的性质，就必须努力说明欧洲各民族思想与道德图景上的这种转向，因为它对教育思想的影响，不亚于对科学与文学思想的影响。

只有当社会生活中非常根本的一些属性本身已经发生改变后，各民族才会在如此巨大的程度上改变自己的精神图景。因此我们可以预先肯定，我再重复一遍，文艺复兴并不来自一个偶然的事实，即某些古典作品在这个阶段重现人间，而是因为欧洲社会的组织机制发生了一些深刻的变化。我无法在这里彻底详尽地刻画这场转型，但是我至少要指出它最重要的一些特性，以便能够将我们马上要探究的教育运动和它的社会根源联系起来。

首先，在经济领域发生了一系列的变迁。人们终于摆脱了中世纪那种低劣的生活方式：在原先那种生活方式下，各种关系普遍不安定，阻碍了企业精神的发育；市场数目有限也扼制了雄才大略的施展；人们只是靠着品味和需要上的极端简单，才和自己的环境取得了和谐。渐渐地，秩序确立起来了；更好的政府、更有效率的行政也重振了人们的信心。市镇大量兴起，人口也越发密集。最后一点，也是最重要的一点，美洲的发现与经由西印度群岛的商路，为经济活动开启了一些新的可以运作的世界，从而大大振兴了经济活动。结果，普遍的福利获得了增长，巨大的财富积累了起来，而财富的获取又进一步刺激并助长了一种对于闲适优雅的奢侈生活的品味。早在路易十二的统治下，[①]国内的和平就已经使这股趋势变得非常明朗，足以为观察家们所注意到。当时有一个人说："普国之下，无处不见高堂华屋，无论公邸私宅，处处雕梁画栋，地板和正墙如此，连窗框、天花板、烟囱和外部装饰也如此，屋内家具陈设也是穷尽世间奢华。各行各业人士皆使用银制餐具，奢侈之风登峰造极，乃至不得不用法律手段来矫正这些过分之举。"这段时期还真的针对私人的奢侈开销颁行了几项条令；从1543年一直到"联盟"时期，[②]我们找到了12项记录在案的这一类法令。自然，所有这些公行于世的法令，起的作用都只能是向我们证明人们在生活方式方面已经发生的变化。意大利战争[③]大大有助于产生这一结果。因为在意大利，长久以来，奢侈之风一直维持

① 路易十二（Louis Ⅻ，1462—1515年）：1498年起任法国国王。国内政策上很得民心，被称为"人民之父"。精简和改进司法行政，在对外连年征战情况下一直维持原有捐税，并且始终保持国内免遭侵略和内战。——中译注

② 即"奥格斯堡联盟战争"，也称"大同盟战争"（1689—1697年），法王路易十四发动的重要战争。他的扩张计划为由英格兰、荷兰共和国和奥地利哈布斯堡家族领导的同盟所组织。导致战争的更深原因在于敌对的波旁王朝与哈布斯堡王朝之间的势力均衡问题。——中译注

③ 意大利战争：从15世纪末开始，在意大利富庶物质文明和奢华生活方式的吸引之下，法国数代国王相继发动对意大利的连年征战。从1495年查理八世入侵那不勒斯开始，经路易十二、弗朗索瓦一世，最后在亨利二世手上结束。就整个欧洲而言，这是法国、西班牙和神圣罗马帝国争夺意大利的战争。整个意大利冒险对于法国来说，在军事上并未有多大收获，始终纠缠在欧洲复杂的王位继承争夺之中。但是，通过欧洲霸权的争夺，法国在英法百年战争之后恢复了欧洲强国的地位，并且刺激了国内经济生产，活跃了文化生活，加速了社会流动。——中译注

在一个相当成熟的程度上，北方人简直闻所未闻，[①]在像威尼斯、热那亚和佛罗伦萨这样的通商大埠尤其如此。威尼斯和热那亚制造的各色金银丝绒，博洛尼亚、卡斯特－杜朗（Castel-Durant）和乌尔比诺（Urbino）等地的陶器，佛罗伦萨和罗马两地金玉匠人的手工制品，威尼斯的花边织品，所有这些精美的奢侈品使意大利俨然变成了一个中了魔的世界。贵族们在查理八世统治时期征战于此，一时间彻底为之目眩神摇，当他们离开这片魔幻之地时，也想要效仿他们如此艳羡的东西。他们拼凑了一支由三教九流组成的大军，包括"建筑师、画家、雕刻家、学者，还有香水调制师、珠宝匠人、刺绣艺人、时装设计师、木匠、园艺师、风琴师以及制作雪花膏的工匠"。查理八世开始的征战过程，到路易十二和弗朗索瓦一世的远征宣告终结，在半个世纪的时间里，法国已经发生了转型。

如果这种转型仅限于贵族的世界，或许还不会造成如此深远的社会后果。但是与此同时，财富的日渐增长也带来了一个后果，就是使各个社会阶层之间的差别逐渐缩小。在此之前，市民阶层甚至未敢抬眼仰视贵族，他们与贵族之间依然横亘着一道巨大而固定的鸿沟，认为自己过着一种相当不同的生活是很自然的事情。但是现在，市民阶层开始越来越富裕，越来越强大，从而也就越来越雄心勃勃，觊觎着缩小差距。他们的期望伴随着资源一起增长，使他们再也无法忍受此前的那种生活。结果，他们不再怯于仰视上方，期望也能过上贵族的生活，效仿他们的风格，他们的做派，他

① 意大利主体位于欧洲大陆南端亚平宁半岛，面向温暖的地中海和通往近东的航路，北部大致以阿尔卑斯山脉为界，与欧洲大陆的法国、瑞士、奥地利等主要国家相隔。——中译注

们的奢华。一位作者这样写道："社会的各个部分之间比附奢华之风愈演愈烈，城镇市民阶层开始想要与贵族做同等穿扮……而村里的人又想和城里的市民阶层一样。"根据另一位作者的讲法，市民阶层的夫人小姐们逐渐厌烦了自己平淡冷落的生活，她们开始想要照搬贵妇人的生活。"你几乎再也不能区分一位妇人或小姐是出自名门还是寒门……你看见连平民都够不上的女子却穿着金银镶边的滚袍……她们的手指上套着祖母绿之类的珍贵玉石……要在前朝旧时，对一位妇人或小姐吻手致礼是只限于贵族之间的礼仪；贵妇人不会把自己的手伸给第一个上前来的人，更不用说随便哪个人了。而今天，浑身上下光亮笔挺的男人们，看到一个佩着只有贵族才有的纹章的女子，就会争先恐后地上前去吻她的手。贵族小姐下嫁给平民男子，平民女子倒攀上贵族男人：就这样，我们正在繁育着不纯的人。"不难猜想，对生活的理解方式所发生的如此显著的变迁，也必然会伴随着对于教育的理解方式上的变迁。也就是说，原本的教导宗旨是塑造一个优秀的艺学士，引领他探察三段论与论证的种种奥秘；而现在的事业在于塑造一个举止优雅、应对自如的贵族，能够在沙龙里卑亢有度，社交风度无懈可击。这两者之间是很不相契的。

除了这场转型，还有直接发生在观念世界中的另一场转型，其重要性也毫不逊色。

到了16世纪，欧洲各主要民族国家都已经大体上确立起来了。尽管在中世纪，只有一个统一而同质的欧洲，一个统一而同质的基督教王国；但现在，存在着一些巨大的个别集合体，具有各自的思想特征和道德特征。英格兰在都铎王朝那里确立起自己的认同与统一；西班牙是在卡斯蒂利亚王国费迪南德及其继承者手下确立的；[①]德国是在哈布斯堡王朝手下确立的（尽管面目非常含糊）；而法国比谁都早，是在卡佩王朝治下确立的。古老的基督教王国统一体已经永远归于瓦解。无论人们继续对根本的教义抱以何等的敬重，初具规模的各个群体都有了自己特有的思维模式和情感模式，有了自己的民族气质，他们特有的强调重点往往会影响到迄今为止一直为绝大多数信众所接受的信仰体系。由于就此产生的那些重大的道德力量只会发展它们个别的本性，由于它们只能根据自己的喜好来组织自己的思想与信念（只要它们有权偏离被广泛接受的信念），所以它们会对这种权利提出诉求，而在诉求的过程中，它们就会明确表达这种权利。也就是说，它们要求有宗派分立的权利，有自由探究的权利，虽说这只是在相当有限的程度上，并不是什么绝对的权利，因为在那时候，诸如此类的事情恐怕是无法想象的。正是在这一点上，我们找到了宗教改革的根本原因。宗教改革是文艺复兴的另一面，是当时在欧洲同质性大众中发生的朝向个人主义与分化的运动的自然结果。从某种意义上说，正是经院哲学为宗教改革铺平了道路。经院哲学将理性与不朽著作中提出的问题相对照，并用严格的逻辑训练来武装它，从而让理性更加自信，以便有可能做出独到的突破。但不管怎么说，从

① 在西班牙方面，涂尔干此处所指略有含糊之处。实际上，这里所指的并不是卡斯蒂利亚（Castille）王国费迪南德一世（1016 或 1018—1065 年）及其继承者，而是阿拉贡国王费迪南德二世（Ferdinand Ⅱ，1452—1516 年），1469 年缔结政治婚姻，与卡斯蒂利亚公主伊莎贝拉成婚。1474 年公主自立为女王，费迪南德与之共治，称卡斯蒂利亚国王费迪南德五世。阿拉贡王国与卡斯蒂利亚王国的联合，成为现代西班牙的立国基础。——中译注

经院哲学的种种大无畏之举（在始终保持中和的15世纪末尤其显得如此），从少数几位思想家多少有些鲁莽的主张（学校之外很少能听到他们的声音），到宗教改革这场撼动了整个欧洲的突然爆发的运动，这中间显然有一种根本的断裂，证明事实上有一些新的力量开始发挥作用。

因此，我们在这里看到有一种新的因果要素，会在教育的理论与实践中产生一场变迁。基督教的信念在中世纪的教育里扮演的角色过于显要，使教育体系不能不受到那种信念正经历的种种变异的影响。不仅如此，经济因素也能通过一些方式发挥类似的影响。显然，对于已经养成奢侈品味与闲适生活的学生来讲，中世纪的苦行理念未免太不合适。由于这种苦行理念是基督教的理念，所以基督教本身也受到了同一种现象的影响。这是因为，从此对这种生活观感到的那种反感，不可能不扩散到对它所依据的整个信念体系的态度上去。正如我们已经指出的那样，如果说野蛮民族这么容易就接受了基督教，那恰恰是因为基督教的刻板，因为它对文明成果的漠不关心，因为它对生存的欢愉的厌恶。但是，能够说明它当时何以大获成功的那些理由，如今也同样可以消减它在人们头脑中的权威。那些已经学会享受生活的欢愉的社会，再也不能忍受这样一种教义，再也不会把普遍性的牺牲、自我弃绝、禁欲和受难作为至高无上的欲望目标。个人感觉到这种体系与他们最深层的欲望相抵触，与他们视为十分自然的需要的满足相对立，就只能是对它产生怀疑，或者至少是对迄今为止人们解释它的方式产生怀疑，因为对于一种似乎在某些特定方面与自然相抵触的教义，不可能既没有一种理性的说明，还不加批判、毫无保留地接受它。人们倒是没有彻底地否定它，只是感到需要用一种新的方式去修订它，重新解释它，以便让它可以和时代的强烈欲求相协调。而诸如此类的任何修订与重新解释，都得有一个前提，就是有权修订，审视和解释。总之，就是有权考察，而这样的权利不管你怎么看，总归意味着信仰的式微。

现在我们可以更清楚地看到，文艺复兴绝不是少数几项幸运发现所带来的单纯结果。文艺复兴的独特之处，就在于它是欧洲社会历史上的一场信仰危机。中世纪还处在孩童期。正如孩童拥有的力量将够勉力维持生存，欧洲各民族也只能拥有必不可少的资源，来应对他们的生存中最直接、最紧迫的要求。与此相反，在16世纪，欧洲各民族已经进入了成熟的青年期。他们的血脉中流淌着更为丰富、更为充裕的血液，他们为过剩的生命力所占有，竭力要消耗它。他们再也不能满足于自己历史开始时那种典型的艰辛难测的生存状况；他们已经积攒起来的活力需要有更为广阔的空间，有更为远大的抱负，让它可以自由地施展。旧有的结构已经不再有能力容纳这种旺盛的生命力，不再有能力维持自身，也就是因为这一点，必须对教育理念本身做革命性的变革。培养拥有一切青春力量的人们，与培养处在婴幼期、对未来毫无把握的弱小的人们，教育原则与实践是不能完全一样的。现在有待我们去做的，就是考察这些转型的性质。

第 二 编

第十五讲　文艺复兴

——拉伯雷或博学派运动

我们已经看到，我们刚考察的这段时期，它的主要特征就在于学术组织方面异彩纷呈，令人赞叹。我们的教育系统的主要器官就来自于这段时期。而我们即将进入的新纪元，则有着截然不同的一种贡献。在文艺复兴这个时代，支撑法国的教育理念得到了发扬，并在16—18世纪末排斥了其他所有的理念，直到今天，还依然以一种比较温和的形式与新型学术体系并存一世，后者是在奋争了大约半个世纪以后才确立起来的。我们从17世纪以来逐渐显露出的那种民族心态，换句话说，也就是我们的古典主义心态，其中的基本特征正是在贯彻着这种理念的学校里形成的。这个问题的重要性因此也就无须我们多说了。我们即将探讨的古典主义教育问题，还是个富有争议的问题。但我们不是要从辩证法的角度来探讨这个问题，不是要对我们人人都可能对它抱有的完全主观的想法逐一进行分析；而是首先从客观的角度来考察，这种教育系统是怎样形成的，是什么因素导致了它的形成，它的性质是什么，它对我们的思想演进产生了什么样的影响。所有这些研究都是必不可少的，只有这样，你才能在充分了解各项致因的基础上，判断这种教育系统未来的命运。

我们现在就来尝试追溯这种理念的起源。从它第一次出现在历史当中的那一刻开始，这种理念就呈现出一种值得关注的非常确定的形式。它并不是此前数百年间追求的形形色色理念的进一步延续与发展，恰恰相反，从一开始，它就激烈地强调自己与它们之间的对抗。从教育理论的角度上看，文艺复兴标志着我们的思想演进过程中的一段间断，标志着与过去的断裂。在某种意义上，它开启了某种全新的东西。拉伯雷借着庞大固埃的讽喻，机智地表现了这一点。高康大在遵照索邦教师们的教义被教养了一段时间后，最后托给包诺克拉特指点。[①] 在拉伯雷看来，包诺克拉特体现着文艺复兴的精神，高康大的这位新导师第一件操心的事，就是"用经典的方法"[②]清洗自己学生的头脑，泻掉他"脑筋里的全部疾病与恶习"。就这么一泻，"包诺克拉特……叫他忘光了跟过去教师学到的一切，就像提摩太治疗受过其他音乐家教导的学生一样。"因此，根据拉伯雷的说法，教育理论从前的理念中毫无半点值得留存的东西。需要有一场革命，彻底地破坏旧的教育体系，用一套全新的教育体系来取代它。在清空场地之前，你无法筑造任何东西。你首先必须一劳永逸地推翻整个腐朽不堪的结构，将它毫无用处的残迹清除干净。要想让真正的理性进入头脑，就一定不能让经院哲学还在其中留有一丝痕迹。对经院式教育采取这样一

① 高康大还有另一种中文译法也比较流行，即卡冈都亚。包诺克拉特（Panocrates）希腊文原义是"雄壮、有力"，事见《巨人传》第一部第 15 章。——中译注

② 这里指包诺克拉特延请大师，用典籍中所载秘方来治高康大。但同时，为了帮助高康大排泄，又在高康大上厕所时，让教师在旁替他诵读经文。以下具体场景参见《巨人传》第一部，第 23 章。——中译注

种毫不妥协的革命立场，可不是只有拉伯雷一人。当时所有的重要思想家都持有这种立场。从经院式教育那里，他们看到的是一种狂热的非理性，一种瘟疫般的烦扰，一种折磨人的祸害。正好像伊拉斯谟所说，“一国之中可能存在的最坏的一种公共瘟疫”（Pestis publica tanta quanta in republica non queat ulla major existere）。

这种立场说明，我们正要进入的这个时期体现出一种重大的新发展，我的意思是说，出现了教育理论的一些重大学说。

课讲到这里，其实我们还不曾真正地碰上任何一种教育学说。曾经一度，研究与学校都在一种几近麻木的状况之中逐渐枯萎，是查理大帝重新激活了它们。从那一刻起，当然也产生了许多重大变迁，但都是自发出现的，并没有经过事先筹划。产生它们的那种运动，不知何人发动，不带个人特征，不明去往何方，也不知道是什么因素在规定着自己。我们一路走来，根本不曾碰见什么夸美纽斯、[①]卢梭或裴斯泰洛齐之类的人物，会用自己所拥有的知识，以自觉而周详的方式，有条不紊地实施一项教育计划，与当时实际运行的那种教育有着全面的或是部分的不同。巴黎大学的创立，学院的运转，教育理念的种种实际的贯彻，这一切都可以说是自发产生的，根本没有什么理论家介入，事先指点要遵循什么样的道路，并且为自己所肯定的、所偏好的东西给出理由。

事实上，我们的学术史整个的这一阶段，都只是唯一一种观念的相当缓慢、相当渐进的发展。我们其实已经看到，加洛林时代的

① 详参本书第416页②。——中译注

文法形式主义，是怎样一步步变成了随后那个时代的逻辑形式主义——那是它在起源之初就已经蕴含了的；主教座堂学校是怎样将私人学校聚集到自己周围，进而合为一体，然后通过逐步强化彼此维系的纽带而成为巴黎大学的，其间从未出现过某种突然的转变或转向。诸如此类的持续变迁，绵亘了如此漫长的时间，从而在非常大的程度上变得支离破碎，以至很自然地变得难以察觉。因此，所有这些转型的发生都不曾引起同时代人的觉察。观念的推进是缓慢的、自发的、无所意识的，而对新浮现出来的各种需要的觉察，也在某种日常的基础上决定了做出调整的必要性是显而易见的。任何人都不曾想到去预见即将到来的事态，制定一种通用的规划，从而指点事态的进程。在这样的状况下，不可能产生任何的教育理论。

而到了16世纪，情况就不再是这样了。当时，学术传统不再沿循此前的线路继续发展，一场革命蓄势待发。运动不再以平和而沉默的方式，继续遵循此前700年间走过的道路，而是突然转往一种全新的方向。面对这些情况，再也不能听凭事情自发地保持正常的进程，因为恰恰相反，需要去抵御它们，阻挡它们的道路，让它们从头再来。需要培植一种对立的力量，以对抗人们的本能和已经习得的习惯，这种力量只能是思想的力量。由于他们所渴求的新体系不能单单指望当时盛行的那种体系的重大转型来产生，所以很显然，必须首先在思想上塑造这种新体系的方方面面，然后才能够尝试把它转化成现实。不仅如此，为了让它具备一种权威，可以确保它被有思想能力的头脑所接受，仅仅是满腔热情地宣扬它还不够，还必须加以确凿的证明，也就是说，再加上看起来可以证明其正当性的理由。一句话，必须确立一套理论。正因为这一点，我们会在16世纪突然看到涌现出一大批关于教育理论的文献，这在我们的学术史上还是第一次。拉伯雷、伊拉斯谟、拉缪、比代、[1]比维斯，还有蒙田，这里只是提一些对法国特别有影响的人。这种文献迭出的局面的另一个实例，就得往后看到18世纪，换句话说，看到我们教育理论方面第二场重大的变革时期。这些学说的大量出现并非巧合，当时出现"灿若星河"[2]的一批思想家也绝非偶然。相反，我们的教育体系此时正经历着一场剧烈的危机，这就是危机的结果，它唤醒了思想，创造了思想家。

因此，通过纳入16世纪的教育史，我们发现自己手头有一些非常宝贵的信息是迄今为止一直缺乏的。实际上，到目前为止我们研究的直接目标，都还只是学术机构或教育机构在形成时的表现，或者至少已经获得可以触及的最初形式时的表现，也就是说已经不再只是规划，已经开始在日常生活中发挥作用了；因为只有到了这个时候，才能把握到它们。至于说到那些观念的思潮，那些追求，那些趋势（这些机构就是肇始于此，对它们做出解释，是它们可见的后果），我们还无法直接观察到它们，这是因为，出于某些我们已经指出的原因，所有这些都是以无意识的方式发生的，其中牵涉

① 比代（Guillaume Budé，1467—1540年）：法国学者、外交家和皇家图书馆馆长。研究希腊文化，使古典研究在法国复兴。1516年写信（《论王侯的教育》）给法王弗朗索瓦一世，在反对教会与巴黎大学的斗争中赢得了宫廷的支持。在弗朗索瓦一世的支持下，1530年在巴黎创建法兰西学院，以此攻击经院哲学的最后堡垒。——中译注

② 此处涂尔干所使用的"Pléiade"一词若是实指，则应为法国七星诗社，但此处似乎很难说就一定不是虚指。七星诗社为16世纪法国出现的一个作家团体，宗旨是把作为文学表达工具的法语提升到古典语言的水平。以龙萨为首，还包括蒂亚尔、若代尔等，被认为是法国文艺复兴诗歌的最早代表。——中译注

到的人对此并没有自觉的意识。对于这些运动，我们只能根据它们产生的效果，也就是说，根据它们孕育出的学术机构和教育方法，通过回溯的方式来推测。

另一方面，在16世纪，观察家发现自己的处境要有利得多。因为这些迄今为止始终不在我们视野之内的精神过程，如今可以直接观察到了，因为它们明显表现在教育理论家们的著作里，可以说并无隐蔽之处。特定的社会环境孕育出这方面形形色色的思想流派，而种种教育理论其实只不过是这些流派的体现。教育理论家的自觉意识要比常人更加宽广，更加敏锐，更加开明，他们更有力、更清晰地领会到时代盛行的种种渴求。因此，我们可以越过迄今为止的可能范围，超出教育机构与已经确立的教育实践，更进一步地推进我们的分析；我们可以深入那隐秘的社会意识状况，其他一切都是从那里生发出来的，迄今为止始终藏而不露。所以，我们不妨来试着从这种时代精神中，探索一下涉及我们的重要的文艺复兴教育学说。但问题的关键不在于分别考察每一项学说，考察它们内在运作的每一个细节，从而攒出一部总括性的著作来。相反，问题的关键在于比较这些学说，通过研究其他学说来看清一项学说，细察它们在哪些地方相互重叠，又在哪些地方产生分歧。这样，就可以筛选出这些学说所解释的主流舆论，这些舆论本身就是我们随后关注的教育改革的根源。

我之所以说是“主流舆论”，是因为产生文艺复兴的因素太过复杂，有许许多多不同的思潮，不可能在同一时刻显现出来。但可以预先估计到，人们想必会受到多种多样概念与趋势的影响，而且对此无所察觉。对于我们来说，尤其有两种学说相当重要，需要注意。实际上，这两种学说并不是相互排斥或截然对立的；它们之间也有重叠之处。因此，或许所有重要的文艺复兴思想家都会在一定程度上同时察觉到或者表达出这两种学说。但是，另一方面，这些学说之间也有着相当大的差异，一个头脑是很难同时倡导的，更不用说在同等的程度上倡导了。由于教育理论家不同，他们的个人倾向和生活环境也不同，所以，时而是这种学说，时而又是那种学说，会被更强烈地感知到，从而得到更充分的表达。因此，即便是考察两种学说之间的关系和关联点，将它们分开还是相对比较容易的。

在这两种趋势中，第一种在拉伯雷那里体现得最彻底、最有力。不过，要简单地概括它也不是那么容易的，所以我们不妨来更细致地看看它究竟在于什么地方。

贯穿拉伯雷所有作品的主导思想，就是厌憎一切意味着管制或纪律的东西，或者是为随心所欲制造障碍的东西。任何碍手碍脚的东西，任何限制人的欲望、需要和激情的东西，都是一种恶。拉伯雷的理想就是这样一个社会：在其中，自然，摆脱了一切约束的自然，可以获得彻底自由的发展。这种完美的社会是在著名的特来美修道院(abbaye de Thélème)实现的，[①]那里的院规完全建立在这样一条非常简单的规矩上：随心所欲。拉伯雷写道，特来美修道院修士们的整个生活起居“不是根据法规、章程或条例，而是按照自己的意愿和自由的主张”。他们想什么时候睡觉就什么时

① 事见《巨人传》第一部第52—58章，尤其第57章。特来美的希腊文原义是“意志、愿望”，因为该修道院的院规就是“随心所欲、各行其是”。——中译注

候睡觉，想怎么睡觉就怎么睡觉，想睡多少觉就睡多少觉；吃和喝也是一样。这所修道院没有外墙，修造得和普通修道院完全两样。当然，也不需要任何发愿，因为发愿的宗旨就是要束缚和抑制意愿。甚至没有任何钟表把一天划分出固定的区段或限定的时段，让修士们去干事先指定的事情。时辰本身就像是加在时间上的限制；而时间也可以说必然是在自我毫无觉察的情况下，轻松地、自由地流逝着。这种理论的基础，就是整个拉伯雷式哲学的根本假定：自然本性是好的，彻底的好，完全没有保留或限制的好。即便是那些一般被视为最鄙俗的需要也无一例外；尽管有偏见，但正因为它们是自然的，所以它们是好的。正如我们所见，正是这种对于自然本质是好的信念，构成了拉伯雷现实主义的基础。那么，如果确实是这样，干吗还要制定规矩？对自然实行立法，就是将限制强加给它，约制它，从而戕害它。所以说，一切规矩都是一种恶，因为它们构成了无来由的、非理性的破坏。

这种看法所隐藏的，就是难以忍受所有的限制，所有的约束，以及一切碍手碍脚的东西；就是需要有一块无所限制的空间，人们在那里可以自由而全面地发展自己的本性。在这里我们认为：传统教育所塑造的人性，是发育受阻的人性，是残缺不全、破败不堪的人性；我们还坚信：在我们体内，蕴藏着几乎毫无限制的非同寻常的能量，只想着能够迸发出来，但是，在应当开出口子，让它们挣脱出来、扩散出来的时候，却有一种可悲可叹的体系在阻碍着它们，抑制着它们。绝大多数的人都过着平庸、狭隘和虚伪的生活，而拉伯雷则越过这样的生活，设想着另一种生活。在那种生活下，我们本性的所有力量，都会无一例外地得到使用，与此同时，它们会发展到人类未曾料想自己有能力实现的程度。在他看来，这样的生活才算是真正的生活。毫无疑问，拉伯雷的理想之所以会体现在巨人们的身上，原因正在于此。这是因为只有巨人们有能力实现这一目标。巨人就是超人，就是高于常人的人，只不过是这种概念的通俗表达。关键在于超越普通常人的状态。因此，这种被提升了的人的形式，自然也就很容易会被设想成具有巨人般的形貌。

我们不妨将这种原则运用到教育当中；如果是这样，会带来什么样的后果呢？

显然，必须把一个孩子塑造成毫无分别地遣用自己所有的身心功能，不仅如此，还必须将每一种功能都培养到能力的极致。他必须熟悉文明的一切成就。所以，高康大和庞大固埃先后成长为完人（hommes complets），样样具备于身。他们就是整全的人（hommes universels）。强健的身体，灵巧的双手，艺术的造诣，有了各种各样的理论知识，还得有各种各样的实践知识；任何东西都不应该忽略；而在每一门学问中，也必须穷尽所有的知识来源。高康大并不仅仅是学习音乐；他会摆弄各式各样的家伙，了解所有的行当，也熟悉种种制造工艺。[①] 就像拉伯雷说的那样，他去"观看怎样冶炼金属，怎样铸造枪炮；不然，就去访问操作玉石、银器和宝石的工匠，或者化炼师和造币工人，再不然就去访问地毯师傅、织布师傅、织绒师傅、钟表师傅、制镜师傅、印刷师傅、制琴师傅、染色师傅"。他去参观"药铺、药材行和配制成药的药房；仔细观察各种

① 有关高康大"兼容并蓄"的学习生活，详见《巨人传》第一部，第23章和第24章。以下中译文一般取自上海译文版《巨人传》中译本，略有改动。这里的"家伙"包括了各式乐器、工具和武器等。——中译注

果实、根、叶、胶、籽、油脂，以及它们如何调配炮制”。他还去看“卖艺的，变戏法的和卖野药的，观察他们的动作、手法、跟斗工夫，听他们卖弄嘴皮子”。而体育教育的各个方面也同样是异彩纷呈，多多益善。技能与体操的游戏占去了他一天的许多时光。他在真正狂欢式的身体锻炼中放纵自己。“这时，高康大换好衣服，练习骑意大利的战马、德意志的枣红马、西班牙的纯种马、巴巴利马、轻便快马，叫它跑出上百种的步法，凌空飞腾、跳沟、跳障碍物、就地转圈、向左转、向右转。高康大挥舞锋利的长枪，冲破寨门，穿透甲胄，刺倒树木，挑中铁环……然后再要一会儿矛，双手舞一回剑，有长铗，有花剑，有短刀，有匕首……他还可以追逐鹿、狍、熊、獐……他玩弄一个大球……他还要角力、跑步、跳高”，等等。当然，正如圣－伯夫(Sainte-Beuve)所言，拉伯雷这里是在搞笑。不过话说回来，这些关于巨人的奇想并不单单是博人一笑。这套学习方案的丰富多彩、不加节制，并不只是出于一种无拘无束的想象力的肆意放纵，而是密切联系着拉伯雷自己对于人与生活的观念，也就是说，关系着他的理想的本质。

但是，作为一名教师，自己首先必须关注的还是知识。实际上，根据拉伯雷的说法，人要想能够实现自己本性的充分发展，就得借助知识，也只有借助知识。所以说，知识是通往极乐天堂的必经之途。人的其他所有形式的活动，都只是通往这种至上境界的道路上的低级阶段。《巨人传》一书最后几页的讽喻故事很好地刻画了这一点。特来美修道院的第一任院长约翰修士[①]和

---

① 约翰修士(Frère Jean des Entommeures)：首次出场为第一部第27章。——中译注

巴奴日[①]一起乘船远航，遍游幻想国度，寻访快乐秘方。他们去到一爿荒远之岛，那里有一座奇特的庙宇，供奉着问卜神瓶。我们的游历者就是向这个魔瓶求问快乐的秘密。就这样，巴奴日发问，魔瓶的回答是一个字，就一个字："喝"。饮酒让人迷醉，带来极乐至福。

毫无疑问，这种回复带有讽喻的意思。巴奴日做这次漫长的游历，图的可不是被引领到粗陋鄙俗、烂醉如泥的欢乐之中，因为对于这种欢乐，他自己的经验已经足够丰富了。拉伯雷自己也提请我们注意，在供奉神瓶的神堂里，什么谕示都不能完全从字面上去理解；那里的每一样东西都具有象征的意义，都"内藏玄机"。任何人要想进入神堂，都得事先通过某种象征性的行动，证明自己"毫不畏酒"；都得效仿"潜心诚意冥想神圣事物的主教乃至各色人等"，成功地让自己的头脑"免于一切含糊的感觉，而最明确地体现这等清醒状态的莫过于醺醉"。神庙四壁之上铭刻着最高深的思想，最高尚的道德格言，为的是要在信众心中激发出与此相宜的沉思状态。最后一点，或许也是更加重要的一点，从神瓶里流淌出来的并不是酒，而是水，"清冽鲜淳的泉水"。所以，格哈德先生(Monsieur Gerhardt)所言甚是，"当人实现自己真正的目标时，会体验到一种醺醉的欢悦，而这种醺醉的欢悦无非是头脑的欢悦，是浸淫在真理之中的头脑那种忘情的狂喜"。我们这里所谈到的这种渴欲，是对于知识的无法遏制的渴欲。所以神庙的女祭司巴布(Bacbuc)会这样向约翰修士和巴奴日解释："我的朋友们，你们必

① 巴奴日(Panurge)：首次出场为第二部第九章，意思是"精巧奸诈，万事通"。——中译注

须知道,我们借助于酒而变得神圣,再没有什么主张比这更肯定,也再没有什么发现的手段比这更不虚妄了……因为它有能力用所有的真理、所有的知识与哲学去充实灵魂。”当她把三瓶这种奇迹之水交给两位朋友时,郑重其事地说:“去吧,朋友,有那片知识的领域在佑护着,它的中心无处不在,它的范围漫无边际,我们称它作上帝;在你们归国的航程上,或许就会验证,地下还蕴藏着巨大的财富和值得敬慕的东西……你们从天上看到的,你们在地上瞧见的,……都不能和地下隐藏的相比。”

因此,必须要在灵魂发现自己满怀热诚地融入知识之河的情形下,才能寻求到极乐。当你对知识有了这样一种高尚的观念,当你以这样绝对、这样不羁的激情深爱着知识,自然就应该要求教师让他的学生浸淫其中,毫无保留,毫无节制,毫无约束。只有全面把握人类的知识,才能满足他本性上这种根本的需求。不能拿选择出来的知识门类教给他,必须拿作为整体的知识教给他。必须引领他享受在知识的醺醉中的欢悦。高康大写信给庞大固埃说:“我没有半点儿‘别的财富’,唯有在此生中,见到你完整地、圆满地享有所有自由的、高贵的知识。一句话,就让我在你身上看见深不可测的渊博知识。”[①]从这个概念的涵盖之宽广,已经可以感受到与中世纪理想之间的偏离。虽然中世纪同样热爱知识,在那个时代,对于知识的巨大热诚或许赛过其他任何时代。但是,要想全面地看看拉伯雷及其所代表的新思潮所具有的不同格局,就得审视

① 此信见《巨人传》第二部第八章,但是涂尔干的引文似乎是这封长信的一个缩写。——中译注

自己有关这种知识的观念，人们是这样满怀热情、这样不可救药地沉浸其间。

在中世纪，知识被化减为一种以适当方式将辩证法三段论的各项命题组合在一起的形式技艺。相反，对于拉伯雷来说，首先必须了解事实，必须获得实证性的学识。在《巨人传》第二部里，庞大固埃的父亲给儿子写了一封令人肃然起敬的信。如果庞大固埃遵照他信中详细开列的建议，就不会只限于学习算术、几何和民法这些当时还属于形式学科的东西："我希望你全心全意地把自己的好奇心……放在研究自然界中实在的事物上，使自己通晓河海溪泉中的各色鱼类，天空上的各类飞鸟，森林里的各种果木，地上的所有花草，地下的琳琅矿藏，南方与东方诸邦的奇珍异石；一句话，你不可以有什么东西一无所知。"然后，"要经常研究解剖学，透彻地认识另一个世界，也就是人"。[1]

尽管这么说，但对拉伯雷来讲，自然科学和关于外在事物的研究并不足以构成完整的教育，还差得很远。还有对于语言的研究，实际上，他明确给予这种研究最重要的位置。"我希望你、渴望你精通各种语言。首先是希腊文，就像昆体良那样重视它；第二是拉丁文；然后是希伯来文，以便研读圣经；迦勒底文和阿拉伯文也一样要学。"[2]但是，这些语言学研究的目的何在呢？问题是不是在

① 原文见《巨人传》第二部第八章，中译文有所改动。——中译注

② 昆体良（Quintillian，约35—96年以后）：古罗马修辞学家和教师。著有《雄辩术原理》。

迦勒底（Chaldean）位于巴比伦尼亚南部（今伊拉克南部），在《旧约》中经常提到。在古代作家那里，迦勒底人经常被用来指僧侣和其他受过正统巴比伦文学教育、尤其是受过传统天文学或占星术教育的人。——中译注

于塑造学生的品味，带他领略古典文献的华美，教会他仿而效之？诸如此类的关注在拉伯雷那里几乎连一点儿影子都没有。充其量，高康大不过是建议他儿子继续“以柏拉图为样板学习希腊文，以西塞罗为样板学习拉丁文”。这段建议再简短不过，就好像顺带着提出来似的，从中很难看出什么对于古典文献的极大热忱。不过，可以确切地证明的是，在拉伯雷看来，这些研究之所以在教育上很重要，在于他特别推荐阅读的那些作家的性质。如果他的目标首先在于让自己的学生熟读经典，原本应该仅限于让学生研读古典文学的经典巨著。恰恰相反，事实上我们看到，他在设计必修课程时，完全忽略了这些作者的文学价值。高康大告诉我们，他在读“普鲁塔克的道德论述，柏拉图的精妙对话，保萨尼阿斯有关历史建筑遗迹的论述，以及阿特纳奥斯的《欢宴的智者》”时，有着同样的享受。[①] 把柏拉图与阿特纳奥斯、普鲁塔克与保萨尼阿斯相提并论，这真是一种独特的兼收并蓄。在（第一部，第24章的）另一段描述里，我们看到，15世纪一位并无多少名气的作者波利齐亚诺的《乡下人》（*Rusticque*），和赫西俄德的《工作与时日》与维吉

① 普鲁塔克（Plutarch，或译普卢塔克，约46—119年后）：对16—19世纪欧洲散文、传记、历史著作的发展影响极大的传记作家。最著名的作品是《希腊罗马名人传》。还有总称为《道德论丛》的文章60余篇，主要为对话或讽刺文，涉及题材极广，包括教育、哲学、伦理、宗教、政治、文学、自然科学等。拉伯雷、蒙田、莎士比亚、培根等都深受其影响。蒙田的散文多有其《道德论丛》的痕迹。

保萨尼阿斯（Pausanias，活动时期为143—176年）：希腊旅行家和地理学家，著有《希腊志》，是了解古代遗迹的最宝贵的材料。最擅长记述奥林匹亚和德尔斐等地的宗教艺术和历史建筑。

阿特纳奥斯（Athenaeus，活动时期约公元200年）：希腊文法家，所著《欢宴的智者》（*Antiquitez*）叙述了许多知识渊博的人相聚于一次贵族酒会，保存了大量业已散佚的古代作品的引文，征引作家多达800位。描写了花与果实的功用。——中译注

尔的《农事诗》（*Géorgiques*）放在了一起。[①] 显然，他最喜欢的作者并不就是伟大的作家、伟大的诗人和伟大的演说家，而是那些以作品内容广博见长的人。属于这一类的人有普林尼、阿特纳奥斯、迪奥斯科里斯、坡吕克斯、盖伦、波菲利、奥比安等等。[②] 这些名姓当中有许多只在学者里面有人知晓。即便是提到了维吉尔，他也

① 波利齐亚诺（Politian，1454—1494 年）：意大利诗人，人文主义者，文艺复兴时期杰出的古典学者。将《伊利亚特》译成拉丁文。在佛罗伦萨大学就任拉丁文和希腊文教师时，做有四次演讲，《斗篷》论维吉尔的诗，《乡下人》论赫西俄德和维吉尔的田园诗，《琥珀》论荷马，《抚育》论希腊和拉丁文学的各种体裁。

赫西俄德（Hesiod，活动时期约公元前 700 年）：希腊最早的诗人之一，著有《神谱》和《工作与时日》。

维吉尔（Virgil，公元前 70—前 19 年）：古罗马最伟大的诗人。著有《埃涅阿斯纪》《牧歌》《农事诗》。他对于后世的影响一直十分巨大。作品约在公元前 1 世纪进入文法学校，特别是《埃涅阿斯纪》被文法学家们广泛地解释和评注，在文法学校及修辞学校中的地位一直延续到帝国灭亡。罗马甚至把是否阅读过其作品作为受教育程度的标志。昆体良建议教育的全部课程应该以他的作品为依据。奥维德对他的模仿和响应也十分有名。而基督教中几个著名预言在他的《牧歌》第 4 首里也有见证。——中译注

② 普林尼（Pliny，23—79 年）：古罗马大科学家、作家。所著存有《自然史》37 卷，涉及大量自然科学，从宇宙天文、动物医药到矿物农作无所不及。在中世纪欧洲，此书起到代替一般教育的作用。

迪奥斯科里斯（Pedanius Dioscorides，约 40—约 90 年）：希腊医生、药理学家。他的《药物论》一书为现代植物术语学提供了最经典的原始材料，详尽介绍了近 600 种植物和近千种简单药物。

坡吕克斯（Julius Pollux，活动时期 2 世纪下半叶）：学者、修辞学家。著有希腊辞典《词类汇编》，包括许多学科的专门术语和修辞方面的资料以及文学作品的引语，尤以音乐和戏剧方面的论述见长。写过有关渔猎的作品。

盖伦（Galen，129—199 年）：古罗马医师、哲学家、语言学家。古代医学史上的地位仅次于希波克拉底。对拜占庭及伊斯兰文明产生深刻影响达 1400 年，对文艺复兴时期西方科学的复兴也起了重要作用。

奥比安（Oppian）：据《巨人传》上海译文版中译者注，希腊有两位诗人叫奥比安，一位生于 2 世纪，著有钓鱼诗；另一位生于 3 世纪，著有狩猎诗。——中译注

只是作为《农事诗》的作者，而《农事诗》里包含着有关古人农作的种种珍贵细节。所以，对于拉伯雷来讲，不能借助古代来提供技艺教育，提供典雅风格和优美文字的样板，而应该把古代当成富含具体知识的矿藏。作为一个有学识的人，他对古代满怀欣赏；作为一个有学识的人，他希望对古代进行研究。但如果说他获得了有关古代的知识，那是因为他很想知道，对于自然和他们自己，对于事物以及他们自己的生活，古代人都想了些什么，说了些什么。简单地说，还是回到拉伯雷自己的观点，原因就在于，如果你不知道这方面的东西，"那如果还宣称是个学者，就太不像话了"。

因此，一切都以知识为中心。即便如此，文学也只是一种让人心安的手段，只能部分缓解拉伯雷所感到的这种对知识的焦灼渴求，他也想通过教育把这一点传播给年轻人。所以，仿佛有那么两种学问：一方面，是关于事物、宇宙与自然的直接知识；另一方面，是关于人（尤其是古代人）的知识，关于人的意见、伦理、信念、习俗和原则的知识。但是，即便是为了清晰地阐释拉伯雷的观点，我感到有必要区分出这样两种形式的知识，有一点也是可以肯定的：对于拉伯雷自己来讲，这两种知识并不是真的可以相互分离的。就他本人而言，要了解事物，在很大程度上也就等于要了解古代人对这些事物已经说过些什么。

当然，如果说对于实在的世界，对于这个世界本身所拥有的教育潜力，拉伯雷自己缺乏感觉，那么这种说法是不确切的。他并不是没有注意到，让孩子有机会直接接触现实会大有裨益。高康大所接受的一些课程，在某些方面类似于我们今天所说的"从经验中学习"。高康大在进餐的时候，谈论着"饭桌上各色食物的优劣、类别、功用和属性，像面包、酒、水、盐，以及各类鱼肉果菜”。但是，另一种视角很快又重新出现了：因为人们是通过有关的经典文献，来和他谈论这些东西及其属性的。“这样，在很短的时间里，就把普林尼、阿特纳奥斯、迪奥斯科里斯、坡吕克斯等人有关这些主题的篇章都学会了。”[①]当他去野外散步时，会碰上“树木花草”，但他又是怎样和这些植物接触的呢？拉伯雷的回答是，“查考古人们已经就这些东西写下的著作，比如泰奥弗拉斯图斯[②]、迪奥斯科里斯、马西努斯(Marcinus)和普林尼”。当他和自己老师一起玩抛接子儿游戏时，“他们一起复习古典作家们的有关篇章，那里提到了从这种特殊游戏里引申出来的比喻”。这里，我们看到了只有文艺复兴时期才有的独特的学问观，甚至是人们对学问所持有的最为高雅的观念。直接而客观的自然研究与纯粹书本的学识水乳交融，并且可以肯定，后者充当着知识中最重要的一部分。让拉伯雷和他那时代的所有人神往的，让他们如饥似渴地想知道的，与其说是他们自己身上的东西，是为他们自己的东西，不如说是他们所探讨的那些作品。作品介于现实与思维之间，在绝大多数情况下，作品就是研究与教育的直接对象。它反映出人在摆脱一切中介，直接与自己周遭的世界取得接触和沟通时，会遇到多么大的困难。那个世界似乎触手可及，实际上却是阻碍重重。

现在我们可以看到，是什么样的纽带将拉伯雷和他的时代与中世纪和经院哲学维系在一起。无论如何，书籍依然是某种迷信

① 见《巨人传》第一部，第23章和第24章。下同。——中译注

② 泰奥弗拉斯图斯(Theophrastus，前374—前287年)：古希腊逍遥学派哲学家，亚里士多德的学生。著述留存有《植物研究》9卷和《植物病原学》6卷。——中译注

崇拜的对象，尽管已经是一种相当不同的崇拜。作品始终是某种神圣不可侵犯的东西。但是，在这种倾向面前，又已经发生了怎样的转型、怎样的革命啊！从书本中寻求的东西已经大不一样了。在书本之外，在书本背后，你能看见是事物本身正在浮现出来，不管它浮现出来的时候是多么羞羞答答，多么捉摸不定。在此之前，欧洲各社会唯一知道的课程体系还是完全形式性的，已经从文法的形式主义过渡到辩证法的形式主义。而此时，终于第一次出现了一种新型的课程体系观念，它的宗旨不是要用形式性的思维体操来训练头脑，而是要滋养头脑，丰富头脑，赋予它某种质料。在那些论证中，它在平乏空疏中自我练习，游移不定地蔓延，却没有能力滋养自己。现在就不一样了，在它伸手可及的范围内，摆着丰富的素材宝藏，请它统统拿去。知识本身成为值得渴求的最高对象。人们赋予它这么高的价值，对它是这样的迷恋，以至在脑子里，在经验中，都把它当作以其自身为目的的某种绝对的东西。他们甚至想都不曾想过，知识的存在会是为着某种外在于自身的宗旨，是通往某种目的的手段，只是从这种目的中得出自己的价值。相反，在他们看来，在知识的所有形式之中，各种层次之上，都具有某种本质上善好的东西。需要的并不是了解什么东西有助于达成这样那样的宗旨，或者说有助于发展智力、陶冶生活；他们渴求的是纯粹的知识，只不过越多越好。任何无知都是不好的，任何知识都是好的。哪怕是那些完全无用的零散知识，人们也会满怀热情地去寻求，欢欣鼓舞地去搜集。正因为这一点，拉伯雷才会以同样的兴趣，既关注多产作家笔下的稀奇记叙，叙事者讲述的最无足轻重的逸闻趣事，神话传说里最没有什么意涵的细枝末节，也关注伟大哲人的学说或各个民族的社会制度。所有的奇迹神谕,所有的作家学者,古代世界所有的预言想象,酒神战车四周所有的狂舞之女,他无所不晓。对于希波克拉底那种离奇的观念,或是阿弗洛狄修斯(Alexander Aphrodiseus)提出的那种奇怪的问题:"狮子吼一吼,所有动物都吓走,为什么单单敬畏白公鸡?"[①]拉伯雷所给予的关注,毫不逊色于对柏拉图有关灵魂不朽的学说的关注。

不难看出,造成这种对于知识的难以餍足的渴求的,无非是我们已经在拉伯雷的思想根子那里发现的对于无限性的需求。人们通过学识而最充分地实现自己的自然本性,因此,知识活动也就很自然地容易流于过度,比其他种类的活动更有甚之。在上一讲里,我们已经发现有一种特征可以概括文艺复兴,而这种对于无限性的需求本身只不过是将这种特征转化成道德秩序。我们已经指出,在文艺复兴这段时期里,欧洲各社会进入了青春勃发的时期。而青春的自然本性便是对任何界限或束缚都无所顾忌。因为它感到自己体内生机勃勃,只想着要找宣泄的渠道,总觉得自己面前不能有很多的空间,让自己的能量充分地施展。它渴望达到无限。一想到有朝一日它可能不得不停下脚步,它就无法忍受,拒绝接受这样的想法。只有在时间的洗礼中,人们才学会需要有界限和节制。只有在经验的磨炼中,他才会发现自己本性中有些限制是无法穿透的,并且学会去尊重它们。而各个民族受制于这种豪情万丈的青春幻想的程度,较之个人也毫不逊色。这有助于我们理解拉伯雷的教育思想。在这个主题上,他只不过是他那个时代的代

① 见《巨人传》第一部,第十章。——中译注

言人。我们其实应该看到，这些渴求绝非他个人所独有，这个不可能实现的理想正是文艺复兴孜孜以求的理想。

第十六讲　文艺复兴(终)

——人文主义运动;伊拉斯谟

在上一讲里,我们从文艺复兴时期发展出来的两大教育思潮中择取其一进行了讨论,也就是在拉伯雷作品中表现得最典型的那股潮流。他不同于其他所有人的地方就在于,他所渴求的那种理想具有巨人般的豪迈性格。他所传递出的那种对于生活的渴望,既饱含激情,又丰富多彩。他所渴求的那种人,身上拥有的力量,拥有的每一种力量,似乎都会发展到我们在注视芸芸众生时无法想象的那种程度。问题的关键就在于将人性解放出来,因为它已经被矫揉造作的教育限制得很狭隘,需要在各个方面大大扩展。但是,这其中有一项特别的才能超出其他所有才能之上,是我们必须尽力操习和颂扬的,因为这种才能最突出地体现了我们身上所具备的东西:这就是我们的认知才能,也就是对于各种形式的知识的能力。除非人尽可能地拓展自己的知识王国,除非他将自己的自觉意识拓展到包容下整个世界,否则他就不能真正地实现自己的自然本性。理智在欢欣之中发现自己占有了真理,只有在这种欢欣当中,他才能享受到真正的、绝对的快乐。他应当从知识的醺醉所带来的欢娱之中,寻求至福的境界。当然,对于这种观念,我们乍听起来,不禁会认为它纯属空想,是拉伯雷的想象力自得其乐的诗意狂想。但是，我们逐渐看出，我们在这里所探讨的这种人，与单个人有可能包括的一切大为不同，是将文艺复兴时期的各色人等总合一身，他渴望这种理想，竭力要去实现它。我们很快便会看到，当时的人们念兹在兹的并不只有这一种理想，但它确实萦绕着整个时代，也肯定折射出那个时代的一项主要特征。

如果说有什么人确实是遵照这种伦理生活，用这套教育理论来教育自己，那就是拉伯雷自己。他远不是在构建什么虚幻的东西，那套理论只不过是概括了他给予自己的那种教育。他借高康大之口建议庞大固埃应该学习的所有语言，他自己也都已经掌握了。他为自己的博学激动不已，他知道所有关于古代已知的东西，一直到细枝末节。他既是一位医生，也是一位法律顾问，又是一位考古学家，还是一位神学家；所有这些都还不算，他还属于第一批尝试解剖实验的人之一。最后一点，他在说起那个时代的种种技艺、交易和体操的时候，明显表现出他无所不能。① 而他也并非唯一展现出如此多才多艺的人。就拿拉缪来说，在人类的学问中也有好些门分支，他不仅了如指掌，而且还写出了具有相当学术水准的著述。尽管他是一位杰出的人文主义者，但同时也是一位辩证法学家，雄心勃勃地想要用一种新式的辩证法来取代经院哲学的

① 拉伯雷（François Rabelais，约1494—约1553年）：法国作家和牧师。在世时以医生和人文主义者著称，而以《巨人传》之作者传名后世。初习法律，1521年受神职，后学医，1532年任里昂天主教医院医师，其间曾解剖过一具被绞死的犯人尸体。这两种职业使他有机会接触并熟练掌握希腊语和拉丁语，为他后来研究古典作品提供了方便，也为其文学创作创造了条件。《巨人传》中广为涉及了当时的法律、医学、政治、宗教、哲学等知识和伦理范畴内的主要内容。与拉缪、伊拉斯谟等过往甚密。——中译注

辩证法。作为一位文法学家,他自己就写过一部拉丁文法,一部希腊文法,以及一部法语文法。甚至在一百年后,兰塞洛特[①]还对他的希腊文法大加赞赏。他对拼写法进行了合理化的改良。他是自己时代最前沿的数学家之一。他论述了自然科学中的光学和天文学,试图用一种关于自然的科学取代中世纪的抽象思辨,虽说他对实验方法一窍不通。他还写了一本关于军事战术的书,《恺撒军事》(*De militia Caesaris*),在相当长时间里都被认为非常重要。尽管他不是法律和医学方面的专家,但也非常关注这些领域。最后,他还试图改造神学。[②]

但这些知识巨人,这些全人,首先得到意大利去找。他们最典型地体现了文艺复兴的一种特征。根据薄伽丘的说法,甚至早在但丁那个时候,就有人称他为诗人,有人称他为哲学家,还有人称他为神学家。这绝不是偶然的。任何人只要读过《神曲》,都一定会同意,"不管是在身体的世界里,还是在精神的世界里,对于几乎一切事物,他都进行过更深刻的洞察,用至高的权威表达过意见,即便有时他的意见只是寥寥数语"。不仅如此,我们还知道他是一位画坛高手,是位爱乐大师;他的诗中夹杂的那些对于他那个时代

① 兰塞洛特(C. Lancelot,1615—1695年):法国语言学家,波尔罗亚尔学校优秀教师,曾撰写学习拉丁文、希腊文、意大利文、西班牙文的《新方法》系列速成教材。——中译注

② 拉缪(简单生平见本书第175页①)在任巴黎大学艺学院院长期间,积极从事教学课程改革,将重点转向伦理学、政治学和公民学。学生掌握的不再是三段论推理,而是能够说服人的辩论技艺。他指出,辩证法最大的目的不在于必然性,而在于最大程度的或然性,这就是可信性。辩证法的先驱不是亚里士多德,而是西塞罗、昆体良和波伊提乌。——中译注

中种种艺术的评论，只有具备相当功力的人才能写得出来。[1] 而皮科(Pico della Mirandola)、达·芬奇、切利尼(Cellini)，这些集建筑师、音乐家、画家和诗人于一身的多面手们，难道我们还要一一数来吗？

这些巨人当中最令人注目的一位，便是阿尔贝蒂。他于15世纪末去世，似乎已经将拉伯雷的理想转变成不折不扣的现实。“从孩童时代起，阿尔贝蒂就事事专擅，令人惊羡。人们都谈论着他那让人难以置信的兼具强健与灵巧的身手，据说他常常整个人从别人肩膀上一跃而过；在教堂里，他把一枚银币一直抛到拱穹顶；连最顽劣的野马也会在他胯下变得战战兢兢。”以上是关于身体的强壮与手工的灵巧。“迫于需要，他多年研读法律，直至最后精力不济。年迈之后，他认识到自己的记忆力已经衰退，但是他在精确科学方面的能力却未见有损。他决定投身物理与数学，不带偏见地考察五花八门的实用方法，之所以这么说，是因为他向各行各业的艺术家、科学家和手工艺人探问他们的诀窍和实验。”他建造了一间演示光学作用的暗室，这为他赢得了同时代人的景仰。科学方面就说这些。最后一点，“他自学了音乐，最后达到了连专业人士也都认可他的作品的水准……不仅如此，他还从事绘画和模塑，甚至可以凭借记忆，塑造出与原型惟妙惟肖的肖像画和半身胸像……除

① 但丁(Dante，1265—1321年)：意大利最伟大的诗人，文艺复兴先导。他不仅用意大利文写下了彪炳世界文坛的《神曲》，弘扬了世俗民族语言的地位，而且写下了一系列关于修辞学、伦理学乃至政治思想的重要著述(尤其是《论世界帝国》)。他不仅吸取了维吉尔、西塞罗和波伊提乌等古典作家的长处，还对经院哲学和神学十分熟悉。薄伽丘撰写过但丁的生平，并在1373—1374年开办了第一批讲解《神曲》的大学讲座(这意味着但丁是第一位能够与古典名著一起列入大学课程的当代人)。——中译注

此之外,他的文学创作活动也是蔚为壮观:他有关整个艺术的著述为读者提供了重要的素材,见证了文艺复兴时期有关形式的研究,尤其是建筑领域的形式研究。再有便是他的拉丁散文创作,中短篇小说,其中有几篇被人们误以为出自古希腊罗马时期,还有些供人解颐的餐桌闲谈,以及感伤诗和田园诗……他有关伦理、哲学、历史的一些论著,他的对话集,他的诗歌,甚至还有纪念他的公爵的一篇葬礼演说”。[①] 这说明了他在文学艺术方面的学识程度。他难道不就是庞大固埃和高康大的十足原型吗?

可以很肯定地说,拉伯雷的理想至少在一定程度上也是那个时代的理想。他致力于通过教育创造的人,也就是他和他的许多同时代人自己也致力于成为的那种人。所以说,他的作品表达的并非一己之见,而是说出了他所处的整个世纪的主要渴望之一。不过,话说回来,当时寻求获得认可的理想并不只是这一种。同时

① 阿尔贝蒂(Leone-Battista Alberti,1404—1472 年):意大利人文主义者、学者、建筑师与文艺复兴时期艺术理论的主要创始人。由于他的人品、著作和广博的学识,被认为是文艺复兴时期“全才”的楷模。获博洛尼亚大学法学博士学位。后任罗马教廷秘书,奉命以华美的“古典”拉丁文重写圣徒和殉教者的传记。1432 年写成对话录《论家庭》,开始以伦理思想家和文体家知名。1435 年写成《论绘画》,对准确、丰满、几何性的合乎透视画法的文艺复兴时期绘画风格起到了决定性的开创作用。修复了罗马奥古斯都时期经典建筑理论家维特鲁威的著作全文,并亲自主持了圣彼得大教堂、梵蒂冈教皇宫及其他宏大的文艺复兴时期罗马的建筑工程。1452 年写成的《论建筑十书》成为文艺复兴时期建筑学的圣经。他还写出了第一部意大利文法,一本密码学先驱著作,等等。

涂尔干此处的大段引语,皆来自布克哈特的《意大利文艺复兴时期的文化》(参见第十七讲 310 页注 1),中译本在第 133—134 页。但有多处不同,比如“对公爵的葬礼演说”中译为“对狗的吊辞”,“年迈后记忆力衰退”中译为“24 岁记忆力减退”,请读者细查。——中译注

还有另一种理想也正在走向前台。尽管从某些角度来看,它与第一种理想有所关联,但还是大有不同的。它反映出当时思想生活中一种相当不同的倾向。当我们发现,在同一个社会,同一段时刻,盛行着多种相互分歧甚至彼此冲突的潮流,我们不该为此感到惊讶。人们互相区分,其中一部分趋向一种方向,而其他的都趋向别处,这种情形不是常常出现的吗?而要说人群间的情况与个人间的情况有什么不同的话,这些分歧甚至矛盾可能在前者那里体现得更为严重。如果逢到时势转迁的关键时期,这些情况就更无法避免了。因此,16世纪无法始终如一地坚持单一的一种为其所独有的哲学,也就是很自然的事情了。

我们现在打算来描绘第二种趋向,它在伊拉斯谟的作品里体现得淋漓尽致。我们也正可以从这里入手来分析这种趋向。诚然,伊拉斯谟不是一个法国人,而我们在此主要关注的也只是和我们自己国家类似的那种教育;但是,伊拉斯谟生活在法国,其中最值得注意的是,他在年轻时曾是蒙太古学院的学生,即便撇开这些事实不谈,他的影响力也不太可能只局限在哪一个特定的国家里。他首先是一个欧洲人,他的影响力在法国和在他的祖国一样强大。因此我们可以有把握地说,他有关教育方面的信念与宏愿,也是法国社会在这方面的信念与宏愿;在欧洲各主要社会里,这些信念与宏愿都有支持者。阐释这些信念与宏愿的主要是以下三部前后写成的作品:《反对野蛮人》(*Anti barbaros*),猛烈抨击了经院式教育;《论男童德行与文学之童蒙教育需要》(*DecLamatio de pueris ad virtutem ac litteras statim et liberaliter instituendis, idque protinus a nativitate*),以及《论学习规划》(*De ratione studii*)。[①]

① 伊拉斯谟(Desiderius Erasmus,1469—1536年):16世纪欧洲最伟大的学者。生

读《论学习规划》的头几页,你很有可能会认为,初看起来,伊拉斯谟在追求一种与拉伯雷完全一样的理想。这是因为,伊拉斯谟也宣称同样一种理想,就是全面把握人类知识的总体。实际上,伊拉斯谟也确实是要求教师们广闻博识。根据他的说法,教师必须是通晓百事(omnia sciat necesse est)。他还写道:"就我而言,一个人只是专精于十位或十几位作家是不够的;相反,我要求他全面探究人类学说的整个领域,即知识全域(orbem doctrinae);即便他只打算教授基础教育,我也希望他在任何一个方面都不要一无所知。他依然应该学习作家们就每一话题、每一专门领域所说过的一切。首先让他读那些最好的东西,但对于他尚未有所探究的那些,也不能让他有任何的忽视,哪怕是其中最平庸的东西。"因此,他会研读哲学,最好是从柏拉图和亚里士多德入手,通过圣奥古斯丁、金口约翰、圣巴西勒、圣安布罗斯和圣哲罗姆来研读神学,[①] 从

于荷兰,卒于瑞士。他的教育著作,推动了以新人文主义者所强调的经典作品来代替古老的学术课程体系。1495 年入巴黎大学修习神学(住在蒙太古学院)。曾在法国、英国、意大利等欧洲主要国家居住、写作。著有《愚人颂》《论基督君主的教育》《箴言》《对话》等许多作品及大量解经著作,以及拉丁语课本等。——中译注

① 金口约翰(即克里索斯托,Saint John of Chrysostom,约 347—407 年):早期基督教希腊教父、解经家、君士坦丁堡大主教。因讲道透彻动人,为平民所喜爱,故得绰号"金口"。

圣巴西勒(即大巴西勒,Saint Basilius Magnus,约 329—379 年):早期基督教希腊教父。维护三位一体,反对阿里乌派。

圣安布罗斯(Saint Ambrose,约 339—397 年):早期基督教拉丁教父、米兰主教、解经家、中世纪教会与国家关系观的倡导者。其著作被誉为拉丁雄辩之杰作,是劝化奥古斯丁并为之施洗礼的导师。

圣哲罗姆(Saint Jerome,约 347—419 或 420 年):早期西方教会中学识最渊博之教父,将圣经之希伯来文《旧约》与希腊文《新约》译成拉丁文,即后称之通俗拉丁文本。——中译注

荷马和奥维德[①]入手研读神话学，从梅拉、托勒密和普林尼的著述中研读宇宙志(作地理学理解；[②]除此之外，还有天文学、历史学以及各种各样的自然科学。即使说他的天资不足以使他理解所有这些包罗万象的知识门类，他也至少必须把握每门学科中最基本的东西(而我们也知道，伊拉斯谟为别人规定的行为规范，自己也是身体力行的)。表面看来，他似乎也同样饱含着对于知识的渴求，对于学识的热忱，对于纯粹为理解而理解的渴望，这些我们在拉伯雷那里都已经有所领教。尽管如此，这两种学说之间的相似之处其实充其量不过是表面上的，因为生发出他们渴求的源泉完全不同。

首先，即使说要求教师占有这样广博的知识领域，也并不意味着他能够逐步将其传授给自己的学生，倒是等于说他能够在一定程度上不必急着这样做了。伊拉斯谟写道："我充分认识到，要是

① 奥维德在文艺复兴时期声名日盛，《变形记》尤其成为后人掌握希腊神话的通途与捷径，这是一部15卷的长诗，近12000行，集神话传说之大成，从混沌初开、乾坤始奠，一直写到恺撒被刺、化为天神。他丰富的神话学识与惊人的诗歌想象力结合在一起，使多种希腊传说有了确定的文本。——中译注

② 梅拉(Pomponius Mela，活动时期为公元43年前后)：所著《世界概述》为古拉丁文撰成之唯一古代地理学论文。其影响延续长达13个世纪，直至人类进入探险时代。普林尼称其为权威之作。

托勒密(Ptolemy，活动时期为127—145年)：古代著名的天文学家、地理学家和数学家。他创建的地心宇宙体系，即托勒密体系，在天文学中统治长达1300年之久。在地理学中的影响也是这样。巨著《天文学大成》和《地理学指南》两书都是到文艺复兴时期才失去霸主地位。

普林尼《自然史》第2—6卷介绍了宇宙与天文学、古代世界的自然与历史地理，尤其是一些已经不复存在的重要城市。文艺复兴时期陆续有一些小册子开始反驳这部千年流传的巨著中一些权威性观点，17世纪末终于由著名科学家来做出否定。——中译注

将教师需要熟谙的所有知识门类一一列举出来，你会大皱眉头，指责我给学校老师压的担子也太重了；这倒也是公允之见。可是话说回来，如果我给一个人压的担子太重，那也只是为了减轻绝大多数人的担子。我想要说的是，为了不让每一个人都得去读所有的东西，就得让一个人去读所有的东西。"至于学生，他当然不需要熟悉所有的作者，而只需要熟悉其中精选出来的佼佼者。伊拉斯谟开出的名单并不很长：卢奇安、德谟斯提尼和希罗多德；阿里斯托芬、荷马和欧里庇得斯；[①]希腊人就这么多了。特伦斯、普劳图斯的一些喜剧；维吉尔、贺拉斯、西塞罗、恺撒、萨卢斯特；[②]说到拉丁作家，这些也是必不可少的。在学术必修课程的构建中体现出的这种限制，这种精益求精的筛选态度，与拉伯雷那些无所约束的要求形成鲜明的反差。显然，对于伊拉斯谟来说，知识并不能单凭其本身就成为善好的东西，成为至善，人人都应该竭尽全力去争取分

① 卢奇安(Lucian，约120—180年后)：又译琉善。古希腊修辞学家、讽刺作家。著有《神的对话》和《冥间对话》等(中译本有《卢奇安对话集》)，其机智的写作风格成为罗马后期及拜占庭时代作家们的楷模。

德谟斯提尼(Demosthenes，前384—前322年)：又译狄摩西尼。雅典政治家，公认的古希腊最伟大的演说家。学习其演说曾是罗马学童演说训练的一部分。在欧洲中世纪和文艺复兴时期，他的名字就是口才的同义词。——中译注

② 普劳图斯(Plautus，约前254—前184年)：伟大的罗马喜剧作家，与特伦斯并称。从14世纪人文主义学者和诗人彼特拉克开始，他的作品逐渐对欧洲各国的市民喜剧产生影响，比如莫里哀的《吝啬鬼》。

恺撒(Julius Caesar，前100—前44年)：或译凯撒。罗马将军、独裁者、政治家。还是一位高超的演说家，并留下《高卢战记》这样的伟大作品。记叙平实，剪裁精致，虽说政治宣传意味很强，仍具备卓越的文学价值。

萨卢斯特(Sallust，约前86—前35或34年)：罗马历史学家和伟大的拉丁文学家，以描述政治任务、腐败和党派斗争的记事作品著称，包括《喀提林战争》《朱古达战争》。以后罗马历史写作大家如李维、塔西佗等也深受其影响。——中译注

享。这是因为，如果真是这样，学生就没有退路了。知识也就不是教育的目标，而沦为教师手上的一种单纯工具，他需要利用这种手段，以满足他应当致力的目标。可是，这个目标却在于别处。那么，这个目标又在何处？包含什么内容？

伊拉斯谟对这一目标的描述，最典型的体现在以下这段话中："演讲才能第一"(orationis facultatem parare)。关键在于培养孩子的话语才能，理解一段演说的能力，不管这演说是口头发表的还是落成文字的。他所说的"演讲才能"，不单单是指通过正确使用语言来提出一种观念的技艺，而且还得让语言典雅、丰富、切题。这种技艺是一种思维分析的技艺，是尽可能好地把各种思维成分组织在一起，最重要的是要让它的表达形式合乎理想。一句话，这是一种说的技艺或者写的技艺。换句话说，我们首先需要操练和培养的技艺，就是使用语词的能力。在伊拉斯谟看来，这是一种至高的技艺，我们必须把它放在第一位来教给孩子们。他说："当演说(oratio)中佳言警句层出不穷，流金叠翠，再没有什么比它更加壮美、更值得景仰了。"换句话说，我们最先需要实践和培养的才能，就是使用语词的能力。伊拉斯谟在《论学习规划》的开头特别指出了这一点。他写道："知识可以采取两种形式，一种是观念的形式，一种是语词的形式(rerum ac verborum)。而我们必须从语词开始(verborumprior)。"当然，他也加上一句，说观念的价值更大(rerum potior)，但是我们稍后会看到，他这么说指的是什么意思；不管怎么说，可以肯定的是，就其本人来讲，言辞的教育必须贯穿整个青少年时期。在这一点上，比维斯的路线当然要比伊拉斯谟温和一些，但也认为，在15岁之前，教育应该只限于语言学习。

因此,无论是对于比维斯还是对于伊拉斯谟,语言教学都成为首要的主题,成为教育中主要的知识学科。

这项目标一旦设定,也就带来了一整套新的教育理论。至于人们是如何说明这种目标的,我们待会儿就会看到。

要教会年轻人用一种纯正而典雅的风格写作,唯一的办法就是让他们尽可能亲近地沉浸在伟大的文学作品当中,让那些作品充当楷模,让持续的接触培养起他们的品味。而在16世纪,唯一符合这些条件的语言就是古典语言。所以,伊拉斯谟、比维斯以及其他那么多的人,才都会认为拉丁文和希腊文的重要性无出其右,从这些语言中可以看出思想养料的最高形式。

这种观念是一项实实在在的创新,认识到这一点是非常重要的。当然,早从中世纪开始,拉丁文就已经成为学术语言,甚至比此后的时期还要排斥其他语言。实际上,民族语言在各大学和学院里是完全禁止的;甚至不允许学生们用它来进行私下的谈话。与此相反,文艺复兴时期的某些教育家们却允许使用它,甚至可以用它来讲解课文。不过关键的差别还在于,经院哲学家们想都不曾想过要赋予拉丁语什么教育价值,他们只把它作为一种活语言来使用,便于来自各色民族的人们相互之间使用,但与口语没有什么根本差别。对他们来讲,拉丁文就像任何一种活语言一样,也应该会继续以这样一种方式演进,以便能够表达新的观念,适应新的需要。这是件挺自然的事情。所以,一旦有必要,他们会毫无顾忌地改变语言的形态,大胆引入许多新词新义,它们多少有些不合规范,但并不会令经院哲学家们感到震惊。相反,对于伊拉斯谟和比维斯来讲,这些变形几乎等于是对神圣的放肆亵渎,对文明的野蛮破坏。因为在他们看来，拉丁文不仅仅是一门方便实用的国际语言。他们认为，作为一种教学工具，拉丁文具有的价值无与伦比。由于拉丁文具备了这种作为文学标准语而被赋予的角色，所以，根据这些方面来看有权成为课堂讲授中的唯一语言，也就是最典型地体现出这种文学标准性质的语言，换句话说，就是古典时代的拉丁语。只有这种语言能够实现人们对它的期待。因此，人们当然不允许它和普通生活掺和在一起，不允许它和普通生活一起演变。相反，它必须从普通生活中抽离出来，免受变迁的影响，将已经引入的所有歪曲和讹误统统清除，维护自奥古斯都时代前后就已经达到的纯正完美的状态。[①] 在这样一种不随时移而异的形式中凝结下来的，也就是从今往后应当如何教授拉丁文的方式。而我们现在真正探讨的拉丁文和中世纪的拉丁文已经大不相同，拉丁文第一次作为一种死语言进入教育。然而，正是这种死语言，据说是为在世的人们的思想发展树立了典范。

这就说明了学生们为什么不需要对所有的作者都熟悉，为什么编排得当的文选一册在手就已足够。重要的问题不在于灌输给他大量芜杂的知识，而只是要培养他的品味。要实现这一点，关键不在于要他熟悉一大堆的作者，而在于应该让他刻苦精研这些作者中的佼佼者，所有那些可以充当他楷模的人物。因此，必须对这些作者做出筛选，有所甄别。而筛选他们的方法本身就表明了伊拉斯谟与拉伯雷的教育原则之间的巨大差异。拉伯雷所喜好的那

① 奥古斯都时代前后，即屋大维于公元前 31 年掌握罗马全境政权前后，涌现出一大批以拉丁文写作的杰出作者，内中佼佼者如维吉尔、西塞罗、贺拉斯、奥维德、李维等。——中译注

些作者,也就是描述各种东西的知识片断的汇纂者,那些广闻博识的人。而现在被指定要做特别研究的作者,推荐的理由则是因为他们的文学价值:维吉尔、贺拉斯、荷马、欧里庇得斯。不错,教师本人的学识必须更加广博。但是,这种广博学识并非单凭其本身而成为善好之事,本身并不具有某种内在固有的价值,而只是因为教师需要它,以便有能力让他的学生们欣赏自己正为他们讲解的作品。这是因为,为了让学生们对作品中的文学价值做出回应,他们就首先得理解这些作品;而为了让他们理解这些作品,通晓整个古代文明就是对教师的基本要求。如果说教师必须了解神话,那并不是因为它有助于理解以往时代的宗教是如何构建起来的,而只不过是为了能够对那些作品中神话的作用相当重要的诗人做出阐释。如果说他需要对地理学有所研究,那是为了能够阅读历史学家的东西。如果说他需要阅读历史学家的东西,那又是因为几乎没有什么作家不会在某个地方讨论到历史事件。也是同样的原因,决定了他需要熟悉战争的技艺、耕作的技艺、知晓古代的烹饪、建筑和音乐。因此,博学远非以其自身为目的,而是缩减成通向另一种教育目的的手段:作为文学讲解的一种辅助。伊拉斯谟甚至明言,即使说我们必须研究自然界中的事物及其属性,那也不是为了理解它们,而是为了理解从它们那里得出的种种比喻、比较和文体辞格。

我们已经可以开始感觉到,这种新的教育理论与我们的中学里依然实施着的那种教育理论有多么接近,只是后者的形式略微中和,有所调整。但是,假如我们深入细节,其间的种种相似之处或许还会更加明显,更加重要。因为事实上,正是在伊拉斯谟和他的同时代人那里，出现了学术练习，其中有些还依然支撑着我们的课程体系。其中最重要的就是从文学的角度来讲解文本。经院哲学家的那种"讲解"(expositio)，主要目的还在于重新构建思维的逻辑发展，现在不再是这样一种"讲解"，而是一种评注，点明所考察的作品在美学上的长短优劣或者文学上的独特之处。人们认为教师要指出哪些地方表现出典雅的风格，指出哪些属于古旧用法，哪些又属于新词新义；他会点出哪些段落含糊不清或有待批评；他将所考察的篇章与同一作者的其他篇章相对照，或者与类似于该作者的另一作者的篇章相对照。几百年来，我们的修辞老师不一直在按照这样的方法教学么？如果学生遵照伊拉斯谟的建议，他甚至会悉心关注篇章中措辞、惯用语以及结构方式的起承转合——如果这些东西看起来特别值得模仿。此时出现的最早形式的词汇手册，直到将近二十年前修辞老师们还在使用。伊拉斯谟甚至亲自写了一本这方面的东西，题目叫《语词能力评议》(*Commentarius de verborum copia*)，这篇论著无非就是一部搜罗广博的词汇书，供未来的修辞教师们所用。

要想学会写作，不能光靠阅读，自己也得动笔。伊拉斯谟说，手握之笔就是写作技艺最棒的老师。这样就有了一种新型的练习：文体的练习，书面的作文，在历史上第一次出现了。在此之前，还没有出现过任何类似的东西。在中世纪的大学与学院里，学生们主动的功课只限于强记硬背和相互辩论。因为重要性完全在于内容，而根本不在于形式，因为观念本身据信就在三段论那非人身化的形式里流动着，所以他们不可能想到要创立一种文体方面的练习。一切都以口头的方式传播着。我们知道这种新的观念带来了怎样的进步,因为它迅速就到处接管,几乎没有给口头练习留下半点地盘。

更让人感到奇怪的是,在绝大多数的情况下,这些练习的形式几乎都一直留存到现在。且不说翻译和作诗,我们还看到出现了严格意义上的作文,出现了记叙,阐发道德方面的某种主题,演说,还有信函。比如说,阿伽门农向墨涅拉俄斯做演说,劝他放弃复仇的渴求;墨涅拉俄斯向特洛伊人做演说,劝他们放弃海伦;西塞罗的一位友人致函西塞罗,劝他拒绝安东尼提出的各项条件;如此等等。就好像今天一样,设定了主题,就得同时给出一套多少具有实质性的论证,可以表明主要的观念是怎样发展出来的。伊拉斯谟并不是自己凭空发明出这种练习的,他这种观念是从利巴尼奥斯和塞涅卡之类的古代修辞学家、雄辩家那里借来的。[①] 他们在那么长的时间里一直默默无闻,是 16 世纪将他们重新唤醒,赋予他们新的生命,而他们也以 16 世纪给予它们的那种形式,一直流传到我们自己所处的时代。

整个这种观念,与经院哲学和拉伯雷都是相去甚远。对于中世纪也好,对于拉伯雷也好,教育的最高工具就是知识。当然,对于什么称得上是知识,两者各有各的观念。对于中世纪来说,知识就是思想上的比武大会,充满刀光剑影;而对于拉伯雷来说,它是

① 利巴尼奥斯(Libanius,314—393 年):希腊雄辩家、修辞学家。其演说和信件对当时教育情况的描绘颇具价值。

至于塞涅卡,涂尔干此处所指不明,应该是老塞涅卡(Lucius Annaeus Seneca,约前 55—39 年)。著有《演说家修辞风格分类》,保存有约 100 个演说艺术的范例。——中译注

一场丰盛奢华的欢宴，就连最旺盛的食欲也能得到满足。但是，对于两者来讲，需要练习和培养的都是理智，不管这种理智是被理解成知识的能力、理解的能力、博闻的能力还是推理的能力。而在伊拉斯谟看来，需要练习和培养的是自我表达的技艺，是文学的才能。当然，他并不完全排斥科学知识，但是他充其量也只把这种知识看作是次要的，只是附带提到它，作为教学的附属之物。实际上，他在给比维斯的一封信里写道，有关语言的知识是为更高等级的研究（graviores disciplinae）做准备。可是，这些高等的研究又落实在什么地方呢？他倒是不敢完全不让人去读《工具论》；学生如果已经接受了全面的文学教育，还是允许他转向《工具论》的。但是，他又建议到，不能在那上面太耗功夫。辩证法之所以能引起他的兴趣，只是因为能够有助于修辞和雄辩。数学也是这样，浅尝即可（degustate sat erit）。至于说到物理学，他也同样是心口不一：学生要是对这块领域的知识有所涉猎（nonnullus gustus），他也是挺满意的。他的《家庭对话》（*Colloques familiers*）中有两篇谈到了物理学，从他讨论的方式可以明显看出，就他而言，这种知识除了有助于更进一步的文学研究，也就没有什么学习的价值了。出于自娱，他翻检出各种各样的虚幻传说，或者是以下这种问题："我们脚下的对跖点的人，为什么不会掉到天上去？"

因此，我们在这里探讨的一种教育概念，与我们迄今为止一直在探讨的那种教育概念大不相同。它的独特之处就在于，事实上，文学被认为本身就是所有学科中最具教育作用的一种。首先是在文学中寻求塑造学生思维的手段。文学就此被赋予异乎寻常的重要意义和教育功用，并且如此长久地留存在人们的舆论之中，对此我们又该如何说明?

我们已经指出,文艺复兴在道德上和思想上的重大革命的诸多起因当中,有一点便是公共财富与公共福利的增长。人变富了就会找出新的需要。奢侈之风的发展会使人的性格变得更为精致,更为温文尔雅,野蛮的攻击性也会少些。人们放弃了他们粗鄙的生活方式,结果,在此之前他们一直浑然不觉道德与风俗上有何粗鄙之处,现在却变得让他们无法忍受了。就这样,一步一步地,在他们当中生成了一种对于礼貌社会的品味,以及这个社会中那些优雅的礼仪、更为精致的消遣、更为矫饰的趣味。这是因为,在一个礼貌社会的环境里,个人自利的粗野至少会隐藏在一种普遍的相互同情之下,而人们也会生活在一个多少有些充满幻想的理想化生活当中,远离具体的生存现实,人们暂时将自己的视线从现实中移开,这样,思维就能够稍事休息,重新打点精神。

伊拉斯谟在多大程度上感受到这样的需要,就体现在他写的一本书上:《少年礼仪规矩》(*De civilitate morum puerilium*),具体的宗旨就是要教会孩子如何讲礼貌。他是那样地重视礼貌问题,以至把它作为教育的一项不可离弃的目标。人们第一次系统而深入地探讨这个问题,作为可以独立存在的一项特别话题。这证明了对于礼貌社会的品味才刚刚形成。不过在另一方面,这本小册子取得了异乎寻常的成功,也表明当时这种倾向是多么地普遍,表明它对人们只是含含糊糊意识到的一些渴求做出了回应。此书于 1530 年在巴塞尔首版,仅仅两年之后,就已经在伦敦重印。但它还是在法国最受赞誉,很快成为一本标准教科书。而从 1537 年开始,各种译本和仿作更是层出不穷。

拉伯雷也同样享有这样的情感。说到底，他为什么会对最初被委托来负责高康大教育的索邦老师们大加鞭挞呢？因为他们把高康大培养成了一条蠢汉，一个对社会交往浑浑噩噩的家伙，不知道怎样在社交场合里找到自己的位置："高康大的父亲看见自己的儿子确是用心读书……可是没有得到什么好处，相反地，却变得疯疯傻傻，呆头呆脑，昏昏沉沉，糊里糊涂。"碰上社交场合，"高康大呢，所有的举动就是用帽子遮住脸，像一头母牛似的哭起来，谁也没法使他说出一句话来"。这个上不得台面的乡巴佬，土包子，就是旧式教育的产物。在拉伯雷笔下和他形成鲜明对照的，是一位年轻的小侍从，名叫爱德蒙，温文尔雅，礼仪得体，行止有度："打扮得衣冠楚楚、整整齐齐、干干净净、落落大方，真是与其说是个小孩儿，毋宁说是个小天使。"当被邀请向高康大致意时，"爱德蒙……把帽子拿在手里，面目开朗、唇红齿白、目光镇定，以童稚的谦虚态度注视着高康大。他自己站得笔挺，开始对高康大又夸又赞……举手投足如此得体，吐字发音如此清晰，语调流转如此圆润，说的那一口拉丁文，词清句丽，纯正典雅，哪里是这个时代的一个小娃子，简直是古代的什么格拉古、西塞罗或者伊米留斯了"。① 至于特来美修道院，如果不是有史以来设想出的最讲礼貌的社会，最优

① 本段内容见《巨人传》第一部，第 15 章，中译参考上海译文版译文，有改动。"爱德蒙"在希腊语里的意思是"幸运、福气"，请注意书中描写的他还未满 12 岁。

格拉古：此处涂尔干所指不明，由于大小格拉古均年少从政、辩才无碍，我们无法判断。大格拉古即提比略·格拉古（Tiberius Gracchus，前 169 至前 164？一前 133 年），前 133 年任罗马护民官。小格拉古即盖约·格拉古（Gaius Gracchus，前 160 至前 153？一前 121 年），前 123 年和前 122 年连任罗马护民官。两人皆接受当时新的希腊启蒙文化教育，长于公众演讲。

伊米留斯（Emilion）：古罗马政治家。——中译注

雅的社会,最精致的社会,那又是什么?在那里可以享受到的快乐,完全来自于不同的头脑在彼此的接触中,在相互的交谈中,在社交的维持中,所体验到的那些愉悦。

这个礼貌社会,也就是人们含含糊糊感受到的这种需要,其实并不需要从头营建或凭空设想。正是这一点让这些渴求变得有血有肉,指引着它们的方向,增强着它们的力量。从此,在人们的眼前,就有了一个相对比较完好的成型实例,这就是贵族的世界。实际上,年轻骑士的成长环境与年轻的神职人员、未来的艺学业士大有不同。人们不教他辩证法,而是教他骑术、剑术、体操、舞蹈、声乐、音乐,教他怎样才能举止端庄,风度优雅,措辞不失礼数,交谈应对自如。他并不一定非得学习写作,但他一般都通几门外语,以及各种形式的史诗文学,从古代留赠给我们的那些开始。从中世纪以来,贵族的城堡与宫廷就成了优雅生活的中心,年轻人在那里扮演着举足轻重的角色。而现在,由于公共财富分配上发生的变化,不同阶层之间的距离已经缩减,有闲阶级发现他们与贵族之间更为接近了,所以,他们也就很自然地会体验到一种欲望,要为自己,即根据自己的意愿仿效这种精致生活的样板,复制这样的生活;对于这样的生活,多少个世纪以来他们一直遥遥地景仰着,羡妒着,从不曾幻想有朝一日也会落到自己头上。

在当时的教育理论家脑子里,至少在他们当中某些人的脑子里,无疑是萦绕着这种贵族生活的理想。伊拉斯谟试图在他的《少年礼仪规矩》中推广的,正是这些宫廷礼仪举止。他在论文的一开始就提请我们注意到了这一点。年轻的爱德蒙,作为新式教育的产物,是作为一个小侍从出现在我们面前的。而特来美修道院也不是一个由贵族男女组成的社会，在那里，知识的高贵与出身的高贵有着同样稳固的根基。只要想到思想上、心灵上的交谈所扮演的角色，说它称得上是一个货真价实的爱人们的宫廷也不为过。

这种人们所渴求的目标又是如何实现的呢？人们又是如何学会摆脱自己身上的粗鲁和鄙俗的呢？他们雄心勃勃地渴求这种更加高贵的生存，而这又离不开那种精致的品味和纤细的敏锐；历史上所知的最有文化、最具修养、最讲文明的那些民族的精神传统，就体现在古典文学当中，我们今天还依然从那些作品里和这种精神特性相遇，除非浸淫在这些文学作品当中，否则，人们又如何学会掌握那种精致的品味和纤细的敏锐呢？从这个角度来看，古代人，尤其是他们的伟大作家们，很自然应当担负起教育的职责。如果我们期望对这种教育理论做出评价，也就是我们下一讲要做的工作，就一定要以此为出发点。

第十七讲　16世纪的教育理论

——人文主义运动与学院派运动之比较

我们已经相继回顾了16世纪兴起的两股重大的教育思潮。以拉伯雷为代表的第一股思潮，特点就是一种全面扩展人性自然的需要，但同时首先是不加拘束地喜好广闻博识，是无法满足的求知欲望。以伊拉斯谟为典型的第二股思潮，则缺乏这样的广度，没有这样高远的宏愿，恰恰相反，它将人类文化的整体原则缩减为单单是文学的文化，使对于古希腊罗马时期的研究几乎成为这种文化的不二法门。在拉伯雷的教育思想那里为知识留出的位置，在这股思潮里被说与写的技艺所占据。教育的根本目标成了训练学生赏析希腊罗马时代的经典巨著，并从精神上仿而效之。因此，就出现了这样一种教育形式主义，我们从中似乎看到，它孕育出了拉伯雷和16世纪的博学鸿儒，随后伊拉斯谟又以一种新的形式，重新确认了它对于我们的主宰。加洛林时代的文法形式主义和经院哲学的辩证法形式主义如今由一种新型的形式主义接过，它就是文学形式主义。

就这样，我们已经概括了这第二股思潮的特征，现在需要来说明它。这些教育立场表面上相距甚远，但由于它们至今依然构筑着我们的古典教育的基础，而且它们之间有着明显的关联，因此问题也就显得愈发重要。所以说，搞清楚它们是从什么时候起源的，又顺应了什么样的需要，也就是事关宏旨的问题了。

恰恰是在这些新的教育倾向出现的时候，人们的风俗礼仪也发生了一场变迁，它的重要性怎么说都不为过：这就是礼貌社会的发展。当然，我们也已经指出，贵族的世界，城堡宫廷的世界，始终是一种特别的环境，这样的环境主要是受女性的影响，种种道德风俗与礼仪举止都透着别处无法找到的优雅与高贵。但是到了16世纪，这种对于精致和文雅的需要，对于更为纤细的社交消遣的品味，都同时变得越发强烈，也越发普遍。从布尔西兹（Bourciez）先生写的《亨利二世时代宫廷文学中的文雅风俗》（*Les Moeurs polies et la littérature de cour sous Henri* Ⅱ）中，我们可以读到，在这段时期，马上比武大会、赛马大会、长途狩猎，是怎样被俱乐部和沙龙所取代的。前者都是骑士团在和平时期的消遣，而在俱乐部和沙龙里，占据主要角色的又是女性。

事实上，一旦缺乏通过正常渠道满足这种需要的手段，人们就会耗费巨大的心力，创造出人为的替代手段。这就证明了这种需要是何等地强烈。识字的人群遍布欧洲各地，他们无法借助口头话语来维持交流，就转而通过通信的快乐来替代交谈的快乐。没有能力直接交谈，他们就相互通信。在这段时期，书信体文学的实际发展与重要意义都达到了异乎寻常的程度。彼特拉克告诉我们，他一生有相当一部分时间都花在写信上。[①] 这些信件所写的

① 彼特拉克（Petrarch，1304—1374年）：意大利文艺复兴时期学者、诗人、人文主义者。他的致理想化恋人劳拉的诗篇，促进了文艺复兴时期抒情诗的发展。他曾经写了350多封致古代贤哲如苏格拉底、西塞罗、塞内加等的诗体信札。——中译注

并不像我们今天那些家长里短的琐屑沟通，只是为了告诉不在场的某个人，我们现在在干些什么，我们最近碰上些什么事儿。它们是一些文学短篇，探讨一些普遍关心的话题，既有文学的问题，也有道德的问题，探讨的方式就好像在沙龙里一样。不仅如此，这些信也不是写给哪个单个收信人的，而是在不同的人之间传阅，至少以抄件的形式流传。欧洲的识字人口就此形成了某种知识分子的社会，尽管散布在欧洲大陆的四面八方，从那不勒斯到鹿特丹，从巴黎到莱比锡，但是幸亏它的成员不顾相隔遥远，为了保持相互的接触，维护彼此的交流，做出了巨大的努力，所以这个社会并不缺少统一性。

显然，在经院哲学那里，没有任何东西可以满足这些新的品味；相反，它肯定会厌恶这些玩意儿。因为它毫不注重形式，所以为了满足各种各样的思想要求，它会不分青红皂白地篡改语言，根本不考虑纯洁或和谐之类的问题。它是那样地看重论辩，所以发展出来的那种品味不是偏好精妙、雅致或者有分寸感的观念，而是追求教条式的毫不含糊的意见，这一特征是这样地突出，以至相互冲突的意见完全可以做清楚的对比。不仅如此，从这种极端化对立中孕育出来的狂烈的主张，也只会助长行事方式上的粗野无文，就好像马上比武之类的惯例长久以来在贵族骑士身上滋养出来的习性一样。中世纪的学人主要关心的是用自己的滔滔雄辩粉碎对手，一点儿也不在意自己的外在表现是不是富有魅力。他的穿着打扮和举手投足，都是邋里邋遢、土里土气，恰恰反映了这种思想状况。

在这里，我们明白了为什么新的一代会对经院哲学及其方法感到如此震惊和厌恶。乍看起来，经院哲学论战的粗言恶语好走极端，与纯粹教育目的的争论是那么格格不入。但是，这里涉及的问题其实要宽泛得多。16 世纪并不只是指责经院哲学成天忙着某些可以商榷的或者令人遗憾的学术实践，而是指责它弄出一门野蛮粗鄙的学派。因此，像“野蛮”(barbarus)“荒唐”(stoliditas)“粗笨”(rusticitas)之类的字眼，屡屡出现在伊拉斯谟的著述当中。在这些已经精致化了的头脑看来，经院哲学家基本可以说是个不折不扣的野蛮人(不要忘了伊拉斯谟那本《反对野蛮人》的书名)，说的那种语言几乎没有人性，听起来很是粗鲁，形式上毫不优雅，只以争论、吵吵嚷嚷、斗嘴之类取乐。总之，对文明的一切好处、对为生命增光添彩的任何东西都浑然不知。我们很容易理解，面对这群立意要让人性变得更为温和、更加优雅、更有教养的人，这样一种教育体系能够在他们那里激起怎样的一种情感。

要想去除人的理智中的粗野之处，让它变得优雅而精致，唯一的途径就是将其引入一种优雅而精致的文明中，使其与这种文明建立起亲密关系，这样，它才可能逐渐赋有这样的精神。而那段时期唯一能够满足这项条件的文明，就是古典时代的文明，是在当时那些伟大的作家、诗人和演说家的作品中体现出来并保存下来的那种文明。因此，这些作品也就很自然会被认为是为学校教师们提供了年轻人所需要的东西。伊拉斯谟说：“那么，又有什么东西，能够引导还处在石器时代的这些粗鄙的人，朝向一种更人性的生活、更温文的性格、更文明的道德发展呢？难道不是文学吗？正是文学，塑造着头脑，安抚着激情，遏制着自然性情的不羁迸发。”这样说来，除了希腊罗马的文学，就不再有其他地位确定、发展成熟的文学了。

考虑到这一点，塑造孩子的道德环境就必须包括这些文学现存的所有基本内容。因此，这段时期的公众对希腊罗马文明的经典著作抱以莫大的关注。如果说人们对这些作品赞赏有加，如果说他们一心想要仿效它们，也并不是因为这些著作在历史的这个时刻重见天日，被人们发现，一夜之间培养起人们对于文学的品味。恰恰相反，这是因为人们刚刚获得了对于文学的品味，因为有了一种新式的文明，它们突然成为热情景仰的对象；因为它们相当自然地作为满足这种新需要的唯一可用手段而出现在这个世界上。如果说这批规模庞大的文献此前一直为人所忽视，那也不是因为人们对其一无所知（我们已经看到，人们知道其中的主要作品），而是因为人们并没有欣赏到其中的长处，因为它们并没有回应任何现时代的需要。相反，如果说在公共舆论的眼里，或者至少说在某些公共舆论的眼里，它们的价值无与伦比，那是因为正在发展出一种新的心态，而且只能在古典作品的学校教育中得到充分的实现。你甚至会疑惑，这段时期里之所以有了更多的发现和发掘，是否只是因为从此以后这些发现的价值才会得到充分的欣赏，所以人们才会投入更多的聪明才智去从事这类活动？要发现就必须寻找，只有当你十分注重自己希望发现的东西时，才会很热心地去寻找。

因此，人文主义者们的教育观念并非单纯出于偶然，而是来自于这样一个事实，它对我们国家道德历史的影响力是很难夸大其词的。我指的就是礼貌社会的创立。如果法国的确是从 16 世纪开始成为文学生活和思想活动的中心，这是因为同样在这段时期里，在我们当中演化出一种上流社会（société choisie），由具有精神修养的人士组成，我们的作者们写作的对象就是这个社会。他们所传播的正是这个社会的观念与品味，他们为这个社会而写作，为这个社会而思想。恰恰在这里，在这个特定的环境里，孕育出了从16世纪到18世纪中叶一直推动着我们的文明前进的力量。像伊拉斯谟所设想的那种教育目标，就是要让人们为这个不是人人都可进入的特定社会做好准备。

在这里，我们同样可以看到这种教育理论的基本特征，同时也是它的根本缺陷。从根本上来说，它具有贵族统治的性质。它致力于塑造的那种社会，始终以宫廷为核心，而它的成员也始终来自于各级贵族，或者至少是来自有闲阶级。事实上正是在这里，也只是在这里，优雅和修养才能有蓬勃发展的可能，对于优雅与修养的培育和发展会被认为比什么都重要。无论是伊拉斯谟，还是比维斯，都不曾意识到，这个小世界再怎么群英荟萃，也是相当有限的；在它之外还有芸芸众生，是不应该忽略的，教育也应该面向他们，提升他们的思想层次和道德水准，改善他们的物质条件。

即使他们的脑海里有时确实闪现出诸如此类的想法，也只是一念之间的事情，他们并不认为有必要详尽地考察一番。因为伊拉斯谟认识到，这种代价高昂的教育并不是人人都适合的，所以他不能确定穷人会怎样做。对于这个意见，他给出的答案非常简单："您要问穷人能够做什么。那些几乎不能让自己孩子吃饱肚子的人，又怎么有能力在一段漫长的时间里，给予孩子们正确的教育呢？对此我只能借用喜剧作家的台词来回答：'您不能要求我们愿意实现多少就有能力实现多少。'我们说的是抚养一个孩子的最佳方式，我们无法生产出实现这种理想的实际收入来。”他只限于表达一种愿望，希望富人会资助那些天资聪颖但为贫所困而不能尽显才华的孩子。他甚至似乎没有认识到，即使能够让人人都享受到这种教育，也不会解决困难。这是由于这种普及教育并不适合大多数人的需要，因为对于大多数人来说，维持生存就是高于一切的需要。而为了生存下去，需要的技艺并不是精湛的演讲，而是严肃的思考，以便让人知道该如何去做。人文主义的教育理论家们只想着拿些华而不实的东西来装点头脑，却排斥了其他所有东西。而为了在人事纷乱的世界里卓有成效地奋斗，就需要更见实效的武器。

经院哲学尽管有许多抽象的成分，但它身上却渗透着一种更加实用、更加现实、更具社会性的精神。现在想想，这种精神要多得多。事实上，辩证法回应的是切实的需要。观念与观念之间在精神上的冲突与竞争，构成了生活中真正重要的一块。这种艰辛的思想体操让思想强劲有力，生机勃勃，有能力服务于具有社会效用的目的。因此，我们必须小心，不要认为中世纪的学校所培养出来的人，就只是满脑袋不切实际的空想，或者只想着寻找第五元素，或是只知道为无谓的琐屑问题争吵不休。真实的情况恰恰相反。当时的政治家、教会要人和行政管理者，就是在中世纪的学校里培养出来的。这种训练虽然已经被贬毁得不成样子，却创造着实干家。而伊拉斯谟所建议的那种教育，倒是使人对生活的准备完全不足。修辞取代了辩证法。那么，如果说在古典世界里，雄辩的演练不仅成为一种职业生涯，而且还是最重要的一种职业生涯，所以修辞有很好的理由成为古典世界教育的特征；可是在 16 世纪就绝对不是这么回事儿了，这时候，雄辩在严峻的生活事业中所起的作用相当有限。因此，一种教育理论要是将修辞作为首要的学术课程，就只能培养出与奢侈生活相关的一些才能，与必不可少的生活要求毫无干系。

这种出发点上的错误还意味着另一种错误。如果说这种教育是一种针对奢侈生活的教育，那是因为它只培养文学和审美方面的才干。而任何一种完全属于或基本上属于审美的文化，自身中都会蕴含着不道德的萌芽，或者至少是低级道德的萌芽。实际上，按照定义，艺术就倾向于非现实的领域、想象的领域。即便当艺术家所表现的主题取自现实，也不是这种现实导致了艺术主题的美。诗人在他的诗篇中创造出来的人物角色是不是在历史上确有其人，这对我来说没有多少关系。我对人物的景仰取决于他的美，即便他完全出自艺术家的想象，也丝毫无损于他的美。事实上，当幻觉过于有效，导致我们将为我们描绘的场景看作现实的存在，美的愉悦倒反而会消失。我们要想欣赏这样的美，只有清醒地意识到，我们正在见证的事件并不能真正左右人们的命运，让像我们自己一样的人受苦受难，不管是身体上的还是精神上的；我们看待向我们描述的东西时，眼光要和它们在现实生活中呈现给我们的相当不同。一句话，我们只有抛却现实的眼光，才能充分投入审美的经验。

与此相反，伦理则是在行动的领域里运作的，要么奋力应对实在的对象，要么失落在虚空之中。以合乎道德的方式行动，也就是善待有血有肉的生物，改变现实的某些方面。要想感受到改变现实、转换现实、改善现实的需要，就一定不能使自己脱离现实，不管现实中有着种种的丑陋、猥琐和平庸，也必须留守现实，热爱现实。绝对不能为了冥想一个想象中的世界，而将自己的视线从现实中掉转开去，相反，要始终坚定地直视现实。正是因为这一点，一种文化要是沉湎于审美价值，就往往会产生道德方面的松弛懈怠，因为它使我们不去直面现实世界。我们学会如何履行自己的职责，可不是通过编纂各种观念，或是和谐自如地遣词造句，控制抑扬顿挫，把握词义的细微差别。从这个角度来看，艺术能够掩饰自身的不足，甚至连自己也受此蒙蔽，这更加剧了它所能造成的祸害，因为它可以选择道德本身作为自己创造的基本对象，以理想化的方式向我们展现什么是道德高尚，从而使我们在想象之中过着这样一种生活，拥有了真正的道德生活的种种外在表观，唯一的差别只在于，在这种情况下，它完全是一种虚构。我们只是太乐意把这种简单的思维把戏当真了。人们太轻易便相信自己是虔诚的，只因为他们有能力以优美的方式赞颂虔诚，或者因为他们从聆听这样一种赞颂当中获得享受；他们认为自己属于道德高尚之辈，因为他们知道怎样以适宜的方式谈论道德原则，或者因为他们能够欣赏到自己用来形成主题的那些裁剪得当的观点中的价值。这种信念的虚假之处无需多说。这是因为，从根本上来讲，真正的德性在于以一种适当的方式行事，能够将自己身上某种内在的方面加以外化，而根本不在于对高尚的图景和动人的品格闷头进行精神构建和个人沉思。最有文化的那些人所代表的那种德性，在绝大多数情况下只存在于想象当中。

如果说在任何完全属于文学性、审美性的文化里都有这种固有缺陷的话，那么，在16世纪人文主义者具体勾陈的那种特定文化里面，就有一种特别的成分更加剧了这种状况的危险。它所产生的教育究竟包括哪些内容？向孩子展示古典文明，并不就是让他可以像一位学者那样精通它，理解它是怎样构建出来的，而是让他浸淫其间，“取其精髓”，就像蒙田后来所说的那样，因为这样有助于他塑造自己。他必须拿这种文明当自己的文明来体验，因为首要的练习仿佛就在于让古人重新开口说话，为此他需要自己吸收他们的思考方式。从一种历史的角度、教育的角度来看，试图要按照一种在1500年前就已经达到自身巅峰的文明的形象，来塑造一个生活在16世纪的人，这里面难道不是有一种不折不扣的荒唐吗？那么，我们是不是要把16世纪致力体现的那种道德，也就是最能适合它的切实需要的那种道德，说成是无非属于异教伦理的重新恢复、重焕生机呢？那样的话，我们就不得不认为基督教是一种横插一杠的历史顿挫，是人类艰辛追求但却收获甚少的一段歧路。因为它最后又回到了最初的出发点。这种命题是完全站不住脚的，根本无需具体证明。真实情况是，从罗马帝国终结之时，经过整个中世纪，有着漫长的演进历程，最终人们阐明了某些迄今为止并不知晓的道德信念，尽管它们本身注定会演进和转化（因为甚至在伦理里面，也没有任何亘古不易的东西），但现在却被认为是人性自然中的确定特性。在这些信念当中的首要的信念，可以认为最典型地体现了已经成为我们文化传统一部分的这种新型伦理。这种首要的信念一定牵涉到义务的概念。

希腊罗马时期的道德学家对这个概念是闻所未闻，或者至少可以说，他们对此只有一种非常模糊、缺乏依据的观念。不管是在希腊文还是拉丁文里，都没有任何术语或相应位置对应于义务的概念。他们不是把道德理解成一种绝对法则，发出命令，并且只因为发出了命令就必须遵行；而是理解成一种很有诱惑力的理念，有着内在的吸引力，可以自动地指引任何成功地看清它的人的意愿。对这些道德学家来说，道德的问题表现为：什么是至善，是最值得追求的对象？虽然关于幸福之路在何方，他们是各执己见。不过，他们都认为德性与至福的境界不可分割。正因为这一点，他们所有的学说，哪怕是最高远出世的学说，哪怕是斯多亚的那些学说，都是从他们永远无法摆脱的幸福伦理中衍生出来的。

在这方面，它们与基督教孕育的那种伦理构成了极为鲜明的反差，但后者注定要取而代之。根据基督教伦理的立场，所有关于个人幸福的考虑都必须从整个道德领域中驱除出去，因为它们只能是助长腐化堕落，消减我们行动的道德价值。基督教的理想生活方式，就是履行你的义务，因为那是你的义务；就是遵循那些规则，因为那是规则。而要做到这一点，有赖于认识到，要通过驯化人的本性，让它臣服于神性的法则——这种法则的目标就是一个：圣洁(saintеté)，以此将人从其本性的层面上提升上来，免于自己本性的牵制。与此相反，古代的理想则是和本性自然和谐一体的；人类生活的法则应该到自然中去寻求，"Sequere naturam：zēn homologoumenōs tēphusei"(效法自然)，斯多亚学派和伊壁鸠鲁学派一致都将这项原则作为各自体系的基础。

即使在整个质朴无文的中世纪，基督教的理念的确过于集中在一种严苛的苦行精神上；即使人们可以公允地指责它过于蔑视感官和肉体；即使至少可以说，既然时代本身已经变得不那么艰难了，那么这种质朴无文的局面也就不必要了——但是，还有一点也是同样明确的:我们现代的世俗道德变得更有人情味、更为平和,对待人们的脆弱与不幸不再那么苛刻,从而在过去与现在都并不非得有责任兜售这种高不可及的理念。同样,对于我们来说,道德的唯一立足点只在于奋斗、竞争、牺牲和无私的领域;对于我们来说,道德生活不只是踏上一条很容易下滑的道路,在经验上可以说是被我们的生理本性所预先规定的。相反,道德生活的关键在于用我们自己的双手,在这个基础上建造起一种合乎自然的结构,更为具体、更为高尚,真实地、独特地展现出人性的特点,完全属于精神性的,只有我们有能力创造它,但是它的营造过程是那么费力,那么艰辛,以至如果我们不是从道德和社会的角度上感到有责任去履行这项工作,甚至都不曾有人去尝试。

在这里,我们有了两种相当不同甚至相互矛盾的道德体系。因此,如果让孩子生活在一个特定的环境里,充满了古典教育,是伊拉斯谟所描述的那种学术组织的必然产物,那么唯一可能的结果便是使孩子的道德意识产生困扰。他必将成长为一个道德上的混血儿,与自己产生隔阂,在过去与现在之间产生撕裂,被冲突弄得无精打采。有些教会神学家斥责完全来自异教的教育蕴含着种种危险,他们凭着直觉多少比较明确地预见到的,正是上面这种情形。这些相互冲突的生活观一旦被允许与学生们的心灵相伴成长,就只能起到彼此削弱的作用,让道德动因陷入十足的纷乱之中。

在这段时期,我们可以看到道德情感上一种普遍的软弱。这其实是无需争议的结论。我只需举一个可以从教育的审美性质中直接推出的例子。是什么为人文主义者提供了主要推动力?是什么驱使他们去读书、学习、创作？是对祖国或整个人类的热爱，或是感到人有义务教化自己的理智？它是不是某种慷慨的热情？当然都不是。他们的动力完全来自异教，在古典文化中曾经具有无比强大的力量，但却完全是非道德性的，基督教随后必须全力消减其压倒一切的影响力：对于这些人文主义者来讲，最高的目标就是享有众口相传的名望。在彼特拉克那里，我们已经看到他承认，正是这种对于荣耀的渴望，把他拉出家庭的小巢，推动他去追求文学生涯的成功：

Implumem tepido praeceps me gloria nido
Expulit et coelo jussit volitare remoto;
对荣耀的热切渴望，将稚嫩的我
赶出温暖的小巢，让我去展翅翱翔；

在他加冕桂冠诗人之后，他又如此赞颂自己的声名：

est mihi fama
Immortalis honos et gloria sueta laborum
我的诗篇
让我得享声名，流芳百世，荣耀无比

与此类似，在《反对野蛮人》的序言里，伊拉斯谟记录下了自己对所有那些能够成功为自己在文学上创出名声的人所怀有的敬意：任谁得享文名，吾将敬为天神（Qui in his［litteris］aliquid opinionis sibi parassent,eos ceu numina quaedam venerabar ac suspiciebam)。他对这些人敬若天神,追随他们的脚步是他的梦想。在他脑子里,只有诸如此类的辉煌,才能补偿并说明作家被迫加在自己身上的那些艰辛的劳作:倘无远大抱负记在心,又有何人能捱过那些无眠的漫漫长夜(Quis tantas tamque diuturnas vigilias adiret,si nihil magni sibi promitteret)?这种激情是那么地强烈,同时与所有的道德考量之间又是那么地格格不入,以至有时候,它会导致令人极为不齿的行为。布克哈特说:"不止一次,这些严肃的史家在叙述某件令人震惊的事件时,都指出背后的动力就在于一种如饥似渴的欲望,要干就干些扬名千古的事情。"[①]美第奇家族的洛伦奇诺就属于这种情况。当他捣毁了罗马的一些古代名人塑像,受到莫尔札(Francesco Molza)的一本小册子的嘲笑时,便决心要干一件光彩耀人的业绩,让自己永垂史册,以此彻底洗刷人们对这件有损声名的指责的记忆。就这样,他刺杀了自己的朋友和君主。像这样的事例,布克哈特举出了好些。[②]

① 布克哈特(Jacob Burckhardt,1818—1897年):近代杰出的文化艺术史学家,著有大量文艺复兴文化史和历史哲学方面的作品。此话来自他写于1860年的《意大利文艺复兴时期的文化》(第二篇"个人的发展"中第三章"声誉的近代概念",中译本第149页,本处有改动)。——中译注

② 美第奇家族的洛伦奇诺(Lorenzino di Medici,1514—1548年):出身美第奇家族幼支,是一位有才华的作家。他在罗马捣毁了一些阿德里安时代最美的雕像的头颅,同属美第奇家族的教皇克莱芒七世要把他绞死,他遂逃到佛罗伦萨,成为亚历山德罗的朋友。而后者正是克莱芒七世的私生子,专横残暴,被其父于1532年立为世袭的佛罗伦萨公爵。1537年,洛伦奇诺将其刺杀。但佛罗伦萨人并未就此起来反抗专制。他后来逃亡各地,著有《辩护》一书,声称其行为是受热爱自由的驱使。但这种高尚动机不怎么得到史家承认。有关记述见《意大利文艺复兴时期的文化》中译本第58、149页。——中译注

我之所以认为有必要强调道德的这一特性，并不只是因为它点明了时代的精神，让这种精神成为鲜活灵动的东西，而且也是因为它对教育思想产生了一种重要而直接的震荡。学校生活是不可能与成年人的生活有本质差别的，它始终是后者的一种缩微形式：因此，行动的动机，人的行为的主要动力，也不可能在不同的情况下各有差别。如果说有一种对于荣誉的渴求，能够在人群中激发起行动，那么，要想在孩子中间激发起活动，也一定会很自然地诉诸同样一种动机来源。这实际上就是伊拉斯谟的建议。他规定的那种训练，与经院时期学校的训练形成了鲜明的对照，据称只想要激起孩子的自尊，他的荣誉感，以及对于得到赞扬的喜好。他说："哲学家莱康[①]认为，有两种强有力的方式可以激发起孩子的活动：一是求诸他们的荣誉感，一是求诸他们对于受人称赞的喜好……赞扬是一切技艺之母。因此，我们不妨来利用这两种激励。"由于只有在相互比较中才能掂量出赞扬的价值，所以应该勇于区别，勇于分出等级。因此，赞扬便会孕育出一种竞争的欲望。教师必须"通过比较不同学生的进步快慢，激起或挑起他们的某种竞争精神(aemulatione quadam inter eos excitata)。甚至还可以通过事先允诺给予竞争的胜出者奖励(praepositis praemiolis)，把赞扬化为可以实实在在看到的物质形式，也不失为一个好主意"。在这里，我们看到出现了以竞争精神为基础的奖励、竞赛、训练的体系，我们也已经看到，这样的体系在中世纪是不存在的。重要的是要在注意到这种体系出现的同时，也具体指明它作为必不可少

① 莱康(Lycon，公元前3世纪)：古希腊哲学家。——中译注

的成分所属于的那些社会状况和道德状况。

和这种文学性、贵族性的教育观相比，拉伯雷的学说似乎是受着一种道德气息的激发，这种道德气息总的来说更为高远、更为有力。人文主义者，文人，几乎只想着要成就辉煌，要充满魅力，要让自己的才华受人赏识、为人景仰。他很少会忽略自己。他最渴望得到的就是赞扬，可是对于赞扬的图慕，是一种以自我为中心的狭隘情感。而拉伯雷所感受到并且希望在他的学生身上唤起的那种对于知识的渴求，却是多么地恢宏宽广！终极的目标就是实现一种不受任何限制的广闻博识，这成了没有人能够达到的高远理想，由于这种理想在人们头上高高地翱翔，也迫使人们不再局限于自身，而是看得更高，望得更远。学人在追求知识的过程中，也逐渐陷入一个浑然忘我的境界。在拉伯雷看来，作为至福境界的神秘的醺醉，不正象征着这种浑然忘我，这种与自身人格的疏离吗？不仅如此，为了成功地理解万事万物，就必须站到自身之外，站到那纯粹的文人怡然自乐的内在形象世界之外；必须和我们周遭的现实世界保持接触，熟悉而亲密地生活在其间。因此，必须对她满怀热忱，必须爱她，爱她的全部，不轻视任何一个方面。对于她所蕴含的一切，我们都不能漠然视之。还记得高康大对他儿子庞大固埃的劝告："要使自己通晓河海溪泉中的各色鱼类，……天空上的各类飞鸟，森林里的种种果木，地上的所有花草，你不可以有什么东西一无所知。"[①]事实上，通过这种方式，人们对于世界是个什么

① 见《巨人传》第二部，第二章。这段话涂尔干在第十五讲中也曾引用，比这里完整些。——中译注

样子获得了更为精确的想法，更为确切的观念；就凭这一点，他也就更好地认识到自己在这个世界中占据什么样的位置。通过拿自己和周遭的无垠世界做比照，他会理解到自己并不是世界的全部，而只是其中很小的一部分。他不再会陷入一种危险的境地，把自己看作世界的中心，所有一切都得与自己相关联。相反，他会领悟到自己属于一个巨大的体系，体系的中心在他之外，无限地超出了他的限度。

这难道不就是拉伯雷在一段广为人知的话里所表达的那种情感——我们知道帕斯卡尔后来也重新提起过——不就是将人与无限相对，与“那片知识的领域相对，它的中心无处不在，它的范围无边无际”吗？在这部幽默荒诞、看上去放荡不羁的小说里，你总会惊讶地碰到没完没了的赌咒，这不也同时说明了这些赌咒的重要意义吗？他的一个英雄般的主人公就曾这样说过：“愿上帝应允，在我们首先赞颂他那最神圣的名姓之前，永远不可以做任何事情。”只要有可能，就会以各种各样的形式明显表现出这样的虔敬之心。有时候是脾胃的简单感恩之情：“毫无疑问，我们应当赞颂万能的上帝，我们的创世主，他帮助着我们，维持着我们，通过这块好面包，这杯令人清爽的好酒，还有这一整块好肉，除了我们从吃吃喝喝中得来的快乐和愉悦，还治愈了我们所有的身心烦扰。”有时候是感受到上帝的伟大和全能，通过精妙的言辞表现出来。庞大固埃对自己释放的一名战俘说，“全心侍奉上帝吧，他不会遗弃你的。因为就连我自己，尽管你也能看到，我是那么地强大有力……我也不会把自己的希望寄托在自己的力量或勤勉上。相反，我把所有的信任都交托给了上帝，我的庇护者，对于所有那些将他们的希望与思想寄寓于他的人们，他都不会弃置不顾……去投入活生生的上帝的安宁吧。”我相信这不是从拉伯雷的行文里抽出来的一段离题之语，也就是说，对他来讲，上帝只不过是一个名字，用来指广袤无垠的自然，作为某种纯粹和善好的自然，我们靠它来养育，我们以它为傍依。他难道不是走得那么远，甚至借女祭司巴布(Bacbuc)之口说，这片广袤的领域，它的中心无处不在，它的范围无边无际，就是我们所称的上帝吗？这种虔敬之心，这种对于神性之伟大的感觉，仅仅是以另一种方式表明了那种傍依感；当我们拿自己比照那个巨大的整体世界，就会产生这种傍依感。它环抱着我们，围绕着我们，主宰着我们，但同时又为我们的生活提供着源泉和养料。

在这里，我们离人文主义者那种轻泛的虚荣无疑已经很远了。他们满心挂怀的就只是富有魅力，赢得赞赏。道德傍依的感觉不管以什么样的形式表现在我们的自觉意识里，都是防御自我中心主义的坚实壁垒。尽管如此，由于拉伯雷属于16世纪，我们还是在他的书里发现了某些在伊拉斯谟那里遇到的倾向，尽管形式上更加隐蔽。从某些特定的角度来看，在这种教育体系和纯粹文人的教育体系之间，确实有着巨大的差异。但不管这种差异有多大，两者之间终归有些类似之处。认识到存在这些类似之处是很重要的，因为它们显然不是出自哪一个具体个人的心态，而是来自16世纪的精神本身。因此，这些类似之处也会帮助我们更好地理解这种精神。

第十八讲　文艺复兴时期的教育思想(结论)

在上一讲结束的时候,我们开始比较16世纪的两股重要教育思潮。它们之所以形成鲜明对照,不仅仅是因为事实上,一股还赋予了知识和学识一席之地,而另一股几乎把所有的空间都留给了文学;并且,它们所引发的道德渴求也是大不一样的。它们实现对理智的教育的不同方式,有助于我们理解它们关于道德教育的不同观念。事实上,知识教育会相当有助于促使人走出自己,以便应对世间之事。单凭这一点,就会使他认识到自己在与周遭世界的关系中处于傍依的位置。如果我们不直接体会到,我们并不是世界的中心,那么,关于这个世界是什么,关于它的广袤无垠,我们就不可能形成任何观念,哪怕是非常不完善、非常不明确的观念。所以,道德生活的根源就在于,人们开始感觉到并不完全属于自己。任何事情只要能够让我们清醒地意识到,自己身上有哪些东西并非属于我们个人所有,也就为牺牲和奉献的精神开辟了道路。因为为了让人们为某种自身之外的东西奉献自身,牺牲自身,关键就在于他应该对这种东西有所傍依,并且应该感觉到这种傍依的处境。

我们已经看到,这种感觉在拉伯雷的作品里体现得多么有力。

与此相反，文人，纯粹的人文主义者，在他的思想探求中，从来不曾与任何能够产生阻力的东西发生冲撞，让他既以此为根基，又觉得自己是它的一个组成部分；因为他在一个虚构出来的形象世界中游走，这个世界是他凭空创造出来的，他想要它们是什么样子就是什么样子，按照自己喜欢给它们安上的模式，在自己脑子里面安排它们：所有这些都为多少显得附庸风雅的半吊子风气大开方便之门，让人孑然独处，没有任何东西将它与某种外在现实或客观性的工作维系起来。而16世纪的人文主义者与古典伦理之间亲近而持久的精神交流，甚至更加剧了这种危险。这只能是为独立感、为自我封闭和自我中心筑起坚强堡垒，因为它使所有的人类幸福都取决于这种独立状态。当伊壁鸠鲁建议我们思量一下，究竟是什么给予作为个体存在的我们快乐；当斯多亚学派规定我们必须彻底切断那些将我们与周遭各种存在物维系起来的激情，两种说法根本上的立场是相同的，只是以不同的方式，建议我们将自身从环境中解放出来，紧闭心扉，孑然自处。

不管这两股教育学说之间从这个角度上来看有着多么实实在在的对立，它们还是表现出一些类似之处，证明它们根本上源出同门，是从同样一个社会环境中浮现出来的，只是表达着这个环境的不同方面而已。

我们已经指出，在人文主义者的伦理里，义务感是怎样变得软弱无力。推动人文主义者的动机并不是不偏不倚地敬重法律原则，而是一种以自我为中心的激情（即使这种激情只是源于事物的宏大）：也就是喜好受人赞扬，图慕赢得声名。这在教育领域造成的后果，就是使竞争的精神成为训练的基本内容。在拉伯雷的教育理论和伦理学中都同样缺乏义务感。我们已经注意到，拉伯雷对一切被管制的东西都非常厌恶。我们回想一下，在特来美修道院，没有任何起居管制制度："修士整个的生活起居，不是根据法规、章程或条例，而是按照自己的意愿和自由的主张来过活的。"[①]特来美的修士们并非出于义务感而行事，因为义务正是一种最高、最典型的管制形式。那么，就这样任由各人随心所欲、自行其是，这些意愿又怎么不会相互冲撞呢？特来美修道院是一个社会，而一个社会要想发挥其功能，是不能没有某种道德秩序的。如果说这种道德秩序不来自于某种共同的纪律，对个人的自我中心主义有所辖制，那么这些以自我为中心的个人又怎么能够和谐有序地生活在一起呢？说明这种表面上的奇迹的，就是每一位特来美修士都自然具备的一种情感，拉伯雷称之为荣誉。他写道："自由的人，出身高贵，受过良好教育，来往交谈的又都是些有教养的人；他们生来就有一种本能和倾向，推动他们趋善避恶，干些有德行的事情，他们把这种本性叫作荣誉。"[②]好，作为一种情感，荣誉和对赞扬与声名的倾慕关系相当密切，而后两种情感对人文主义者又是那么的重要。

构成荣誉的就是我们所拥有的尊敬与重视，就是其他人对我们所持有的看法。而声名卓著也事关其他人的看法。荣誉(honneur)就是小范围的声名(renommée)。声名与荣耀(gloire)的根基所在，就是所有人对我们普遍持有的看法，不管他们属于怎样的

① 《巨人传》第一部，第57章。——中译注
② 《巨人传》第一部，第57章。中译有改动。——中译注

社会或社会状况。而荣誉则关系到那些属于我们直接环境的人对我们的意见。当与我们相处密切的人，与我们的年龄或地位相仿的人，与我们同一个阶层或职业的人，对我们不太敬重时，我们也就丧失了自己的荣誉。同样，对于荣誉的追求，也会将人们置于相互竞争的关系之中，一点不比对于荣耀的追求逊色。这是因为，对于任何一心渴求得到荣誉的人来说，都希望得到的荣誉不比自己的同辈少。因此，他会竭尽全力地让自己确信，其他人没有超过他，而且如果需要的话，要让自己超过他们。根据拉伯雷的说法，特来美修道院情况就是这样："（特来美的修士们）由于享有这种自由，于是不管他们看到当中有谁在干什么，大家便争着去做，形成一种值得称道的竞赛。"[①]因此，行动的主要动力在拉伯雷和伊拉斯谟那里都是一样的：它根本上就是一种竞争精神。

与此同时，这种动机的实质也告诉我们，这两种教育理论还有一个角度也是类似的。实际上，我们无须多加说明，荣誉这种情感，本质上也有一定的贵族统治的味道。正如孟德斯鸠所言，"荣誉的实质就是追求受人喜爱、出人头地。"如果说他把这一点作为君主政体的根本原则，正是因为这种类型的政体"的前提就是注重卓越、品级甚至高贵的出身"。[②] 荣誉的核心不正是在封建贵族体质的怀抱中成长起来的吗？如果说在拉伯雷看来，如此看重这种情感对于特来美修士们灵魂的影响是一件很自然的事情，那归根结底是因为，特来美修道院在他眼里是一个理想的样板，是贵族社

① 《巨人传》第一部，第 57 章。中译有改动。——中译注

② 见孟德斯鸠《论法的精神》第一卷，第三章第七节"君主政体的原则"，商务印书馆中译本正文第 25 页，中译有改动。——中译注

会的典范。事实上,荣誉首先事关阶层;每一个阶层都有它自身的荣誉准则,任何一个阶层,在社会等级尺度上占据的品级越高,也就越注重荣誉。比起区区一介劳动者,对于与自己荣誉有关的任何事情,贵族都要敏感得多。因此,这种特定的道德激励始终会在贵族的圈子里最为有效。

拉伯雷的教育理论也是以这种贵族统治为取向的。他对教育理想的观念本身就体现出这一点。他对于自己学生的首要期望,就是让他们成为一名学者,一名博学之士。但这又是出于什么目的呢?是因为知识可以用于指导生活,因为通过了解事情我们可以让自己有能力更好地适应这些事情?显然,他所规定的学问是完全缺乏实际效用的,至少在大多数具体情况下是这样。为了让我们了解怎样来过自己的生活才最好,并不非得知道普林尼、阿特纳奥斯、迪奥斯科里斯、坡吕克斯、盖伦、波菲利以及其他许多作家都对此说了些什么。那么,学习是不是能够作为一种思想训练,启迪心智,全面地操练和发展我们的判断能力和推理能力?拉伯雷甚至似乎不怀疑,学习可以作为逻辑训练的工具。对他来讲,知识的价值显然在于知识本身,而不在于它可能产生的效果。他相信知识的必要性在于其自身,因为对于任何事物有所理解都是一件好事情,甚至即使我们的学习成果没有任何有用的目的,也可以说是件好事情。它的价值是内在固有的,是一种绝对的东西,是以其自身为目的的,而不是达成其他目的的手段。这就说明了他为什么会在自己设定的课程体系里,给予记忆练习那么重要的位置。高康大无时无刻不在学习、背诵、温习和重新概述自己已经学到的课程;在他的一个学习日里,温习和重新概述甚至要反复多达八遍。这样理解的学习与无论什么样的功利目的都毫无干系。所以,看起来,它和人文主义者的那种优雅与精致一样,也仿佛是一种奢侈的东西。正如伊拉斯谟发现言谈不雅是令人厌恶的,对于拉伯雷来讲,无知是令人厌恶的。在他看来,知识所发挥的作用,完全类似于人文主义者眼中写作技艺所发挥的作用:它不是一种用于严峻的生活事务的行动工具,而是一种修饰,为它所装点的心智增光添彩。因此,知识教育被理解成一种审美教育。

我们已经指出了这两股教育思潮之间的差别之处,现在可以来看看,它们是在什么地方相互汇合的,又是从什么时候开始分道扬镳的。在这两股思潮里,孩子乃至于成年人都被视为一件有待装点、修润的艺术作品,而不是一股很有价值的力量源泉,需要根据行动来加以培养。在这两股思潮里,教育的宗旨都不是在学生身上激发出勃勃的生机,让他的心智整装待发、投入战斗,而是很在意他心智的装点,要么是用大量华而不实的博杂知识,要么是用文学所赋予的那些富有魅力的优美风度。在这两股思潮里,似乎都不曾看到直接而迫切的生活所需,以及让孩子事先做好准备应对这些东西的迫切需要。

因此,在16世纪,人们认为有可能实现一种特定的生活方式,并且正在逐步地实现这种生活方式。至少有教养社会的那个部分是这么想的,他们的观念和情感已经通过文学留传给了我们,因为我们反正也根本不知道国家中其他的人群当时正在想些什么,都有些什么样的感受。这种生活方式会挣脱所有先入之见的束缚,不受任何约束和奴役的羁绊。在这种生活下的活动,不会为了能够适应现实,被迫趋于某种狭隘的功利目的,引导自己,管制自己。

相反,这种生活的度过是为了从花销中得到纯粹快乐,是为了在它可以完全自由地施行而无须考虑现实及其紧迫要求的时候,向自身展示的那种荣耀与华美的场面。我们刚刚走出了中世纪,我们刚刚穿越了那些漫长的世纪,那时候的个人与社会艰苦卓绝地奋斗着,为的是用一种更为稳定、更为和谐的组织机制,来取代加洛林帝国四分五裂之后所引发的那种混乱、骚动和变幻不定的状况。而现在,人们感到自己脚下的土地更坚实了,各项社会功能都趋于正常,物质生存也越来越舒适,越来越富足,所以,与此前严峻的艰辛岁月截然相反,一种欢快和安适的感觉仿佛征服了整个人类。压在人们心头的气氛不再那么沉重,他们可以更加自由地呼吸。他们所处的环境似乎也更加宜人,对人的种种欲望也不那么排斥了。这样就使人们感受到了力量、自主、独立、悠闲以及无拘无束的活动,只需放任自流。

安适,自由,无拘无束,无牵无挂,就是这样一种精神状况,不仅可能存在,而且确实存在——人们就是准备拿这样的东西来教育孩子。就是这一点,促成了不同的教育体系,它们的目标都是享有特权地位的贵族社会的子弟们,对于这些贵胄子弟,生活的种种艰辛都是不存在的。

从这个共同的起点出发,不同的头脑选取了不同的方向。我们也已经看到了这都是些什么样的方向。有些人是在与古往今来那些最杰出的头脑的精神交流中寻求这种自由的生存;另有些人则是出于偏好(因为这两种取向也不是相互排斥的),在学问和学术中寻求这样一种生存。对于前者而言,最重要的是满足精致品味的各项需求;而对于后者来说,是能够毫无阻滞地平息耗费他们心力的那种焦灼的好奇。取向上的这些差异可不只是什么琐屑之事,只具有次要的意义。它会决定你是从知识中还是文学中寻求教育的素材。实际上,不管你做什么,甚至当知识被认为只是一种奢侈的东西,探求知识根本也没有指望会带来什么具体的效用,反正不管怎么样,不管你想不想,要说知识根本无助于任何实效性的宗旨,这种情况也是极其罕见的,哪怕就只是因为它关注了现实。不管怎么样,从关注现实的知识中,很少会得不到任何好处。只因为学问迫使我们去与诸如此类的事情打交道,它就能够更有效地为我们提供了斗争的武器,让我们能够更轻松、更自然地乐于回应生活中严峻的一面。因此,即便当知识被认为仅仅是一种贵族的装点时,它里面也会蕴含着某种东西,抗拒着这种贵族性、审美性的特征,矫正着它,缓解着它的那些不良后果。

这就说明了贯穿着拉伯雷学说的那种比较高远的道德追求。将人们心向神往的那种奢侈生活投入知识而不是投入写作技艺,这样的选择里有某种更加高尚、更加丰富的东西。尽管如此,人们事实上这样来理解知识教育,将它的层次下降为一种审美教育,这里面也还是有一种重大的危险,因为再没有什么比这更背离它真实的本质了。知识只有以直接或间接的方式,有助于启迪行动,并且人们也清楚地意识到这一点,才能被公共舆论所欣赏。当它背离了自己真正的目标,就会出现一种严重的危险:在最初满怀热诚、迷恋不已的时刻,人们醉心于自由的探索,醉心于满足自己的好奇,满足他们新近获得的对于知识的渴求,一旦过了这样的时刻,人们就不会更上一层楼。这里有一种严重的危险:一旦这一时刻逝去,将不再会激起反思,将不再会质疑这种以其自身的奢侈和无用为荣的知识是否范围过广,从而将不会有任何人质疑其存在的理由和教育上的价值。这里有一种严重的危险,我们再次为某种教育怀疑论开辟了道路。同样就在16世纪,也有一种教育学说,既不是拉伯雷的那种,也不是伊拉斯谟的那种;既不是博学之士的那种,也不是人文主义者的那种,而是毫不掩饰地展现了我刚才提到的这些特点。这就说明上述危险绝非臆想。它就是蒙田的教育学说。

蒙田著书立说的时间比伊拉斯谟和拉伯雷晚半个世纪左右。他对这两位的观念十分熟悉,甚至亲眼目睹了这些观念在居耶纳学院付诸实践,他在那所学院结束了自己的孩童时代,而文艺复兴的教育学说也开始在那里转变成实践。但是对于他们两位,蒙田都表现出了同样的漠视态度。①

蒙田凭着他那一副注重实际的头脑,充分意识到文学教育并不是自足的,而且弊大于利。他倒不是说对优美文笔给人带来的愉悦不以为然,而是拒绝将这种愉悦奉为教育的根本原则。他写道:"这不是说善于辞令不是好事,只是不至于像人们吹捧的那么好。"他对自己耗费在辞令上的时间后悔不迭:"我气恼的是我们一生中有那么多时间都浪费在学习讲话上。"语言确实是思想的外衣,但这种外衣的作用只是要让自己掩盖的东西变得清晰。它的首要性质,它真正具有价值的唯一性质,就是清晰晓畅。单纯的言语是毫无用场的,只有这些言语使观念得以清楚地显现出来时,才

① 居耶纳学院(Collège de Guyenne):1534年由法国人文主义者古维雅(André Gouvéa)在波尔多创建,是一所兼容并包的人文主义学校。先教本国语方言,再进到拉丁文初步。采用活泼的辩论方法,不用体罚。——中译注

算是完成了自己的分内之事。而当它们只想着用招徕关注的华美辞章眩人耳目时，也就与自身的目的背道而驰了："当雄辩术把对于事物的注意力转移到自己身上，也就损害了事物……我宁愿让事物压倒并充实所有听者的想象力，让听者不再只关注言语。"由于最根本的是观念，所以引人注意的也应当是观念：言语无非是观念的延伸。因此，无论如何，都不应当将言语的能力、自我表达的能力作为一项特别训练的要求。待到思想做到了严谨清晰，词语也就会随之恰切适宜："那才是言语应当为之服务、应当追随的地方；如果法语辞不达意，我们不妨用加斯科涅方言。""如果我们的学生熟稔诸事(也就是观念)，言语自然会纷至沓来；而如果它们并不情愿口随心至，那他就只好搜肠刮肚了。"不难想象，在这样一些情况下，蒙田可不会赋予古典语言方面的学习任何重要性。当然，他的想法还远远算不上是革命性的，还不至于对这种学习大加斥责；但是，他谈起这种学习的口吻却没有表现出任何热情："希腊语和拉丁语无疑是精美的好玩意儿，但学习它们太费劲。"至少他希望看到人们在它们上面花费的时间少一些。他甚至认为本国语言和现代外国语远比这两门语言值得去掌握。在他看来，应该从这些语言开始学习："我首先想通晓我自己的语言，还有我最经常打交道的邻国的语言。"①

在那种情况下，文学教育已经被置之一旁，就肯定会被知识教

① 以上均出自蒙田"论儿童教育"，参考《蒙田随笔全集》中译本上卷，第二十六章"论对孩子的教育"，此处中译有较大改动。加斯科涅系法国历史上和文化上的一个大区，靠近与西班牙接壤的比利牛斯山区。16 世纪起开始采用法语作为书面语言，但方言在许多场合下仍有很强生命力。——中译注

育所取代吗？根本不是。他从当时的教育家们（我说的可是那些对知识最抱有同情态度的教育家）对于知识的观念本身出发，得出了其中在逻辑上蕴含的结论，也就是知识在教育上不实用。

蒙田甚至从来不曾想过，知识还有可能改善人的处境，防止或缓解人的处境中固有的苦难。实际上，即便说知识包括的首先是了解古代人就具体事物、就健康与疾病所发的议论，这种空泛的博学，不管它都包括哪些内容，又怎能稍许减轻世界的疾苦？"我们从瓦罗[①]和亚里士多德那里获得了那么多的东西，但从对于这些东西的理解中，我们又能宣称获得了什么好处呢？难道他们的词法已经减轻了挑夫的重荷吗？难道逻辑为痛风的苦痛提供了慰藉吗？难道因为他们知道这种体液如何渗透在关节当中，就会减少些痛苦吗？又有什么证据表明，晓得占星术和文法的那些人，会有更多的感官欢愉和健康身体呢？……在我所处的现在，我已经看见，有数以百计的工匠艺人比大学的校长们更聪明、更快活。"唯一重要的事情，就在于知道怎样去承受这些无法避免的疾苦，怎样去充分欣赏自然通过补偿授予我们的那些欢乐。而这是不能通过学习得到的。一位哲人并不比一个农民更无畏地知道如何去面对死亡："要是不曾读过《图斯库卢姆谈话录》（*Disputatio Tuscu-*

① 瓦罗（Marcus Varro，前116—前27年）：古罗马学者、教育家和卓有成就的讽刺家。博学多才，约写了74部计600多卷著作，题材广泛，包括法学、天文、地理、教育、文学以及讽刺作品、诗歌、演说辞和信札等（不过得以完整留存的只有《论农业》）。曾筹建罗马第一所公立图书馆。著有《教育九卷》，是文法学校的主要参考书，也是博学派运动的范例。——中译注

lani),[①]我是不是就会死得不那么轻松坦然?”当现代那些诋毁知识的人指责它只不过是关于现实的一种无用描述时,大致就使用这样的语言。这种无用的描述确实可以提供给我们事情究竟如何的有关信息,但关于我们应当追求什么,我们应当致力实现什么目标,换言之,关于我们最需要知道的那些事情,它却不能告诉我们任何东西。

即使说知识没有任何使用价值,那么,是不是至少有某种教育价值呢?即使说它几乎丝毫无助于指导生活,是不是至少能够塑造我们的理智?回答同样是完全否定的。和拉伯雷一样,蒙田也把知识看成仅仅是信息片断的积累,倒是可以很容易地储存在孩子身上,但对于他来讲还是一种外在的东西。蒙田留下了许多脍炙人口的篇章,把头脑比作一个饱灌知识的容器。就好像容器的形状并不取决于所承载的液体,头脑的形貌也同样是独立于碰巧拥有的知识。知识并不能形塑头脑。知识本身并不能产生正确判断;同样,没有任何知识,也有可能达成正确的判断:“我们可以无须拥有判断即拥有知识和真理,反之亦然。”那些广为传诵的格言真正的意义就在于此,在那些格言里,蒙田以不同的方式建议我们,始终宁愿要“一个造得很好的头脑,而不要一个塞得很饱的头脑”。这一条以及其他类似的格言,时常被称为完美教育智慧的典范。但人们并没有认识到,最重要的是,它们表达出对于知识的一种骨子里的漠视,强烈地感到它在教育上毫无用途。如果说蒙田

① 该书是西塞罗于公元前45—前44年去世前在其乡间别墅所著五卷谈话录,论哲学、人生和死亡。——中译注

如此郑重其事地将指导与判断对立起来看，这是因为他并没有看到，指导如果运用得当，就是培养判断力的一种方式，而且是这方面最好的方式。他并没有意识到，知识不仅具备大量积累起来的信息财富，而且拥有我们无法从别处学到的一些思考方式。因此，通过将孩子的心智引入知识的殿堂，我们不仅是在充实心智，而且还是在塑造心智。经院哲学从自身的角度出发，对学院派训练的教育价值感受要敏锐得多。诚然，经院哲学家熟悉的唯一知识便是辩证法的知识，但是，借助辩证法，他们也想为心智提供一种严格的逻辑训练。而在16世纪，辩证法名誉不再，而沦入教育古董的领域，但却没有任何东西来取代它。

但是，即使说知识既无助于指导我们的行为，也不能塑造我们的理智，我们就必须从教育中彻底排斥知识吗？蒙田倒是会不费多少困难地做出这种牺牲。他甚至会对那些全盘否定知识的人大加赞赏："我已经非常高兴地看到，在有些地方，出于虔诚的人们除了发愿守贞、安贫和忏悔外，还以同样的方式发愿保持无知。通过让引诱我们研读书本的欲望变得麻木，通过褫夺我们心灵中得自知识的那些令人心动的感性愉悦，我们也约束了自己本无拘限的胃口；而当安贫的誓愿包括了头脑的贫困时，它其实是十分充实的。"尽管如此，蒙田的头脑还是太保守、太谦逊了，不至于把事情说得太绝对。他还不至于宣称，孩子们应当全盘维持在一种无知的状态中。不错，既然知识无助于任何有用的宗旨，它就只能是一种思想的装饰。所以说，也应当只将知识作为知识本身来追求。我们在它上面所耗费的时间与气力，也不应当超出某种娱人心目但却浅薄浮华的东西所该享有的程度："学说(也就是知识)在生命所必需的事物中占有的地位，正仿佛荣耀、高贵与尊严，通常还包括美和财富之类，固然有生命中的价值，但只是遥不可及，更多的是出于人的想象，而非发乎自然。”知识是言语的外在装饰，丰富了言语，让言语更富于变化和趣味，但它并非来自于根本的现实：“知识所教与我们的东西，绝大多数属于华美胜过实质，装饰多于实效。”不难想象，这种思想所理解和教授的知识，好处又何其有限！

蒙田普遍被人认为是一位古典作家，在我们的所有课程里都是这么描述的。人们得到的建议是把他当一位教育理论家来读，未来的教育学家们对他的思想的深刻挖掘无论如何都不为过。但是，蒙田的学说是否确实具有人们如此慷慨赋予它的那些令人鼓舞的特性，却大可怀疑。很少有学说比这更让人沮丧了。正如我们已经看到的那样，如果说无论是文学还是知识，都无助于任何有用的宗旨，那么，为了寻求一种严肃教育的素材，我们又能转向何方呢？再没有什么意义重大的东西留待我们去教给孩子们了。总而言之，蒙田最终逐渐走向一种多少有些一以贯之的教育虚无主义。事实上，在他看来，对于构成我们自然本性的根本部分，教育者其实是无能为力的。这个部分是不能够被外来的影响力深深触动的。他说：“本性能够做成一切，本性也确实做成了一切。”这才是问题的要害。他屡次三番地强调，自打出生之日起，我们就天生具备了为了生活所需的所有知识：“我们很少为了生活舒适而需要去学习。苏格拉底也告诉我们，知识是我们身上内在的东西，获取知识的手段、从知识中得益的手段也是如此。”对于蒙田来说，所有的文明产物，不管可能是什么，知识、道德教育、宗教以及所有礼仪习俗，都只是一种外衣，在它下面，心智用或多或少的优雅包裹着自己,但这些产物却不曾深入我们心灵的实质。人类文明的获得和传承恰恰是教育的功能所在,却只被赋予区区如此重要性,又如何能够有这样的一种教育？根据这种说法,唯一可能的教育就是一种完全实用型的教育。必须教给孩子们如何运用这种天生感觉,这种内在判断,来处理自己与人情事理之间的关系。他们必须实践去使用这种感觉和判断,以便能够区辨什么是有价值的,什么是没价值的,这多少有点儿像那些动物,它们没有半点知识,却清楚什么有利于自己。孩子们必须掌握所谓的经验或者实践,在这方面,照管他们的人必须尽可能地予以帮助。但是,要说符合严格意义上的理智的教育,以理智本身的发展为宗旨的教育,又是完全不可能的。怎么可能呢？绝对没有任何素材可以为它提供养料。不仅如此,实践就足以指引我们的行为。诸如此类的实践教育,由于它要求得到自然理性的经验协助,并不真正属于可以在学校里进行的那一种教育。这种教育首先是从生活本身中获得,并且在我们的整个生存过程中继续。教师的角色,从而也是严格意义上的教育者的角色,被缩减为某种微不足道的东西。

如果说我关注于刻画这种学说的精神,倒不是因为它的内在价值,而是因为它极其鲜活地展现了16世纪教育思想中与生俱来的内在危害。我们刚才已经看到,它最终导向了一种教育虚无主义。从另一个角度来看,它只是那个时期伟大教育思想家们所设定的种种原则的逻辑发展。实际上,这种学说是建立在一些特定前提上的,这些前提倒不是蒙田自己创造的,但却是他从自己的同时代人那里借来的。在蒙田对于文学与知识以及它们在教育中所担负的角色的看法中,完整地蕴含了这种学说。这些观点并不完全是他的个人意见，而是他从伊拉斯谟、拉伯雷以及其他人那里获得的。但不管怎么说，他挑明了其中隐而未发的一些结论，以及在他之前不久的先辈们由于还是满脑子热忱而未曾注意到的一些结论。如果说文学的研习只是有助于教给人们怎么写作，如果说各门知识被缩减成一无所用的博学，那么教育就必然只能触及心智的外表，而无法渗透到它的根基。这样的教育只关注外观，我们大可怀疑，是否值得为它付出如此代价。这样一来，任何教育信念就都不再有丝毫的地盘。要是一种教育理论据称要激发人们的信念，却没有能力真正在他们心间将信念激发出来，我们还能说些什么呢？

因此，16 世纪是面临教育危机和道德危机的时期。经济组织与社会组织方面发生的种种变迁，已经需要产生一种新型教育了。但是，那个时代的思想家们对于这种新型教育，还只是理解成一种贵族教育，一种直接或间接的审美教育。而我们也刚刚看到了这种形式所蕴含的各种危险。尽管像拉伯雷所设想的那种知识教育肯定要优于伊拉斯谟所推荐的那种纯粹文学教育，但它也有严重的缺陷，因为它始终远离严峻的生活，以一种单纯贵族式的游戏方式占据了人们的心灵。这样就出现了一个问题：当这些依然纯粹理论性的观念开始接触到现实，当实际工作者开始把这些观念转换成事实，他们是否会通过经验发现根本的缺陷所在，并且努力去加以矫正；或者更准确地说，我们是否应当看到创立起这样一种学术体系，它只不过是实现了这种带有危害的观念。这便是 16 世纪不得不解决的严肃的实践问题，而我们国家在精神上和道德上的未来就取决于这个问题的解决。这是因为，很显然，根据所选取的道路不同,法国的心智也不可避免地会有相当不同的多种取向。而这种解决方案所形成的方式,起主导作用的已经不再属于巴黎大学(它在学术上已经不再具有主导作用),而更多地属于一种新型的教学法团,它很快就会变得强大无比。这些法团便是耶稣会(Jésuites)。在下一讲里,我们就将确定它们的影响的实质特征以及成功的背景条件。

第十九讲　耶稣会

在前面几讲里，我们考察了在文艺复兴时期，作为经济组织与社会组织机制变迁的后果，欧洲的各个民族是怎样不约而同地开始感受到，需要建立一种新型的教育体系。这种感受的结果便是唤醒了一种史无前例的教育思想。这个时代最开明的那些头脑，为了迎合一些特定的需求（公共舆论对这些需求有紧迫的感受，他们自己也首当其冲），从最总体的角度提出了教育的问题，并且调用了当时所能使用的一切方法和全部知识，着手去解决这样的问题。这样就产生了一些伟大的教育学说，它们的基本特征我们已经尝试着做了刻画；而所有这些最开明的头脑，为自己设定的目标也都是确定一些特有的原则，并按照这些原则重新组织教育体系，以顺应时代的要求。正如我们在伊拉斯谟、拉伯雷、比维斯和拉缪等人的著作中所发现的有关这些学说的阐述一样，这些学说都还只是一些理念的体系，是一些纯粹理论性的观念，是一些关于体系重构的框架与计划。现在我们必须来考察，当它们落实到实践中时遇到了怎样的情况，当这些理论从理念的世界里走出来，努力进入现实的世界时，是怎样取得进展的。

如果说通常而言，教育学说都会按照提出它们的思想家们原先设想的那种形式，完全不走样地得到充分实现，如果说学术现实无非就是忠实地反映这些学说，那么上面的问题就只是一个次要的问题了。但是，我找不到哪怕一个史例，能够说哪一位教育理论家所提出的理念会全盘照搬地流传开去，基本不变地贯彻落实。卢梭的那些理论曾经有被原封不动地应用过吗？且不论裴斯泰洛齐的影响力有多么大，他几乎是唯一严格遵照自己命名的那种方法来开展实践的教育家。而他在自己的努力中所遇到的挫折，也足以清楚地显示，他的方法要做到切实可行，还需要加以转变。实际上，这正是因为伟大的教育理论家中绝大多数往往是情绪易走极端的人物。他们清晰地意识到都缺乏些什么，意识到晚近生发出来的需求中有哪些是还没有获得满足的。至于那些长久以来一直获得满足的需求，恰恰是因为它们不会有任何的要求，所以理论家们也只是模模糊糊地意识到它们的存在，因此在构建自己的体系时，也很少会将这些需求纳入考虑范围。结果，这些体系就会变得只顾一面，不计其余，而为了具备生命力，就需要有更宽泛的基础，缓和它们那些骨子里过于简单化的倾向，涵盖与起初几乎是它们唯一灵感之源的关注点相当不同的一些考虑。当教育观念接触到现实，当它们寻求落到实处，就会抛开自己最初那种一成不变的性质。为了理解它们一旦进入实践的领域后会遭遇到什么，我们就需要熟悉它们在教育革新家们脑子里所设想的那种形式，因为正是这种形式酝酿出了推动它们形成的演化过程。但是与此相反，当这种演化过程并不只限于赋予这些观念外罩，也就是一种物质性的、可见的机体，而是在具体落实的过程中转变这些观念，那么，演化的过程就构成了观念内在历史的一部分，因此也就值得我们给予特别的关注。

在目前这个事例里，问题就显得越发重要，因为文艺复兴时期的教育理论所提出的一个问题尚未得到回答，只有留到实际贯彻的过程中来解决。我们已经注意到，存在两种不同的教育思潮。对于某些最迷恋知识的人来说，教育的首要目标就在于塑造一种百科全书式的才智之士。与此相反，对于另外一些更能从精妙言谈而非纯粹知识之中获得愉悦的人来说，目标首先在于塑造这样一种心智，打磨它，教化它，让它能够敏锐地感受到精美语言的魅力，感受到与有教养的心智进行交往时所享受到的雅致的愉悦，能够在其间扮演一个体面的角色。当然，这两种思潮彼此之间从未产生彻底的冲突乃至于相互排斥。实际上，在文艺复兴时期那些伟大的天才当中，所有人都会在一定程度上同时受到这两股思潮的影响。不过，与此同时，这两股思潮之间的差别之大，使任何一个头脑都不能对两者抱以同等的回应。我们甚至已经看到，这两种立场在教育上所具有的价值也是相当不同的。拉伯雷能够欣赏按部就班的对话中所涉及的技能，因为他拿来和笨拙不堪的高康大做对比的那位优雅得体的爱德蒙，就是这门技艺的行家里手。不过话说回来，对于拉伯雷来讲，毫无疑问，文学的关注并不占有首要的地位。至于伊拉斯谟，从自己的角度出发，也绝不是蔑视博学，因为他也要求教师拥有广泛的知识；但是这种知识对于他来讲，只是一种合用的方式，能够更有效地引领学生进入古典文学的殿堂，让学生更好地领略其中的华美，教会他如何去仿而效之。这两股思潮相互竞争着宣称要主导人们的心智，那么它们当中究竟哪一股思潮能够胜出，在我们的学校教育体系上留下自己的烙印呢？显然，这是一个严肃的问题。我们民族的心智气质面前摆着两条道路供其选择：在两种相当不同的方式中，它会以其中的一种发生转变，这取决于它究竟会踏上哪条道路。

还不止这些。我们已经看到，这两股思潮之间尽管有一些将它们区分开来的差异，但也有一点共同之处：它们都是一种贵族心态的产物。在这两股思潮里，学生最需要掌握的那些重要才能都是一些完全缺乏实际效用的奢侈玩意儿。如果像伊拉斯谟宣称的那样，我们必须去研读古典文学，那是为了做到理智上高贵典雅，谈话中温文老到，写作时妙笔生花。而如果像拉伯雷建议我们的那样，追求一种广泛的知识教育，那也不是因为知识本身是有用的，而是因为在他看来，知识本身就是一样精雅的东西。在这两种思潮里，都似乎没有人想到，教育的功能首先是一种社会性的功能，与其他社会功能合为一体，因此，教育必须让孩子做好准备，在社会上找到自己的位置，在生活中扮演有用的角色。而从这两股思潮共同的教育观念来判断，我们大可认为，孩子们注定要完全在贵族男女的人群中度过一生，就好像住在特来美修道院里的人们一样。以广博的知识或温文的举止交往，以得体的意见和高尚的观念交流，但从来不必亲自从事具体差事。我们倒也不会臆想让所有的人都同时像工匠商人、士兵牧师、大小官员那样履行具体的社会功能。但是，即使教育不是让孩子为从事其中任何一种具体职业做好准备，也必须让他具备这样的技能，以便在时机到来之时，能够承担其中某一项职事而有所获益。

在做具体分析之前，如果事先假定，当这两种教育学说从理论领域过渡到实践领域时，必然会去除自己身上这种让它们充满缺陷的贵族性质，那么这种说法似乎并不显得很草率。当你在安宁的研习中进行抽象思考时，倒是可以让自己的思绪毫无阻碍地遨游在一个理念的世界里，因此也就看不到那些最直接的生存之必需。但是，一旦你想要将这些抽象的思考转变成现实，就很难避免突然发现这是一种狂想，很难不清醒地意识到，严峻的生活事务并不完全在于高雅地挥洒闲暇，人也并不只是一件等待打磨和雕琢的艺术品。由此看来，我们可以合情合理地推想，当文艺复兴的教育理论试图渗透到实际的学术实践中时，想必会被迫自我矫正、自我转型。比如说，我们可以想象，人们不会要求孩子达到无用的博识，而是会认识到必须有所选择，只教给孩子那些最适于培养他的判断力，或者是最适于引导他自己的生活行为的科目；人们将孩子引入古典文明的殿堂，不会只是为了让他文笔精致、言谈优雅，而是以此为手段，让他增广见闻，感触世事人情，熟悉一种新的人类，不同于自己身边所见的这种，他的信念、实践和思考方式也都不同于自己原本所熟悉的样子。我之所以例举这些可能会发生的转变，只是想表明，16 世纪的那些理论虽然不曾改变它们的根本原则，但也可以获得一种新的特征，以回应对于生活之必需的觉察。

但我们将会看到，问题的实际解决方式，与我们可能通过类比以最合乎情理的方式推想出来的方式几乎恰恰相反。我们刚刚说过，一般来说，当一种教育学说开始付诸实践时，就会有所矫正、有所中和，去除最初那种简单化的特征。但恰恰相反，当文艺复兴的教育理念开始落实到实践活动中时，却是变得愈发具有排斥性，变得更加极端，更加片面。我们已经批评过的那种贵族性、审美性，根本没有自我节制的意思，而是变得更加明确。对于实际生活的需求来说，教育变得更加地无关痛痒。但是，我们且慢对事件预下判断，不妨先来看看这些事件是如何逐步展开的。

尽管在此之前，巴黎大学的各个学院已经充当了经院哲学几百年来的庇护所，但它们还是比较迅速地就向新的思维开放了门户。当伊拉斯谟、比维斯和拉伯雷都还是学童的时候，也就是在1500年前后，旧式的教育还在大行其道，因为这些人接受的就是这种教育。而在30年后，在弗朗索瓦一世的统治下，教育已经有了改革，即便说未告完成，至少也已经踏上了通往完成的道路。古典的文学与学问处处或者说几乎处处都在取代此前一直被辩证法所占据的位置。人人都还记得拉伯雷在赞颂新时代的降临时所表现出来的那种热情。他写道："在我年轻的时候，还是个黑暗的时代，满目所见，都是哥特人留下的悲苦与灾难，他们把整个精美的文学破坏殆尽……但是，蒙神之恩佑，在我成年之后，文学已经恢复了光明和尊严……现在，各门学科都已经恢复，种种语言也都列入了教育；希腊文——只有无耻之徒才会不懂希腊文还说自己博学，希伯来文，迦勒底文，拉丁文……整个世界到处都有饱学之士、博识之师，到处都有汗牛充栋的藏书之地。我以为，柏拉图的时代也好，西塞罗的时代也好，都没有像我们今天看到的这个时代这样，求学的机会如此丰富。"①当多雷谈起在他眼前发生的这场革命时，也怀着同样的自信。② 他大声疾呼："我向文学、向它们的胜

① 参见《巨人传》第二部，第八章，中译本第270—271页，此处有改动。——中译注

② 多雷（Étienne Dolet，1509—1546年）：法国人文主义者、学者、印刷业者。所著《拉丁文诠解》对拉丁文研究有重大贡献。曾就学于巴黎大学等校，反对教权主义，三次被控为无神论者。先后因出版加尔文的教义著作和柏拉图否认灵魂不灭的对话录

利表示敬意，难道这有什么不对吗？它们已经重新焕发出古代的灿烂光华，同时也重新找到了自己的真正使命，就是致力于人类的幸福，用所有好的东西来充实人的生活。在这个时刻，年轻人接受着精致而开明的指导，同时也会因此变得伟大。伴随着年轻人的成长，也会滋养起公众对于文学的尊崇。它将把学问的敌人们赶下他们盘踞的宝座；它将接掌公职；它将进入国王的顾问团；它将管理国家的各项事务，并将智慧带入其中。”

因此看来，要想了解16世纪的教育理论在付诸实践后都发生了什么变化，我们只需要考察巴黎大学是如何理解和运用这些理论的。但是就在这个时候，我们的学术组织机制方面也发生了重大的变化，使整个问题越发复杂，也使上述这种研究步骤不可能进行。在此之前，巴黎大学完全垄断着教育，对教育负有全责。因此，任何教育改革的前途都取决于巴黎大学，也只有取决于巴黎大学。尽管如此，快到16世纪中叶的时候，针对巴黎大学法团，又创立了一种新的教学法团，打破了巴黎大学的垄断，甚至以相当惊人的迅疾之势，在学术生活中实现了某种霸主地位。这便是耶稣会法团。

新教的成长对天主教会日益造成威胁，天主教会感到需要对此进行遏制，耶稣修会应运而生。路德与加尔文的教义以异乎寻常的速度迅速赢得了英格兰、几乎整个德国、瑞士、低地诸国、瑞典，以及法国的大片区域。天主教廷尽管也做出了种种严厉的举

而遭监禁，1546年被巴黎大学神学教师团认定有罪，火刑处死，多有人称之为“文艺复兴事业的第一位烈士”。——中译注

措，但仍然自觉无力，唯恐自己在世间的主宰地位即将彻底崩溃。正当此时，伊纳爵[①]想到了要创建一个全新的宗教军事组织，能够更好地与异端作战，如果可能的话，彻底地铲除异端。他认识到，在幽深的修道院里闭门不出就可以主宰人们的灵魂，这样的日子已经不复存在了。既然现在人们在自己动机的驱使下，往往会试图逃避教会的控制，那么关键就在于，教会应该更加靠近他们，以便能够影响到他们。此前数百年间普遍存在的那种道德上和精神上都是同质性的大众当中，现在开始凸显出特殊的个人来，既然如此，那么关键就在于靠近个人，以便能够对他们施加某种特定的影响，能够涵纳多种多样的精神与气质。简单来说，中世纪熟知的那庞大的修院会众，抱守旧土，只限于对已经发生的这类攻击表示愤慨，却不知道自己如何起而还击。必须替换掉他们，创建一支轻便的队伍，能够始终直接接触到敌人，从而做到充分的知己知彼。他们既要做到足够的警觉与灵便，以便能够出现在任何有危险的蛛丝马迹的地方；同时，他们也要保持足够的弹性，能够充分变换自己的战术，以适合多种多样的人群和情境。不仅如此，他们在做所

① 伊纳爵（Ignacio de Loyola，1491—1556 年）：西班牙神学家，出身于西班牙的罗耀拉城（所以名为罗耀拉地方的伊纳爵，中译亦多见有伊纳爵·罗耀拉乃至简称罗耀拉的译法）。16 世纪天主教改革运动最具影响的人物之一，耶稣会创始人。初为军人。1528 年到达巴黎，1533 年获巴黎大学艺学士，聚集一批青年准备成立组织。1539 年其伙伴成立永久性组织，次年教皇保罗三世批准成立这个新修会，定名耶稣会，伊纳爵任总会长。该修会迅速发展，至伊纳爵去世时已拥有 12 个分会。规定会士可以穿便服，不住在固定的会院里，尽力进入各种社会机构，包括各国宫廷，为教皇或天主教廷认为需要的事情进行活动。本人起草了《耶稣会章程》，著有《神操》。两者分别为《教育计划》奠定了实践依据和思想基础，《教育计划》则因耶稣会在西方教育发展史上的重要地位而成为经典教育著作。由于他为天主教廷的维护做出了显著贡献，1662 年被封为圣徒。——中译注

有这些事情的时候，还要随时随地追求同样的目标，在同一项宏伟的计划中相互协作。这支队伍就是耶稣军团。[①]

实际上，它的独到之处，便在于它能够将中世纪发现不可调和、相互矛盾的两种特征集于一身之上。一方面，耶稣会属于一种宗教修会，就好像多明我会或方济各会一样；它们都有一个会长，各自的会众都服从同一套会规，遵守一套共同的纪律。实际上，甚至在任何军事组织里，不管是世俗的军队还是宗教的军队，被动的服从以及思想和行动的统一性也从未达到过如此极端的程度。因此，耶稣会的修士就是职业教士。但是，另一方面，他又同时具备在俗教士的一切特征。他穿着自己的修士服；他履行自己的职责，布道、倾听忏悔、传授教义；他并不生活在修道院的蒙荫下，而是消融在世间的生活中。对他来说，义务不在于肉体的苦行，不在于禁食与禁欲；而在于行动，在于修会目标的实现。伊纳爵曾经说过："且让我们离开宗教修会，超越斋戒、监管，以及它们出于虔敬而加诸自身的那种严苛的起居和习惯……我相信，为了增添我主的荣耀，保持并增强口腹之欲等自然官能，要比让它们衰竭无力更有价值……你不应该攻击你自身的生理本性，因为如果你让它耗竭殆尽，那么你的精神本性也不再能够以同样的精力有所作为。"

耶稣会士不仅必须与世界相融合，而且还必须广泛容纳这个世界上盛行的各种观念。为了能够更好地引导他的时代，他必须用这个时代的语言说话，他必须吸收它的精神。伊纳爵感觉到，人

① 耶稣会自称是为"愈显主荣"而战斗的耶稣军团(Compagnie de Jésus，亦有译耶稣连队)，可称之为教团，仿效军队编制而成，总会长就是将军，下属各省长(各地会长)、校长等。——中译注

们的生活方式已经发生了深刻的变化，这方面已经不可能有任何回头之路。幸福安乐，不那么艰苦，闲适一些，乐观一些，人们已经获得了对于这样一种生存方式的偏好。要扼杀或摒弃这种偏好已经是不可想象的了。对于自己以及同伴的受苦，人们已经养成了更多的恻隐之心。他会更怜惜受苦，这样一来，往昔的绝对否弃的理念也就宣告终结了。为了防止信众游离于宗教之外，耶稣会士们殚精竭虑，一心想要去除宗教此前的严苛。他们把宗教变成一种令人愉快的事情，设计出种种妥协，便于人们遵守。诚然，为了恪守他们已经指定给自身的使命，避免看起来像是在用自己的示范来鼓舞他们正在与之斗争的创新者，耶稣会士们也不得不同时坚守不可变易的教义的字面说法。众所周知，他们是如何彻底摆脱了这种困境，能够以自己的口舌之才调和彼此冲突的各项要求，人们也常常指出，他们的灵活近于乖巧，他们的精妙也显得聪明过分。在他们神圣的外在形式里面，一方面保留了罗马教廷的传统规定，但同时还能将这些规定用于其他一些东西，不仅包括人类的普遍弱点（任何宗教都不曾成功地摆脱这种必然性），甚至还包括16世纪有闲阶级那种优雅的浮华，在这些有闲阶级里，战胜异端、维护信仰显得尤其重要。就这样，他们一方面逐渐成为骨子里属于往日的人，成为天主教传统的捍卫者，但与此同时，对于时代的种种观念、品味甚至缺陷，他们也能够表现出一种纵容的态度，并常常为此遭到指责，这并不是毫无来由的。因此，他们具有一种双重的身份特性，一方面是保守派甚至反动派，另一方面又是开明派。他们贯彻的是一种复杂的政策，我们需要在这里揭示它的性质与起源，因为在讨论他们的教育理论的基础时，我们还会遇到这种政策。

他们很快便认识到，要想实现他们的目标，仅仅靠布道、接听忏悔、传授教义是不够的。在争夺对于人类灵魂的主宰的过程中，真正重要的手段就是对于年轻人的教育。因此，他们立下决心要接掌教育。有一桩事实特别促使他们清楚地意识到这一紧迫需要。那些强烈表现出在学校落地生根的趋势的新方法，所产生的效果只能是开启通往异端的道路。这一点任谁都看得出来，除非是对所有的明证都视而不见。人们看到，时代的伟大头脑，最杰出的人文主义者们，都公开地逐渐转向新宗教：多雷、拉缪、科尔迪埃都属于这种情况，弗朗索瓦一世刚刚创立的法兰西学院①里的绝大多数教师也属于这种情况。因此，事实上，人文主义本质上就对信仰构成了一种威胁。显然，对于异教的难以约束的偏好，注定将导致人们的心智沉溺于一个没有半点基督徒意味的道德环境中。如果说要从根子上攻击这种邪恶，那么必须要做的不是听任人文主义思潮随自身的设计发展，而是控制它、引导它。

这种努力本身就构成了一种倒退，一种回潮，会将我们的学校组织机制拉回几个世纪。自打有我们的历史开始，我们就看着教育变得越来越具有贯穿整体的世俗性质。它在教堂和修道院的蒙荫之下诞生，一步步地挣脱出来，伴随着大学的建立，确立为一种特别的机构，独立于教堂，尽管还保留着令人回想起最初起源的某

---

① 法兰西学院(Collège de France)：文艺复兴运动在法国初起之时，法王弗朗索瓦一世在人文主义者比代的建议下，延聘了一批教师，于1530年创办了皇家学院，即后来著名的法兰西学院。法兰西学院讲授拉丁语、希伯来语、希腊语和数学，与巴黎大学分庭抗礼。——中译注

些特性，但总归是在一定程度上维持着世俗的特性。随着耶稣会的建立，我们看到学术生活的中心再一次转回它三四百年前曾有的模样，转回往日庇护所的怀抱，就好像又回到了圣高隆班[①]或圣本尼狄克的时代，尽管形式有所不同，所处背景也已是一番新的气象，但是，教育又一次落入了一个宗教修会的掌控。

恰恰是因为这样一种事业与我们学术演进的大体方向背道而驰，所以它触动了巨大的抵抗。国家、神职人员、大学和最高法院，所有重大势力都在对抗耶稣会，但耶稣会士们还是克服了横在自己道路上的一切阻碍。

为了能够教学，他们就需要能够开办一所学院。他们的一位保护人，克莱蒙主教迪普雷(Guillaume Duprat)，确保了他们获得必要的财力：在迪普雷的遗嘱里，为修士们留下了一笔可观的款项，用来创建一家学术机构。但是耶稣修会在法国还没有获得认可，因此不具备任何法律权利得到馈赠给它的财富。为此他们需要得到国王的特许状。最终他们在1551年从亨利二世[②]那里得到了特许状。但高等法院拒绝为特许状进行登记，[③]它这种抵抗也得到了巴黎主教和巴黎大学神学院的支持，后者宣称新修会“在

① 圣高隆班(Saint Columban，约543—615年)：意大利博比奥大隐修院院长，作家，凯尔特教会重要传教士之一。博学多才，精通拉丁语和希腊语的古典作品。——中译注

② 亨利二世(Henri Ⅱ，1519—1559年)：1547—1559年任法国国王。本人系坚定的天主教徒，在国内严厉镇压新教徒。1547年在巴黎大理院(高等法院)设立审判异教徒的火焰法庭。——中译注

③ 巴黎大理院常常与国王分庭抗礼，即使在司法权限之外，也可行使否决权，比如奏明王上，指出某某敕令、法案等难以施行，是为“谏言”。——中译注

有关信仰的事务上隐藏危险,对教会的和平不利,对修院制度具有致命的后果”。之所以会产生这种对立,是因为人人都清楚地意识到,耶稣会自己完全顺从罗马教廷,这意味着法国教会的灭亡,而主教们和巴黎大学神学院与法国教会都是息息相关的。国王徒劳地重复他的意愿;而高等法院也坚持着自己的拒绝立场。只是到了十年之后,耶稣会士们才从普瓦西举行的神职人员会议上(在非正式场合上)获准建立一所学院,[①]但其身份不是作为一个宗教修会,而是作为一个教师社团。为了纪念他们的捐助人,他们把自己的学院命名为克莱蒙学院〔Collège de Clermont,也就是现在的路易大帝公学(lycée Louis-le-Grand)〕,所以他们的正式名号也就叫作克莱蒙学院社团,而禁止他们采用“耶稣会修士”或“耶稣会”的称号。[②]

他们刚刚理顺了自己与神职人员和神学家们之间的关系,就遇上了一个新的对手,也就是艺学院。实际上,要想能够在巴黎教学,就必须获得巴黎大学颁发的学术权利许可状,我们已经看到,直到那时为止,巴黎大学一直享有一种无可争议的垄断地位。具体来讲,从文法到哲学,只要是想能够教授自由七艺,就必须成为相关院系的成员,也就是艺学院的成员。可是又有一种与巴黎大

① 1561年在普瓦西隐修院举行了著名的普瓦西会谈,法国天主教徒和胡格诺派教徒在此试图调解他们之间的分歧,未获成功。——中译注

② 在法文中,“collège”一般指中学,而“lycée”专指公立中学。但这样的区分是历史形成的,“collège”曾经有(现在在英语和法语里也能看到)学院、中学、(英国)公学、大学预科等等称呼。全书虽然一般译成了学院,但请读者一定注意这里面的差别与历史关联(最典型的比如大学预科与原本独立建制的学院之间的关系,学院与中学的关系,等等)。就耶稣会而言,当时在法国既开办学院,也创立中学,不好区分。——中译注

学自身一般古老的章程，严格排斥所有职业教士进入艺学院。尽管如此，耶稣会士们还是成功地利用了一位校长的善心。这位校长甚至不曾征询艺学院的意见，因此也就有了越权行为，将耶稣会士们索求的权利授予了他们。这项非法的退让刚一做出，巴黎大学自己就要收回，抵抗校长对权力的滥用，要求耶稣会士们关闭他们的学院。这就导致了一场官司，提交到了高等法院。关于这场官司，有意思的是，事实上即使到了那个时候，巴黎大学还完全清楚这里涉及的整个问题。

问题的关键在于世俗教育，人们以再明确不过的措辞提出了这个话题。巴黎大学一方的辩护律师帕基耶[①]这样说道："最早为这个巴黎大学起草方针和章程的那些人们，完全清楚地认识到这个准则（区分两种教育的准则）。他们意识到，全体臣民之间要想和平共处，全赖于对孩子们进行教导；同时他们也认识到，任何秩序井然的国家，都确立在两个基础上，也就是宗教与司法。有鉴于此，他们确定了两类人来教育年轻人。一类是世俗人士，另一类是宗教人士，公开属于某个宗教修会。前者往往想把孩子塑造成有朝一日能够承担行政司法事务管理方面的某项职业；后者则让孩子们为布道和劝诫人们入教而做好准备。完全可以肯定，在这一点上，他们的方针是如此地虔诚，为了让所有的事情都各安其位，他们拒绝让宗教人士在市镇里漫无目标地匆匆奔走，去听世俗人

① 帕基耶（Étienne Pasquier，1529—1615 年）：法国律师和作家，以其百科全书式的史学巨著《法兰西研究》（共 10 卷）而闻名。一生大部分时间用于对耶稣会进行斗争。在耶稣会控告巴黎大学一案中为后者辩护成功，赢得声誉。——中译注

士的讲课；出于同样的原因，也不允许这些宗教人士自己给世俗之人上课。相反，他们的建议是，……世俗人士负责世俗人士，职业教士就该负责他们自己修会里的那些人。”帕基耶顺带指出，将教育王国年轻人的责任交付给一个服从于外在权威的修会，具有内在的危险。

他说，耶稣会士们发愿“视教皇高于其他所有尊显，……他们是新的家臣，宣称教皇对每一个人都拥有无比的权威和权力，可以为所欲为。他可以没有任何牵制地否决其他各种权威，不仅是其他所有高级教士的权威，而且还有皇帝、国王和王室的权威。还曾有比这更危险的说法宣扬过吗”？从法律的角度来看，整个辩论都围绕着这样一个问题：耶稣会的修士们究竟是职业教士还是在俗教士。在传唤他们来明确陈言自己属于哪一种人的过程当中，整个讯问在工于心计的区辩和富于技巧的闪避这两方面都堪称典范。提问是令人困窘的。如果他们宣称自己是在俗人士，就是在背叛自己的誓愿，还冒着失去克莱蒙主教遗赠的风险，因为受遗赠方写明是耶稣会中的宗教人士。而如果他们承认自己是职业教士，就会输掉这场官司。他们说，我们就是高等法院已经宣布我们是的那种身份(sumus tales quales nos nominavit Curia)；换句话说，就是克莱蒙学院社团的成员。事实证明，不可能再从他们嘴里掏出其他任何答案。

这场官司旷日持久，有三次都是死灰复燃，对于其间那些错综复杂的关节，我们不需要一一回顾。最后他们的事业成功了(尽管事实上在这中间，耶稣会士曾经试图暗杀亨利四世，其中或许不无党派意气之争，但从道义上讲，责任在于耶稣会。此后耶稣会被逐出法兰西王国长达八年之久），[①]在法国站住了脚，一直到了1762年，那一年他们又一次成为一项驱逐令的对象。而他们一旦在我们的土地上站稳了脚跟，巴黎大学各个学院的学生们便仿佛中了魔一样涌向耶稣会开办的学院。从17世纪初开始（1628年），克莱蒙学院便有两千学生在册，人数最多的时候达到三千之众。与此同时，几乎在各省都创建了耶稣会学院。在他们第二次被驱逐时，至少已经拥有92家设施，其中比如说拉弗莱歇学院（Collège de La Flèche），那是后来笛卡儿成长的地方，它的学生数在1000—1400之间波动。耶稣会的学校是那么时兴，以至巴黎大学不得不采取措施，防止它自己的学院院长们把他们的学生送到耶稣会学院去跟班听课。基什拉[②]说过，巴黎大学几乎只剩些"谋求较高等院系学位的候选者，耶稣会不甚在意的穷人，以及一般来说不期图谋取神父这类好差事的富家子弟"。当然，这些人的数量不会很多。甚至当亨利四世发出我们方才说的针对耶稣会学校的驱逐令之后，也不足以遏制这股运动的推展。耶稣会士们只是放弃了他们在大城镇里的学院，但还是作为寄膳宿舍里的老师留在小

① 当时德意志天主教徒组成的军事政治联盟反对丹麦、瑞典、英、法等支持的新教同盟，二者之间纷争导致三十年战争。在此期间，耶稣会士同天主教联盟和西班牙站到一边，反对亨利四世。1593年，克莱蒙学院学生若望·夏泰试图刺杀亨利四世，最高法院立即下令驱逐耶稣会士。1598年法国同西班牙缔结和约，同年颁布南特敕令，以宗教宽容结束天主教派和胡格诺教徒之间的内乱。加之亨利四世生性宽厚，又盼望与罗马教廷和解，遍施手腕，才在多年后争取到高等法院同意将耶稣会士召回法国。——中译注

② 基什拉（Jules Quicherat，1814—1882年）：法国历史学家和考古学先驱，法国中世纪史专家。曾编印关于贞德受审（巴黎大学曾在其中扮演不光彩角色，见本书第210页注①及恢复名誉的五卷资料集）。——中译注

学校里,或者作为私人导师散布各处。许许多多的家庭甚至把他们的孩子送到法国边境比如杜埃(Douai)、蓬塔穆松(Pontà-Mousson)和尚贝里(Chambéry)等地的这类设施里。这种迁移看起来是那么显著,以至让巴黎大学当局深感不安,向国王陛下抱怨此事。

这种非凡的成功应该归功于什么因素?有时候人们只是简单地归之于这样一个事实,耶稣会士提供的教育是完全免费的。寄膳宿者只需支付膳宿费用,由于教团从各方面募集了捐助,所以这些费用少之又少。"在一家普通学院里维持一个孩子所需的费用,耶稣会可以教育出两个孩子。"这就是杜·布拉伊[①]对他们具有震撼效果的成功所做的说明:"Jesuitae docere incipiunt idque gratis! Quod vehementer placuit pluribus. Hinc frequentantur eorum scolae et academicae depopulantur."(耶稣会开始免费授课!这让许多的人感到莫大的快乐。因此,他们自己的学校门庭若市,而以前的大学和学院则日渐冷落了。)不过,我们倒也看见,在1595年第一次对修会发出驱逐令时,家家户户并不是把自己的孩子们重新交托给巴黎大学,而宁愿把他们远送各地,继续他们在耶稣会指导下的教育。因此,人们对耶稣会的偏爱并不完全出于经济上的考虑。不仅如此,诸如此类的理由只可能对那些不怎么富裕的人家产生决定性的影响,但可以肯定的是,耶稣会招收的学术主顾们至少大部分是来自其他阶层。所以,我们必须另找解释。如果说人们对耶稣会提供的教育趋之若鹜,想必是因为人们欣赏

---

① 参看本书第118页①。——中译注

这种教育，认为它比其他所有教育都更值得选择，因为它积极回应了时代的品味和需要。毫无疑问，就是这一点可以说明，事实上，尽管有那么多的敌人和阻碍，他们还是成功地在我们的国家扎下了根。如果他们没有得到公共舆论的有力支持，无论他们自己可能有多么聪明，也不足以保护他们抗击这样一种敌对势力大同盟。

我们通过考察耶稣会所采取的方法，并与巴黎大学同时使用的方法做比较，就能够理解耶稣会在学术上为什么会取得非凡的成功。在这项考察的过程中，我们自然会以一种公允的立场去看待耶稣会，他们始终也不曾得到这样的待遇，并且我们也必须认识到，你可能会老忍不住要对他们采取否定的态度。这是因为，耶稣会士的外在形象本身没有半点能够同时引来同情。他为一个单一的念头所主宰甚至所攫取，这个念头就是他已经全身心地把自己献给了一项事业（我指的是天主教廷的事业），他要确保此项事业的胜利。表面看来，耶稣会士所受的训练和培养，已经使他对于和自己修会的使命无关的一切都毫无感觉。他义无反顾地独自前行，任何东西都不能使他偏离自己看准的目标。在这种刻板、这种沉默的冷漠里面，蕴含着一些东西，让人想起大自然的无情威力，它所激起的不是爱怜，而是怀疑和恐惧。不仅如此，在目标追求上的这种不可变通与手段选择上外在的这种极富弹性之间，对比也是触目惊心的。有了这些，我们完全可以说明，为什么耶稣会士会成为敌视偏见的对象，而面对这样的敌视偏见，我们自己也肯定会立即起而自卫的。要想评价他们的学术成就，我们就必须消除脑子里所有诸如此类的感情印象。我们会成功地消除这种印象的，只要我们回想到，17 世纪和 18 世纪所有伟人都是耶稣会学校的学生：耶稣会的教育以一种普遍的方式，在我们民族精神的形成中扮演了重要的角色，赋予了它在自己完全成熟时展现出来的那些独有特征。这就是在这样的考察中会浮现出来的结论。当然我们也坚持认为，法国的民族气质受制于一些严重的缺陷，在一定程度上是它在耶稣会的学校里染上的，归之于他们所使用的方法；即便如此，现在同样可以肯定的是，它在整个思想史上也已经显出了璀璨的光华。如果我们希望公允地评价那些塑造了这种民族气质的人们，就必须牢记这一点。

第二十讲　耶稣会(终)
——教育的外在组织形式

在我们阐述耶稣会的教育体系之前，至少需要提一提这种阐释所依据的主要素材。

首先，我们有耶稣会教团一些正式的教育计划。早在 1558 年，在伊纳爵自己拟定的《耶稣会章程》中，就夹有较早的一份简要教育计划，作为章程的第四部分，题为“*De iis qui in Societate retinentur instruendis in litteris, et aliis quae ad proximos juvandos conferunt*”(交托本会者如何向其同胞教授文学及其他有价值事项)。1584 年，在这些最早的建议已经付诸实践将近 30 年之后，当时担任总会长的阿奎维瓦神父①萌生了一项计划，就是颁布一部对耶稣会所有学院都具有约束力的法规，以此对迄今为止的种种实践经验成果做一番编纂、协调和定论。他们以细致入微的态度着手进行这项考察与协调的工作。在罗马设立了一个委员会，

① 阿奎维瓦(Claudio Aquaviva，1543—1615 年)：耶稣会第五任和年龄最小的总会长(即将军)，被许多人认为是该会最卓越的领袖。1581 年当选总会长。在其管理下，耶稣会发展迅速，会员由 5000 人增至 13000 人。学院数达 372 所。他加强了耶稣会的运转效率，组织对本会历史的第一次学术性编纂，为耶稣会学校起草实用的教育法典。——中译注

由建立耶稣军团的每一个国家各派一名代表组成，包括法国、德国、奥地利、意大利、西班牙和葡萄牙。通过相互的商议，逐渐形成了一项规划，并经过罗马学院的 12 位神父修订，在各家学院试行了几年，通过这种试行中的观察进行了适当调整，最终在 1599 年的第五次修会大会上定稿通过，当然也还有些新的调整。新的名称从此广为人知：《耶稣会教育规章》（*Ratio atque institutio studiorum Societatis Jesus*）。这部法典颁布之后，教团下属各个教省就都一致遵守，一直到 1832 年都没有任何重大改变。到了 1832 年，为了顺应人类学识的进展，才做了修订。1858 年又加入了新的修改条款，不过只是涉及哲学领域。

《教育规章》更关注学生以及学生在自己的各种课程上应当获得的知识；至于教师和教师应当接受的指导，以及他应当采取哪些办法来把自己的知识传授给孩子们，倒是不太关注。第 14 次修会大会意识到了这个缺陷，任命它的一位神父负责弥补。这位神父便是儒旺希（Jouvency），他为此写了一部论著，题目是《论如何教与学》（*De ratione discendi et docendi*，1892 年由费尔泰（Ferté）译成法文，并由阿歇特[①]出版）。这部著作对于耶稣会的意义，就好比洛兰的论著在很长时间里对于大学教育的研究一样。[②]

---

① 阿歇特（Louis-Christophe-François Hachette，1800—1864 年）：法国出版商，出版各类教科书、辞典和大量促进教育与文化的书刊。——中译注

② 洛兰（Charles Rollin，1661—1741 年）：法国教育家，史学家。巴黎大学神学系毕业后留校任教，1694—1712 年任巴黎大学校长，采取多种措施整顿学校秩序。主要著作《学习论》。主张男女儿童接受同等教育，首先应该学习法语而非拉丁文。尊重儿童个性，发展儿童观察能力。日后伏尔泰、孟德斯鸠等对他的教育思想给予了高度评价。——中译注

最后,如果你希望熟悉一下教团所使用的方法,不仅仅是从抽象规章的角度,而且还要了解这些方法在实际生活中是如何具体贯彻的,可以从专门讨论耶稣会学院的大量著作中找到一部很好的参考书,也就是拉什蒙泰神父(de Rochemonteix)的巨著《拉弗莱歇学院》(Le Mans,1889,四卷本)。当然,这部著作充满了辩护色彩。它关心的是要为耶稣会士辩护,回击当时的某些诋毁者。但是,这些辩护之词却是建立在非常详尽和有条理的文献考订基础上的,说到底,其他任何著作都不能更好地告诉人们,17 世纪和 18 世纪的耶稣会学院是个什么样子。

介绍完这些素材,我们现在可以开始分析事实了。由表及里,我们不妨首先来看看耶稣会学院的外在组织形式。

膳宿学校的严格起居制度与修道院之间颇为相似,自然会使我们容易相信,我们法国的膳宿体系——那么封闭、与外界隔绝、管制严格——是受到修道院理念的影响建立起来的。确实,要是一个国家从来没有听说过什么修道院制度,恐怕永远不会形成将学生隔绝起来的想法。尽管我们已经在考察法国的学院为什么会在 16 世纪将自身与外界隔绝起来,把学生禁闭起来,但我们还是要利用这个机会指出,至少有一样事实是这种假设无法说明的:有一个国家存在一种特定的膳宿体系,却没有半点修道院制度的痕迹,而这个国家在当时的天主教势力丝毫不比法国小。这个国家就是英格兰,导师制的诞生之地。耶稣会学院的历史更是彻底证明了这种说明是不充分的:如果说我们的膳宿体系无非只是修道院观念在我们学术生活中的延伸,那么按道理来讲,在由宗教修会创建并管理的学术设施里,这种体系的确立和发展就会比其他任何地方都更不费力。再没有其他地方能够比这种设施更有利于它的施展了。但是，先是耶稣会修士，然后是奥拉托利会修士，[①]对膳宿体系所表现出来的态度都是敌视多于同情。

一开始，耶稣会学院只接受那些未来的修会成员作为膳宿者。这些人被称作“scolastici”。其他学生则住在校外。因此，在《教育规章》里，只有那么三四处间或提及膳宿体系（convictus）。学院只是逐步出于宽容态度才允许其他学生成为寄膳宿者。甚至到了此时，教团也对这种现象明确表现出不快。根据第四次修会大会（1581 年）通过的一项法典，如果修会能够彻底卸下照管膳宿者的职责，则有百利而无一害。严格来讲，学院的大门之所以能够向寄膳宿者开放，只是应君主或各城市的坚持。膳宿制学院始终远远少于走读制学院。18 世纪，在总共 92 家学院当中，只有大约 15 家学院实行膳宿制。即便是在设立膳宿制的地方，学生中的大部分也是非住读生。在拉弗莱歇学院，最初只有 60 位膳宿生，同时却有 200 位走读生。最后这个数字发展成 300 位膳宿生对 800—1100 名走读生。在路易大帝公学，1620 年的数字是 300 位膳宿生对 1700 名走读生，而当学生总数达到 3000 之众时，膳宿生的数目也从未超出过 550 人。

学院里的膳宿体系是作为一个单独的机构运作的，它的负责人尽管服从院长的权威，但是享有相当大的独立性。他不仅负责

① 奥拉托利会（Oratoriens，亦译圣乐会，神爱祈祷会）：天主教中有两个奥拉托利会，都由在俗神父组成，分别以罗马和法国为中心。信奉笛卡儿的理性主义。积极推行中等教育。课程设置具有实科方向。1611 年在巴黎成立的那个奥拉托利会，涂尔干在下文第二十二讲中还会详细谈到。——中译注

物质方面的生活组织,而且指导上课之外的所有工作。膳宿生被分成两类。第一类叫"chambristes",就是住在私人房间里。这类人允许随身携带私人导师和仆役,并且和自己住在一起。但他们只是少数。其他膳宿生住在公共的卧室里,有多少个班级,就有多少个这样的公共卧室。在这些宿舍里,每一个房客都有自己个人的一个单人小密室,和相邻的小密室之间的区隔,就是一道两米高的隔断,前面并有一道帏帘挡住视线。这些单人小密室沿墙平行排成两排,在这两排单人密室之间,是一道走廊,用作祈祷者的集合场所,也用作背诵功课的地方——我们将会看到,这在学童的生活中占到很大的分量。相比于我们目前的膳宿体系,耶稣会学院里的膳宿体系至少有一点儿好处,就是彻底避免了大凡公共宿舍都有的那种令人憎恶的乱交。

至于那些走读生,他们绝大多数来自学院周边以外。17 世纪时的拉弗莱歇只是个乡间小镇,显然不能支撑学院的 800 名或 1000 名走读生。当他们不够富裕,不足以由一位私人导师来照管自己的功课和行为时,就会被安置在学院外的私人宿舍楼或膳宿舍里,或者就住在私人家中。有时候,一户人家会为好几个学生提供住处,让他们住在一起,就好像我们已经描述过的从前巴黎大学的会馆一样。马蒙泰尔[1]曾是耶稣会学校的一名学生,他在自己的"一个父亲为子女教育而撰写的回忆录"中,向我们描述了其中一个学生小会社。在那里,所有的人都同桌攻读,同时进餐,同屋

① 马蒙泰尔(Jean-François Marmontel,1723—1799 年):法国诗人、剧作家、小说家、评论家,以自传《一个父亲的回忆录》(1804)知名。曾当选法兰西学院院士,任宫廷史官。——中译注

就寝，同烛取光。如果相信他的话，那么确立井然有序的管理就毫无困难了。耶稣会士的严格监管无疑促进了这种秩序的确立。所有非住读生所投宿的房舍，都必须经过学院院长的核准。而学业导师将随时前来检查事态，看看学生需要什么，表现怎样，以及功课的进展情况。总而言之，如果我们把这种对于非住读制教育的看法与耶稣会士对膳宿制教育的不抱好感相比照，就可以看出，他们抱以好感的东西事实上近似于导师制的管理体制，这种制度将学生们分散为许许多多零散的群体。即使说在另一方面，有人认为波尔罗亚尔[①]的神职人员也最喜欢这种体制，我们也可以看出，如果说这种体制并没有在我们当中盛行，也不是因为宗教观念的影响，不是因为我们的教育家假定的修院伦理的特殊地位。膳宿制之所以面目讨嫌的真正原因，更多地在于我们对集中化和严格管制的强烈偏爱被移植到了一块无法维持膳宿制的领域里。

现在，我们已经熟悉了学术生活的外在框架，不妨来更密切地看看这种生活都包括些什么，也就是说，看看教学的具体内容和人们对教学的理解方式。

按照儒旺希神父的说法，基督教老师必须教授两样东西：虔诚与文学。当然，严格说来，虔诚是不可教授的，而且不管怎么说也不专属于任何一门具体的知识学科。所以如果我们暂且不考虑虔诚，那么正确地讲，剩下的唯一教育素材就是文学了。在中世纪，学生从文法课程结束之后，也就是从大约 12 岁之后，整个的生活

① 波尔罗亚尔(Port-Royal)：法国天主教西多会著名隐修院。17 世纪詹森主义和文学活动中心。——中译注

就都为辩证法与哲学所占据。如今辩证法与哲学已经退出了自己曾经占据的这种十分显要的位置。虽然它们并没有完全消失,但是已经被压缩成为期三年的学习,主要的作用就是引入神学的学习,为这种学习做好心智上的准备。就这样,哲学揭开了一轮特别的学习周期,尽管它不排斥纯粹的在俗之人,但更专门针对未来的耶稣会修士,针对"scolastici"。这个学习周期就叫作"高级课程"(studia superiora)。其余的课程共有六门,组成了所称的"初级课程"(studia inferiora)。这些课程从六年级[①]到"修辞"级,教学的设计针对的是大多数学生,其实也就构成了中等教育。在这个阶段,文学性的修养,也就是语言和文学,占据了彻底的垄断位置。

但是,教授哪些语言、哪些文学呢?完全是古希腊罗马的语言文学。至于法语本身,虽然在17世纪,也就是耶稣会呈鼎盛之势的时候,逐渐成为一种文学语言,但还是完全被排除在教育之外。没有任何评注、分析和对话是用法语进行的。没有一位法语作家在课上得到阅读和讲解。拉丁文法是用拉丁语讲授的德波泰尔(Despautère),对古典作家的讲解也是用拉丁语,只有(六年级到四年级的)文法课程允许用法语。法语文法根本就不教。甚至还禁止学生相互之间用法语交谈,不仅在课堂上这样要求,而且在日常生活场合也是如此。因此,耶稣会神父们尽管能够相当娴熟地使用拉丁语,但对自己的母语却几乎是一窍不通:"不管是基本的

① 请注意此处提到的年级排序都是从高往低排,数目越大,年级越低。——中译注

结构，还是新近的发展，大多数人都一无所知。一旦他们不得不使用法语，便会表现出令人难以置信的笨拙”杜西厄（Doucieux）：“一位17世纪的耶稣会学者”）。耶稣会的一位神父劳伦·谢夫利特（Laurent Cheflet）在所编的初阶文法中也坦率地承认了这种无知：“如果你认真研习此书，就有能力分辨文采斐然之士与运笔拙劣之人……你还将看到，毫无瑕疵的著作家可谓寥寥无几。”作者本人也承认，在他编撰这部文法书之前，自己犯的错误就和提供给公众的这部作品中其他人犯的错误一样多。实际上，《特雷武回忆录》（*Mémoires de Trévoux*）告诉我们，作者的文法并不完全是法语的，因为他出生并成长于弗朗什－孔泰。[①]

当耶稣会士不得不发动针对詹森教派的斗争时，这种对于法语的无知使他们处于非常明显的劣势：他们从自己的成员中找不出任何一个人，能够回击帕斯卡尔[②]，回击其他对于他们的攻击。当然，在公共舆论的压力下，随着时间的流逝，事态也有了一定的变化。某些学院在七年级设立了一门教授法语文法的课程；而在18世纪，也出现了用法语写的拉丁文法。但是，法语所享有的地位依然很是低微。在儒旺希神父的整部论著中，只有区区一页是在探讨法语的教学，而这一页是这样开头的：“尽管耶稣会教师们

① 弗朗什－孔泰（Franche-Comté）：法国大区，东部与瑞士接邻，16、17世纪时在将近两百年的时间里属于哈布斯堡王朝领地，1678年并入法国。作者故有此言。——中译注

② 帕斯卡尔（Blaise Pascal，1623—1662年）：1655年进入波尔罗亚尔隐修院，在院中写下了《致外省人信札》和《思想录》两部传世之作。《致外省人信札》是替詹森主义者阿尔诺辩护（耶稣会反对派）而给一个外省人写的18封信的汇编。信中直斥耶稣会道德松弛，嬉笑怒骂，皆成文章。法国文学批评奠基人布瓦洛称此文为法国近代散文开山之作。——中译注

首先应当努力透彻地掌握希腊文和拉丁文的知识,但他们仍然不应该忽视母语(non est negligenda tamen lingua vernacula)。”没有一项特别的练习是专门针对这一主题的。德高望重的神父只限于建议,无论何时在课上使用法语,都应该注意正确与优雅。但他又仿佛害怕自己做出了太多的让步,于是最后又发出这样的警诫:年轻教师“如果为法语的魅力所惑,或是对更为严肃的研习中付出的艰辛劳动心生反感,从而在使用修会划给更困难但也更必要的语言的学习时间时,就是不遵照业已根据严格和智慧确立的规则,那么就必须让他相信,他正在犯下严重的罪行”。

那么,为什么会出现这种对于法语的排斥呢?文艺复兴时期的许多教育理论家们也许不会赞成这种做法。拉伯雷对日常会话中使用拉丁语大加嘲讽,蒙田要求人们在学习古典语言之前先学习法语。当然,不难想见,耶稣会想必会因为拉丁文是教会的语言而赋予拉丁文某种首要地位,甚至会像儒旺希神父偶然指出的那样,因为天主教信仰的一些主要著作是用希腊文写的,也就赋予希腊文某种首要地位。但是,为什么会出现这种对于法语的封禁呢?

显然,甚至到了18世纪,耶稣会的教育家们也对法语文学抱有一种不信任的态度。他们对法语文学的影响力忧心忡忡。儒旺希神父说:“一个年轻的教师,首先必须警惕自己不要过于热心用自己母语所撰写的作品,尤其是诗歌,那会让他浪费自己的大部分时间,甚至荒废他的大部分德行。”他在另一段里告诉我们,至少就诗人而言,他认为他们影响甚坏的原因之一,就在于他们作品里过于强调爱的情感。当他探讨耶稣会神父们自己写的悲剧时,他说,在悲剧里,“世俗之爱不应有任何地盘,哪怕这是一种贞洁的世俗之爱。同样,妇女也不应有任何角色,无论她们如何打扮。必须记住,不可能一尘不染地处置灰烬下的余火,余烬即便已经全无火种,即便已经不再燃烧,至少也会弄脏双手”。不仅如此,在这一点上,儒旺希无非是在重提《教育规章》中的一条正式辩护,是在对它做出评论。他然后又说道:“对于宗教教师来说,这项预防措施将会有利于他,使他没有必要再去读某些法国诗人的作品,这些诗人一心想的就是把柔情蜜意弄成自己剧作中的核心内容。再没有比这类读物更像是魔鬼作祟了。”事实上,文学中,尤其是诗歌和戏剧中,爱情享有如此重要的地位,也只是晚近才出现的现象,是我们现代文学的特征。古代的诗人们还赞颂许多其他的激情。我们的礼貌而优雅的社会仿佛是孕育我们文学生活的子宫,这种社会是在一些特定的背景条件下发展起来的,正是这些背景条件,导致了爱情所享有的这种优厚地位。我们已经看到,这种社会以女性为中心,因此,在我们的作家眼里,妇女对她们的目标的情感自然也就有了前所未见的重要性。这样,在我们的文学里,也就有了一种实实在在的独特之处。不仅如此,由于在教会的眼里,爱慕之情在一定程度上沾染了某种与生俱来的不道德性,所以我们不难看出,同样一种不信任的态度为何会推展到赞美和颂扬着同一种情感的那些文学作品中去。

这种说明只能说部分让人满意。这是因为,即使人们对法国的诗人们还特别保持着一定的距离,那么散文的作家们所得到的好感也不见得多多少。封禁想必还该有某种更一般的理由。我倾向于认为,这是某种原则的逻辑后果。这项原则长久以来一直是我们教育的根本，不仅如此，如果明智而审慎地解释它，也有某些正当的理据，尽管就其通常显现的那些形式而言，尤其是在目前情势下显现的形式而言，它是有悖情理的。我这里指的就是这样一条原则，它规定学术环境必须在相当大的程度上外在于时代精神，不紧趋时代的主流观念，不与挑动人们种种激情的时代主流观念站到一起。甚至到了晚近，19 世纪的文学，以及某种程度上的 18 世纪文学，在我们的中学里都是一项禁忌，就好像耶稣会学院对待 17 世纪文学的态度一样。一种文明，除非它与当世保持一定的距离，在一定程度上采取一种古朴的性格，否则将不会产生任何具有教育价值的东西。这已经成了某种自明之理。人们以怀疑的眼光看待现在，教育者竭力要把孩子们的眼光从现在转移开。人们含蓄地承认，现在的现实只因为它是现在，所以更加丑陋，更加平庸，更加肮脏。人类将自身理想化的程度是与它复归过去的程度成正比的。我们稍后将会看到，这种原则是如何在耶稣会士中有效地确立起来，会看到它如何从耶稣会士教育理论的最本质特征之一中演化出来。

正因如此，古典文学几乎彻底排斥了民族文学，成为耶稣会教育的全部素材。但是，对于希腊文和拉丁文的研习也可以有许多相当不同的角度。我们在上一讲里约略提到，可以把古人的著作当成一种手段，用来引领孩子进入古典文明的殿堂。所有教育的首要目标之一，其实都是要给予孩子一种关于人之本性的观念。如果说我们必须知道一些关于自然世界的东西，那么无疑还有一点重要得多，就是我们与人的世界之间的维系要密切得多，我们不能对其一无所知。如果说各门关于人的学问更为发达，我们就该从这些学问那里寻求关于人性的说明，就好像我们从物理科学（从狭义的物理学到生物学）那里寻求关于事物本性的说明一样。不幸的是，即便到了今天，关于人的科学研究（心理学和社会学）也依然处在相当初级的阶段。因此，我们了解人性之所在，只能是通过直接的经验，也就是说，通过与其他人相接触，和他们生活在一起，保持相互之间的交往。要想让这种经验真正起到指导作用，关键是要尽可能接触多种类型的人。这是因为，处在某一特定时间或地点上的人，只表现了人类的某一个方面，只体现了人性中的某些特性。为了对整体上的人有一个理解，哪怕离彻底的理解还相距甚远，我们也必须熟悉纷繁多样的人的样本，相互之间要尽可能不同。从这一点来看，古典文明尤其具有价值。这是因为，由于它们在时间上远离我们，所以它们与我们自身文化之间的差异清晰可辨。因此，作为这些文明的成果的人，在其中养育出来的人，通过它们表现出来的人，我们在它们当中看到的生活着、行动着、思考着的人，是与我们之所是或我们在自己周围看到的这些人大为不同的。因此，这些古典文明可能有助于向我们揭示人性的一些特定方面和特性，是我们不通过它甚至想都不曾想到的。它们以难以估量的程度，大大拓展了我们关于人的知识。耶稣会向自己的学生教授古典文学，是否就出于这种思维框架？

如果以此作为自己的目标，那么首先致力追求的，就是大大增多学生与希望学生熟悉的文明之间的接触点。从这个角度来看，重要的就是他应当读许多不同类型的古典作者的作品，让他能够为引领自己进去的这个观念和情感的世界绘出一幅尽可能完整的图画。因为这种阅读讲解即便不说比书面作业更具价值，至少也是不相上下。它们应当构成学术练习的根本基础。但是,耶稣会士们的行事方式却相当不同。

不错,讲解在学人们的生活当中也还有它的一席之地,但并算不上举足轻重。一般来讲,课堂时间中会有一块用来讲解,但讲解是由教师进行的。学生只限于鹦鹉学舌。没人训练学生自己深入古典作者们的头脑。要求他完成的主动练习除了温习课,便是书面作业。书面的练习在经院哲学时期闻所未闻,到了耶稣会士手里倒是狠狠补偿了一把。就是在耶稣会士手里诞生了这样一种教育体系,使指定的书面作业成为学术练习的标准格式。大学继承了这种体系,并且一直延续到晚近。甚至在年级最低的班上,也要求学生至少完成两篇以拉丁文写成的作业,更不用说在希腊文方面还要布置什么功课了。但是,随着年级的升迁,书面作业的数量和重要性还会一步步地增长。到了"修辞"班,至少每天得写一篇作文,不管是散文还是韵文。不仅如此,院长还会时不时地布置这样的课业,写一篇长论文或一首长诗,学生们会花上一两个礼拜才能完成。

在课堂上,当别人在进行背诵时,那些还没轮到听背的学生也不能无所事事。他们得做指定的作业。做矫正练习时也是如此。所谓矫正练习,就是老师把学生叫到"讲席"跟前,低声对话。按照《教育规章》的说法,在这个时候,其他学生"将练习摹拟一位诗人或演说家的名篇,自己描写一座花园、一栋庙宇、一场风暴以及其他类似的景物。他们要用好几种不同的方式来写一个句子。他们要把一段话从希腊语译成拉丁语,或者从拉丁语译成希腊语。他们还要把希腊语或拉丁语的韵文转写成散文。他们还要写一些短章,或精析事理,或代拟碑铭,或忆往悼亡。他们还要做概述,……他们还要练习根据特定的主题运用某些辞格”。还不只是这些。任何场合,只要有可能激励学生做练习,就会利用这种机会:和约告订,战事报捷,圣徒追授,长官新任,如此等等。当我们谈到纪律时,我们会看到,耶稣会士是如何成功地从他们的学生那里榨取出这份额外的功课。不仅如此,这些作文练习的体裁还相当多样:“就散文而言,有‘parallèle’、[①]演说、短论、辩护、颂词、长论、信函,以及仿作经典;而在韵文方面,有田园诗、乡间叙景、描写、借景述理、变形、唱词、挽歌、叙事诗,等等。兼具散文和韵文者,则有格言警句、戏剧场景、寓言故事乃至座右铭、谜语以及各种各样的文字游戏。”如果说耶稣会想要让学生们始终如一地保持注意力,而且全神贯注于写作,他们也同样敏锐地意识到,保持练习形式的丰富多彩能够防止学生腻烦。尽管如此,有一种文学体裁还是在他们眼里占据了不折不扣的首要位置,这就是演说体。雄辩是一门至高的技艺,掌握这项技艺将代表所有学习的顶峰。正因为这一点,“修辞”班是学校生活的顶点。诗歌只是安居次席。所有的教学都以演说术为取向。因此,有一位作家在学校课程体系中占有绝对的主宰地位,他就是西塞罗。讲台上始终会有他的作品。人们阅读他,讲解他,背诵他,摹拟他,从每一种可能的角度对他的作品进行深入挖掘、重新尝试。他就是最高的典范:《教育规章》说,就体裁而言,多少必须是完全以西塞罗为借鉴的(Stilus ex uno fere

① 典出“*Les Vies paralllèle*”,即古希腊传记作家普鲁塔克的《平行列传》(中译为《希腊罗马名人传》),将希腊与罗马两方在经历、事迹、性情等方面可供比较的名人合集列传。——中译注

Cicerone sumendus)。

耶稣会士们的宗旨绝不在于让学生熟悉古典文明,有能力理解古典文明,而完全在于教会他们用希腊文和拉丁文说话写作。这就说明了指定的书面作业为什么如此重要,为什么会具有这样的性质。这也说明了在文法班上,为什么主要是散文体写作。它比拉丁文翻译重要得多,后者几乎不怎么练习。这就说明了体裁练习的量为什么这么大,形式为什么这样多。这种态度甚至影响到讲解的具体方式。儒旺希神父为我们留下了一些关于拉丁文作者的讲解范例;只需读一读这些讲解,就可以看出,讲解者的主要目的就是让学生欣赏作者的拉丁文及其文学体裁,鼓励学生们仿效这些特性。

耶稣会士为自己选下的目标,远不是力求让自己的学生们重新思考古希腊罗马时期的思想,远不是希望学生们浸浴在古典时代的精神之中,可以说,他们的目的恰恰相反。这是因为,他们已经经过一番深思熟虑,把自己放在了一种矛盾的处境中,而他们也看不出有什么别的办法能够从这种处境中解脱出来。因为人文主义蔚为时尚,因为古典文字已经成为某种不折不扣的崇拜的对象,作为对其时代的精神始终保持敏感的耶稣会士,也就像我们刚刚看到的那样,必须表现出某种形式的人文主义,甚至是相当不容妥协的人文主义,因为只有希腊文和拉丁文被允许进入他们的学院。但是,我们已经说过,从另一个角度来看,他们也充分地认识到,人文主义对信仰构成了一种威胁,在教授异教文化的学校里期望塑造基督徒的灵魂,这可是有实实在在的危险。这两种相互矛盾的要求如何能够协调?当耶稣会士们使自己成为异教文学的辩护者和注释者，他们又如何同时实现自我设定的使命，也就是辩护和捍卫信仰？

只有一条途径可以解决这种对立，用儒旺希神父的原话来说，就是用一种特定的方式来讲解古典作家，“纵然他们属于异教和世俗，也要让他们成为对信仰的赞颂者”。让异教文化服务于对基督教伦理的赞颂和倡扬，是一项大无畏的事业，看起来也是相当地艰辛。尽管如此，耶稣会士们却充分相信自己有能力尝试这项事业并最终取得成功。只是为了做到这一点，他们才有计划地改变了古代世界原本的性质。他们不得不以一种特定的方式来揭示古希腊罗马时期的作者们，这些作者所是的那种人，以及他们为我们描绘的那种人。在这种揭示方式下，那些人身上一切真正异教的东西都被遮蔽了，让他们成为某个特定时代、某个特定城邦里的人的一切都被遮蔽了，就是为了只突出他们身上那些单纯作为人的特性，适用于所有时代、所有地点的人的方面。关于罗马和希腊的一切传说、传统和宗教观念，都是本着这种精神加以解释的，被赋予一种任何合格的基督徒都能够接受的特定意义。

因此，耶稣会士们让他们的孩子们生活在其间的那种希腊罗马环境，已经被掏空了所有专属于希腊或罗马的东西。它变成了一种非现实的理想化环境，其中充斥的那些人物，虽然毫无疑问是以历史的方式存在着的，但表现他们的方式却仿佛没有任何历史性的东西。他们现在成了单纯的人物形象，承载着特定的德行与邪恶，以及人类种种的伟大情感。阿喀琉斯就是英勇无畏；尤利西斯就是聪敏审慎；努马就是虔敬国王的原型；凯撒就是雄心勃勃之人;而奥古斯都则是威权在握、热心问学的君主。[①] 诸如此类非具体化的一般类型,可以很容易用来例示基督教道德的规诫。

事实上,至少在很长一段时期里,耶稣会学院里多少可以说完全缺乏任何形式的历史教学,这就使他们更容易这样来去除对于古希腊罗马时期的继承。他们甚至对文学史也是一无所知。在讲解作者们的作品时,没有任何人会费神去关注作者的性格,他的生活方式,以及他与其时代、环境和先辈之间的关联方式。他的历史人格是那样微不足道,以至研习的不是一位作者,甚至不是一部作品,而是篇章选段,这也成了正常的情形。这些片断是这样地零散脱节,个体性在其中总是比较地分散乃至消解,从这样的片断当中,又如何能够形成一幅关于具体的人的画面?这些片断中的每一个看起来几乎都只不过是一种被割裂出来的文学体裁示例,忠实地复制了特定的权威。

现在我们可以更好地理解,耶稣会士们,也许在较小程度上还

---

① 阿喀琉斯(Achilles):希腊神话中的人物典型,在特洛伊战争中,是阿伽门农军队里最勇敢、最英俊、最伟大的战士。

尤利西斯(Ulysses):即奥德修斯(Odysseus),荷马史诗《奥德赛》中主人公,西方文学中最常描述的人物典型之一。他的智慧、口才、机敏、勇气和悟性都很出色。他既有玩弄计谋的才能,也有忠勇仁厚的一面。事实上,每个时代都会以自己的方式对这位"性格多面的人"重新加以阐释。

努马(Numa Pompillus,活动时期约前 700 年):罗马传说中在共和国成立之前统治罗马的七代国王的第二代。据传前 715—前 673 年在位,曾创立宗教历法和制定各种宗教制度。

奥古斯都(Augustus,即屋大维,前 63—14 年):作为历史上最伟大的行政管理天才之一,他在罗马生活的每个领域乃至帝国全境开展了规模巨大的重建工作,创造了以便利的交通和繁荣的商业为基础的持久和平时期。正是这种史称的"罗马和平",保证了希腊罗马的古典遗产的幸存和最后的传播。他赢得了维吉尔、贺拉斯和李维的称颂。——中译注

有其他许多教育家，为什么往往会赋予过去，遥远的过去，一种比现在更大的教育价值。这是因为，过去，至少当历史科学还没有相当的发展，还不足以几乎就像表现现在那样精确而具体地呈现过去，那么在这段时期里，由于我们是从远处来看过去的，所以过去在我们眼里，自然就显得模糊不清、流变不定，更容易根据我们的意愿来塑造。它构成了一种更具可塑性的弹性质料，我们甚至可以根据适合我们自己的标准，转换过去的形式，展现过去。因此，也就更容易出于教育的目的来歪曲它。对于来自前朝往世的这些人与事，我们加以装点美化，却不曾认识到我们正在自欺欺人，只是为了把它们转换成我们可以拿来给年轻人效仿的典范。而现在，由于它们就在我们眼前，所以也就一定会引起我们的注意力，不容易受到这种重新修饰的作用。我们在看待现在时，几乎不可能不一起看到它的丑陋、平庸、害处与缺陷。也正是因为这一点，在我们看来，现在也不怎么能够适应我们的教育宗旨。就这样，在耶稣会士的手里，古希腊罗马时代成为一种基督教教育的工具。而他们想必没有能力以同样的方式运用自己所处时代的文学，因为这种文学蕴含着一种针对教会的反抗精神。为了实现他们的目标，耶稣会士们就想逃离现代，在古代那里寻求庇护，在这种做法里隐藏着他们很强的利益。

第二十一讲　耶稣会体系与巴黎大学体系

在上一讲里我们看到，耶稣会政策的普遍原则之一，是如何体现为尊重时代的品位和观念，以期更好地指导这些品位和观念的发展。而我们发现，这项原则也是他们教育理论的根本所在。因为古典文学得到了有教养的公众的青睐，所以耶稣会士自己也转而成为这方面的爱好者。但他们之所以要倡扬人文主义，只是为了能够遏制它，疏导它，杜绝放任自流的后果。无拘无束的人文主义正在逐渐导致异教精神的某种复兴。而耶稣会的任务就是要把它转变成基督教教育的一种工具。尽管如此，要想实现这一目标，他们不得不去除了古典作者的作品中几乎所有的积极成分；他们不得不清除这些作品中的异教精神，只保留它们的形式，从而让这种形式可以为基督教精神所激发。因此，耶稣会士们的人文主义注定是一种可以想象到的最绝对的形式主义。简单来讲，他们对于古代的所有要求，既不是它的那些观念，也不是看待世界的特定方式，而是词语、动词搭配、体裁范例。他们研究古代，并不是为了理解古代，让其他人来理解古代，而是为了能够说它的语言，一种已经没有人说了的语言。

这样的话，我们就可以说耶稣会士在某种意义上认识到了文艺复兴的教育理念，即使如此，他们也没有实现这种理念，倒是已经肢解了这种理念，使它变得贫乏无味。在他们的手里，这种理念丧失了自己构造中的本质要素之一：对学识的热爱。我所指的还不仅仅是拉伯雷和当时那些杰出的百科全书编撰者们所体验到的对于全知的渴求，在耶稣会士的教育体系里，没有半点这种渴求的踪影，这一点太显而易见了。庞大固埃为了满足自己对于知识的难以餍足的胃口而坐下来享受的盛宴，已经被清除一空。但是，即便是似乎更直接地激发了耶稣会士的灵感的那些教育理论家，即便是伊拉斯谟，所设想的人文主义也不是完全没有广泛的实质性知识。这是因为，为了能够理解和阐释古典作者，就必须熟悉他们浸淫其中的古典文明。实际上，我们也能回想起伊拉斯谟要求未来的教师们所应掌握的那许许多多种学识。

事实上，16 世纪这些杰出的人文主义者们，对于古代的热爱还是毫无保留的。他们是出于古代本身而热爱古代，是热爱整个儿的古代。因为他们发现，他们孜孜以求的那种礼貌文化和优雅博学的理念，已经在古代文明里实现了。他们已经发展出了一种具有一定异教成分的灵魂，却不曾认识到它，自己不曾承认有它的存在；结果，他们对有关这个古代世界的一切都充满了好奇，在这个世界里，他们在想象之中度过了自己一生中最好的时光，并且感到自己仿佛享有了城邦公民的种种权利。希腊罗马的文明史也就是现实当中这些人文主义者的文明和历史。

然而，上述这些对于耶稣会士们来讲都不适用。他们倒也把孩子引入了同样的环境，认为自己的职责就在于照看孩子，让孩子在那种环境下始终保持一个道德角度上的陌生人。对于他们来说，如果孩子对那种环境下所说语言的机制能够有透彻的了解，也就足够了。要实现这一目的，古代的学问知识都显得多余了。因此，对于耶稣会士们来讲，学问知识的角色就是非常次要的。我们已经有机会指出，他们并不教授历史。当然，教师在讲解的时候，也不得不顺带传授一些零零散散的历史或考古方面的信息。如果问题涉及伟大诸神，他会说明罗马人是怎样看高贵威远的众圣灵的；如果师生们碰到"clipeus"（盾牌）这个词，他就会描述不同类型的盾牌，一一介绍它们的形状和用途。但是教师们被告诫，留给学识的位置只能是有限的。根据《教育规章》的指示，这种练习属于一种娱乐，更适于消遣，因此该留到学术假期里进行。《教育规章》谈到修辞教学的第五节说道，"假期里，可以时不时以和某位史家或诗人有关的学问之事自娱……这样即便沉湎其间，也会适可而止。"这里，我们看到了唯一一项体现这种教育最初设想的特点的具体学习。

现在我们可以看到，正如我们所预想的那样，当文艺复兴的教育理论落实到学术实践中时，并没有遵循旧有的模式，并没有变得更加宽泛、更加复杂，反倒是变得更加偏狭、更见局促，更具排斥性，并且严格来讲，也更显极端了。我们已经指责过人文主义染上了某种形式主义；而在耶稣会士手上，这种形式主义甚至变得更加明显，古代不再是人们出于心灵的感应和好奇，满怀挚爱加以研习的东西，而成了一所单纯的学习体裁的学校。与此同时，文艺复兴设想的那种教育所具有的贵族性质，也只是变得更加明显了。如果一种教育唯一的宗旨就在于教授一种语言，而这种语言在日常生活中甚至已经不复使用，那么，这种教育又能够有助于什么有用的目的呢？当然，耶稣会教育也有一点特征，就是深深的现实主义取向，因为他们首要的追求就是让自己的学生们成为尊崇传统的虔诚天主教徒。因此，在文艺复兴的教育家们看来，古典文化的价值在于其自身，他们之所以赞颂这种文化，就是因为在他们看来，这是迄今所知最精雅的文化；而在耶稣会教育兴起之后，这种文化就被用于实用性的目的。但是，它在服务于这项目的的时候是不考虑自身的；它是在精巧的强制作用下从属于这项目的的。就其本质而言，人文主义会对加到它身上的用途感到反感；结果，它在方方面面都超过了、淹没了指派给它的目标。要想成为一名合格的天主教徒，绝无必要成为一位维吉尔或西塞罗的高超摹仿者，绝无必要成为通晓演说格律或拉丁韵文所有奥秘的行家里手。这一点再明确不过了。耶稣会士的教育所培养的那些素质，在信仰上的用途绝不比在市民生活中的用途多半分。一句话，这是因为人文主义对耶稣会士们来说，就是一种帷幕，他们在这帷幕后面追寻着自己的目标，人文主义本身更像是实现这项目标的某种手段。

在这样的状况下，这种教育又何以大获成功呢？与此同时，在巴黎大学各学院里还有那许多可以利用的东西，它却如此迅速在与后者的竞争中占据了上风，我们对此又如何解释呢？

事实上，正当耶稣会士们感到需要制定一套详细的章程，也就是《教育规章》，以此确定他们教育理论的原则时，巴黎大学这方面也制定了同样类型的法典。这就为我们对这两类教育进行比较提供了便利条件。亨利四世感到，新的时代要求对巴黎大学陈旧的课程体系进行一番彻底重造，于是在 1595 年任命了一个委员会，包括一些教师、行政官员以及在俗教士，任务就是起草新的章程。

最终在1600年颁布了这套章程。这套新的规章作为巴黎大学的章程，一直延续到旧制度结束之时。如果拿它和《教育规章》中的内容相比照，就会注意到，两种观点之间没有任何本质上的差异。教育的根本宗旨就是要教会人如何写作；而方法就在于作文练习和对古典作者的讲解。一个学习日包括六个小时，一个小时用来讲解和背诵规则（文法规则或修辞规则），其他时间都用来阅读、讲解或体裁练习。和在耶稣会士那里一样，讲解的不是拉丁作家就是希腊作家，这里也不曾提到任何一位法语作家；和在耶稣会士那里一样，拉丁文也是学院里唯一允许使用的语言。就连年级的划分也有明显的类似之处。当然，一开始，耶稣会学校只有五个年级，但随着时间的推移，五年级又分成了两个级别。

这里，只有一些比较次要的差异。我们已经看到，耶稣会学校的学生们成天忙着做一批一批的书面作业，而巴黎大学在这方面就没有这么严格。学人们只需每周向学院的院长呈交三篇希腊文或拉丁文的散文。结果就有了更多的时间花在讲解上，其实他们在课堂上花的时间比耶稣会学校更多。不仅如此，与耶稣会学校的惯例恰恰相反，对文本的讲解是就其整体来谈的。巴黎大学的改革者之一里歇（Edouard Richer），在防止巴黎大学彻底被新组织淹没的努力中，他或许是居功至伟的一位。他反对"删改书籍"的做法，说这会"导致年轻人学不到半点连贯或完整的东西，学不到半点能够形成完善、完成了的整体的东西"。这表明，巴黎大学的教师们在看待古典作者的时候，不是一味考虑零散篇章以供研习——仿佛是具有非同寻常的权威的完好摹本，而是清醒地意识到，一部作品自有其统一性，必须让学生们对此有所领会。

更重要的差异来自于巴黎大学对于研习古代所持有的心态。我们已经看到，耶稣会士们是满怀焦虑与狐疑地让自己的学生们接触古代的，他们竭力想向学生们隐匿古代的某些特征，包括最重要的特征。而巴黎大学的教师们则更接近文艺复兴时期伟大的人文主义者们的思想。他们对异教文化并不感到恐惧，而是充满自信地去学习它，并没有什么隐秘的动机。他们绝没有感到必须去除它的某些本质特征，以便让它不那么具有危害。这种自信主要来自于一种历史的幻觉，是眼光更为清晰的耶稣会士所不曾具有的。对于这两种文明之间存在的距离，耶稣会士的感觉非常清晰：一种是通体渗透着幸福伦理，另一种则贯穿着相反的原则；一种认为快乐无论做何理解，总归是德行的另一面，另一种则神化受难，颂扬受难。与此相反，巴黎大学的教师们尽管并不是异教徒，却也具有这样一种基督教道德观，更简单，更直接，更切近尘世。因此，他们真诚地相信，他们正在古代那里重新发现这种道德，因此也没有任何理由对它抱以不信任的态度。

在这一点上最能说明问题的，就算是洛兰写的那些方面了。尽管他写作的时间是 18 世纪初，而当时的历史科学已经取得了一定的进展。他和贺拉斯一样，也认为在荷马那里，“有一种比最杰出的哲学家的著作里更纯粹、更严格的伦理”。他告诉我们怎样能够从荷马那里学会为什么必须尊重神灵、帝王或家庭。他完全清楚地认识到，在诗人向我们所做的关于异教诸神的描绘中，有一些任何合格的基督徒都无法接受的错误想法。他写道：“必须承认，他给了我们一种奇怪的关于诸神的观念。他们相互争吵，彼此攻讦，以怨报怨。通奸，乱伦，最令人憎恶的罪行，在天界都不再是邪恶的勾当，甚至在那里成为荣耀。"但他也同时指出，这里也不难看出一些别的东西。他说，还是有一些至关重要的宗教真理，"其实质已深镌人心，一种恒久普遍的传统已永存人心"。他想通过这种方式，从荷马那里的宗教中区辨出一种对于一位至尊之神的信仰，这位至尊之神独一无二，无所不能，它的神旨也就规定了世界的命运；再有就是关于天命和灵魂不朽的观念；他还说："我们正应该拿这些至关重要的宗教原理，来引导年轻人的注意力。"因此，基本上来讲，洛兰和巴黎大学都是在不知不觉之中，本着一片真诚，做着耶稣会士们本着工于心计的一时之策而做的事情。他们在向自己的学生描述古代人的时候，也不是描述古代人真正所是的样子，而是剥离了所有的局部性色彩，去除了古代人身上所有主要的具体特征，仿佛这些古代人是耶稣降临之前就存在的某种基督徒。他们在古典文明那里所寻求的，就是在他们看来构成所有人类文明的共同基础的东西。他们和耶稣会士之间的唯一差异就在于，他们是按照自己确实看到的样子来描绘事情的，绝不认为他们是在诉诸人为的修饰；而耶稣会士们则是在一定程度上刻意地冲刷真正的事实，以便让它们以他们认为更合适的面目出现在学生面前。

在这里我们看到了一种立场上的差异，而未来就可以在这种立场上打造出来。但是，这些差异归根结底只是程度和重点上的问题，而不是什么原则上的分歧。耶稣会和巴黎大学这两方面都把古典的语言和文学看作是可以用来教化心智的最佳工具。这两方面都派给写作技艺在教育中同样的主导角色。如果说大学一方对古希腊罗马的人们产生的心灵感应更为真切，那也部分是因为他们从普遍人性的立场上来看待这些古人，而不是从使他们具体成为希腊人或罗马人的立场上来看他们。

当洛兰谈起儒旺希神父时，那种口吻就更清楚地体现出这两套体系之间并无任何根本性的歧异。洛兰对儒旺希神父的论著毫无保留地表示了敬仰。他说道："这部著作写得如此纯正优雅，判断如此明智，考虑如此周到，又是如此虔敬，唯一的美中不足就是这部著作可以再写长一些，内容讨论得再深入一些，但这并不在作者计划之内。"

当然，在这个时期，还不可能彻底将耶稣会的方法与巴黎大学的方法看成是一模一样的。两者之间实际的差别，与其说在于所追求目标的性质或所使用手段的性质，不如说在于具体使用这些手段以实现目标的方式。耶稣会的教育强度非常大，明显具有死硬灌输的特点。你会感到，耶稣会士们付出了巨大的努力，为的是要以几乎暴力的方式，将人的心智赶到某种徒有其表的人为早熟状态中去。这样才有了这不胜繁多的书面作业，强迫学生一刻不停地耗用自己活跃的能量，炮制出少年老成的作品，却不曾有发自内心的思想。因此，这些数不胜数的体裁练习，目的只是要让学生们领略到古典语言的一切奥秘。而巴黎大学教育的整体节奏就不那么匆忙，不那么紧迫，不那么让人应接不暇。总而言之，目标是一致的，甚至为达到目标而走过的道路也是相当一致的，但是，巴黎大学的这段旅程却走得更缓慢一些，更犹疑一些。

产生这种节制的结果有着方方面面的原因。首先，我们必须考虑到，在 16 世纪末、17 世纪初，巴黎大学的活动表现出一种普遍的松懈趋势。一系列的宗教战争已经猛烈地撼动了巴黎大学，一时间它很难从这种震动中恢复过来。不仅如此，在这段时期，它的性质也在不断改变。在整个中世纪，它都是一个自由独立的法团组织，现在却逐渐变成为一个公立的实体，一个国家的机构，从属于王室权力的控制。亨利四世的改革揭开了这场新政，但是巴黎大学并没有不无抵抗就接受了这种局面。因此，这段时期便充满了纷争与骚动，往日的那种职业热诚变得越来越衰竭。里歇抱怨教师们教学漫不经心："直到九点，才无精打采地走进教室，还一边打着哈欠。"显然，如此闲散的节奏与耶稣会士们的节奏大不相同。但是，更有可能还存在其他一些原因，不是那么暂时性的，和教育更有关联，合在一起产生了这种结果。表面上看，巴黎大学确实也意识到了问题的复杂性。无论它是多么地重视写作技艺，也并不是始终未能感觉到，事实上，古代除了作为体裁的学校，还可以用作他途。它更看重讲解，为讲解安排的课时分量也更重，就证明了这一点。因此，巴黎大学的人们只能是感到有各种各样的需要有待满足，所以不能一心一意地只朝一个方向努力。与此相反，耶稣会只有一个单一的目标，毫无犹豫或折中的余地。耶稣会士对奠定古典文明基础的东西漠不关心甚至倍感厌恶，也就只能教授这种文明的形式。他只关心这种形式，而他的注意力所在也表现出他的一心一意，我们已经看到，这是他的性格特征之一。他全身心地笼罩在自己所服务的信念中，目无旁视，心无旁骛；因此，当要确保信念的胜利时，他是不会允许自己受到任何限制的。由于他的教育使命是随他宗教使命而变化的，所以，他自然应该本着与看待后者一样的眼光来看待前者，以同样百折不挠的极端立场来投入前者。正因为这一点，当指派他去教育孩子们如何熟练掌握古典语言时，他才会调动起自己身上全部的能量，也激发起孩子们身上全部的能量。这样强化的方法产生的效果是极为出色的,是看得见摸得到的,人人看了都会留下深刻印象。一个按照正常步调发展的心智,是慢慢走向成熟的,但从外在的角度来看,并不是很容易捕捉到这个过程。它的成效只能到日后才能真正显露出来。与此相反,一篇措辞优美得体的拉丁诗文,一封谋篇精当有致的拉丁信函,是你现在就可以看到的。就是这些实实在在摆在那里的现象,吸引着家家户户的注意力,从而也激起了他们的信心。我们看到,耶稣会学校何以能够如此迅速地赢得公众舆论的喜好,最初的原因就在这里。

至此,我们只是考察了耶稣会的教学。现在我们必须来考察它们的纪律结构。也许正是在这个方面,它们表现出最大的技巧与原创性。它们在这一方面胜人一筹之处,也最好地说明了它们所取得的成功。

它们整个的纪律建立在两条准则之上。

首先,学生与教育者之间必须保持个人化的持续接触,否则就不可能有什么良好的教育。这项原则有助于双重目的。它确保了学生始终不会放任自流。为了塑造自己,学生必须受制于永远不会放手或松懈的压力,因为恶的精灵始终蠢蠢欲动。正因为这一点,耶稣会的学生从来不能独处,“监管者会到处跟随着他:去教堂,去课堂,去饭堂,去娱乐。在生活区和就寝区,管理者也始终在那里,检视一切”。但他的监管并不只是在于预防不良言行,还在于让耶稣会士能够随心所欲地考察“性格与习惯,这样他就可以成功地找出一种最合适的方法,来指导每一个作为个人的孩子”。换句话说,这种直接的、持续的交往据信不仅要使教育过程的效果更能维持，而且让这种教育过程更具个人性，更好地适合每个学生的个人特征。儒旺希神父始终如一地建议教师们，不要只限于对不具个人特征的学生群施展某种普遍的、非个人化的影响，而是要根据具体学生的年龄、智力和处境，灵活地变换自己影响的程度与范围。如果他和一个孩子在私下交谈，"不妨考察这孩子的性格，按照这种性格来调整自己对他说的话，就像他们说的，用适宜的饵来'钓'自己的对话者"。为了更好地让学生们向他敞开心智，就需要让自己赢得学生的爱戴，从而让他们向自己敞开心扉。实际上，在师生之间这样巩固起来的关系当中，无疑会就此形成一些友情的纽带，在学校生活结束后仍然能够维续。所以笛卡尔才会与自己从前在拉弗莱歇学院的老师们一直保持着相当真诚的密切关系。

不难想见，这种持续融为一体的体系想必会非常有效。不管孩子去到哪里，这种环境都跟随着他。在他四周，到处都听人以同样的权威表达着同样的观念、同样的情感。这些东西永远不会从他的眼前消失。除了这些，他对其他一无所知。事实上，这种影响力一刻不停地要孩子们感受到自己的存在。不仅如此，由于它知道怎样才能够最好地适应多种多样的个人性格，由于它最熟悉从哪里入手，可以潜入学生的内心并产生潜移默化的效应，所以它也就越发地强大有力了。与中世纪曾经实行过的纪律样式相比较，它代表着一场重大的革命。中世纪的教师讲演时面对的是一大群不知姓名的听众，在这群人里，每一个个体，也就是说每一个学生，都迷失在其中，淹没在其中，从而也就放任自流了。而现在，教育根本上是一项针对个人的事务。只要它还在应付庞杂的大众，它所产生的效应就只能是非常粗糙的。因此，中世纪学生们的纪律就是喧闹无序的。膳宿制学院就是试图与此对抗才创设起来的，尽管它从来没有完全成功过。这是因为，学院手上并没有一批人手足够或者对监管任务足够投入的固定教师和管理者，能够对每一个个体实施必要的控制与影响。

为了在强化的正规功课中训练学生(不管怎么说，这种功课相当缺乏实质内容)，还不能仅仅是以关切和警惕的态度，将他们环绕起来，将他们围裹在封闭的区域里，还不能仅仅是一刻不停地操心去限制他们、维护他们，还必须去激励他们。耶稣会士们使用的刺激完全在于竞争。他们不仅首先在学院里组织起竞争性体制，而且这种体制在他们手上发展到的强度也是后无来者的。

尽管今天在我们的教室里，这种竞争体系还是相当重要的，但是它已经不再能够毫不间断地发挥功能了。公允地讲，在耶稣会士手里，这种体系可是从来没有过片刻的停息。整个班级都被组织起来促成这一目标。学生们分成两大阵营：一方是罗马人，一方是迦太基人，可以说终日生活在战争的边缘，每一方都竭力想要战胜对方。各方都有自己的大人物。阵营的首领是一位“imperator”(皇帝)，也叫作独裁官或执政官。在他之下就是一位“praetor”(行政官)，一位保民官，还有一些元老院议员。[①] 这些封号自然会招人觊觎，引发竞夺。所以每月主办一次竞赛，根据竞赛结果进行分封。换一个角度来看，每一个阵营又分成一些小组(“decu-

① 从公元前3世纪中叶到公元前2世纪中叶，迦太基人与罗马进行了一系列战争，史称三次布匿战争，争夺地中海霸权，其间涌现出汉尼拔、西庇阿等名将。最后迦太基沦为罗马在北非地区的一个行省。此处的行政官系古罗马时期执政官外出期间代理行使广泛行政权力的官职。——中译注

ries”，十人队），各由十名学生组成，由一位队长指挥（叫作“decurion”，十人队长），队长的人选则是从我们刚才提到的那些出类拔萃的人中甄选。而这些小组的成员也不是随意招收的。各个小组之间也有等级高下之分。最前面的小组就由最好的学生组成，最后的小组就由最差的学生、最不勤奋的学子组成。作为整体的阵营与对立阵营相互竞争，同样，在每一个阵营内部，各个小组也与对立阵营中处在对等等级上的小组之间有着直接的对抗。最后，个人与个人之间也是相互结对竞赛，一个小组里的每一名战士都在对立小组中有一名对立成员。这样一来，学术上的课业就包含了某种持续不断的肉搏战。阵营与阵营挑战，小组与小组争斗，相互监督，彼此矫正，互相攻讦。有些情况下，要求老师不要害怕让能力不等的两个学生组合在一起。儒旺希神父说，比方有一位学生的功课被另一个能力还不如他的学生所矫正，“那么那些犯了错误的人会越发觉得羞愧，越发觉得耻辱”。甚至可以让任何一个学生与来自等级较高的小组的学生比试一番，如果获胜，则取而代之。

有意思的是我们还注意到，这些花样繁多的封号，不仅带有受人尊崇的头衔，而且还有积极主动的职责。实际上，这些积极主动的职责正是奖赏。队长享有广泛的权力。他面朝自己的小组而坐，负责确保自己这十个学生保持安静，集中注意力。他负责考勤，组织小组成员背诵功课，保证他们认真完成作业。而执政官对自己阵营里的各个队长拥有的权威，也就像这些队长对自己小组里各成员的权威一样。因此，人人都是始终保持紧张状态。班级是个有组织的小社会，这样的观念从未如此系统全面地实现过。

它就是一个城邦，每一位学生都是一个官员。不仅如此，由于师生之间有这种分工，一名教师不费太多气力就能够管理好几个班级，有时候多达两三百个学生。

除了定期举办的竞赛之类的办法，还有不定期举办的竞赛，名目之多不胜枚举。做得最好的作业常常被贴在教室的门上，其中最出色的还会在饭堂或“salle des Actes”（活动室）当众宣读。除了每年一度在庄严的号声中举行的颁奖仪式之外，在学年中，还会时不时地举行颁奖，授予一篇精彩动人的演说，一部值得称赞的文学作品，一段表演出色的舞蹈，或是其他什么成就。在二年级以上，每个年级都设立一个研究会，只有最好的学生才有入会资格。再有，就是各种各样的公共集会，让最出色的学生出席，亲人们都来听他们讲话，向他们鼓掌。所以说，有数不清的方法用来将学生们的自尊始终维持在极度兴奋的状态中。

在这一点上，与此前曾经的做法相比较，耶稣会士们又一次引发了一场革命。我们已经看到，在中世纪的巴黎大学和各家学院里，根本就不曾听闻有什么竞争体系。在那时候，没有任何奖赏来回报优良业绩，激励更多的努力。而组织考试的方式对于那些自觉用功的学生来说，也差不多就是一种例行公事。而在这里，我们看到，突然之间出现了一种全然不同的体系。它不仅确立了自身的地位，而且迅速变本加厉，过犹不及。现在我们更容易理解，耶稣会士们所提供的训练是如何成功地实现了我们刚才谈的这种强度。他们整个的纪律体系都是围绕着这项目标来组织的。学生们生活在持续的竞争状态中，这就激发他们极力调动自己理智和意志的全部储备，甚至把这一点看成是至关重要的事情。与此同时，他们还受到巨细无遗的监管，从而做到了防微杜渐。他们能够感到自己是在受到引导，受到支撑，受到鼓励。事事都诱使他们尽力而为。结果，在学院里，活动的强度就是货真价实的，当然，它也有缺陷，因为学生们对它的投入更多的是表面文章而不是发自内心，但是它确实存在，这一点不容否认。

既然我们已经注意到耶稣会士在学校纪律方面所开创的转型，我们就必须找出是哪些原因促成了这种转型。这两种新的原则是从哪里来的？它们是不是完全出自耶稣会士所追求的那个特定目标，出自它们机构的本质，出自它们为自己指定的使命？或者正好相反，它们是某些更加一般性的原因所造成的效果，是对公共思想和伦理中发生的某种变迁所做出的回应？

第一项假设肯定可以直接排除了，因为事实上，即使说耶稣会士们是最先在学术实践中实现这些原则的话，文艺复兴时期的教育思想家们也已经认识并公开宣扬了这些原则。我们还记得，蒙田抗议教师们实在太没理智，居然期望按照千篇一律的模式来管制所有个人的心智。他还希望教师们研究学生的性情，测试他，以便更好地理解他，按照蒙田的说法，是要让学生“在自己面前活动”，以便能够以开明的方式指导学生。从另一个角度来看，我们已经看到，对于荣耀的图慕，对于赞扬的渴求，还有那种荣誉感，无论是在拉伯雷和伊拉斯谟眼里，还是在16世纪主要思想家眼里，都是一切精神活动的根本动机，从而也是一切学术活动的根本动机。因此，耶稣会士们在这两个方面和自己的时代达成了一致，至少在原则上可以这样讲。更有意思的是我们注意到，在耶稣会出现之前，至少就有一家学院组织并实践了竞争体系，而且还在不只一个方面类似于我们方才描述的那种形式。它就是蒙田待过几年的居耶纳学院。任何一个班上的学生都根据他们的不同能力被分成几组，与耶稣会学校的十人队非常类似。考试也是家常便饭，一个班上的学生们会在考试中接受来自较高班上或者小组里的学生的提问。无独有偶，在这家学院我们也能看到，通过在全体班级的集会上发表公开演说来举行竞赛。

事实上，在社会的道德构成上已经发生了一场重大的变迁。这就使学术纪律体系上的这场相应变迁势在必行。在 17 世纪，个人在社会生活中所扮演的角色，要远远高于迄今为止所赋予他的地位。如果说在中世纪，教学是非个人化的，如果说这样的教学可以以扩散的方式，向漫无特征的学生群传播，而不会感受到任何的不便，那是因为在那时候，个体人格的观念还不很发达。中世纪发生的那些运动都是大众运动，鼓动着大规模的人群集合朝同一个方向努力，而个人就失落在这样的人群里。在十字军东征的时代里，振臂起事的是作为整体的欧洲；不久以后，在某种不折不扣的集体促动力的影响下，如潮水一般涌向巴黎接受教育的，也是欧洲整个有教养的社会。所以说，一个时代的教育风格是与社会的道德状况相一致的。

与此相反，随着文艺复兴时期的到来，个人开始获得自我意识。他不再单单是整体当中一个不曾分化的部分，至少在启蒙了的圈子里是这样。从某种意义上来讲，他自己就已经是一个整体了，他是一个有着自己面貌的人，有着这样的需要，为自己塑造属于自己的思考方式和情感方式，至少曾经体验到这样的需要。我们知道，在这段时期，仿佛突然之间绽放出一大批英才人杰。其实很清楚，随着人们的意识越来越个人化，教育本身也必须变得越来越个人化。从开始要求教育针对独立存在的、异质性的个人发挥自身影响的那一刻起，它就不能继续以笼统适用的、同质性的、一致性的方式发展了。它必须多样化；而要想做到多样化，教育者就不能还是与学生保持距离，而得接近学生，以便更好地了解学生，能够根据个人的多种性质，灵活调整自己的行动。

换一个角度来看，同样清楚的是，对于一个拥有自我意识的人，一个有属于自己的一套信念和兴趣的人，要想激发他的动机，训练他的行为，是不能用对付一群面目不清的人群那样的办法的。要对付面目不清的人群，需要的是激情猛烈地撼动根基，是强劲有力的集体印象，它的方式既没有明确的形貌，也没有具体的对象，就好像在圣热内维埃夫山上，簇拥在阿伯拉尔身边的人众当中传染的那种震栗和兴奋。[①] 相反，随着每一个人都有了自己独特的道德生活，能够感动他的那些想法也就必然是特别适合于他的，这样的话，就必须诉诸自尊，诉诸个人尊严感，诉诸德国人所说的"Selbstgefühl"（自尊）。随着个人化的运动越来越深入，竞争也会变得越来越活跃，在社会中越来越扮演实质性的角色，这绝非偶然。由于学校的道德组织机制必然反映着市民社会的道德组织机制，由于使用在孩子身上的那些方法与那些日后将使用在成人身上的方法之间，不可能有什么本质上的不同，所以很显然，中世纪纪律体系的种种机制再也无法维持下去了。很显然，纪律必须变得更加个人化，必须更多地考虑到个人的情感，从而也就允许有一

① 参看本书第六讲。——中译注

定的竞争性。

因此，在耶稣会士引入纪律体系的两大创新里面，并没有任何本质上属于任意性的东西。至少，原则是牢牢地根植在事情的本质当中的，也就是说，根植在16世纪社会的状况中。但是，即使说原则是正确的，即使说它会维持下去，即使说它值得继续生存下去，耶稣会士在贯彻这项原则的时候，也是本着一种极端主义的精神，这是他们学术政策的特征之一，就凭他们这样做，也就剥夺了这项原则的本来特性。为了能够相互信任地引导孩子，与孩子保持密切关系，这本身是好的；但是耶稣会士们却过于逼近孩子，限制了他的一切活动自由。就这样，方法的行使却反过来妨害了它原本想要服务的那个目的。为了能够在孩子初生的人格发展过程中助上一臂之力，很好地了解孩子也是一种明智之举；但是，耶稣会士研究孩子的目的却是为了更有效地遏制他对自己的认识。这就是造成孩子分裂的潜在根源。至少，一旦耶稣会士意识到对抗与竞争的价值，就会如此不加节制地运用这些手段，使学生们生活在这样一种关系之中，彼此之间处于不折不扣的交战状态。对于这样一种只诉诸以自我为中心的情感的学术组织，我们怎么会不认为是非道德的？那么，除了用如此乏味的诱饵诱惑学生们，就没有其他任何手段激发学生的积极性吗？

第二十二讲　关于古典教育的结论

从上一讲中表露出这样一个结论：耶稣会士们除了对于意志的教育，在其他领域并没有表现出任何的独创性。这是因为，在这一点上，他们是在追求一种他们所特有的目标，是巴黎大学的教师们不可能持有的。他们最大的目标，就是希望将自己的学生们塑造成天主教会的忠诚仆役，罗马教廷的虔诚臣民。

巴黎大学的教师们自己倒是合格的基督徒，合格的天主教徒，把致力于宗教情感的维持与培养看成是自己职业义务的一部分。但是，由于他们看待宗教的那种特定方式使然，他们并不把宗教教育当作一件非常复杂的工作而予以重视。在他们想来，只要正确理解了古典教育，就会自然而然、合乎逻辑地实现完满的宗教教育。当然，他们也认识到，古代人并不是那么富有天赋，能够看到基督的真实存在中的所有荣耀。不过他们认为，古人中的佼佼者还是可以隐约预见到这一点的，他们已经走在了发现的道路上。鉴于这种想法，要想让孩子的意志方向正确，要想向他揭示爱基督，引导他去爱基督，似乎也并不一定非得设立一整套特别的训练方案。这里所需要的无非就是再将古代的观念往前推进一小步，让这些观念变得更加清楚、更加精确，让其中已经蕴含的种子继续成长。无需任何深层的震颤，也无需任何暴烈的努力，就可能从一种纯粹思想性的训练,从对古典文献的研究,过渡到宗教性和道德性的训练,过渡到基督教。

耶稣会的情况和这大不一样。他们清楚地意识到,这两种文明之间相隔遥远,意味着不同的意志取向,不可能从一种生发出另一种而不发生剧烈的断裂。对于耶稣会士们来讲,关于古代的研习只是基督徒生活的一曲前奏,一段有效的准备。当然,他们也利用了古代,但只是用作一道屏障,自己可以躲在后面,以便建造一套高度复杂的机械,旨在主宰学生的意志,灌输给他一种心态,信仰的利益似乎要他们做出如此的要求。正因为这一点,他们的纪律体系的个人性要比他们的教学体系强得多。这是因为,纪律为意志的培养提供了一种理想的基础。因此,他们注定会以一种特定的方式来理解纪律,掌控纪律,以切合他们正在追求的那个特定目标。他们并不是凭空创造出一些原则,自此之后便一直成为依据。我们已经看到,这些原则是怎样和时代的观念联系在一起。但是,耶稣会士也确实是以系统而极端的方式发展了这些原则,从而使它们成为属于自己的原则。他们的独特之处就在于那些潜移默化、如影随形的方法,借助这些方法,他们塑造了孩子的灵魂,而不曾让孩子有能力抗拒自己受到的难似觉察的缓慢影响。

如果我们不考虑意志的教育,只考虑理智的教育,也就是狭义上的教学,就可以看出,这两种相互竞争的体系之间的差异,是如何归根结底只是次要的。两种组织都大致追求同样的理念,只是耶稣会士更为严格、更显魄力、也更见偏执,而巴黎大学的教师们则比较温和,更敏锐地意识到问题的复杂性,或许职业的热诚也更少一些。在这两种组织里,重要的都是通过摹仿古人来教授写作技艺。在这两种组织里,为了能够以这种方式来利用古代,都得对古代进行连根拔除,使它和自己的历史背景相脱离,从而使希腊人和罗马人都被描绘成非人格化的模型,属于一切时代、一切民族。

巴黎大学的教师们面临自己对手的成功,最终开始采纳对手们的方法,到这个时候,这两种教育类型之间的相似性也就最终汇同了。我们已经说过,1600 年的改革只要求巴黎大学的学生们每周呈交三篇作业。但我们完全有理由相信,事实上,这个最低限额很快就被突破了。它足以让人回想到,仅仅在大约 20 年前,我们公立中学里的书面作业还几乎不比 17 世纪耶稣会学院里曾有的数量来得少。与此类似,耶稣会士们创造的整个竞争体系,包括它那些没完没了的作文,它的当众背诵,以及它的各种奖励,几乎都原封不动地移入了巴黎大学。就连巴黎大学里的颁奖,也发展得过多过滥,这是若弗鲁瓦在 19 世纪初所抱怨的。他说:"学校里的功课已经大大松懈了,但对于功课的奖赏,各种颁奖,却是成倍地增长:它们被大量地分发。"①

因此,直到 18 世纪下半叶,当新的观念开始崭露头角时,旧制度其实还只知道一种精神理念,在长达两百多年的时间里,一直就在基于这种理念塑造着法国的年轻人们。在这漫长的时期里,只出现过一次比较重要的创新,我们将会看到,这场有限的创新并没

① 涂尔干此处未注明是哪一位若弗鲁瓦,根据言辞口吻,似乎是 Isidore Geoffroy(1805—1861 年),法国动物学家,1844 年任巴黎大学督导长,并任皇家公共教育委员会委员,后当选巴黎科学院院长。但此处年代似乎有些不符。其父 Éenne Geoffroy(1772—1844 年):法国博物学家,1809 年起任巴黎大学动物学教授。怀疑是涂尔干把父子两人弄混了。——中译注

有导致我们刚才描述的教育观有任何根本形式上的改变。

将近17世纪中叶的时候，在巴黎大学和耶稣会之外，又建立起一种新型的学术机构，与前两个相互对立的组织没有任何牵连。不管怎么说，这是一个不怎么起眼的机构，它的存在极其短暂，但依然成功地对我们中等教育的发展产生了一定的影响。1643年，当时被称为“波尔罗亚尔的绅士们”的一些人，在波尔罗亚尔谷地(Port-Royal-des-Champs)附近，开办了一些“小型学校”(Petites Écoles)，不过三年后(1646年末或1647年初)就转迁巴黎，搬到圣多米尼克·唐斐(Saint-Dominique-d'Enfer)街的偏僻街巷里。直到1650年，这些学校还很兴旺。但此时爆发的内战以及种种的艰难，又迫使它们迁回乡村。到了1660年，由于耶稣会的阴谋，它们最终关闭了。所以说，它们只持续了大约15年。不仅如此，如果我们还记得，根据圣伯夫的估算，它们各自同时所能容纳的孩子很少超过50名，我们就会认识到，它们的影响力所及几乎都只限于极少数的学生。尽管如此，正是在这些小型学校里，发生了有待我们考察的一场创新。因为正是在这些学校里，法语第一次被允许在中等教育里扮演某种角色。

我们不能忘记，无论是耶稣会学校还是巴黎大学，都是用拉丁文教授拉丁文法。而波尔罗亚尔学校打破了这项荒唐的规矩。兰塞洛特写道：“到处去找用希伯来韵文写就的一部文法，为的是教授希伯来语，这样的人又到哪里去找？……这样做难道不是预先假定了关于有待学习的素材的某种既存知识，难道不是在寻求去做已经完成的事情？”1644年，兰塞洛特用法语出版了《拉丁文学习简易速成法》(*Méthode pour apprendre facilement et en peu de temips la langue latine*)。与此同时,他还认为自己已经成功地将文法的教学变得更加简便、清晰。他认为,当时所有孩子都使用的德波泰尔(*Despautère*)的论著,里面讲授的文法含糊不清,繁复却不得要领。他自诩已经彻底将某种含混和乏味的东西转变成令人愉悦、予人启迪的东西,让孩子们在原本只能看到荆棘密布的地方采摘到盛开的鲜花。在这一点上,好心的兰塞洛特被蒙骗了,因为他为不规范的法语韵文所制订的规则,给当时学生们带来的乐趣根本不会比给现在学生带来的乐趣多。下面是他写的帮助记忆的押韵诗之一:

Feminins sont les noms en x
Hors hic calix, calyx, fornix,
Et spadix, varix, urpix, grex.
Joins le dissyllabe en ax, ex:
Fornax, carex, forfex pourtant,
Au seul feminin se rendant;
Laissent douteux tradux, silex:
Joins-y cortex, pumex, imbrex
Et clax (talon), mieux masculins,
Sandix, onyx, mieux feminins.

与此同时,法语的教学也逐渐确立了下来。但并没有以系统的方式有计划地教授这门语言的规则。在波尔罗亚尔,根本就没有法语的文法。这当然不是因为他们没有能够认识到它的价值。

兰塞洛特曾经在不止一处场合决心要尝试这项任务；不幸的是，他发现这项任务十分艰难，似乎难以克服，于是被迫放弃了这项计划。但是，即便法语不带有任何理论性的教学，至少也是实践练习的对象。在要求孩子们写拉丁文之前，就让他们编写一些小对话、短叙事或故事、短信，允许他们从自己读过并记住的东西里面任选素材。与此同时，在此之前一直被忽视的将别种语言译成法文的练习，如今的重要性也超过了散文作文。他们认为，通过这种方式，可以将法语从人们认为正在侵入的拉丁化中拯救出来。兰塞洛特说："拉丁风格仿佛已经用拉丁的思想和表述覆盖了法语；如果我们希望解救法语，确立其充分的原创性，就不能让拉丁语全程领跑，教育得从法语开始。过度的拉丁化将会摧残法语。"

如果这样的观念能够正常地发展，充分发挥其间蕴含的效应，那它或许会最终导致一场名副其实的教育革命。但要注意到，事实上，波尔罗亚尔并不仅限于反抗对法语施加的绝对封禁，而是进一步挑战此前——至少从文艺复兴以来——一直无可争议地赋予拉丁语和希腊语的那种霸主地位。因此，人文主义教育的原则本身也受到了攻击。一旦这样的原则受到撼动、趋于瓦解，人们就极有可能会感到需要用另一种原则取而代之，从而沿循不同的思路来重新构建学术体系。实际上，詹森主义者正是在追求创新，这是毫无疑问的。他们的纪律与耶稣会士们所实践的那种完全不同，事实上是彼此冲突的：竞争在里面不起任何作用。任何有可能激发孩子关注自身利益的东西都是严格禁止的。但是，这样的尝试并未能够持续长久，还不足以开花结果。实际上，我们知道，波尔罗亚尔所激起的强有力的反感，将未成熟的小型学校过早地扼杀了。

虽说这种观念并没有彻底消解，但只能是憋憋屈屈地勉强维持生存。在耶稣会和巴黎大学之外，还另有一个教师法团，在我们的教育史上也不乏属于自己的一份非常荣耀的角色：它就是继承了这种观念的奥拉托利会。奥拉托利会对詹森的教义也有那么一点隐秘的同情，最后在自己的课程里保证赋予法语一席之地。尽管如此，奥拉托利会的修士们比"波尔罗亚尔的绅士们"更瞻前顾后，赋予这门新科目的地位依然不那么起眼，还是继续以拉丁语和希腊语作为思想训练的基础。主要的体裁练习都是用拉丁文和希腊文进行的。同样，巴黎大学最终也是以这种有所缓和的形式采取了改革，而且还是在克服了长达 60 年的抵抗之后。1716 年，巴黎大学的代表们齐聚普莱西学院（Collège du Plessis），决定从此开始在课堂上使用法语的文法及其他古典作品，所有这些书籍都是用法文出版的。洛兰告诉我们，在他那时候，至少在他开办的学院里，已经在讲授法语文法，并且讲解一些法语作者。

但是，即便不可能对这场创新不置一词，我们还是能够看出，它绝对没有改变教育的整体面貌。教育在根本上还是文学性的。在这两种古典语言之外，才附带上另一种语言，而且还是地位最不重要的一种。而语言和文学依然充当着教育的首要素材。各门科学尽管从 15 世纪以来已经取得了相当可观的进展，但可以说还是被拒绝进入学院。有那么一鳞半爪的科学倒是成功地挤进了哲学课的第二年课程，但也是非常缓慢、非常拖沓的。人们在开展这种文学教育的时候，基本上还是通过古代的语言和文学。在许多事实中，有那么一桩证明了这种主宰地位在 18 世纪依然是多么地明确。洛兰倒是建议教师们应该讲授历史，但他说的只是古代人的历史。至于他自己国家的历史，他承认自己也是所知寥寥。因此，实际的情况依然是，从16世纪一直到大革命前夕，法国的教育体系，至少是为有闲阶级设计的那种教育体系，就这样延续了下来，没有任何可以感觉到的变化。

确定了这一点，就该来找寻这种体系的历史后果了。我们可以有把握地预见到，这些历史后果的重要性相当可观，既是因为这个体系发挥功能的时间相当长，也是因为塑造这种体系的那段时期紧接下来，也就是我们民族精神气质的主要特征开始确立的时期。在我们即将开始进行的考察里，不需要特别区分巴黎大学的教师和耶稣会士们，因为他们的教育观是一致的。不过话又说回来，如果我看起来对耶稣会士特别留心一些，那是因为，他们在这整个时期里都扮演着主导性的角色，并且他们所开展的这种思想管制也很深入，所以，对于从这种体系中生发出的后果，无论好坏，他们更负有特别的责任。

首先我们需要摒弃时常加到这种体系上面的一点指责。人们曾说，由于人文主义者的教育思想赋予拉丁文和希腊文如此重要的地位，所以想必是延缓了我们民族语言的兴旺。而兰塞洛特和波尔罗亚尔的教师们之所以竭力要去除拉丁文长久享有的霸主地位，也是为了要避免这种危险。但是有一桩事实很难符合这种指责。这种希腊—拉丁教育正是在16世纪才逐渐组织起来的，它的形式从来没有这样具有排他性。对法语的排斥从来没有这样彻底。而且紧接而来的那个时代，也是我们的语言充分成熟的时代。在这之后，法语文学本身也成为一种堪与罗马文学和雅典文学相比拟的古典文学。当然，我不是要宣称，17 世纪作者们的天才得归功于古典文学的复兴，归功于教授这些古典文学的方式。礼貌社会的发展，这种社会从意大利战争以来所获得的重要性，已经凸显出来的品味的愈益精致化，这些理由足以说明路易十四时代的文学产出为何如此惊人地丰富。[1] 但是同样可以肯定的是，语言的发展看起来绝对不曾被对古代经典著作的沉思所抑制。法语开始具备自身独有的面貌，获得了使它有别于其他古代或现代语言的那种规整有序的逻辑，自身的明晰性，以及几乎是数学般的精确性，难道不正是在这个时候？

观察所得出的这种结论在教育上产生的必然后果是很值得指出来的。那些人对法语成为将要成为的样子贡献最多，对赋予法语它的原创性着力最甚，却将自己整个的年轻时代都耗在做拉丁散文作文、背诵拉丁作品、谱写拉丁诗歌上，这难道不让人感到奇怪吗？这难道不是证明了，要想教会孩子们如何掌握自己的母语，并不一定非得采用这样一种语言作文，在叙事上再添论述，在论述上再添论文，强加给他重复的练习？至关重要的是教给他们条分缕析自己思想的技艺。观念在呈现给我们的时候，是以全局、综合、含糊的形式出现的。我们的思想中包含有许多不同的要素，种种的观念也是借助着一些关系联系在一起的。区分这些要素与关系，就是体裁的奥秘，就是需要了解的重要的东西。当然，写作散文也有助于这一目的，因为要想将我们的思想转换成词语，我们就

① 路易十四：1643—1715 年在位法国国王，是古典时代专制君主制的象征。在此期间，法国文学巨匠迭出，如高乃依、莫里哀、拉辛、拉封丹、布瓦洛等。——中译注

得对自己的思想产生自觉意识，不能让它留在它的自然呈现状态中，也就是不确定的、含糊的状态中。但是，其他许许多多的练习也可以用于这项目的：散文的译出译入——不管是针对哪一种语言，还有对于大师思想的分析——这项练习是那么被人忽视，却又是那么大有裨益。我们应当注意，不要过早地给我们的学生压上过多的各种作文练习。只有当孩子的心智已经得到了滋养，只有当他已经达到了一定的成熟，产出的效果才是有价值的。过于耗费精力，或者是太多的重复，他会越来越厌倦，越来越缺乏创造力。我们不要忘记，最杰出的法语大师们都是在根本不做法语作文的班上教育出来的，这一事实不妨作为我们的一个教益。

还不止这些。我们将会看到，学院里的拉丁风远没有将我们真正转变成希腊人或罗马人，我们民族精神中最独特的某些特性正是从学院的拉丁风里生发出来的。

众所周知，17 世纪法国文学的基本特征之一，就是它毫不掩饰地、舍此无它地偏好一些一般化、非人格化的类型。诗剧作者们搬上舞台的那些角色，并不是一些具体的个人，带着某种特定的社会环境和民族环境的烙印，带着某种特定的教育和特定的生活世界的烙印，而只是代表着一般的人的某些侧面。喜剧诗人们嘲弄的对象，就是人类的永恒缺陷，在哪里都能见到。而悲剧诗人们触动的那些伟大的情感，也始终在让人性变得更加高贵。安德洛马克[①]既不是一个异教徒，也不是路易十四宫廷里的一位贵妇人，她就是一位本质上的母亲，是母爱的化身。与此类似，赛莉麦娜就是

① 安德洛马克(Andromaque)：希腊英雄赫克托尔的遗孀，被俘后为援救其儿子

轻佻的体现，而阿巴公则是贪婪的化身，如此等等。[①]任何东西，只要有可能将这些角色特殊化，有可能将它们转换成来自某个特定时间和地点的具体个人，统统被排斥在外。当这些角色并不是直接取自历史时，我们就不知道他们来自何时，生于何处，属于贵族还是市民阶层，住在巴黎还是来自外省。在绝大多数情况下，他们的姓名不是真的指哪个人，而是蕴示着抽象类型的类属化指称：有些名字专指男仆（司卡潘[②]），有些专指戴了绿帽子的丈夫，还有些专指坠入爱河的少女。因此，就出现了对于地方色彩的厌恶，不管是在人物服装上还是在舞台布景上。所刻画的事件也都发生在某种抽象理念的环境中，外在于具体的时间和空间，因为它仿佛属于一切时间和空间。这种看待事物的方式，逐渐在我们身上打下了深深的烙印，以至尽管我们最近努力要解脱出来，但我们的文学依然带着它的印记，哪怕这种印记越来越黯淡了。

免于一死，不得不含羞忍辱，同意与敌人卑吕斯结婚，准备婚礼完毕后自杀。此时卑吕斯遗弃的未婚妻爱弥奥娜出于嫉妒，煽动青年奥雷斯替她杀死了卑吕斯，但奥雷斯并没有赢得爱弥奥娜的爱情，终于发疯。此处指的是法国悲剧诗人拉辛（Jean Racine，1639—1699 年）的作品《安德洛马克》（1667 年），他参考了希腊悲剧家欧里庇得斯的同名悲剧，以及荷马和维吉尔史诗中的有关情节。拉辛擅长描叙王公贵族妇女的心理，与路易十四宠幸的曼特农夫人相交甚笃。——中译注

① 赛莉麦娜（Célimène）是法国古典主义时期著名剧作家莫里哀（Molière，1622—1673 年）的喜剧《愤世嫉俗》（1666 年）中女主人公，虚伪嚼舌，爱在人后搬弄是非。阿巴公（Harpagon）是莫里哀喜剧《吝啬鬼》（或译《悭吝人》《守财奴》）中角色，突出了金钱被神化之后对家庭温情的破坏。贪婪在这里变成一种绝对的欲望。——中译注

② 司卡潘（Scapin）：意大利即兴喜剧中的定型人物——滑稽男角。尤以其胆小懦弱著称，遇见矛盾冲突即拔腿逃窜。司卡潘通常扮演一个靠不住的侍从和做杂事的仆人。莫里哀的《司卡潘的诡计》使这个人物成为法国喜剧的一部分。——中译注

这一切是如何发生的？它是不是法国人心态中某种内在趋向的结果？如果是这样，那么我们就不得不面对这样一桩事实：在文艺复兴揭开序幕的时候，人们看待世事人情的方式可是相当不同的。拉伯雷笔下的主人公与高乃依笔下的主人公之间相距何其遥远，前者极其复杂，后者则显得既抽象，又简单。那么，在这期间，可能发生了些什么事情呢？

如果你考察我们教育方面古典主义时代的心态，就是当这个伟大的世纪开始时，在将近一百年的时间里，耶稣会学校和巴黎大学中曾经实施的那种教育，你就不会再惊异地认为这是某种无法解释的独特之处了。就拿耶稣会学校的学生来讲，他的生活与古代人始终保持着精神交往，尽管如此，训练他的目的却不是为了要他注意到，在古代人身上，都有哪些东西能够算得上是希腊人或罗马人的特征。人们指点给他看的这些人身上的那些方面，看起来就和他在自己身边看到的那些人没有什么分别（除了宗教信仰）。似乎有同样的普遍情感在促动着古代人和现代人，也似乎有同样的思维习性在指引着他们。那么，如果说这一类相隔遥远的人与他自己眼里能够看到的人差别如此之小，他又如何能够获得这样的观念，认为人类随所处时期的不同而各有差别，人类是多种多样的，这种多样性是实在的、深刻的？他又如何得知根据具体的时间与空间，人类会以不同的方式思考、争论、感觉和行为，会受到不同的心态和其他种类的逻辑的主导？

与此相反，每一样事情都倾向于让年轻人维持这样一种信念：人无论何时何地都是一样的。在历史的进程中展现出来的种种变迁，可以化减成表面外在的调整；人们完全可能穿着不同的服装，住着不同的房子，操着不同的语言，遵守不同的习俗，但是，就其根本而言，他的精神生活无论何时何地都会保持一致，没有任何本质上的变异。在离开学校的时候，不可能不认为人性是某种永恒的实在，不可变易，不可变迁，独立于时间与空间，因为它不受不同时间和不同地点里维持的多种条件的影响。

以这种方式教育出来的头脑，会有一个缺陷，没有能力领悟历史中正在变动和可以变动的那些要素，只能够按照已经被教会的样子去描绘人的形象，也就是以最一般、最抽象、最不具有个人化的形式出现的个人，这难道还不是显而易见的事情吗？至于构成我们每一个人独特本性的那些多重的、复杂的特性，那些使一个国家、一种处境里的人和另一个国家、另一种处境里的人互不相同的东西，都被认为只是补充性的细节，即使忽略不计也毫无害处，实际上，最好就是以抽象的方式呈现出来，以便把握根本的东西，不变的东西，普遍的东西。作为人文主义的产物，理智的教化就是这样不可避免地促成了一种特定的心态，它依然是我们民族文学的特征之一。甚至我用来描述耶稣会士让他们学生沉浸其间的那种不现实的人为环境的术语，也同样可以用来界定17世纪文学让我们浸透的那种理想性和抽象性都毫不逊色的环境。

这种独特性不仅影响了我们的文学生活，也在我们整个的思想气质和道德气质上留下了自己的印记。

首先，我们骨子里的那种世界主义，显然就是从这里生发出来的。当一个社会已经被以这种方式训练，在理解人的时候只从他最一般、最抽象的化身着眼，而不考虑任何有关其民族或历史方面的偶然属性，那么这个社会就只能够赞成适用于整体上的人类的理念。因此,从这方面来看,法国人只能是从不那么具有狭隘民族性的角度来设定道德和政治方面的问题,以此避免与自己的精神本性相违逆。当他在立法的时候,他认为是在为整个的人类立法,因为人类是唯一真实的实在。人类所呈现的各种表面形式,使它在历史的不同环节上各有其具体表现的那些形式,并不值得引起哲学家和政治家们比诗人们更多的认真关注。正因为这一点,当立宪者着手起草他们认为最基本的自由权利清单时,他们会宣称自己并不是为了作为生活在18世纪的法国人的他们自己,而是为了生活在任何时间、任何地域的任何人。事实上,在盎格鲁—撒克逊和日耳曼各民族那里,新教的进展迅速遏制了人文主义的影响,人文主义的根基就不如在这里扎得这样深,所以在那些民族身上,对于民族独特性的意识也就敏锐得多。这就清楚地表明,在这种普遍主义、精神上的世界主义与古希腊罗马文化之间,确实存在着某种关联。我的意思并不是说,英国或德国比法国更具有集体性的自我关注倾向。我们也有属于我们自身的一种自我中心主义。我只是想说,对于不同民族类型之间存在的实在差异,对于政治家应当考虑的那些差异,他们的意识要比我们来得敏锐。

这就是事情的另一面。人本身,整体的人,就是被化约成最一般特征的人,无论在哪里找,都能找到具备这些特征的人。根据具体情境的不同,人们也会有各种呈现自身的具体形式,而人就是从这些具体形式中提取出来的一种抽象。这样一种观念必然属于一种极端的简化,因为它已经被系统地剥离了任何有可能使它变得复杂的东西。活生生的具体个人属于这样那样的国家,这样那样的阶级,是某种特定传统和社会背景的产物,复杂性就寄寓在这样的个人身上。纷繁多样的特征在他身上纵横交错，根据它们组合的方式，创造出他本性中真正属于他个人的东西，因为在现实中，他的复杂性是无限的。与此相反，一种类型越是一般化，他所拥有的特性也就越少，因为只有这样，这种类型才能够适合大量各个相异的个人。

16、17 世纪，甚至 18 世纪，在法国的学院里找到的那种教育，只让孩子熟悉人间世界（因为物理科学和自然科学的世界是被排除在教育之外的），但也只是让他熟悉人类的那些最一般的特性。这样的教育显然会将心智持久地囚禁在一种特定环境中，其中完全只有抽象概念，简单化的类型和类属化的实体，结果，人们就只能通过抽象、概括和简化来进行思考。这是因为，要想说服理智按照复杂性确实所是的样子来理解这些复杂的表现，要想让理智发挥应有的功用，充分地理解这些复杂表现，至关重要的是，它得意识到它们的存在是一种现实的存在。另一方面，如果从孩提时代就开始训练心智，让它将所有的复杂性都看成只不过是表面外在的东西，那么心智就将不可避免地调转头去，对其视而不见。心智会按照它所想象的样子来思考事情的形貌。要想让它扩充自身，就必须让它面对大量丰富的素材，它必须感到需要去理解这些素材。与此相反，如果长期的习性已经使它习惯于只去理解那些初级、简单、狭隘的东西，不需要任何艰辛的努力去理解它们，那么心智就会萎缩，逐渐变得狭隘。正因为这一点，一种教育如果完全是像数学一般精确，那么从思想的角度上来讲是极其危险的，因为它使心智不适于思考抽象概念之外的任何东西。人文主义者的教育也不能避免产生同样的效应。

我们民族的天才们本质上的缺陷之一就来自于这一点：我指的是极端的过度简化的脾气，是一种数学般精确的心态，在我们身上灌输了一种自然的倾向，认为所有那些太复杂的现实，无法容留在我们贫乏的理解范畴中的现实，都应该予以摒弃。事实上，人文主义教育在17世纪达到鼎盛阶段，正是在简单化倾向的教育开始在我们的学院里设立的一个世纪后。也就是说，简单化倾向的教育与人文主义教育是接踵而来的。这就明确地证明了简单化倾向与人文主义教育之间的关联。实际上，今天人们普遍同意，我们在笛卡尔(拉弗莱歇学院的前学生)那里看到了"路易十四时代"精神的最高体现。在笛卡尔的哲学里，我们看到了通用数学，看到了对于法国式简单化冲动的系统阐述。我们知道，对于笛卡尔来说，为什么除了单一、同质和几何的向度，关于物理实体就没有任何实在的东西了。至于生活当中所包含的难以计数的属性，万事万物的个别性，在他看来纯属表象，是光与影造成的假象，缺乏持久性和实在性，就好像他认为意识的整体单单在于抽象和非个人化的思维一样。我并不想说，学院中提供的教育是危害的唯一致因。但可以肯定，这种教育大大促进了这种结果。如果这些学校中毫无旨在刺激对于多样性与复杂性的认识的东西，那么，这种认识又为什么没有能够从学校中根除呢？如果没有任何切实的营养在滋润，对待学生们依然是拔苗助长，思想的枯竭又如何得以避免呢？

现在，我们可以充分地认识到，这种教育体系对我们的民族气质产生了多么大的影响，从而也对我们的历史产生了多么大的影响。这是因为，这种心智状况导致我们从一种特定的角度来看待事情，强加给我们一种思想上的盲视，看不到整个儿的现实领域，这样自然就会对我们的实践活动产生某种影响。具体来说，19世纪人们的那种抽象个人主义就是从这里生发出来的，包括他们的原子论社会观，以及他们对于历史的蔑视。那么这是不是意味着危害就不曾带来半点平衡性的好处？当然不是。简单化的心态几乎必然会导致理性主义，而推理力本身其实就是一种权力。当一个人完全浸透在这样一种信念中，认为万事万物都是简单的，或者都可以化约为简单的构成要素，那么他也就会相信，任何事情都是清清楚楚的，都可以转换成明晰的术语来表达。因此，理想是不会受到绝望的打击的，它拒绝承认现实中包含有什么不可还原的含混的东西，难以理解的东西，从而使自己对这些东西毫无主宰能力。但是，如此高远的理性主义，却只不过是建立在一种幻觉的基础上，也就是认为复杂仅仅是一种表象。这样一种理性主义是相当粗陋的。理性必须获取足够的力量，从而既保持对于自身的信心，又同时清醒地意识到，事情是复杂的，事情的复杂性也是实实在在的。

因此，在我们的教育体系中，必须得有一场彻彻底底的转型。但只是到了18世纪末，人们才开始感觉到这种需要。在这段时期，我们的学术史揭开了一个新纪元。这是第三个时代，也是最后一个时代。实际上，如果我们不考虑加洛林时代，不考虑这个预备阶段和初级阶段，那么，从这场远征开始，至今我们所走过的道路，主要包括两个阶段。首先是经院哲学时期，从12世纪到14世纪。然后是人文主义时期，从16世纪到18世纪末。我们整个的学术组织机制都得自于第一个时期：大学，院系，学院，学位，考试，这些都是从那时候发展而来的。而从第二个时期那里，我们得来了文学课程体系，这套课程直到晚近还在奠定着我们所有思想教育的基础。在大革命前夕，第三个阶段开始了。人们开始努力用历史和科学方面的学习来补充文学学习。这个阶段已经开始了一个半世纪，并且依然和我们在一起。我们还没有从这个阶段当中走出来，它还在影响着我们的自我。现在，我们就来研究这个阶段。

第二十三讲　现实主义者的教育理论

——它的起源：夸美纽斯、罗兰与大革命

我们现在踏入了教育理论演进过程的一个全新阶段，更宽泛地说，也是欧洲各民族发展过程的一个全新阶段，而这也是最后的一个阶段。从本书一开始，我们就始终追随着单一的思想道路。在上一讲中，我们到达了这条道路的顶点，也就是一种经过改善的更理性化的人文主义，它最完美地体现在笛卡尔主义中，体现在有关明晰观念的哲学中，依然奠定了我们民族的心态，并且也应当以一种新的形式，继续奠定我们民族的心态。而我们现在要来探讨一股相反的趋势。不过，恰恰是因为我们将要来观察其起源的这场运动的流变方向正好与前面的那场运动背道而驰，或者说看起来是这样，所以有一点很重要，在更进一步之前，我们首先要努力对这场运动有一种面上的把握，以便能够恰当地划分它的进展的大致步伐。如果我们做到了这一点，我们就能够搞清楚，这两股潮流是不是真的方向相反，或者是不是最终注定将再一次汇合，相互交融，沿着同样的道路演变，不管到时候这条道路已经在多大的程度上有所扩大并转型。

我在上一讲里主张，人文主义教育的实质内容，就在于让孩子了解人的心灵与思维中最具有一般性的特征。这就说明了“人文

科学”(humanités)这个词的意涵为什么会表现得模棱两可,并且还有充分的理由一直维持下来。这是因为,人文科学的教学充当了有关人的研究方面的教育,而塑造和培养孩子的环境又完全是由人的思维产物所组成的。但是,上一个时代的教育,也就是说经院时代的教育,和这个并没有本质上的差别。在那时候主宰巴黎大学的文化并不是文学性的,这一点可以肯定;它完全是逻辑性的。逻辑训练,尤其是那时候所设想的这种逻辑训练,它的研究对象如果不是人,那又是什么?那不是人文主义者所设想的那种完全的、整体的人,通过种种不同的方式表现出来,通过它作为一种生物的道德活动来呈现自身,这种生物不仅具有思维,而且具有情感和意志;这里的人只是被化约到逻辑的一面,也就是说化约为纯粹的理智,化约为推理。但他依然是人,也只是人。如果我们进一步回溯,从经院时代再追到加洛林时代,也就是说回到文法时代,透过表现人的思维的那些物质记号,透过语言,所研究、所教授的也还是人的思维。不仅如此,我们还知道,这段时期只不过是相对于紧接下来的时代的一段序曲,一种酝酿。所以说,占据中心位置的始终是人。

至于自然,始终是被间接地看成关于人的研究的某种结果。事物就其本质而言并没有什么研究的价值;它们并不是出于其自身目的而开展的特别研究的对象,而只是参照它们所引发的人的见解而被探讨的。人们想要了解的,并不是现实的世界究竟怎样,而是人们关于这个世界都说了些什么,也就是说.是从它属人的角度来探讨这个世界的。

因此,文本才具有至关重要的意义,它在经院时期的地位毫不逊于文艺复兴时期。这是因为，人的思想和观念正是体现在文本当中。文本处在现实世界与人的头脑之间，像一道面纱将两者隔开。文本行使的这种力量是那么让人着迷，就连那些最杰出的头脑也不能免除。这些人极其敏锐地意识到现实世界至关重要，意识到现实世界作为生活的源泉，如果思维能够更切近一些，在思想上应当有着莫大的益处。即使是这样，他们也不能免受文本的影响。拉伯雷就属于这类人。这些人只是偶尔会揭开这道使他们看不到现实的面纱，但立刻就又让它落回原位了。这种心态来自于某些深层的原因，我们从一开始就有机会谈到了。我们所知道的最古老的学术组织体系，将人类知识的所有门类划分成两组，一是三科，一是四艺。我们已经看到，在古代的形式里，这种区别与分类所发挥的那种功能，直至今天依然有它的意义。三科所教授的那些学科，研究对象就是人性的不同展现：文法、辩证法和修辞。而四艺则是所有与事物有关的学科的总称，也就是算术、几何、音乐（就是关于声音和节律的学问）和天文。从这时候开始，区分就这样形成了。我们已经看到，从此，四艺在教育中的位置就是相当有限的。把持前台的是三科，它从未放弃过这种优势地位。

从这个角度，我们可以说明我常常提请大家注意的一条法则，它其实主宰了我们学术的整个演进历程。事实上，从 8 世纪以来，我们已经从一种教育形式主义过渡到另一种教育形式主义，而不曾成功地打破这种循环。在不同的时期，这种形式主义相继建立在文法、逻辑或辩证法，然后是文学的基础上。但是，外在形式上虽然各有不同，大占上风的却始终是形式主义。我这么说的意思是，在整个这一段时期里，教育的目标始终不在于教给孩子实际的知识，也就是可以用来理解具体事物实际面貌的最佳观念，而在于培养他一些纯属形式性的技能，要么是论辩的技艺，要么是自我表达的技艺。

之所以存在这种非常明显的倾向，就是因为，一旦教育的主题成为人，只有人，它似乎就不再能够涵括严格意义上的知识了。因为关于自然的研究被排除出教育的领域，实证知识的一整个来源，或许是最重要的一个来源，就被一举禁止了。剩下的就只有关于人的研究。毫无疑问，要是认为人应当成为一种严格意义上的科学的主题，也是可能的。今天我们知道，人性是极其复杂的，它内部深埋的一些隐秘，是普通人从来不曾想象过有其存在的。我们知道，人性自我呈现的方式是带有欺骗性的，而它也确实使那些研究它的人收获了大量的实证知识。但这只是一种非常新近的观点，只有区区三四十年的历史，充其量可以追溯到孔德（Auguste Comte）。

在人文主义者看来，从人类最初存在以来就激发着他们的那些情感，或者被认为是在所有文明中都属于根本性从而是基础性的伟大真理，这些东西再明确不过了。由此可以推出，教育中的关键内容并不在于人类精神中的这些普遍特征，而在于表述这些特征的技艺，将它们之间的细微差异转换成言语的技艺。对于中世纪的辩证法学者来说，人这东西甚至更简单了，因为他被化约成纯粹的推理，化约成少数非常一般性的概念，形成这些概念根本不需要具体内容，可以方便地用于任意一项主题：比如实体与属性、本质与偶然、种属与特性等概念。其结果是，他们面临的困难，也就是孩子们首先缺乏了解的东西，与其说是这些一般性、形式性的概念的性质(关于这些性质其实没有多少可说的,因为这些概念空洞无物),不如说是在推理中尤其是在论辩中利用它们的技艺。

所以,在我们看来,对于理智的培养已经突出地表现了一种根深蒂固的形式主义。因为这种培养自始至终的关注点多少可以说完全集中在人身上。现在,我们必须来考察,它为什么始终只关注这项主题,为什么几百年来,教育会这样有系统地转头不顾外在世界,而外在世界离我们却是这样切近,不管我们做什么,都在我们的生活中发挥非常重要的作用;它仿佛始终在通过对于我们感官的影响,提请我们注意它自身那可以感知的存在。难道这是所有文明的本性,在它们的幼儿期都首先关注有关人的研究而忽视有关世界的研究?古典文明的发展方向可是恰恰相反。希腊思想本身首先朝向的是事物,是物理的世界。从泰勒斯到智者学派,希腊所有伟大思想家的思辨都完全集中在物理的世界上,他们是一群物理学家。他们努力想要理解的就是这个世界。至于人,这些思想家似乎根本没有感到有什么必要去理解他,多少可以说是完全把这项主题留在自己思辨的范围之外。只是到了很晚以后,到了苏格拉底,人的心智才开始成为反思的对象,从而也成为教育的对象。那么,基督教文明为什么会朝着一个相反的方向发展呢?为什么它立刻被人和属人的事情所吸引,相反同时却对外在世界的事情表现出如此强烈而持久的漠不关心呢?不难看出为什么这个问题会这样有意思,即便是从教育理论的角度来说也是如此。

通过与希腊进行比较,我们已经迈出了解决问题的第一步。如果说希腊思想首先表现为关注这个世界,并且是这样地不做他求,这是因为在那个时候,公众舆论尊奉世界是至高无上的神圣之物。实际上，世界被看成某种神圣不可侵犯的东西，或者更准确地说，是众神生活的地方。众神并不外在于世界，他们就寓于事物之中，没有任何事物是他们不寄寓其中的："panta plērē theōn"（万物皆有神灵）。人，人的心智，在那时被看作凡俗的东西，没有多少价值。苏格拉底本人揭示了这一点，甚至把心智的这种凡俗性质看作是一种根本的正当理据，证明心智有权成为完全独立的思辨对象。在这个领域，苏格拉底说，思想家应当享有彻底的自由，因为他绝不会侵入神的领域。相反，在基督教看来，神圣的、不可径言的是心智，是人的意识。而灵魂，我们内在生活的本原，则是神性的直接流溢。至于现实世界，是从物质的角度来界定的，而物质这东西是凡俗的、肮脏的、堕落的，与精神相对立，是罪与恶的渊薮。在心与物之间，有着各种各样的差异，将神灵的东西与尘世的东西分开。因此，上帝已经不屑一顾地将现实世界丢给了人的自由努力（tradidit mundum hominum disputationi）。

这两种宗教所采取的态度具有这种明显的差异，绝不是什么偶然或意外：它其实来源于激励着这两种宗教的原则当中某种相应的对立。古代宗教首先是一套仪式，要想确保宇宙正常运行，这些仪礼就是必不可少的。要想让种子开花丰收，要想让河水高涨浇灌土地，要想让群星往复流转，主管丰收、河水和星宿的众神就需要保持活力。正是这些仪礼滋养着他们的生命。如果这些仪礼不再按照指定的节期和预定的方式照常履行，那么整个宇宙的生命就将陷于停顿。这样我们就可以看出，为什么希腊人的关注会完全朝向外在的世界，在他们看来，存在的整个本原都要到外在世界里去找寻。

与此相反，基督教则把自己的中心放在人本身，放在人的灵魂本身。它本质上是一种观念论的宗教：它的上帝致力于主宰的是心灵与精神的世界，而不是身体的世界。要膜拜古代的神，就是通过供奉和牺牲，维持他们的物质生命，因为世界的生命有赖于他们的生命。至于基督教的神，通常说来，他是希望通过精神和真理被膜拜的。对于上帝来说，存在就是被信，被思，被爱。这样一来，一切都促使基督徒将自己的思索转向内在，因为就是在自己的身上，能够找到生活的源泉，也就是说真实生活的源泉，就是他认为至关重要的那种生活，精神的生活。即使是崇拜仪轨中的点滴细节，也会驱使他以这种方式关注自身。最常见的仪礼就是祈祷，而祈祷正在于一种内在的沉思。基督徒的德性与虔敬并不在于实质的运作，而在于内在的精神状况。因此，他会被驱使去持续地监管自我。又因为他有义务始终保持对自己良知的审察，所以他必须学会怎样去质问自己，分析自己，检省自己的动机；一句话，要反思自己。这就是所有思想中可能出现的两端：一端是自然，另一端是人。基督教社会的思想必然会趋向于第二端，因此，它们的教育体系也必然会趋向于第二端。

总之，在基督教这里，现实世界丧失了它原初含混的一体性，开始被分成两个部分，而相应赋予它们的价值观念也非常不同。一方面是属于思想、意识、道德、宗教的世界；另一方面，则是非思想、非道德、非宗教的东西的世界。而只有宗教的、道德的、思想的活动，才构成真正意义上、本质意义上的人的活动。由于所有人一致同意，教育的最高宗旨就是要培养孩子身上原本包含的人性的种子，所以任何人都不会想到，自然和关于自然的学问可以服务于这种宗旨。他们都认为这些东西只可能使这种宗旨的方向发生偏移。在今天，面对种种旨在增加物理世界以及和它有关的各门科学在我们教育体系中的角色的尝试，有些人还在继续一概反对。对于这些人来说，这样的情感依然起到了决定性的作用，不管它的形式是清晰还是含糊。(据称)我们并不能通过向人说明自然的世界，使他理解他最有必要把握的东西，也就是他的本性。教给他物理或化学的定律，我们也不会说教了他怎样最好地指导自己的思考，调整自己的行为。因此，在自然的学校里教育有自觉意识的人，让现实中最高贵的部分以最卑贱的部分为典范，这样的努力甚至显得有些自相矛盾，有些渎神。

在这里我不打算考虑，是应该抛弃这一整套观念，还是另一方面，这观念在一定程度上还算有根据，因此还含有某种值得保存的东西。我目前暂时搁置这个问题，因为我们稍后还会遇上它。至于现在，我只想按照它在历史中向我们呈现的样子来讲解这个观念，因为它已经为我们所提出的历史问题提供了答案。我们在问自己，究竟是怎样一种奇怪的盲视，可以把人折磨成这副样子，纵然与他的物质环境有着深深的牵连，也能够对物质环境保持如此的漠然；他能够对自己周边的事情这般地视而不见，而这些事情其实全方位地挤压着他，他又是那么亲近地依赖着它们。好，答案就在于：他关注的是别处。在盛行的种种观念的影响下，另一个对象吸引了他，让他迷恋不已。这个对象就是他自己。

这种舍此无他的全神贯注的结果，就是只有当具体事物在某方面与属人的领域有所关联的时候，他才会把自己的注意力放在具体事物上。他想要从具体事物那里寻求的，并不是事物本身，而是他的自我，也就是引发这些事物的属人的事件，是这些事物所激发的观念，是记载这些观念和事件的文本。有鉴于此，我们不仅能够说明为什么对于所有有关自然的知识会自始至终表现出明显的漠然，而且不难预见到，要想克服这种漠然，必然会先遇到极其强劲的抗拒。因为要做到这一点，就必须让人换一种角度来看自己和事物，因此，也就需要调整他整个的心态。

那么又怎样来带动这种转型呢？

要想让事物最终能够吸引人们的注意力，要想让人们最终认识到教给孩子有关事物的知识的价值，就需要让公共良知看到，在具体事物里面蕴含着一种长久以来从未赋予过它们的价值。毫无疑问，事物唯一可以直接推进的社会功能（因为对于这些事物的研究的对象和主题就是这些社会功能），就是旨在维持和发展社会的物理生命的那些功能，我们可以从基督教的术语中借用一个词，方便起见，称之为“世俗功能”。在整个中世纪以及现代早期的基督教社会看来，这些功能都属于较低的等级，但是它们最终都克服了这种鄙视，获得了更大的尊严与重要性。如果是这样的话，那么公众对于具体事物以及有关的那些知识（这些都是上述功能的正常运行离不开的）的评价也不会不同时有所提升。事实上，它们正是以这样的方式，最终开始引入学术生活。

从这个时候开始（有些地方早些，有些地方晚些），道德的考虑、宗教的考虑已经不再是人们的唯一考虑，经济、管理、政治等方面的关怀也开始有了相当的重要性，再也不可能把它们当成无足轻重的事务，是学校老师无需费神考虑的了。从这个时候开始，人们是那么强烈地感受到了那些可以称为纯粹世俗性、非道德性的社会需要，已经不能不认识到，必须让孩子们事先准备好有朝一日将会满足他们的手段。这样一来，就确立了一种新的标准，从此以后，就参照这种标准来衡量不同类型的知识在教育上所具有的价值。从此以后，评判这些不同类型的知识，就不再只是用人们有可能追求的最高尚的道德宗旨为标尺，而且也考虑社会的关键需要，考虑对于社会功能的有效运行来说至关重要的那些条件。

就这样，在旧的视角之外，一种新的视角也进入了教育学说，尽管并没有排除旧的视角。人们所关注的不再只是如何塑造出合格的基督徒。我这里用的这个词是就它最广泛的意义上来说的，不仅包括谨守教规的人，也包括良知中彻底浸淫着基督教至关重要的伟大道德观念的那些人。人们同时还希望创造出合格的公民，他们将能够有效地履行社会有朝一日将会派给他们的功能。人们不是要为孩子准备哪一项具体的职业，而是旨在提供给他一些派得上用场的知识，能够使他在条件有利的时候，承担日后将会选择的职业。人们开始感到，需要在迄今为止提供给孩子的那种纯粹精神训练之外再补充些东西，再加上一种世俗训练，能够更好地让他为现实生活做准备。为了实现这一点，就必须强迫他走出迄今为止一直支撑着他的这个纯粹理念构成的世界，让他接触到现实，特别是接触到自然。就这样，教育上开始对自然科学产生了长久以来一直拒绝给予它们的兴趣。我在这里指出这种新式教育开始成为学术生活的组成部分，但并没有宣称只有这样才能证明这种教育形式的正当性。我也没有要否认，这两种异质性的文化并存一时的状况有着严重的不利之处。就目前来讲，我只限于描述。评价是待会儿的事情。

这种新的教育观最先出现在新教的社会里，尤其是在德国。不仅如此，德语世界还始终是最提倡这种教育观的地方。

诚然，路德的学说就其基本原则来说，骨子里对人文主义也只是半心半意的。即使路德建议研究古典语言，也是为了让改革后宗教的宣道者们不至于显得力不胜任，是为了在一个最先开始宣扬对于优美文辞的品味的世纪里，他们不应该给人留下落后的野蛮人的印象。但是，从他自己的立场上来说，路德本人没有半点对于古典文献的那种热忱，后者是伊拉斯谟和拉丁系各国[1]的伟大人文主义者们的特点。而且，他身边所有的人也都和他抱有同感，只有梅兰希顿[2]是个例外。事实上，新教对于世俗社会及其尘世关怀所具有的那种感情，是天主教既不拥有也不可能拥有时。如果说路德对学校有所要求，按他自己的话说，也是为了"维护外在的世俗秩序（den weltlichen Stand），让男人可以很好地管理国家，女人可以很好地养育孩子，很好地打理家务"。他对旧的体系毫无所求："我不认为学校可以按照迄今为止一直存在的那种方式加以组织。我们生活的世界已经有所不同，要求的事情也有所不同。"不仅如此，他还要求年轻人得为自己未来将要担负的职责做好准备。所以说，在德意志新教诸国里，人文主义所发挥的影响，所享有的权威，从来也不曾像在我们身上的情况一样。从 16 世纪

① 包括意大利、法国、西班牙等操拉丁语系语言的国家。——中译注

② 梅兰希顿（Philipp Melanchthon，1497—1560 年）：德国宗教改革家、神学家和教育家。与路德两人同气相求，结为挚友，在新教教义的宣传上功绩卓著。1528 年提出基础教育纲要，并在德意志全境迅速得到贯彻，通过他的教科书和培训的教师，实际上改组了德意志整个的教育体系。他参与创办和改革了众多著名大学，获得"德意志之师"的称号。——中译注

末以来，它的影响和声望就在不断趋于衰微。

因此，出现一种新的教育学说的基础已经打好，它与人文主义截然相反，是要在具体事物的世界里，在现实的世界里，寻求精神修养的工具。从 17 世纪初开始，这种教育理论就已经开始确立了。拉特克（人们更熟悉他的名字是 Ratichius）[①]第一个站出来反对古典文献在教育中占有的位置以及孩子们在学习这些东西上浪费的年头。在他的继承者中，最有名的一位就是伟大的现代教育理论家考门斯基，同样，世人更熟悉的是他名字的拉丁拼法，夸美纽斯（1592—1670 年）。[②]

在夸美纽斯的作品里，我们发现他更加明确地阐述了我刚才阐明的这项原则，对于新的教育理论来说，这项原则绝对是至关重要的。它说的是：教育人民牢记自己的精神生活固然是很重要的（夸美纽斯是一位牧师，这一点的重要意义我们不能低估），但是，也绝不能丧失对世俗生活和公民生活的关注。他说："学校塑造人的时候，最好是就其整体的存在来塑造他，使他不仅能够胜任此生将要担负的职责，而且能够为生生世世做好准备。"（Scholae，dum hominem formant，totaliter forment ut parem negotiis hujus vi-

① 拉特克（Wolfgang Ratke，1571—1635 年）：德国教育改革家，特别在语言教学改革方面成就卓著，为夸美纽斯及后来的教育改革家的工作奠定了基础。主张先熟练掌握本国语再学习外国语（主要指拉丁语），通过经验与试验去学习而不是死记硬背，先具体再抽象。——中译注

② 夸美纽斯（John Amos Comenius，1592—1670 年）：捷克教育改革家和教育领袖（捷克原名是 Comensky）。以教学方法特别是语言教学方法的革新而著称。深信通过全民教育制度可促进人类的和平与合作。在学习拉丁文方面主张直接面对事物本身，甚至编写了看图识字课本。——中译注

tae ipsique aeternitati aptum reddant)[①]在另一处他指出："教育的所有内容，都必须对此生乃至来世具有真正的用途。"(Nihil tractetur nisi quod solidissimum habeat usum ad hanc et futuram vitam)[②]至于所有那些与宗教和道德训练无关的东西，其中至关重要的也就是具有直接用途的考虑。"只有那些易于指明用途的东西才能教给学生。"(Nihil doceatur nisi ad usum praesentem)[③]非常明显，语言和文学方面的学习绝不能直接服务于这种实际的目的。重要的是熟悉事物。此前一直在学校里采用的那些教学方法，也就是用文本代替事物的做法，必须彻底扭转。"(学校)在揭示这些事物的时候，按照的不是事物的本来面目，而是这个人或者那个人，甚或是第三个人或第十个人，就这个话题或那个话题所具有的感想和写下的东西，仿佛最高等的学问就在于了解许多彼此冲突的观点。"(Nonmonstrarunt [scolae] res ipsas quomodo a se ipsis et in se ipsis sunt, sed quid de hoc et illo unus et alter et tertius et decimus quisque sentiat et scribat; ut maximaeeruditionis habitum fuerit de multis multorum discrepantes tenere sententias)[④]从此以后，就需要遵循一种截然不同的道路了。书本、

① 《大教学论》(*Magna Didactica*，1657 年版)，第 18 章，原则二。

② 同上书，第 18 章，第八节。

中译者按：据傅任敢译《大教学论》(教育科学出版社 1999 年版)第 105 页，此句原文中间还有一句："它在未来世界的用处更重要(哲罗姆提醒过我们说，对于我们在天上有用的知识必须在地上去获得)。"这和涂尔干此段上下文的论述意旨关系还是比较密切的。

③ 同上书，第 17 章，第 45 节。

④ 同上书，第 18 章，第 23 节。

文本应该让位给事物,让位给现实,应该把孩子直接放到事物和现实的学校里:“简言之,应该教会人们不要从书本中了解事物,而要从天空、大地、橡树和榉树那里了解事物。也就是说,他们应该去了解和考察实际存在的事物,而不要老是别人就这些事物发表的见解和举出的证据。”(Summa huc redit:docendi sunt homines non e libris sapere, sed e coelo, terra,quercubus et fagis,id est nosse et scrutari res ipsas,non de rebus tantum alienas observationes et testimornia)[①]

只有科学能够使我们逐步了解世界。因此,科学将要在学校里发挥主导作用,而这种作用以前是指派给语言的。关于语言的知识将不再作为教育的最高目标,只有在实用教育或科学教育中有所用途,才会教授这方面的知识。教授本国语言和其他现代语言,是为了有利于人际交往。而教授古典语言,则只是为了“读圣贤书”(ob legendos libros sapienter scriptos)[②],使孩子或者日后的大人都可以利用以这些语言写成的书本。不仅如此,科学所扮演的角色将会越来越重要,因为各门科学知识都将无一例外地得到教授。科学教育需要成为百科全书性的。当然,不是说要让每一个孩子对各门科学的知识都做到巨细靡遗的掌握,甚至也不是要让孩子对其中一门或者少数几门的知识做到巨细靡遗的掌握。但是,孩子必须对每一门知识都有系统的掌握,至少要包括对这些知识门类来说至关重要的内容。这是因为,既然他注定要在现实

① 《大教学论》,第 18 章,第 28 节。

② 同上书,第 22 章,第一节。

世界当中生活，就不能对哪一样有关现实世界的东西一无所知，至少不能对哪一样有关现实世界的基本东西一无所知。不可能事先知道他日后将不得不应对的是哪一种事物；所以说，关键在于，不能让任何一门知识将来使他陷入毫无准备的境地。夸美纽斯说道："从学校里出来的每个人，在面对这个世界时不是袖手旁观，而是积极行动的每个人(quicumque in mundum，non solum ut spectatores，sed etiam ut actores futuri immittuntur)都必须对所有至关紧要的事物的现况或趋向拥有清醒的意识(omnium principalium quae sunt et fiunt fundamenta)。"[①]

在这里，我们看到了一种百科全书式教育的观念，我们在这趟思想旅程的前面各个阶段，都已经发现过这种观念；而在我们即将踏入的新纪元的门槛上，它又一次出现了。我在最开始的一讲中曾经指出，完全可以肯定，这种观念从来也没有从我们的视线中消失，这种不屈不挠，这种周而复始，是一种值得注意的现象，我们非常有必要对此有所自觉，当然也不得不予以说明。我们已经可以看出，我们越是往前推进，这种观念也就越强大、越稳定。在座堂学校中，这种观念还只是体现在那些鸿篇巨制的学术教程的百科全书性质中，含糊不清，缺乏稳定，也没有系统的阐述。而甚至早在最初的大学里，它就已经成为一种更加自觉的追求。因此，正如我们所见，拉伯雷和文艺复兴的伟大学者们，都把这种观念当作引以为豪的称颂对象，但他们都陷在迷糊而狂乱的热忱之中，不曾感到需要用客观的理由来证明这种热忱的正当性。而现在我们看

① 《大教学论》，第十章，第一节。

到，这种观念呈现在我们面前时，表现为一种基于理性论证的系统理论。教育之所以应当是百科全书式的，就是因为它应该让人们为各种有可能出现的行动做好准备。

在这种出于实际考虑的理由之外，夸美纽斯甚至还补充了另一种纯粹思辨性的理由。这个理由就是，就其整体而言的学问才真正可以说是构成了一部百科全书。它是一个统一体，构成了一个自我同一的体系，无论怎样分叉，也是从同一个树干上浑然一体地生长出来的(una encyclopedia in qua nihil sit non e communi radice ortum)。[①] 因为这个世界就是一个统一体，所以学问也就是一个统一体。将体系的不同要素维系在一起并且赋予这个体系稳定性的那些基本成分，就是将万事万物彼此联系起来的逻辑关联(Rationes sunt isti clavi，istae fibulae...quae rem faciunt firmiter haerere)。这一次，我们眼前显然是看到了一位伟大的百科全书式哲人，夸美纽斯是我们马上就会谈到的那些伟大的百科全书派成员的先驱。

夸美纽斯的这些观念，并不是停留在纯粹的理论上；它们只是整个这场运动的起点。这场运动的蔓延非常迅速，甚至越出了德国。德意志诸邦中无论何处的英才人杰们，都感到需要摆脱文艺复兴时代的那些教学方法(和摆脱经院时期的教学方法一样迫切)，在具体事物的学校里教育孩子。17 世纪伟大的德国思想家莱布尼茨也倡导这种新的信念。他甚至宣称，德国文化的特性之一，就是对于现实世界的偏好：“我愿向意大利人和法国人，向利奥

① 《大教学论》，第 18 章，第 35 节。

十世和弗朗索瓦一世致敬,[①]感谢他们恢复了人文科学(restaurationem cultiorum litterarum),但有一个前提,他们本身也认识到,处理现实的学问(die realsten Wissenschaften)几乎无一例外地肇始于德国。"一场运动就这样形成了,并且在18世纪中期左右,随着第一批实科学校的创立而达到顶峰。[②] 最初的实科学校也就是头一批特殊的中学,里面讲授的内容针对现实世界,针对事物和讨论这些事物的学问,取代了在此之前一直唯我独尊的纯粹文学性的教学。

而在我们这里,这场运动开始得就要晚很多。认识到这一点是很重要的。从这个角度来看,法国比德国落后整整100年。

不错,人们有时候确实把蒙田说成是这种新教育学说的先驱。这样一来,这种学说的缘起就得一直追溯到16世纪。在一定程度上,他似乎已经预见到了我们刚才讨论的那些思想家的东西。他也非常厌恶唯书至上的教育;在他眼里,文本毫无特殊地位;他也要求让孩子们直接接触事物。但是,从根本上来讲,这种相似性更多地只是在于表面而非实际。事实上,我们怎么能不意识到,在蒙

① 利奥十世(Leo Ⅹ,1475—1521年):美第奇家族成员。1513—1521年任教皇。是文艺复兴时期最大肆挥霍的教皇之一。使罗马成为欧洲文化中心,教廷成为欧洲重要政治力量。在任期间,梵蒂冈藏书大增,艺术创作繁荣,圣彼得大教堂修建加速。但耗费巨款使教廷陷入财政困难,不得不发行赎罪券,导致与路德的激烈冲突。1521年他宣布绝罚路德。

关于弗朗索瓦一世,参看本书第236页注①和第342页注①。——中译注

② 实科学校(Realschule)是德国的一种中学,强调实用,到18世纪中期演进为六年制。以实用课程(物理、化学)及利用化学实验室和生产玻璃、木材的车间而闻名,成为其他国家教育改革家的楷模。——中译注

田这样的怀疑论者和夸美纽斯与莱布尼茨这样的思想家之间，有着天壤之别：对于前者，所有的学问都只是一种空洞的人为虚设，“外强中干，华而不实”（plus de montre que de force et plus d'ornement que de fruit）；而对于后者，科学修养在他们看来是那么的高尚。根据夸美纽斯和莱布尼茨的看法，即使说我们为了直接触及事物而必须先将文本弃置一旁，那也是因为只有这样，才真正能够了解这些事物，以一种科学的方式了解它们。而如果说蒙田藐视书面文本，藐视传统之见，那也不是因为他充满了科学的精神，不是因为他喜好实验的方法，而是出于他的怀疑主义主张，是因为他相信，不可能有任何关于事物的真实知识。我们所获得的只是感觉和印象，通过直接的经验获得，也只有通过直接的经验获得。即使说由于蒙田那种讲求实际的思想气质（或许来自于他的犹太出身），使他在同时代人中间显得独树一帜，那也没有任何理由，把他归入其他一些思想家的行列，他们是在培根的革新以及这场革新所传扬的那些观念之后很久才出现的。不仅如此，更能体现这种教育学说特点的是一种社会感，这也是这种学说的推动力。它所关注的首先是让孩子们做好准备，履行自己在社会上的职责。而在蒙田的作品里，诸如此类的情感可是没有半点痕迹。

只是到了 18 世纪中叶的时候，我们法国人才开始对这种情感有所回应。随着大革命的逼近，这种情感也是越来越强烈。在这个时候，法国社会正越来越直接意识到自身，正在学会跳出所有宗教性的象征体系来思考自身。人们越来越认识到，法国社会有其自身独立的存在，有它完全世俗的形式，带着对社会的种种需要和利益（哪怕是纯粹世俗性的）的充分尊重，逐渐表现为非常可敬、非常神圣的东西。就这样，我们看见，我们刚才描述的那种新的教育观，非常迅速地展现并蔓延开来。在这段时期里，一切具有反思能力的人都一致认为，教育的根本宗旨在于确保社会的有效运行。拉夏洛泰在论国民教育的文章里说："由于教育的宗旨在于让公民为国家做好准备，因此，显然必须由国家的宪法和法律来规定教育。如果教育与国家站到了对立面上，那就是大大有害的。"①作为议长，罗兰②采用了拉夏洛泰的书名，在1783年写的"教育规划"里宣称，时机已经成熟，"赋予学校这样一种形式，让公共教育打上国民教育的烙印，国民教育是那么重要，却在那么长的时间里遭受忽视"。③ 孔多塞在他论述这个主题的《论公共教育的第一回忆录》(*premier mé moire sur l' instruction publique*)中指出："公共教育是一项社会义务，因为它是让每一个人都找到自己合适位置的唯一途径。"④塔列朗⑤在呈交国民议会(Assemblée nationale)的报告中，有一段非常精彩的话也探讨了同一项主题。他说："应当把社会当作一所大工场。人人都应当在里面找到工作做。

① 拉夏洛泰(La Chalotais，1701—1785年)：法国行政官员。长期领导大理院(高等法院)与国王之间的斗争，曾为此入狱。强调国家办学，反对耶稣会对法国中等教育的控制，1762年巴黎大理院宣布撤销耶稣会。著有《关于〈耶稣会规程〉的报告》、《论国民教育》，后者影响广泛，受到伏尔泰和狄德罗等人的大力赞扬。——中译注

② 罗兰(Baltheley Roland)：曾任巴黎市议会议长，提出改进教育工作，建立国家主义的教育体制，替代教会组织的学校。注意不要和此前担任巴黎大学校长的罗兰和此后大革命时期的罗兰夫人弄混。——中译注

③ *Plan d' é ducation*, p.8.

④ *Euvres*, Ⅶ, p.169.

⑤ 塔列朗(Charles-Maurice de Talleyrand，1754—1838年)：法国政治家和外交家。在大革命时期、拿破仑时期、波旁王朝复辟时期和七月王朝时期均任高官。——中译注

这还不够。关键在于，人人都应当找到适合自己的位置。否则，各种力量将会相互对抗，而不是彼此和谐，成倍增长……这是所有经济中最重大的经济，因为它是人的经济，因此也就在于将每一个人都放到他们合适的位置上去。而要实现这一点，最关键的无疑就在于一种好的教育体系。"[①]从罗兰的内阁到国民公会（Convention），我们处处都发现同样的观念，也就是说，应当将教育体系和社会功能的组织两者密切挂钩。公共教育委员会在呈交给国民公会的一份报告中指出："我们不妨设想，对于我们的天然需求和政治需求来说极为必须的种种社会职业与职责，根据它们所需要的理智程度，所需要的教育的性质与范围，组织成一个整体的体系。教育的艺术就在于提供一个相应的整体体系，在这个体系里，所有的人类知识都根据其性质和发展的等级而得到体现。"

要想让孩子们为自己的社会职责做好准备，就不能光是让他们遵照人文主义者的方式，生活在纯粹理念的世界里。必须把他们引向现实世界的具体事物，因为他们日后将不得不和现实世界打交道。这样才会出现对于人文主义者的那种教育的一致反对。用狄德罗的话来说，人们指责这种教育"除了生产出牧师或僧侣，诗人或演说家之外，就没有别的目标了"。[②] 所以，正如他所说，"需要用针对事物的研究取代针对言词的研究"。[③]

在这里，我们看到了这种教育学说最突出的特征。因为它赋

① Hippeau p.41. 根据下一讲，此书为 Hippeau 所著之《大革命期间的法国公共教育》（*L'instruction publique en France pendant la Révolution*）。——中译注

② *Euvres*，Ⅶ，p.431.

③ 同上书，p.421.

予了具体科学相当的地位，所以可能会诱使人将它说成是注重科学的教育学说，与人文主义者注重文学的教育学说相对而论。我们在下一讲就会看到这一趋向。但是这种表述可能会引起并且已经引起了一些混淆。渗透着笛卡尔精神的那种教育学说也是注重科学的。而我们已经看到了，它和我们正在研究的这种教育学说是多么地不同。因为笛卡尔式的教育学说，就好像哺育了它的人文主义者的教育学说一样，也是让孩子们面对纯粹的抽象概念，实体都是完全被理念化了的。所以，如果用描述德国那第一批学校的词，来界定随夸美纽斯诞生的那种教育学说（它在这些学校里得以制度化），也就是说把这种学说称作现实主义的教育学说会更好一些。这种指称明确地突出了它和人文主义教育学说之间存在的对立。它们的注重趋向非常不同，一个是注重抽象的人，另一个是注重现实世界，注重具体事物。这样，我们就不仅可以看到使这种教育学说别开生面的地方，也可以看到整个 18 世纪的教育学说中的共同追求。甚至卢梭的教育理论也可以归到这个名下，因为在卢梭学说里关键的观念就是，由于具体事物构成了我们的精神生活和道德生活中至关重要的因素，所以也应该成为我们的教育中至关重要的因素。

第二十四讲 大革命

——中央学校

在上一讲里我们看到，大革命时期的教育学说是怎样与此前通行的那些学说构成截然对立的。从我们的学术历史一开始，从加洛林时期以来，教育就以人作为自己唯一的主题：有时候只考虑人作为逻辑动物的能力一面，有时候，随着人文科学的创立，又将人作为一个协调一体的整体来考虑。正是这一点，说明了教育思想从来不曾成功摆脱过的那种形式主义。我相信，人的思想中从来也不曾这样深重地带着人类中心主义的意味。大革命时期的教育学说则彻底扭转了方向，开始以外在的世界、以自然作为自己的方向。现在是科学成为教育的重心。

在此之前，孩子们都被保持在充斥着纯粹理念和抽象实体的环境里。而现在，人们感到需要在现实的学校中教育他们。这种变化不只是程度上或分量上的。如果只是意识到完全文学性的教育的缺陷，意识到需要给予另一种训练一席之地，这还不够。这里的确发生了一场一百八十度大转弯，而起因就是那些纯粹世俗的职责，在中世纪乃至于文艺复兴时期都被认为等级低下，缺乏声望，但在当时的公众舆论中，却被赋予重要的地位。从此之后，社会的世俗利益开始显出相当的可敬重的性质，足以赢得教育的关注。由于新教已经敏锐地认识到了社会的世俗一面，所以新教各国就为这种新的教育学说提供了策源地。因为18世纪的法国也获得了这种认识，所以此时此地也兴起了同一种教育学说，并且就已掌握的情形来说，没有发生任何直接的借鉴或仿效，但这只不过是因为同样的因产生出同样的果。

和大革命一起高奏凯歌的这种教育思想，它的性质清楚地表明，泰纳[①]对于大革命精神的描述是多么地片面和狭隘。他从这种精神中看到的只是笛卡尔精神的一种形式，仿佛是笛卡尔精神的外推，后者在17世纪被用在数学和物理方面，据信在接下来的这个世纪里扩展到了政治和道德的领域。当然，毫无疑问，18世纪把笛卡尔精神作为一种遗产继承了下来，并且以同样的方式把这种遗产进一步传给了我们，不仅如此，这种遗产还必须要我们去培育，不能任其朽坏。但是，教育思想的发展历史却又告诉我们，除了这种继承下来的思想倾向，18世纪还有另外一种趋向是自己发展起来的，带着时代的烙印。它的独特之处，就在于它充分认识到了现实，认识到了具体的事物，以及现实和事物在我们的精神生活和道德生活当中所占有的位置，认识到了它们所能教给我们的一切。在这里，我们看到了一种与数学家和笛卡尔主义截然不同的思想气质。如果我们考虑不到这一点，就只能看到当时的道德学说和政治学说的一个侧面，从而无法理解它们。不管怎么说，我们绝不能不看到，事实上，圣西门、孔德以及整个儿的19世纪实证

① 泰纳(Hippolyte Taine，1828—1893年)：一译丹纳，19世纪法国思想家、文艺评论家、历史学家，实证主义代表人物。主要著有《英国文学史》《艺术哲学》《当代法国的由来》《古代政体》《现代政体》《论革命》等。

哲学,都来自于孔多塞和百科全书派。

在这种革命精神的取向和巴黎大学的古旧精神之间,有着根本上的不相容性。一方面是公众舆论的关注,它的种种希望与趋向;另一方面是教育的现况:在这两方面之间,也许从未有过这样明显的不协调。

在这段时期里,在自然科学的各个不同领域里,杰出的学者不胜枚举,重大的发现层出不穷,科学因此激发起异乎寻常的热情,以至人们期望这些科学能够使人与社会脱胎换骨。尽管如此,它们在学院中为自己成功确保的那一份地盘,也只是比从前稍稍多了一些。科学教育完全集中在第二年的哲学学习中。在这一年里,会教一点数学,但博物学提都不提,更不用说化学了。至于物理,在这个名目下教授的只不过是某种抽象的形而上学。狄德罗说:"几乎在任何地方,在物理学的名目下,人们都会被关于自然元素和宇宙体系的论证搞得疲惫不堪。"实验物理学最终也只是零零星星地挤进了课堂。教的东西拢总算来也很有限:关于运动和重力的一点观念,马略特定律,[①]液态均衡,空气压力。学院和公众的思维根本上是这样格格不入,拖着它们那古旧的组织机制,也就必然显得只能是对必需的进步造成众多的阻碍。所以说,大革命时期的人们甚至想都不曾想过,要继续维持这些学院,靠它们来实现自己正在努力追求的新的教育目的。

① 马略特定律(loi de Mariotte):马略特(Edme Mariotte,1620—1684年)是法国物理学家和植物生理学家,是天主教司铎和隐修院院长,1666年参与创建法国科学院。他于1676年独立发现了马略特定律,即气体体积与其压强成反比,但在法国之外,这项法则被称为波义耳定律(系英国化学家波义耳1662年首先提出),后来成为物理与化学的基本定则。

大革命时期的人们从一开始就宣称，必须彻底清除旧的学院，将它们完全废除，从最基础的东西重新开始，打造一套全新的教育体系，能够切合时代的需求。[①] 这种重建的事业并不是即兴的发挥。早在制宪会议(Assemblée constituante)上就已经提出了这个问题，此后也一直列入议事日程。在三次重大的革命会议上，重组的计划每一次都被拿出来审查和争论，举足轻重的人物也不断提交这方面的报告：塔列朗递交给制宪会议[②]，孔多塞递交给立法会议(Législative)[③]，罗姆[④]、西哀士[⑤]、多努[⑥]、拉卡

---

① 1791 年 10 月的一项法令甚至关闭了巴黎大学的所有学校。——中译注

② 塔列朗 1791 年在制宪会议上提出国民教育法案，即“塔列朗法案”。主要内容包括：乡乡设立初等学校，为男女儿童提供平等免费教育；设立市镇中学(collége)，实施广泛的普通教育，收学费；设立专科学校，培养国家急需的牧师、医师、法官等专门人才；设立国立大学，统帅整个国民教育体系，领导全国科学研究和艺术生活。中央设立全国社会教育委员会。——中译注

③ 孔多塞 1792 年 4 月在立法会议中提出国民教育计划，即“孔多塞报告”，亦称“国民教育组织计划纲要”。认为国民教育是国家对其全体公民的应尽之责，应由国家建立统一、连续、世俗的学校体系，包括初小(4 年)、高小(3 年)、中学(5 年)、专科学校和大学校。大学校统领各级学校。各级学校均实行强制性免费教育。废传统宗教性课目，兴与社会实践关系密切的实用课程。还应增设政治教育课程，讲解宪法和《人权宣言》。该计划虽未提付表决，但其基本精神影响了 19 世纪法国教育的发展走向。——中译注

④ 罗姆(Charles Romme，1750—1795 年)：大革命期间曾先后入选立法会议、国民公会。任教育委员会委员。主张推行卢梭的道德教育。主创共和历。1793 年在国民公会上提出国民教育法案，主张建立三级学校教育体系，适应全体公民即社会的不同需要，增设公民权利与义务、军训、法国革命史及自然科学课程。——中译注

⑤ 西哀士(或译西耶斯，Emmanuel-Joseph Sieyès，1746—1848 年)：法国教士和宪法理论家。他的关于人民主权的观念在大革命前期影响很大。所撰小册子《第三等级是什么？》使其名声大噪，并入选 1789 年三级会议的第三等级代表。在大革命期间的政局中地位逐步上升，雾月政变达到巅峰，后衰退。——中译注

⑥ 多努(Pierre-Claude-François Daunou，1761—1840 年)：法国政治家，自由主义理论家和历史学家。奥拉托利会成员。大革命期间被选人国民公会。督政府时期提

纳尔[①]递交给国民公会。[②]国民公会任命了一个公共教育委员会，这个委员会的一些文稿已经准备好要出版，规模也已经有许多四开本的印张。尽管如此，只有在热月九日之后，这些东西才得到落实。一项日期为共和三年的法令，几个月之后，也就是在共和四年的雾月三日之后，做了些修正，最终确立了人们期待已久的新的教育建制，名为“中央学校”。[③]

有两种不同的观念主导了大革命时期的整个教育成就。首先，

出了整套教育改革方案。长期主持教育工作。是1795年宪法主要起草人，国立科学艺术研究院创始人。后曾任国立档案馆馆长，并任法兰西学院伦理学、历史学教授。1795年10月在国民公会提出国民教育法案并获通过，对大革命期间多种教育法案及其实施经验进行了总结。认为教育是国家的义务和责任。规定建立三级学校体系，初等学校设在乡镇，穷苦儿童免费；中心学校以课程而非班级分类；高等职业技术学校，培养专门人才。——中译注

① 拉卡纳尔(Joseph Lakanal，1762—1845年)：1789年大革命爆发时他是教师，1792年被选入国民公会。在任公共教育委员会委员时，提出国民教育计划方案，建议国家为男女儿童提供免费的初等教育。这项计划被否决，但在罗伯斯庇尔政权垮台后，他就任教育委员会主席，提出修改法案。此法案实行约一年后被多努法案取代。中等学校计划实行到1802年。在他的努力下，国民公会于1793年7月通过三级教育制度，1794年11月通过公共教育法。1795年他开办师范学校。在执政府时期和第一帝国时期继续主持教育工作。——中译注

② 参看 Hippeau，*L'instruction publique en France pendant la Révolution*。

③ 涂尔干在讲这段历史时直接采用了法国共和历，也就是法国大革命期间采用的一种历法体系。法国革命会议于1793年10月5日颁布此项历法，意图以一种更科学、更理性的历法来取代欧洲传统的格列高利历，并割断同基督教的联系。共和历历元为1792年9月22日，全年12个月(自10月起分别为葡萄、雾、霜、雪、雨、风、芽、花、牧、获、热、果月)，每月3旬(取代星期)，每旬10日，年末5个或6个增日为无套裤汉日，也就是革命者的节日。1806年拿破仑政权废除此项历法。

中央学校(d'Écoles centrales)是法国大革命期间由各省设立的中等学校。1794年创办，至1796年底，各省均有一所，巴黎两所。学校课程分为三级，一级为绘图、博物志、古典语与现代语；二级为数学、物理和化学；三级为通用文法、文学和法律。——中译注

是百科全书式的立场。当时的所有重要思想家都十分珍视这种立场。这里我们看到的信念在夸美纽斯那里已经表达过了，实际上，它也是从培根和霍布斯到圣西门和孔德的整个哲学运动的特征。也就是说，科学是一个统一体，不同的组成部分之间相互依存，不可分割，构成了一个有机的整体。因此，教育的组织方式也应当充分意识到这种统一性，甚至要创造出这种自觉意识。这就说明了为什么会趋向于设立一种学术体系，其中所有的科学门类都根据一套组织有序的计划而各就其位。塔列朗（他甚至不是百科全书派成员）也已经指出："教育就其宗旨而言应当是普全性的。它所涵括的各知识门类在实际用途上或许有多有少，但是其中没有一门是真正无用的，没有一门无用到应当予以抛弃或视而不见。相反，在这些知识门类中间，存在着永恒的联盟，相互的依存……由此可见，在一个组织良好的社会里，尽管没有一个人能够成功地做到万事通晓，但至关重要的是，每一个人都有学习一切东西的机会。"

孔多塞基于同样的依据继续推进，至少在谈到他期望用来取代学院的那些学校时是这样。这些学校有一个新名称叫"专科学校"（d'Instituts），是中央学校实际的原型。在孔多塞的体系里，这些学校是进行中等教育的机构。他说，"教育的第三级"（专科学校之所以被算作第三级，是因为孔多塞心目中的教育等级序列包括了两级初级学校，很类似于初小和高小），"涉及人类学识所有门类的基本内容。教育……在这里绝对是包罗一切的……这里将要教授的，不仅有作为一个人，一个公民，为了有助于自己所期望的职业而值得去了解的东西；而且还包括就各个主要职业类别来说可能有价值的任何东西”。所有的具体学问，人的研究的方方面面，在专科学校中都将占有一席之地。

不管怎么说，即使从这一段话里也明显可以看出，实际的、职业的考虑在这整个组织中还是高于一切的。重要的是要让孩子准备好有效地履行有朝一日将会让他去履行的社会职责。所以，职业教育必然得是专门化的。一种职业所要求具备的知识，对于另一种职业来说就没有什么用处。广闻博识成了一种鸡肋，至少当你只是希望让学生应付一种有限的任务时是这样。两种截然对立的趋向发生了冲突；尽管如此，国民公会的议员们却认为它们是可以调和的。

为此，他们经过慎重考虑，废弃了15世纪末在学院中确立起来的那种班级体系，并着手用一种全新的组织来取代它。每一门具体的学科都成为一门独立课程的主题，一年接一年地学下去，直到自然告终，并且始终由同一位老师来教。因此，在同一门课程里，从一年到下一年，就有一种形成惯例的逐级渐进。换句话说，根据正常情况下一门课会延续几年，每一门课都被分成几个部分。但是，课程的不同部分之间彼此完全不同。它们之间并不像在我们的班级里一样，还有着彼此的关联，使得每个学生在所学的每一科目上都注定要和自己的同班学生同步前进。简单来说，从前那种班级的统一性已经瓦解成许多平行课程的多元性了。这样一来，进入中央学校的学生就既可以跟听一门课，也可以兼听好几门课，或者干脆所有的课都听（课程表的安排应当会做到有可能这样同时学习）。他可能在一门教学上属于第一部分，而在另一门教学上又属于另一个部分。因此，他可以方便地根据自己家庭的喜好，选择是接受一种一体化的教育，还是挑选搭配一些专门化的课程，会对他选择的职业生涯最有用场。是他自己或是他的父母来决定他学习哪些课程。

这样一种体系和我们所习惯的是那么不一样，以至我们乍听起来很容易被搞糊涂的。我们过会儿就来考察，人们是怎么来看这种体系的。但是不管怎么说，我们绝不能认为，国民公会只是拿它当一种权宜之策，事到临头了才匆忙想出一套东西，没有经过充分考虑。这种主意已经提出来酝酿了好久，并且得到了18世纪最有影响的权威人士的支持。孔多塞在立法会议上已经对此提出了倡议。他说："教育将被划分成许多课程……这些课程的安排将使一个学生能够同时跟听四门课，也可以只听一门课。在大约五年的时间里，如果他能力很强，所学的课程将能涵括整个的学识。如果他天资不那么聪颖，就只学其中的一部分。"在他之前，塔列朗已经预见到同样的安排，并对旧有的班级体系提出了强烈批评："组织方式上的主要变化之一，就在于将过去划分到不同班级的东西划分到不同课程中去。因为班级的划分毫无助益；它使教学支离破碎，使每一年的学生虽然应对同样的教学内容，但却接受不同的方法。结果，年轻人的头脑就被搞糊涂了。而按照课程来划分则是合乎自然的。它把应该分开的东西分开了，明确勾画出教学过程中每一个分离的部分。它使教师更加贴近其学生，在教师身上树立了一种责任感，确保他热诚奉献。"

1782年，罗兰议长，这位可以说头脑非常温和、非常周到的人，也已经表达了同样的观念。他说："我首先想到的问题，就是巴黎大学提出的那种计划的局限与单调。在这套计划里，我只看到所有的年轻人都投入同样的求学生涯，以同样的年数念过同样的一系列班级，在有限的时间里，所有人都在努力攻读同样种类和程度的知识。可是，在聚集在同一所学院里的年轻人中间，我看见有些人所处背景不同，日后会谋取的职业也不同。对于一些人来讲必需的知识，对于其他人来讲可能就是无用的。精神的视野宽狭不一，资质和喜好多种多样，这就无法让所有人都同步前进，都被同样的学问所吸引。"他要求"每门科目都应该有它专门的老师；每门科目都可以放在不同的课程中教授，以免造成混乱，或者在教授目的上相互抵触。关于道德的那部分教育内容将是所有学生的公共课，只有具体的课程安排是因人而异的……它将针对各种类型的思想资质和气质，分别提供适宜的知识"。他附带告诉我们，这并不只是他个人的想法。这里他特别指的是由法兰西语言研究院颁授的图卢兹百花诗赛获奖作品《论文》(*Discours*)，作者是图卢兹的一位学院教授。所以说，这种观念已经流传了很长时间，接受这种观念、倡导这种观念的人什么类型都有，因此很难说它没有任何基础。现在我只是提一提，稍后我们还会回到这个问题。

不仅如此，还有必要指出，在中央学校组织章程最初颁布的时候(共和三年)，毫无保留地写进了平行课程的原则，但在十个月的试行之后，做了一定的折中和修正(共和四年的雾月法令)。这些学校里实施的教学一般为期六年，安排成三个学习阶段或部分，前后相继。学生们十二岁进入第一阶段，十四岁进入第二阶段，十六岁进入第三阶段也就是最后一个阶段。所教授的不同科目被分配到三个阶段里，因此不会有人发现自己同时属于不同的学习阶段。每一个阶段都有它自己的一套科目。绘图在第一阶段教授，在接下来的各个阶段里就再不会出现了。自然科学留到第二阶段，在另两个阶段里就没有任何安排（结果就是，由于每个阶段只为期两年，在此期间的教学不管是什么具体内容，也不能超出两年的时限）。但是在每一个阶段里，所教授的科目还都保持着独立性。学生可以根据自己的喜好，选择跟听所有科目或其中一门。因此，学生在决定自己学习哪些课程方面有着最终的发言权。他享有完全的自由选择自己希望接受的科目，只是他的年龄会决定他已经选择接受的那些教学将按照怎样的次序进行。

现在让我们来看看，这套体系内部是怎样进行的。

这套体系的特点就是，充分注重那些有关事物、有关自然的学科。在第一阶段，三门课里就有两门属于这一类，就是绘画和博物学。第二阶段完全安排给数学、实验物理和实验化学。因此，在整个学习过程的六年当中，有四年时间，学生的注意力几乎完全被引向外部，引向外在的世界，引向自然界的事物。这其实是彻底倒转了传统体系。富克罗瓦[①]在向五百人院[②]呈交的一份报告中，可以恰如其分地将旧时的学院和新式的学校做对比：在旧时的学院里，"你年复一年地机械咀嚼一种死语言的要素"；而在当时已经有 90 所的新式学校里，年轻人则被鼓励投入"形式更为多样、更吸引人的学习，他们的想象积极主动，他们的好奇难以满足，都在自然界及其创造物的景观中，在按部就班运转的世界和千姿百态的科学

① 富克罗瓦（Fourcroy，1755—1809 年）：法国教育活动家、化学家。1802 年被拿破仑任命为教育部长，主持制定学校法令。详参本书第 445 页②。——中译注

② 五百人院（Conseil des Cinq-Cents）：根据共和三年宪法于 1795 年 9 月确立。作为初级法院，与元老院相对。共有 500 位议员。雾月政变后废除。——中译注

现象的景观中，得到了滋养。他们的思想官能将不再局限在辞章的研究上面，我们将用事实、用事物来哺育他们的头脑”。

不过，话说回来，在这套新体系里，并不像此前所有的体系一概抹杀自然一样，抹杀了人的地位。人依然构成了最后两年课业也就是第三阶段的学习主题。也就是说，只有在学习了物质的性质之后，学生才开始学习人的性质。不仅如此，人们在教授人和人事的时候所秉承的精神和使用的方法，还努力做到都和教授物质的事情时一样，也就是说一种科学的精神，科学的方法。换句话说，在开始阶段占据主导地位的物理科学和自然科学，被刚确立不久的社会科学和道德科学所接续。

这里包含了两类学问。首先是通用文法。人们想通过通用文法的学习，来取代学院哲学班上教的旧式的形式逻辑。人们不再用抽象的东西来描述思想的机制，而是试图通过仿佛具体落实这些机制的语言，来研究它，来使它得到研究。因此，我们通过一种新的形式，重新恢复了我们在这段历史的开始遇到的古代文法观念，把文法理解成逻辑训练的一种工具。

人不仅仅被理解成纯粹的知性。人们认识到，还必须让学生们把人理解成一种社会的存在。这就是指派给另两门学科的目标，它们合在一起服务于这项宗旨，就是历史和法律。这是因为，这里说的历史并不被认为单单在于教授国家事件的编年记叙，而是一种通史，研究的目标首先在于说明，构成人类文明基础的那些伟大观念是以怎样的方式确立下来的。部长基内特[①]在共和七年

① 基内特(Nicolas Guinette，1762—1821 年)：督政府时期曾任内务部长。——中译注

写道："首先，关键在于让学生注意到，在科学、艺术、社会组织等方面，人类心智在不同时代、不同地方的进步，进步的原因，人类心智的偏离，以及它暂时的倒退。还要让他们看到，人类的幸福安康，与人类观念的繁荣和正确，两者之间始终保持着密切的关系。"在人们想来，正如一位有机会非常接近地观察中央学校的运行情况的人所说，这样一种历史教育为法律教师提供了"一系列的实验，他需要通过这些实验，证明或是确证这门科学的一般法则"，那是他必须接受的一些一般法则。实际上，人们认为法律就在于描述和阐释奠立当代法律和道德的这些一般法则。要证明这些法则的正当性，最好的办法就是揭示它们在历史演进过程中已经产生的自然成果。

但是，昨天还在教育中处于至高无上的地位的文学，它的地位又怎么样了呢？它并没有被完全赶出学校，只是过去曾经赋予它的那种显要地位已经荡然无存了。第一阶段有一门拉丁文的课，第三阶段有一门文学课，就这么些了。之所以设置一门拉丁文课，并不是真的要教授这门语言，在这么短的时间里是不可能做到这一点的。主要是要提供一种比较的素材，让人们能够更好地理解自己的民族语言。拉克鲁瓦(Lacroix)说："为了学会一种语言的实质，真正清晰地了解它的各种形式，关键在于比较它和另一种语言的机理。"其次，人们也希望以此刺激对于古典文学的品味，因为那是"我们自己的典范"，尽管没有人由此认为，这门课有可能为人们提供的拉丁文知识足以替代掉那些译文。至于文学的课程，它是纯粹理论性的，只关注文学的美学。它只限于教授"批评家基于对天才之作的细致考察而创建的一套规则"。按照拉克鲁瓦的说法，它与“培养写作才能”毫无关系。人们认为这种才能只有在成年之后才会显露出来。除了与各种课程有关的论文，在作文方面就不要求有任何练习。显然，通过这样缩减范围，文学方面的讲授就差不多只是自己前身的一点儿残迹了，只有靠对于某种古代传统的最后一点儿敬意来勉力维持。

这就是整个的课程体系。我们不能不看到，它是多么地锐意进取。迄今为止，我们从来没有遇上过这样激进的一场革命。无疑，就文艺复兴来说，我们也看到发生了一些重大的革新。但是它们仍然没有达到如此规模。文艺复兴依然保留了中世纪的学院，学院的组织方式，班级体系，和经院时期结束时已经创立的形式一样。在这些学院里，教授了拉丁文，也阅读并讲解了古典作者。简言之，将逻辑著作压缩到最后两年就足够了，以便为诗人、演说家和历史学家腾出地盘。而在中央学校就完全相反，一切都是全新的：学术的搭配组合，教授的基本素材，采用的教学方法，教员的风格特点，所有这些都是从零开始创造出来的。人们史无前例地尝试要在严格科学性的基础上，来组织年轻人的思想训练和道德训练。这不仅是一种空前的新颖尝试，而且在此之后，人们也再不曾这样全面而严格地发动过这样的尝试。

诚然，这种锐意的进取也曾经被说成是鲁莽冒失。人们也曾经认为，如果说这种教育体系这般短命，从共和四年到共和十年，只运转了六年，那是因为它的设置根本就不是出于长久延续的考虑，因为它所依据的立场根本就站不住脚。当然，我也相信，并且过会儿也会指出，学校的外部组织形式即使说还不至于遭遇必然的失败，它也使成功变得十分困难。但我也认为，课程体系的安排确实包含了一些进步的观念，很值得回顾一番，而它们最后被扼杀在萌芽状态也是令人相当遗憾的。

用课程取代班级的原则遭到了激烈的批评。解释这种观念的方式无疑会使一些严重的异议显得合情合理。我们不能听任每家每户都凭着它的一时之兴，为每一个孩子设计一套学习课程。在如此极端的教育个人主义之下，是无法继续维持某种共享文化的。但一个国家，至少一个已经达到一定文明程度的国家，又承受不起放弃这种共享文化的代价。我们看到在中世纪大学里第一次出现的必修课程的设置，就是在回应一些实际的需求。而我们今天依然面临着这些实际需求。如果在一个社会里，教育已经成为社会生活和道德生活里的重要因素，那它就不可能将教育体系完全放给个人绝对任意地选择，这绝不比道德体系方面的可能性更大。课程体系的设计当然应该考虑到家家户户的需要，即使是这样，它也首先必须服从一些更一般、更高尚的利益，而这些利益由于更一般、更高尚，也是家庭无法充分估价的。

但是，即使说全无章法会有它的危险，千篇一律的严格管制也是毛病很多的。我们越是进步，就越是会感到有一点至关重要，不能让我们的孩子人人都服从同样的思想纪律。社会职责越来越多样化，由此导致职业和能力也是越来越多样化。这就要求教育体系方面也有相应的多样化。这种认识不仅在国民公会所采纳的学术体系中得到体现，而且在孔多塞、塔列朗和罗兰等人早先提出的设想方案中也都有所反映，虽说他们的表述方式都有些失之极端，但这种认识本身现在看来也还是很有根据的。值得注意的是，推行中等教育多样化的需要推动了我们最近一次的学术重组，但这种需要并不是在一夜之间冒出来的。它的起源可以回溯到 18 世纪中叶。我们将有机会看到，从那时候开始，这种观念就一直在逐渐地积攒力量。

这还不是问题的全部。因为国民公会如此大胆推行的这些改革，还需要换另一个角度来说明。说到底，要想尽可能有效地应对职业生涯和所需技能的多样性，或许就只需设置一些小规模的教学单位，同时其中还可以维持班级体系，并且过去的严格要求一切照旧。但是还有一项因素起了作用，改变了班级本来的性质，因此也提出了一个问题，我们或许还没有准备好去解决它，但是迟早是得去处理的。从根本上说，教室的一体性之所以不可分割，是以教学的某种一体性为前提的。只有当教学集中在某一个主题，也只集中在一个主题，或者是密切相关的一些主题，教室的存在才有正当根据。实际上，所谓一个班级就是在一起接受教学的一群孩子。但是，他们所接受的这种教学的共同性又意味着他们在思想上表现出充分的同质性。

要想让一个班级里的孩子能够在相同的时间里、以同样的方式接受教学，他们在思想上就不能彼此距离太远。当教学只限于一门学科或者是少数几门学科的时候，这种同质性还是比较容易实现的，因为可以毫不困难地把孩子们集合在一起，就只在这一个方面，比较明显地进步到同样的水平。我们从前的学院是满足这项前提条件的。它们那里只教授拉丁文。即使再加上一点儿希腊文和法文，教育所要求的除了文学方面的才能，其实也就不需要什么别的了。而今天，当我们的中学里所讲授的学科已经非常多样化、异质化的时候，情况就不是这样了。在国民公会的中央学校，这种异质性已经是相当可观了。从那以后，再要假定这些学习中的其中一项所必需的那种同质性必然带到其他所有学习上，那可就错了。在文字功夫上天分极高的学生，在科学知识上却没有同样的才能，这种情况是极为常见的。那么，我们又依据什么样的标准，决定他们该进哪一个班级呢？是他们在文字方面的熟练程度么？这样的话，在任何有关科学知识的方面，他们都会落在自己同班的后面，既让人感到可怜，又白白耽误功夫。那么是看他们掌握了多少科学知识？那样的话，他们做文学练习就是在浪费时间了。所以说，讲授的科目的多样性很难与班级体系的严格划一取得协调。大革命时期的人们强烈地意识到了这一点。此后又有许多有见识的人同样表达了这种认识。

1868 年，迪律伊[①]一方面承认这种观念的具体贯彻可能比较困难，但仍然提请拿破仑三世关注这一观念。贝尔索（Ernest Bersot），一位十分谨慎的思想家，也大力提倡这种观念。他说："我们宁愿不再将班级看作不可分割的一体，包括了文学的课程，历史的课程，包含数学和物理的科学课程。这个统一体强制学生跟听不同的课程，他们对这些课程的准备程度是不一样的，对一些学生可能程度正合适，但对其他人来说，可能就太深或太浅了。"在

① 迪律伊（一译杜鲁易，Victor Duruy，1811—1894 年）：法国学者、官员。1863—1869 年任法国教育部长，发动广泛的改革，包括废除 1852 年后的中学文、实分科制，注重现代科学技术。1868 年创办"高级研究实验学校"，附属于巴黎大学，进行多方面科学研究。推行免费的义务初等教育。此措施在当时的法国实行过早，因而失败。部分原因是拿破仑三世不予支持。他还推行为女孩提供非宗教性的中等教育，在高中和大学增设现代语言与当代历史，改革教师培训办法，1884 年成为法兰西学院院士。——中译注

最近一次对中等教育的考察过程中,好几位做证的人士也表达了同样的观念,并且得到了委员会的完全赞同。

尽管如此,这种观念也不曾大获全胜。实际上,问题显得那么复杂,以至任何过于激进的解决方法都必然会激起合情合理的怀疑。班级的缺陷倒是无需争议的。但是另一方面,我们不能不看到,事实上,要一群孩子聚在一起学习,所需要的不单单是思想上一定程度的同质性;还需要一定程度的道德统一,需要观念与情感上的某种一致,就好像一种小规模的集体心智。但是,如果不同的群体完全缺乏固定,缺乏稳定,如果他们每隔个把时辰就得拆散,重新组合成不同的群体,聚散不定,形式繁多,那么这种一致是不可能实现的。如果同一群学生彼此之间不能够保持充分而持续的接触,如果他们不接受同样的练习,如果他们不和同一个人挂钩,受到同样的影响,如果他们不过着同样一种生活,如果他们不呼吸同样一种道德空气,那么,共同体的精神也就不复存在了。人人都认识到,旧时的那些初等数学班,是多么地缺乏道德基础,这恰恰是因为它们缺乏这种统一性,班上的学生彼此缺乏联系,学术背景五花八门,水平参差不齐,有来自修辞班的、数学预备班的、哲学班的,还有其他班上的。

真实的情况是,一个班级并不是也不应该是一群乌合之众。我们在这方面有不同的要求,甚至可能是彼此冲突的要求,都必须予以考虑。就目前来说,我能够看到的解决问题的唯一办法就是,不再将处在平行系列中、彼此缺乏联系的不同课目安排到年级序列中,而是根据它们自然的相邻程度加以组合,这样,各个班级都不是按照序数来确定的,而是按照里面进行的学习的性质来确定的。这种安排会非常合乎自然，因为在不同的学科之间存在着某种逻辑上的等级关系，教育应该充分重视这一点。况且，国民公会也清醒地意识到了这一点。无论如何，很显然，国民公会所推行的这些改革措施都不是某种盲目的白日梦的产物。有一个重要的问题当时还没有解决，并且至今依然未能解决。但是必须承认，国民公会已经提出了这个问题，哪怕就此提出的解决方案还不能得到无条件的接受。正是通过考察革命党人的教育学说，我才开始相信，班级体系确实是一个问题。

但我们受惠于这种学说的方面还不仅限于此。人人都认识到，强调物理科学和自然科学在教育中的价值，赋予它们与其重要性相称的地位，这些将会发挥多么大的益处。但是还有一点不太有人提及，却很值得注意，就是国民公会以一种全新的方式来安排人文科学的教学。用来实现人文科学教学目的的不再是文学，却是科学。不过这是一种新式的科学。自然科学尽管确立已久，但要让学校的大门向它们开放，却已经等待了将近两个世纪。而大革命一举引入了刚刚诞生的一些科学：关于人的科学和关于社会的科学。

也许有人会说，这些科学还处在婴幼期，所以不配享有这般荣耀。当然，我们发现它们还处在萌芽阶段，考虑到这一点，它们还不足以胜任自己的使命。但是不能凭这样的理由就排斥它们。关键是要寻找一些补充性的手段，向孩子们教授人事而无须取缔这些科学。既然这些科学能够满足成人的需求，那么对于16—18岁的孩子，为什么不能具有价值？即使就在它们现在所处的阶段上，也已经是富于洞见，能够激励年轻人头脑的反思，从而可以用作很有价值的教育手段。为了让一门学科获得进入学校的权利，并不一定非得让这门学科已经达到定型阶段——再说这种时刻难道真的会到来吗？只要这门学科有能力对年轻人的头脑起到有益的影响，也就足够了。最后我还想说，中央学校里给予这些科学的地位是和它们的性质相称的。它们应当是在学过自然科学以后再来教，这是很合适的安排，因为它们确立得比较晚。课程体系的次序安排应当反映出所教的各门科学的历史发展次序。

但不幸的是，正如我在讲课开始时所说，大革命时期教育学说中蕴含的所有原本可以大见成效的观念，都受制于它们付诸实践的方式，受制于组织方式上的重大缺陷。从孩子们进入中央学校起，中央学校所给予他们的教育是比较高等的，预先假定他们已经接受了范围比较广泛的基础训练。可是要记住，这些孩子连法文课都不上。所以，得假定他们在别的什么地方已经学过法文。但在中央学校之下，只有初级学校，那里教的东西极其有限。在初级学校与中央学校之间有一段差距，这是当时的人们相当清醒地意识到的，尽管他们并没有成功地弥合这种差距。换一个角度来看，我们已经指出，课程与课程之间是多么地缺乏协调。又因为根本没有任何内部的指导，所以就更进一步加剧了这种缺乏协调的现象。这些学校就没有一个校长。甚至连每门学习课程都有什么宗旨，也确定得非常含糊。从某种程度上说，各个老师都是有所裁剪，为其所用。除此之外，要为所有这些新设的科目都找到老师，也不是一件容易的事情。要知道，在旧制度下的学院里，无论是自然科学还是通用文法都是不教的。这样就不得不临时凑集教员，而他们事先对这项使命毫无准备。征召的教员来自各行各业。不仅如此，教员的选择是由地方委员会决定的，而这些人自己并不总是具备必需的能力。

这种种的缺陷，不管可能有多么严重，如果没有成为政治激情的攻击对象，或许也不足以导致中央学校办不下去（至少在某些地区，这种实验似乎已经收到了令人满意的成效）。但是，中央学校是国民公会的手笔，所以到了执政府统治时期，[①]单凭这一点就足可以让这些学校声誉扫地了。不仅如此，它们和波拿巴的教育观念没有半点合拍的地方。在波拿巴的压力下，共和十年的花月十一日通过了一项法令，废除了中央学校，同时也就抹除了大革命时期的所有教育学说。中央学校被国立中学所取代，除此之外，还有一些低等的中学，为公立中学做准备，称作"市镇中学"。[②] 教学的组织、内容和方法再一次回到旧制度下曾经有的面貌。科学知识方面只是凭着军事课程才得以保留下来。[③] 拉丁文再一次占据了主导地位。这是复归旧体系。一切又从头再来了。

总而言之，大革命在教育领域的成就多少就像是它在社会政治领域里的成就。大革命热情欢腾，全新的观念层出不穷；但是大革命并不知道怎样去创造能够赋予这些观念现实生命的机构，能够具体体现这些观念的制度。或许，这是因为革命的观念常常是

① 执政府（Consulat）：1799 年 11 月"五月政变"后拿破仑、西哀士等三人组成共和国临时执政府，拿破仑任第一执政。1800 年共和八年宪法通过，执政府正式组成。1802 年共和十年宪法进而明文规定拿破仑任终身执政。1804 年共和十二年宪法宣布法国为帝国，12 月拿破仑加冕。执政府时期结束。——中译注

② 拿破仑政府 1802 年 5 月 1 日颁布公共教育基本法令，亦称"共和十年花月法"。建立统一集中的国家教育行政体系，后来具体落实为建立帝国大学。建立公立中学（lycées）与市镇中学（Collè，或译普通中学），学制皆为六年。——中译注

③ 参看本书第 184 页①。——中译注

失之过度。又或许，这是因为制度不能即兴创立或者无中生有，而（由于旧制度下的那些制度和机构都已经被废除）重构所需的基本材料又付之阙如。也许这两个原因同时起了作用，使得大革命对于理论原则的宣称远远多过现实的创造。即使是它做出的将理论转换成现实的那些尝试，也常常落到无人相信的地步。因为这些事业一般总是归于失败，而失败又会被当成是对激发这些事业的观念的报应。但不管怎么说，有一些顶住了激烈的反对，在 19 世纪的大部分时间里延续了下来，尽管有些步履蹒跚，也最终证明，要想抗拒它、征服它是多么的困难。在这段时期里，我们那些最精华的思想力量都投入了这项艰辛的事业。

可以这样总结，这一切努力的唯一结果，或许只是把我们带回了出发点，以几乎和大革命开始时自发提出的问题同样的角度，再一次提出了教育的问题——我还可以加上其他许多问题。唯一不同的是，我们能够根据所掌握的长期经验而变得谨慎了。结果，在 19 世纪的学术历史上，创新不是很丰富；它缓慢地、渐进地重新恢复了 18 世纪就已经很清楚的一些观念；因此，我们不需要在这段时期逗留很长时间。

第二十五讲　19 世纪课程体系的变化

——中等教育的界定

在上一讲里，我们已经到达了 19 世纪的门槛边。在那个时候，大革命的成果在存在了短短六年之后（共和四年至共和十年），撞上了执政府的强硬反抗。国民公会创建的中央学校从此消失，我们已经看到了它那或许有些早熟的新颖性。旧式的学术组织形式有所改革，用的名称多少有些新鲜，叫作“公立中学”和“市镇中学”。最后一点，拉丁文重新获得了它过去的那种主宰地位。事实上，出于一些纯粹实际性的缘由，再也不可能完全剥夺科学知识已经获得的存在权利了。尽管如此，它的位置又重新回到了 15 年前的原样，一切又都不得不重新开始。

这种复辟开始仅仅几年之后，就发生了一场重大事件，主导了 19 世纪整个学术历史。我这里指的是把全国所有的教育机构汇集到单一一个机关内，而这个机关又直接依托中央权力，对教育全权负责。根据 1808 年 3 月 7 日颁布的一项法令，创建了法兰西大学。[①] 这种法团的观念是大革命已经努力要废除它的一切形式

① 拿破仑称帝后，颁布《关于帝国大学条例的政令》，旨在严密控制遍布整个帝国的所有教育设施，促使教育按照帝国规定的方针向国民灌输道德和政治。帝国大学享

的，这时候却又重新冒了出来，只是形式更加拓展，有所转变，适应了国民生活的一些新情况。曾经互不相连的地方法团，也就是各省原先的大学，而且也是排除了初等教育的法团，从此被一个单一的法团所取代。这个法团覆盖了整个国家，涵括了学术生活的方方面面，以及各级各类的学校和教师。所以，探讨一番是什么引起了这种现象，肯定会很有意思，因为它当然不是靠拿破仑拍脑袋就想出来，就出现在世上并且羽翼日丰的。我们可以去揭示许多有意思的话题：它是怎样回应了那些需求，这些需求在大革命之前很早就存在，并且已经在拉夏洛泰和罗兰身上找到了代言人；尽管如此，拿破仑是怎样依然力图要在这种新观念上留下他自己的印记，把它设想成一个庞杂的俗人修会，一种由平民百姓组成的耶稣会，而总会长就是他自己；[①]这种构想新颖的体系是怎样由于种种外在情势的作用，即使始终受到监控，也脱开了拿破仑对它的希望，形成了属于自己的传统和面貌，获得了自己独特的性格。同样有意思的是搞清楚哪些原因导致了国家垄断的压制，考察这种压制造成的后果。但是，不管这些问题是多么重要，它们更关系着政治和对学校的行政管理而不是教学的历史。它们和教育理论的演进并没有直接的关联。所以，我会把这些问题放到一边，只限于回溯

有督察国民教育的专权。所有教师皆为帝国任免的官员。帝国大学（Université Impériale）亦称法兰西大学（Université de France），准确地说不是大学，可称为帝国教育团或法兰西大学院，其总监为全国教育的最高首脑，由皇帝亲自任命。下设大学区、总督学与督学等。这是法国高度集权的教育管理体制的开端。1920 年改为公共教育与艺术部。——中译注

① 这里必须指出，耶稣会也称耶稣军团，其总会长亦称将军，参看本书第 340 页注①。——中译注

课程内容和教学方法在 19 世纪的发展道路。

一旦着手回溯 19 世纪课程体系的沿革历史，首先令人惊异的一点，就是它是那样地不稳定。至少先后出现过 15 套不同的课程体系。格雷亚尔[①]重新翻检了所有多多少少改变了教育的法令、政令和通令；1802—1887 年，这类文件不少于 75 份，其中 74 份是在 1870 年之前颁布的。课程的安排可以说是变动不居。教育的一个方面，至少说是它的表面，尤其显得变幻莫测。这个方面就是科学教育。有时候它扩张到覆盖了各级教育，差不多平均分配在各个年级。有时候又正好相反，它全部集中到一个年级里，一般说来是最高的年级。有时候，它干脆被挤出了必修课程，沦落到额外选修的地步。有时候，科学的课程合并到文学的课程里，有时又和它们分开。简单说来，它们的处境就像是在始终不停地流浪。

这个事实意味深长，需要牢记。今天的人们常常大惊小怪地抱怨，过去 20 年里课程体系设置的变动过于频繁。人们甚至还把中等教育目前的危机怪罪到这些过多的更动上。但是，出现这种缺乏稳定的局面显然不是一朝一夕的事情，不能把它归咎给哪一个人或者哪一系列特定的背景。相反，它是绵延整个世纪的一种慢性病，显然是一些非人身的力量的产物。它绝不是什么病患的起因，而是病患所产生的效果，是它的外在症状。它没有制造病患，而是揭示了病患。如果说有那么多各不相同的搭配组合被一个接一个地拿来尝试，如果说它们常常是一个接一个地归于破产，

① 格雷亚尔(Gréard，1828—1904 年)：1879—1902 年任巴黎大学校长。——中译注

那是因为,直到最近,人们还拒绝承认,他们正在寻求疗治的那种疾病已经发展到多么广泛、多么深重的程度。人们认为,为了把我们的中等教育重新确立在坚实的基础上,只需要适当地改变某些细节,更好地搭配所教授的各门学科,增加文学的地位或者科学的地位,或者是明智地平衡这两方面的关系。可是真正需要的却是改变思想取向。即使我们再没有其他的理由要这么想,这些持续不断的更动也是我们最好的证据。过分抱怨这些不停的更改,建议人们要保持耐心,这样的态度最是空谈无益。面对一个发烧的病人,只是建议他保持冷静是不能治愈他的病的。但是,和这种态度不同的是,应该是时候结束这些漫无目标的更动,理解它们将会导致的那种教育,勇敢地面对问题,面对它实际的形式和完全的程度。接下来,我们就要尝试这项任务。

特别有一点因素已经大大助长了这种极端的混乱局面:这就是教育观念形成过程中政治关注和政治偏见的介入。从本书一开始,我们就已经看到,在古希腊罗马时代的精神和基督教的精神之间,有一种天然的敌视。在迄今为止我们经过的整个历史时期中,可以说无时无刻不会出现那么一位有学问的基督教神学家来指点世人,完全文学性的文化,尤其是所有素材都取自异教的文化,会带来种种危险,威胁着信仰。而现在,历史奇怪地发生了扭转。从19世纪初开始,在大革命的余波之中,人文主义和教会之间结成了一种联盟。不管是在社会政治事务上,还是在宗教事务上,不管是言之有理还是强以为词,传统主义的拥护者们都从旧时的文学教育那里找到了对他们视为正确有益的教义或原则的最佳支持。相反,在他们看来,科学教育是值得怀疑的。从那时开始,各种派别、不同程度的自由派分子往往会倡导相反的理由。

结果自然就是教育在这两种彼此相对的极端之间来回摇摆，就看是哪一个政党在台上掌权，看是更倾向于面向未来还是立足过去。执政府以及后来的第一帝国都为科学尤其是数学科学保留了相当地盘：在第一批国立中学里，就讲授有算术、几何、代数、三角、测绘，还有一点光学和天文。王朝复辟期间则压制了一切科学教育，开始是把它限制在二年级的较高级课程（修辞和哲学），最后干脆完全限制在哲学班里。只有在四年级和三年级里，还以博物学的课程形式维持了科学教育的存在，即使在那种情况下，用“课程”一这个词都很难说合适，因为全部的内容都被缩减成每周两次探讨“与自然科学的基本内容有关的”一些话题。尽管如此，1828年，一位比较开明的部长，瓦蒂梅尼尔（Vatimesnil）先生，接掌了法兰西大学。各门科学课程此前一直饱受压缩，现在一下子得到扩张，无所拘束地渗透到所有的班上。七月王朝开始后，在基佐政府治下，科学课程还继续有所进展。[①] 但是维尔曼上台执政后，它们就丧失了地盘。[②] 不过，在萨尔旺迪先生手下它们又收

① 基佐（François Guizot，1787—1874年）：法国政治活动家、历史学家。25岁时就任巴黎大学历史学教授，轰动讲坛。著有《欧洲文明史》《法国文明史》等。1833年任教育部长时提出教育法案，确定小学分初小和高小两级。规定教会学校不得强制学生接受宗教教育。初步建立国家国民教育制度。——中译注

② 维尔曼（Villemain，1790—1870年）：著名文学评论家。法兰西学院院士。曾是巴黎大学讲授法国文学的著名青年教授。1840—1844年间任教育部长。——中译注

复了失地。[①] 这种来回反复的局面一直延续到相当晚近的时候。1870 年战争结束后，在署明日期为 1872 年 9 月的一项通令中，西蒙[②]对人文主义采用的古老的教学方法给予了沉重打击：拉丁韵文消失了，写作练习和论文把自己的一些地盘退给了课文讲解。在这之后不久，又有一次政治上的反动，结果是新一轮的教育回潮：古典体系多少可以说普遍地重新确立，一直到 1880 年前后，整个国家再一次扭转了政治方向。

在这些再确定不过的事实面前，再看到像下面这种绝对的断定，就有些让人惊奇了："在专制主义时期，古典研究始终有幸受到怀疑……古典研究中遍吹民主自由之风，虽然没有哪一处特别厉害，但是无处不在，始终是灵魂中一种潜在的力量。"这段话是富耶先生说的。[③] 我肯定不会想到要宣称，人文科学的教养意味着并且必然会加给人一种特定的政治态度。不过，人文主义精神和传统主义的精神之间结为联盟，倒的确显得不容争议。

出现这种奇怪的同盟的缘由并不难把握。有一种观点认为，既然大革命的成就恰恰在于设立了一套完全以科学教育为基础的

① 萨尔旺迪(Narcisse Salvandy，1795—1856 年)：法国教育学家、历史学家和政治家。1837—1839 年及 1845—1848 年期间两度出任法国公共教育部长。制定一系列教改措施，改组收容所，使之变成教育机构。——中译注

② 西蒙(Jules Simon，1814—1896 年)：法国政治家、哲学家。曾为国民议会自由派议员。曾因反对路易·波拿巴政变，被暂停在巴黎大学的学术职位。后成为激进党理论家。1871 年梯也尔政府任命他为教育、宗教和美术部长。1873 年随政府倒台。——中译注

③ 富耶(Alfred Fouillée，1838—1912 年)：法国哲学家、教育家。曾为中学教师、大学哲学教授。著有《国家教育论》。强调国家竞争，注重教育在增进国势中的作用。主张将古典人文学科和哲学置于首位，陶冶公民的爱国心与牺牲精神。——中译注

教育体系，那么在某些人眼里，科学的名声就始终不会那么纯洁了。这种观点当然有它的道理。不过，之所以产生这种格格不入的感觉，还有一些更深层、更值得重视的原因。

根据拉普拉德（Laprade）的说法，拉丁文化的反对者们只能是些“帝国主义者、无神论者、革命分子、社会主义者”。而在大主教科普（Kopp）看来，“任何一次从古典文化中的退却都会导致基督教根基的动摇”。事实上，这里的理由正如我们已经看到的那样，在于文学表现的是人类心智的一些最高贵的活动形式，而科学则确定并记录着物理世界的法则（因为我们通常所理解的科学就只是自然科学），在文学和科学之间，有着莫大的距离，将心智与物质、神圣与凡俗分隔开。结果，不仅是基督徒，而且任何人，只要感受到有关人的说法中真正地、特别地属于人的东西（因为那是他的标志，给予他不同于其他生物的独特面貌），就会认为，要把孩子完全放到科学学校里去哺育，就会让他丧失属人的特性，使他变得凡俗不堪，使他无法发展出自己真正的本性。因此，只要教育问题根本上还在于文学和科学之间的协调，很自然，根据上述考虑，尽管文学也曾经激起人们的疑虑，但依然能够从科学所激起的排斥中有所获益，人们认为只有它提供的教育，才有能力维持一种真正具有人的特性的心智状态。相反，任何人只要亲身感受到物质上的生活必备条件，感受到必须赋予这些必备条件的重要性，感受到一定不能让人们赤手空拳地面对由现实事物组成的世界，那么在他看来，任何主要不在于科学的教育就必定会不足以胜任这项宗旨。

只要这种对立还没有得到解决，只要人们还没有能够认识到，并不存在两套价值观念，既相互对立，又互不可比，因此在两者之间必须择一而从，那么，人们的心智也就必然根据各自的气质，完全倾向这一端或是那一端。因此，我们才能够在19世纪整个的教育史上，观察到这种持续摇摆的现象，就看当时是哪个具体的个人在左右大局。终结这种局面的唯一方法，就是设法让这两种此前一直显得方向截然相反的教育取得相互和解，或者说一起致力于同一个目标。

这些趋向一个接一个地出现，混乱无序，相互矛盾。但在所有这些趋向中，有那么几种关键观念显得特别坚韧，只有一些短暂的衰退，马上又可能重新冒出来，焕然一新，活力倍增，重新确立起来，因此也就证明了，这些观念所回应的需要是急切的，也是始终存在的。最明显的例子就是这样一种观念，为了适应多样化的职业和志愿，教育本身应当舍弃它在古代的那种一体性，也走向多样化。我们注意到，这种观念还是出现在18世纪下半叶，在此之后，它就从来不曾掉出人们的视线。

吉拉尔丹(Saint-Marc Girardin)在1847年写道："法国社会的一体性就是建立法兰西大学的根本原因。法兰西大学应当只有一个，因为社会只有一个……同时这个大学的教育应该是多样化的，因为现代社会的工作根本上也是多样化的。"早在执政府时期，人们就曾经不得不费心思量，要为准备进入军事生活的人安排一种特别的教育。在这种教育里，从某个特定的年龄开始，科学课程就代替了人文科学的课程。但是这套体系只在一个机构里试行过，就是法兰西陆军子弟学校(Prytanée français)，它曾经设置在路易大王公学的校舍里。这套体系并没有得到推广。不过，在七月王朝期间，库赞[①]在他的《普鲁士王国中等教育忆见录》（*Mémoire sur l'instruction secondaire dans le royaume de Prusse*）中再一次提出了这种观念。根据他在自己书中提出的计划，学校的文法教育将一分为二。其中一半的古典文化教育将继续顺着传统路线发展；另一半的科学教育将居于主导地位，超过文学教育，尽管还不会彻底排除文学教育。诚然，库赞在当上部长后，也没能大胆地全面推行这项计划。但是从四年级以上，他安排了一整套课程，让那些意向明确的学生离开纯粹文学性的班级，主要投入科学课程的学习。

再往后，经富图尔部长的手，在 1852 年 4 月 10 日创立了一套体系，现在人们还管它叫"两分体系"。[②] 但它绝不是一种即兴之作，而是一系列渐进发展的巅峰。这套体系一直持续到迪律伊在任部长期间，学生们从四年级以上被分成两类，一些学生学习拉丁文和希腊文，另一些学生学习拉丁文和科学。这里我们看到了我们的拉丁文与科学的课程设置的原型，它的起源可以回溯到富图尔和库赞的体系，所以也一直回溯到 19 世纪初的法兰西陆军子弟

① 库赞（Victor Cousin，1792—1867 年）：法国哲学家、教育改革家和历史学家。他的系统折中主义使其成为当时法国最著名的思想家。1808 年建立帝国大学，实际上也就是恢复巴黎大学时，与基佐、维尔曼三人同时成为巴黎大学讲坛上著名的青年教授，一时轰动欧洲。曾任公共教育委员会委员，法兰西学院院士，师范学院院长。多次前往德国访学，1832 年前往德国考察教育方法之后，起草了一项法案，并于 1833 年由基佐提出，使法国初等教育有一次划时代的改革。1840 年基佐任首相，他被任命为公共教育部长。——中译注

② 富图尔（Fortoul）：曾任第二帝国教育大臣。据洪丕熙编著《巴黎理工学校》（湖南教育出版社 1986 年版）第 154 页，1852 年 8 月 30 日通过福尔图尔（富图尔）改革法，从四年级开始设文科和理科两个组供学生选择。——中译注

学校。两分的体系在那些管理者或亲历者的脑子里是那么不堪回首，以至很少用这种前例来激发对于我们目前尝试的前景的信心。但是，要从这最初试验的结果中得出有关于我们目前正在从事的试验的结论，却是缺乏根据的。事实上，我们必须把有可能正确的原则和它的具体贯彻方式分开来谈。

1852 年正是第二帝国开始的年份，也就是说，是真正的思想衰落的开始。为了防止自由观念的重新抬头，政府在安排教育的时候满腹焦虑，锱铢必较。它试图从教育中切除任何具有教育价值的东西，在思想上重重设防。一句话，它要给教学打预防针。不仅是两分体系，而且是当时所有的教育方法，都只留下一片惨淡经营的回忆。但不管怎么说，结果遭受灾难的还是两分体系。不仅如此，事实上，孩子们被迫过早地（四年级）做出自己的决定；再有就是两组中每个组的孩子都接受一部分共同的文学教育，尽管说这种学习对于两组来说不可能是完全一致的。我们有太多的理由可以解释，两分的观念为什么会被冷落了这么长的时间，招来这么强烈的厌憎之情，我们还能够防止自己太容易就被这种偏见所迷惑，把原则和原则在特定时间里的实践应用混为一谈。

除此之外，这种学习课程的素材一半取自古典文学，一半取自具体科学。所以说，它只是一种有所折中的人文主义。我们已经看到，在 18 世纪出现了这样一种需要，创立一套完全不借取古典文学的课程体系。产生这种需要的是一些至为根本的原因，不可能不在 19 世纪又一次令人产生真切的感受。你不能不认识到，有一些社会功能的重要性不容置疑，而对于这些社会功能，古典文学这种非常特殊的训练似乎派不上半点用场。1821 年的一项条令，允许三年级学生中不打算进入大学预科继续攻读的孩子们，在读完三年级后转读科学和哲学方面的课程，在那些课上，他们将接受现代史方面的特别课程。这就开创了一种新的课程体系，暂且从否定的角度来界定它，就是一种没有希腊文和拉丁文的课程体系。这些特设课程是由瓦蒂梅尼尔先生在1828年提出的，并在基佐手里得到了进一步完善。基佐至少算是策划去创建一套新型课程体系，“它所顺应的那些职业和社会处境，并不一定与学术性研究相关，但鉴于它们为数众多，充满活力，对国家的强盛与安全都深具影响，所以非常重要”。这在当时被称作中间教育（l'enseignement intermédiaire），它所依据的就是吉拉尔丹在他的书《中间教育及其与中等教育的关系》（*L'instruction intermèdiaire et ses rapports avec l'instruction secondaire*，1847）中阐述的理论。迪律伊在1865年把这种中间教育变成了现实，叫作“特设中等教育”（d'Enseignement secondaire spécial）。在表述上使用“中间”这个词，或者有些自相矛盾地把“中等”和“特设”两个形容词并排使用来概括这种新式教育的特点，本身就表明了人们对它的构想其实很有些模糊。

实际上，这种教育被同时赋予了两种不同的宗旨，而这两种宗旨彼此又是很难协调的。一方面，人们期望这种教育能够为某些孩子提供替代旧式古典教育的选择，所以他们才会希望它在不同程度上履行与古典教育同样的功能，就是提供对于心智的普遍性教化。但是，与此同时，人们又期望它为特定的职业做准备，因此在某种程度上就得是专门性的。这种模棱两可的界定对这种教育的成功所造成的危害，当然不只是一点两点。而且，长久以来，这种教育就在这两种宗旨之间不确定地来回摇摆，今天我们已经可以更清楚地看出这两种宗旨彼此难以协调。直到 1890 年，出台了一项新的条令，才最终一举解决了这个问题，确定从此以后，这种教育的宗旨将不再是专门性、技术性的，而应该成为古典性的。1901 年的学习规划最终融入了复杂的古典教育体系，它同时具备了多重性和一体性。现代教育就此诞生。

现在我们已经来到了学术组织形式方面最近的一个阶段。我们可以看到，至少在它的一些总体原则上，这种最近的学术组织形式，是怎样和在它之前的那些组织形式联系起来的；它是如何通过有规律的演进模式，从之前的组织形式中脱胎而来的。现在我们还需要来看看，在这种组织形式中会渗透着一种什么样的精神。我们将在这里从过去走向未来。因为这种精神还不存在，创造这种精神的任务将会落到我们身上。

如果我们希望能够循序渐进，那我们就只能够通过借鉴过去的经验教训，也就是我们刚刚考察的东西，来预见未来。因此，现在正好来回顾一下这些经验教训。我们已经注意到一系列的历史现象；不妨让我们来看看，它们会给我们哪些观念，让我们有充分的理由去设想中等教育现在是个什么样子，在未来又会变成什么样子。

首先，中等教育的宗旨是什么？又有哪些局限？

最基本的、纯粹从否定角度来谈的结论（不管怎么说，我们过会儿就会看到这种结论的重要意义），就是中等教育从来也不曾拥有一种以职业取向为根本的目标。无论是在经院时代，还是在人文主义盛行的时期，艺学院里的教师都不曾致力于把自己的学生培养成哪一种特定职业的成员。不错，在18世纪，政治家和教育理论家们感到需要更好地协调教育的本质和实际生活的迫切需求，他们操心的是要让学生们接触到一种更贴近某些职业的教育，而古典文化只会将人们的头脑偏转开去。在中央学校的组织形式里，对于实际的关注占据着主导地位，或许还失之过度。尽管如此，这些中央学校也从未变成过专门技术学校，准备培养学生从事同样的具体工作。学生上过了绘图课、实验物理课或实验化学课，而不是只接受过一种纯粹文学性的教育，当然是会更有利于日后从事这样那样的一种职业，但是在中央学校里，他并没有在学习这样一种职业。

不过，教育对心智的形塑作用还是很大，会使心智能够在日后从这种训练当中受惠。即使说这种教育并没有让学生们的心智为某种特定的职业做好准备，至少也有助于学生更乐于接受这种准备。假如实际情况并非如此，假如在中等教育和职业培训之间没有任何连续性，那么中等教育就成了某种寄生性的组织，没有任何与之对应的社会现实。因为只有当人在共同体的运作中发挥自己一份作用的时候，也就是说，当他实际从事一门职业，不管是什么职业，从社会的角度上说，他才是一个有用的人。当然，旧制度下的学院也并没有培养出医生、牧师、政治家、法官、律师或者教师。但是，要想成为一名教师、律师、法官等等，人们认为先得在学院里攻读过，这是基本的条件。从另一个角度来看，可以从这些例子里看出，即使说学院间接为学生们提供了进入某些职业的渠道，它也不是不加筛选地这样做的。而如果我们了解了中等教育都充当哪些职业最基本的入门步骤，了解了这些职业都具有哪些独特性质，我们就很容易确立这种教育的目标。

所有这些职业我们都很熟悉，而且可以很肯定地说，构成了中等教育的主要目标，哪怕不说是唯一的目标。而到了大学，专业化就开始了。大学会用特定的职责来塑造人的心智：医生、教师、学者、律师、官员。不仅如此，我们还知道，是哪些纽带维系着中等教育和高等教育，这些纽带是这样密切，使得这两种教育几百年来一直是彼此不可分割。中等教育是而且始终是进入高等教育的自然方式和必要方式。大学让人们做好准备的那些职责，特点就在于都不是单凭机械训练就能够掌握的，而是需要理论的训练，实际上，这正是它们的根本所在。为了让年轻人为这些职责做好准备，首先不是教给他们某些特定的动作.而是教给他们观念。当然，任何一种职业都会牵涉到具体动作和实际操作。但是，在这些职业里，理论是实践的必需条件，是一项本质要素，有时候几乎相当于全部的实践（科学职业就属于这种情况）。要想能够履行这些职业，单单掌握技术技能是不够的，还必须知道怎样去思考、判断和推理。思考能力、思辨能力要发展到相当的程度，这是必不可少的。这是因为，在所有这些领域里，实践都过于复杂，依赖的因素太多，有太多难以确定的背景状况，以至不可能成为某种机械的、本能的活动。必须依靠思考来指引它所采取的每一个步骤。

思考力的发展是高等教育的先决条件，但并不是高等教育培养出来的。这里，我们发现了中等教育必不可少的具体目标：它根本上在于激发思辨能力，锻炼这些能力，全面地增强这些能力，但不管怎么说，并不把这些能力集中投注到哪一项职业任务上去。学院并不教授哪一门行业，它只是培养判断力、推理力和思考力，对于某些行业来说，这些能力尤其显得必要。学院的功能恰恰始终体现在这个方面。根据哪一种思考能力看起来最重要（因为有好几种相当不同的思考能力），所遵循的培养步骤也有很多变化。但目标始终是一致的。当判断的技艺和推理的技艺都被吸收到论辩的技艺中的时候，辩证法就成了中等教育里唯一的主题。但这是因为人们把它看作是以一种普遍的方式训练心智的唯一方式。再就是把它看作对文学的东西的一种理解，一种更值得培养的理解，认为这种理解体现了理智的最高形式。这种训练的专门化性质不应该使我们看不到它的普遍性。实际上，这种特性从来没有这样明确表达过。文学中表达了作为整体的人的生活，也间接表达了自然本身。所以，一种文学性的教育就给了人们对于一切东西的理解。这不正是 17 世纪有教养的绅士的独特之处吗？

把中等教育和我们一直在谈的这些专门职业联系得这么紧密，是不是有可能会完全割裂它与工商业中的行当的联系？根本不是。因为我们的论述要带出这样的排斥性结论，就不得不同意，这些行当不要求任何思辨性和理论性训练。这里，如果说有什么可以肯定的话，那就是这些行当正越来越自觉意识到需要诸如此类的训练。至少，工商业中的经营管理类职责越来越担不起忽视这种训练的代价了。无疑，在这些行当中，是有那么一段时间，技术的掌握完全是通过实践操作，通过习惯养成，通过具体应用。但是到了今天，这种技术也力求在自己身上融入科学的理论，同时科学本身也越来越自发倾向于更新所有长久以来根植于传统、不经思考就被接受的技术。即使到现在，塑造未来的产业家和未来的生意人的学校，也和严格意义上高等教育的学校不可分割。或许有朝一日，它们会在帝国大学的正常等级序列里拥有自己的一席之地，和大革命创立的、和传统维持的其他所有专门学校并立。但愿我们到那时不再为命名上的歧异所牵绊。显然，和其他那么多领域一样，思考的特性正在越来越渗透到这块人类活动领域里。渴望进入这些行当的年轻人也必须自己学会思考。他们进入学院的需要并不比未来的法官少。至少，在这方面他们与法官之间就只有程度上的差别。

从这个角度来看，中等教育至少对于某些未来经济生活中的专门职业人士来说很有价值。但即使是这样，它也不应当并且不可能在不丧失自己特性的前提下，按照这些职业的特定心智来组织。要避免有悖于自己的本性，它就一定不能把自己的宗旨定在让人们准备好进入工商业中的某种生计，即使说是为了进入法律界或军界也不见得更好，因为中等教育的本质特性就在于不直接将人领入任何一项具体的职业。这并不意味着我在驳斥工商学校的价值，在那些学校里，未来的工商业实际从业者在离开小学后直接接受培养。相反我认为，在这些行当里，有某些特定的职责不需要理论，不需要高度发展的思辨能力，只需要实际的才干。对于那些掌握操作能力的天分多过掌握思考能力的孩子，应该及时激发并锻炼他们身上的这些才干，这是很有些道理的。我只是想说，尽管这些学校像我们的市镇中学和公立中学一样，紧接在小学后面，我们也必须小心，不要把它们和我们刚界定的那些中学混为一谈。因为各种学校都有相当不同的取向。它们必须采取相当不同的教学方法，从相当不同的精神中汲取灵感。每一种学校都构成了一类教育机构，区分这些机构的种类是至关重要的。如果我们不能认识到这些差异，把它们统统归并到同一个名头下，就有可能把它们搅在一起来谈，这样就再也不知道我们正谈些什么了。

正是这种混淆导致人们事实上经常将两个非常不同的问题混为一谈：首先，我们该怎样来组织一种具体针对工商业的教育？其次，是不是有可能发展一种真正的中等教育，以普遍的方式培养思考能力，但并不包括希腊文或拉丁文的课程？人们认为，解决了第一个问题，第二个问题也就可以如法炮制了，反之亦然。

我们所说的中等教育，完全指的是为人们上大学做准备的那种教育，具体来说是没有任何直接的职业关注。所以，在我们学术体系的整个画面中，这种教育的形象是非常明确的。它与技术教育、与关注实际应用的学校有着怎样的区别，我们刚才已经解释过了。它就像高等教育，以思考能力为指向，但却是以一种普遍的方式来培养它们，而高等教育则是以专门的形式来开发这些能力，我们可以从这方面来区分中等教育和高等教育。而中等教育和初等教育的分界线可能更加模糊。初等教育并不为人们的职业做准备。至少在今天，它也是旨在把人的思考激发到当今人人必备的程度。因此，一旦人们认为中等教育不再必须有古典语言的课程，就很难说出这些种类的教育彼此之间的具体分界了。有的只是程度上的差异，而这在边缘地带几乎是察觉不出的。再没有什么比目前隔开这两种学校的界限更缺乏根据了，它们完全是根据不能让人接受的偏见塑造出来的，我们应当指望它们会被打破。

在那种情况下，我们不是又回到了我们已经谴责过的形式主义教育理论吗？思考、判断或推理方面的一般性能力，似乎只是一些完全形式性的习惯的累积，这些习惯独立于任何具体的主题。

迄今为止,我们还从来没有宣称过,中学应该教这样而不是那样东西,教这些而不是那些具体知识。这难道不是在说,我们认为这些知识内容的性质及其重要性只是次要的,我们的教育理念似乎表现出与经院主义学校或人文主义学院里曾有的追求之间奇怪的相似?它难道不是在于要以一种普遍的方式形塑心智,而不是去充实它、滋养它?

绝对不是这样。如果没有任何具体的对象供思考锁定自身,是不可能教会一个头脑怎样去思考的。思考是不能无中生有的。头脑也不是一个空洞的容器,可以像对付玻璃瓶那样对付它,那样是会被塞满的。头脑是用来思考事物的,得让它思考事物才能去塑造它。所谓正确的思考,就是以正确的方式思考事物。正是通过让理智面对它应当反映的现实,才能教会头脑怎样去适当地应对现实,以便形成关于现实的正确观念。所以说,思维的对象是对于理智的教育中一个至关重要的因素。光凭纯粹形式性的练习是不可能教化心智的。因此,客体对象的作用,教学的主题的作用,甚至更加重要,因为怎样思考事物算是正确的方式,得看所思考的事物的性质。思考数学的东西的方式,是不同于思考物理世界的方式的。同样,对这些事物的思考方式也是不同于对生物学世界里的东西的思考方式的,如此类推。简单说,思考能力所运用的对象不同,思考的形式也会多有不同。有许多种不同的技术,头脑只能通过接触所面对的不同种类的现实才能予以把握,它必须根据这些技术来塑造自身。这一点非常有必要,以至事实上,从来不曾真正存在过一种严格意义上的形式主义教育体系。始终有必要让孩子们思考某种东西,思考人类心智的普遍渴求,有时候是纯粹知性的抽象形式，有时候则是文学性的东西。

在这些情况下，应用反思能力的主题浅显易懂，所含的知识信息量相当有限；甚至在某种意义上说，它只包含抽象的概念、思维的概念，而不是在思维之外存在的客观给定的现实。正是在这个意义上，可以把这种教育称作“形式主义”的。但是，我们不妨把思维用到坚实、坚韧的对象上，我们从这些对象上将会大有收益，头脑将不得不小心应对，必须根据这些对象来形塑自身。这样我们就可以坚持中等教育首先应当训练心智这一基本原则，而不会就此使我们自己遭受所谓形式主义的严厉指责。

思维有可能应用的对象有两类，也只有两类。一类是人世，一类是自然。一个是意识的世界，一个是物理的世界。根据我们至今已经谈到的一切，完全有理由认为，这两种对象都应当在教育中占有一席之地。但是还有两个重大的问题有待解决。首先，关于如何着手让人们去思考自然，不存在任何问题。让他们去学习自然科学就是了。但是，为了给予人们关于人的知识，我们又应该求助哪些学科呢？第二，在这两类教育之间，存在着什么样的关系？它们是不是完全隔膜？它们的宗旨是不是不一样？是不是说对于人的世界的理解以道德目的为取向，而自然科学则紧扣着世俗的、物质的目的？又或者，它们彼此互为前提，自然科学是理解人的必要条件？在下面几讲里，我们将通过总结我们整个的讲课，来考察这个问题。

第二十六讲　结论

——教育与人世

在前面几讲里，我们已经确立了下面的命题。首先，所有中等教育的对象都在于激发并发展一种思考能力，同时不企图将它固着在任何一项特定的职业上。因此可以说，如果一套中等教育体系的设计宗旨只是要为一些具体的工作，比方说商业或工业，提供一种专门化的培训，那么这种教育体系的整个理念根本上就是相互脱节的。观念上搞清楚了这一点，我们也马上得加上一句，凭空演练思考能力也是不可能的，这种思考能力必须指向具体的思考对象。发展思考能力的唯一途径，就是为头脑提供具体的事物让它思考，教给它如何从最便于把握的可能方向去理解这些事物，切近这些事物，告诉它要想得出清楚明确的结论，最好应该怎样处理。所以，当我说我们必须培养思考能力的时候，肯定不是说我们必须把心智交付给某种纯粹形式性的所以也是空洞无物的文化。我们所需要的是揭示出应该把心智运用到哪些现实要素上，因为这些现实要素必然决定着心智的发展。培养心智的目标只能在于养成一定数量的思维习惯和态度，能够使心智对于最重要的那些事物形成充分的观念。而这些习惯必然与心智正在处理的事物的种类有某种共变关系，所涉及的事物种类不同，思维的习惯也会有所差异。所以说，教育理论中首要的问题就在于搞清楚，应该将公众的思维引向何方。问这样的问题，与已经主宰并继续主宰中等教育的形式主义当然是相去甚远的。

有两种也只有两种主要的事物类型，可能成为思维的对象：一是人事的现象，一是自然的现象；一是心智的世界，一是物质的世界。所以，我们必须问的第一个问题也是最重要的问题：我们怎样在学校里教授那些必然牵扯到人的事情，也就是严格界定的那些“人文学科”?

这种侧重研究人的教育并不一定需要平地起炉灶。它已经在我们的学校里存在了几百年，甚至有很长一段时期，它是这些学校里提供的唯一一种教育。我们已经看到，如果从一种特定的角度来看，人文主义者为教育所做出的巨大贡献，恰恰是让学生们反思性地思考人事，至于经院哲学家们就更是如此了。现在我们该来评价这种还没有被取代的教育，问一问为什么它不再回应现代世界的合法需要，从而需要如何去改造它。

这种教育建立在两项基本原则上。

第一项原则主张，不论何时，无论何地，人性都是同一的。本质上来说，人性不会随着所处时代和环境的变化而变化。如何思考世界，如何在这个世界上行事，对于这些问题只有一种正确的答案，普遍适用于整个的人类。人们认为，这一点是不言自明的。换句话说，人性不是历史的产物，不是历经漫长演进之后才非常缓慢地获得它目前的形式的，也不需要继续不断地调适自己。正相反，它的形式是从一开始便一劳永逸地确定下来的，不管人们居住在什么地方，所遇到的形式都会是完全一样的。至于历史向我们展现的人与人之间的那些多样性，据说完全是因为事实上，这种根本上的人性从来也没有能力确立自身最纯粹的形式；不管在什么地方，都有各种各样的偏见与迷信寄生在它上面，让它产生谬误，让它趋于朽坏，从而使观察者看不清它，只能看见表面上的变异，而不是不变的真正精髓。人性被最彻底地掩埋在这层异在的淤积物之下的民族，就是最野蛮的民族。而最成功地释放出、彰显出它本性的真实面目的民族，就是最高贵的民族。

18 世纪的启蒙哲学家们所孜孜以求的，正是要从不同文明的那些虚饰和欺骗之下，挖掘出这种虽被掩盖但却恒常不易的根本人性，因为只有基于这块不可撼动的基石，启蒙哲学家们才能打造自己的政治制度和道德制度。在他们看来，其他一切都像是流沙，在上面建造不起任何东西。不仅如此，这种观念也绝不是什么 18 世纪的发明创造。如果你真想追本溯源，恐怕不得不回溯到那些创制罗马法的人，他们已经发展出一种观念，其中的法律体系对于整个人类都可以同等有效。不管怎么说，这个观念对于基督教来讲也是至关重要的，因为原罪的教义就意味着，由于某种特定的偶然事件的结果，人性已经堕落，所以必须借拯救之助来恢复自己的纯粹形式。但是，不管这种观念有着怎样的演变历史，可以肯定的是，从文艺复兴以来，人们就普遍对它信而不疑了。人文主义者尽管利用了它，仰赖于它，但却不是它的创造者。

如果接受了这项原则，那么在人世方面，就有也只能有一种教育。这种教育就在于向孩子展现恒常不变的人性整体，让他领会它的面貌。但是，我们在哪里可以找到这种人性整体，我们如何可以把握它？对于一个基督徒来说，只有基督教本身拥有关于人是什么的充足观念。因此根据一种无可指摘的逻辑，在教育孩子们关于人性的东西时，只应该用基督教的教义，不应该允许其他任何学说体系来加以补充。不过话说回来，我们也已经看到，不管基督教的处境曾经怎样，从来也不曾达到自足的程度。为了塑造出易于接受基督教观念的心智，就必须教化这些心智；换句话说，必须将这些心智领入一种已经确立的文明之中。而可能担任这种角色的备选文明就只有古典文明，尤其是拉丁文明，因为基督教正是从罗马帝国里发展出来的。教会使用的语言就是拉丁文。在拉丁思想和基督教思想之间，存在着不可否认的亲和性。

所以说，人们很自然会把罗马看作一个承天命所创的社会，在那个社会里，人们第一次成功地实现了自我觉醒，认识到自己的真实本性，从而也就是认识到真正的道德和真正的宗教所依据的原则。洛兰说："在尼布甲尼撒、[①]居鲁士、亚历山大身上一一得到验证之后可以看出，天命是多么容易就倾覆了这些强大无比的帝国，又满意地建立起一个强大的帝国，并且是一个相当与众不同的帝国……它的力量就是一切伟大的人类德性的结晶，基于这些原因，也值得成为其他所有政府的典范。"当然，拉丁文明并没有成功地彻底清除自己身上那些谬误，那要靠基督教的光芒来最终驱散。不过，借助教会的教义，也足以把这些谬误赶到阴影里，填补它们制造出来的空隙。同样可以肯定的是，在罗马帝国，根本的人性已经表现出了自己最臻完美的形式。在这里，我们看到了人文主义

① 尼布甲尼撒（Nebuchadnezzar）：这是古代巴比伦国王的名号，涂尔干未指明是哪一位。——中译注

的第二点假定：正是古典作家们的卓越之作，尤其是拉丁作家们的卓越之作，构成了可能有的最佳学园，可以在其中研究人性的世界。

这项假定非常重要，以至到了这种教育体系的现代捍卫者那里，仍然是诉诸的主要观点。人们还是宣称，永恒律法在罗马帝国得到了最确定的表述。布雷亚尔[①]说，“在道德准则方面，有一些真理是不需要重复两次的。千百年前，这些真理就已经找到了确定的表述形式，根本不需要重新考察它们。所有会思考的人们都把这些真理当作不言自明的东西……视义务为神圣，轻视不期而获的好处，热爱祖国，自由的理念，协调我们纯粹公共的行为的职责，以及伦理信条的整个背景，社会良知，荣誉观念，古典智慧中有关这些东西的老生常谈，并没有出现在现代作家的作品中，而这恰恰是因为它们在经典作品里都已经出现了，人们合情合理地认为，根本不需要再来重复这些东西。”

这就是人文主义的两项假定。在17世纪和18世纪，这些东西很自然表现为不言自明的真理。尽管如此，到了今天，它们已经不再能够与历史和社会科学方面的研究成果相协调。所以，不管人文科学方面的这种教育在过去曾经做出了多么大的贡献（曾经做出过贡献这一点是无可置疑的），不管让心智面对人（不是把人仅仅化简成他身上逻辑性的那部分，而是面对作为完整统一的整体的人）这一点形成了多么大的进展，在今天，我们也需要换一种

① 布雷亚尔（Michel Bréal，1832—1915年）：法国语言学家，著有《拉丁语源词典》等。——中译注

观念来看人，一种不同的途径来研究人。但是，这样的观念和途径并不需要完全另起炉灶。它们是从理念的演进之中慢慢地、自发地浮现出来的。唯一需要我们去做的就是更加敏锐地了解这些观念和途径。

首先，很显然，罗马曾经享有的那种至尊地位是完全缺乏历史依据的。从任何一个方面来看，拉丁文明都不配享有至高无上的地位。希腊文明难道不要丰富得多吗？在罗马，原创性其实只是体现在法律和政治组织的领域里，而希腊天才们的丰富多产却有着多种多样的体现形式：艺术、诗歌、史学、哲学和科学。和我们从希腊人那里得来的大量高贵华美的神话相比，罗马宗教是多么地贫乏、冰冷和枯燥。诸如此类的比较举不胜举。即使说确实曾经有过这样一个社会，其中的人们成功地充分认识到他们的本性，那么把这样的社会放在雅典而不是罗马，也要令人信服得多。正因为如此，在19世纪初，赫尔德和洪堡这样的德国人文主义者才会认为，为了恪守人文主义的原则，就必须推翻拉丁文明，用希腊文明来代替。他们的这种努力失败了，希腊文明始终留在人类文化的背景当中。不仅如此，我们现在已经熟悉了其他一些伟大的文明，足以和古希腊罗马时代的文明相媲美。比如说，我们真的能够相信，研究丰富复杂得令人称奇的印度文明，在教育上的价值就不如研究罗马文明，而后者所称颂的那种人性品质还要低一些？随着历史学和考古学的发现范围的扩大，我们开始越来越清楚地看出，想要完全或者几乎完全依照那种不典型的、有限的文明的模式，那种属于罗马人民的文明的模式来塑造人，这种期望是多么地狭隘！即使在人文主义教育体系中通常能找到那么一些从希腊借鉴来的地方,也丝毫不能减轻这种唯我独尊的态度。

不管这个具体话题的实际情况究竟如何,我们不妨暂且回到整套体系所依据的根本观念上去。人们假定存在一种叫作“人性”的东西,独一无二,恒常不易。人从诞生伊始,就拥有这种特定的性质。只不过是他缺乏自我觉醒的意识,才使他真实的本性无法自由地表现出来。这种假定和我们从历史考察中了解到的一切相比照,形成了再明显不过的矛盾。人性绝不是什么恒常不易的东西,其实是处在无休止的演进、分解、重组过程之中;人性也绝不是什么统一体,其实它变化繁多,从时间的角度和地点的角度上来说都是这样。但我的意思也并不仅仅是说,生活的外在形式多种多样,人们并不是五湖四海都说同样的语言,穿同样的衣服,或者遵守着同样的习惯。相反,我的意思是说,人们理解这个世界的方式,在这个世界上的行事方式,根本上的实质内容是变动不居、因地而异的。认为有那么一种道德体系适用于任何时代的任何人民,这样的观念再也站不住脚了。历史告诉我们,有多少种社会类型,就有多少种不同的道德体系。这种多样性并不是出于某种难以捉摸的盲视,使人们看不清自己本性的真实需要。它只是体现出集体生活所处的具体情境方面的巨大变异。因此,我们甘心情愿相信的那些深深扎根在人的天生构造之中的情感,对于许多社会来说却完全是闻所未闻的。之所以会出现这种情况,并不是纯粹因为某种偏误,而是因为还不具备对于这些情感的孕育和发展来说必须的那些前提条件罢了。

今天我们整个的道德体系都被对于个体的崇拜所主导。对于希腊人和罗马人来说,这种情感基本是不曾听闻的。它并没有在城邦的土壤中扎下根，因为它和标志这些社会特征的整个制度构成了激烈的对抗。换句话说，这些社会要想孕育出这种崇拜，就必须引入一种特别的原则，而这种原则或许会破坏这些社会，乃至于使它们最终覆亡。如果说在我们看来，有一样东西属于人性中的关键部分，也是永恒不变的部分，那这样东西就是父母与子女之间的互爱；可是也有一些社会，其中的这种纽带非常微弱，在家庭生活的法律结构中丝毫没有体现出这种互爱的痕迹，原因很简单：其他的社会集合取代了我们所理解的那种家庭的位置。还有一些社会，这种纽带只维持在孩子和父亲而不是母亲之间；另外又有些社会的情况正好与此相反。这都取决于社会有机体维持生存的需要是导致家庭组合以父亲为中心还是以母亲及其亲属为中心。

所以说，如果断定我们的伦理体系的根本真理在古典时代贤哲们的言论当中找到了确定的体现，那么再没有什么比这种断定更远离历史真相了。当然，如果我们考察在古典作家的作品中找到的那些格言的时候，剥离了它们的写作所置身也是所针对的社会背景，如果我们去除了它们如此明显地携带着的时代的烙印，倒也能够人为设想出几点可以适用于现代社会的老生常谈。但我们只不过是通过破坏它们真正的性质，刨空它们原初的内容和精神，用这样的方式来改造它们，乃至于只留下外在的形式。祖国、爱国、荣誉、人性、劳作、勇敢等诸如此类的观念对于我们的意味，是和对于古人的意味大不一样的。甚至可以比较那些似乎关联最为密切的道德观念：它们彼此之间相隔何其遥远！斯多亚式心气平和的享乐主义理念和自我弃绝与圣洁的基督教理念之间，又是多么地不同啊！

关于伦理领域我所说的这些也同样适用于认知领域。如果说在我们看来，有一种原则对于所有思维形式来说都是至关重要的，那么这就是矛盾律。如果有一种判断是自相矛盾的，我们就认为这种判断是对自身的否定，因此毫无价值。可是确实存在这样一些象征体系，在历史的进程当中所扮演的角色就算不比科学重要，也和科学的重要性不相上下。但在这些象征体系里，就处处违背了矛盾律。我指的就是宗教的象征体系。神话中总是谈论这样一些生物，既是自身同时也不是自身，既是单个儿的同时也是双重的，既是精神的同时也是物质的。这种观念中的单一实体无限可分，同时既不消减、又在各个部分依然保持着同样的统一整体。这样的观念尽管违背了物质与能量守恒的原则，事实上却是许多不同的信念和仪轨的根源，哪怕到了今天，在众多不同的民族那里，还能找到这些信念和仪轨。甚至还有不同的逻辑体系，或者前后相继，或者共存一时，但绝不是任意的。这些逻辑体系地位都是平等的，都以现实为依据，也就是以不同社会的性质为依据。由于不同的社会需要通过宗教和神话的形式表达关于自身和世界的意识，由于这些社会要想维持生存就必须具备某种宗教体系，所以就出现了一种相应的需要，所采用的逻辑体系必然不能是启发科学思维的那一种。

如果以上说得不错，那就不难看出，人文主义试图教给孩子们普遍的人性，完全是找错了方向。理由很简单，根本就不存在这种东西。人性并不是一种特定的实在，能够更明显地体现在这里而不是那里，体现在这种文明或那种文明当中，因此有它自身的明确形状。相反，它是人类心智的一种建构，而且是一种任意的建构。

因为我们根本没有任何办法说出它都包含些什么，它是怎样构成的，或者它的明确界限。事实上，我们已经看到，我们认为最最自然的那些情感，我们倾向于认为任何类型的思维要想正常运作都不可或缺的那些观念，在全人类中根本就找不到，而且这也不算异常。

实际上，按照人文主义教师所描绘并继续在描绘的形象，“人”无非是基督教、罗马和希腊的理念之间的某种合成产物。之所以用这三种理念来塑造他，正是因为这三种理念过去已经塑造了那些讲解人是什么的人的意识。这就说明了为什么关于人会有某种抽象的、比较普遍的东西，因为它就是某种自发的一般化的产物。但不管这种理念如何具有一般性，也还是独特性的、暂时性的，表达的是从中发展出欧洲文明（尤其是我们自己民族的文明）的那种非常特殊的环境。所以说，无论如何没有任何正当理由把这种理念说成是唯一合乎理想的关于人的观念，唯一表现出人的真实本性的理念。相反，它与某个特定的时间、特定的地点之间有着非常确定的因果关系。所以，如果我们希望教给我们的学生一些关于人实际上像什么的真正客观的观念，而不单单是描绘出在某个特定的历史环节上人们从理念上设想的那个人，那我们就得用一种很不同的方式来切入。我们必须找到一些方式，让学生不仅意识到人性中恒常不易的东西，也要意识到人性中难以化约的那种变异的成分。

但是，会有这样的反对意见：如果我们把人性的多样性作为教育的基本主题，如果我们选择这一点作为引导我们学生关注的焦点，我们就会把人类发展中所有那些最独特、最意外、最偶然、最短促的方面统统引到前台。而那些东西里又能有什么思想价值？在这个地方或那个地方，在这个民族或那个民族，他们的道德生活或宗教生活当中，我们注意到了某种独特的东西，而这种东西又暗含在当时当地社会情境的那种随时而变的状况之中，了解到这一点又有什么价值？毫无疑问，如果我们只限于让我们的孩子熟悉某种令人多少感到兴奋的奇闻轶事，熟悉现象之间某种令人多少感到惊奇的关系，那么我们自己就不得不得出这样的结论：用这样的方法来向人教授关于人的事情，要想做到更加科学，就只能以彻底去除任何教育价值为代价。对于这一点，我的回答是：考察人性的形形色色具体表现（甚至不需要搜罗无遗），会有许多具有极大教育价值的地方可供借鉴。这是因为，这种考察的结果就是向我们展现一幅非常不同于人文主义者向我们展现的人的形象，很难否认，这将是一种极其重要的成就。

如果说人性是如此地丰富多样，如果说人性易于变化和转型，并且这种变化和转型究竟有多少种可能性还难以事先确定，那么毫无疑问，我们就不再能够继续把人性理解成一种单一的实在，可以在明确的范畴中加以具体限定，能够一劳永逸地予以阐述。之所以这样看待事物会对我们有如此大的吸引力，是因为在我们身上有一种根深蒂固的趋向，认为唯一真实的一种人性，真正配得上这个名称的那种人性，就是从某些特定的文明中浮现出来的那种人性，而对于这些文明，我们已经逐渐习惯于赋予它们某种特别崇拜的意味。但事实上，如果我们一方面努力要按照实际当中人的样子来形成关于人的形象，另一方面却完全集中在某一个据说更加优越的民族身上，那我们关于人的看法就会非常狭隘，并且会严重扭曲。当然我们也可以找到一种角度，把这种人性说成是高于不那么先进的民族的人性，但这种理解丝毫无损于后者的人性。所有的情感，所有的心智状况，即使只是体现在比较低等的文化里，也依然具有根本上的人性，是从人性当中生发出来的，并且展现了人性的某些特定方面。这些情感和心智状况告诉我们，特定的环境之下会演变成、会造就出什么样的人性。哪怕是最原始的民族的神话、传说和技能，其中也都包含着非常复杂的思维过程，相比于实证科学所依据的那些更加自觉的思想运作，它们有时候甚至更有助于阐明人类心智的运作机制。

所以说，从基本人性的原材料中，人们可以发展出多种多样的思维体系。一旦我们充分把握到这种多样性，就会认识到不管在哪一个特定的历史时点上，我们都不能说在这里体现出人性的本质，在这里我们可以看到人性是怎样构成的。这是因为，恰恰是过去已经产生的巨大财富，使得我们不能再自以为合理地事先框定未来人们有可能生产出的东西，或者假定有朝一日人们耗尽了自己的创新能力，将注定只能永远地重复自身。这样，我们就开始不单单把人理解成一些可以明确地限定要素的聚合，而是一种不确定的力量，可塑性强，千变万化，能够根据所处环境的变动不居的要求，以数不清的面目出现。人性整体上会在某一个特定历史环节上得到充分实现，这种说法离事实太远了。在我们每一个人身上，都有大量尚未实现的潜在可能性，这些种子可能永远沉眠在地下，但可能也会响应环境外力的作用而绽放生机。人性目前所呈现出的表面形象也许会再一次被掩盖起来，新的形象也许会出现，旧的形象也许会湮没，也许又会以新的形式再生，适应新的生活状况。这就是历史为我们所描绘的人的形象，和传统上人文主义教育所暗含和宣扬的那种形象很不一样。

不过，这样来看人并不只是具有纯粹理论上的价值。因为我们可以预见到，我们关于人的看法也会影响到我们的行为。

我们之所以常常会怯于比较新颖的社会事业，甚至当我们已经多少清楚地意识到这些事业至关重要时也是如此(顺便说一句，这就是为什么即使是最敏锐的头脑也往往患有恐新症)，有一个原因就在于，我们把人性理解成有着严格约束的东西。因此，在我们眼里，它本质上就是与任何具有切实意义的创新相抵触的。在我们看来，能够允许在其中发生变化的那些约束的范围是非常狭隘的。比方说，我们认为，今天我们的伦理体系所依据的那种关于人的欲望的观念，就刻画了人性中根本的、不变的特性；因此，任何需要人的欲望产生比较激烈的变动的改革，都很容易让我们觉得是一种危险而难以推行的乌托邦设想。当然，人性不能成为随便什么东西；但同样可以肯定的是，限制它可以成为什么的那些约束，所起的作用要远远少于流俗之见所凭据的粗略考察得出的结论。这只不过是因为，我们对这些约束已经感到非常习惯，以至在我们看来，我们生活在其中的那种道德秩序成了唯一的一种可能性，而历史已经证明，从根本上讲，它是随时而变的。原因就在于，历史揭示出这种道德秩序是在特定的环境下、在特定的时间里形成的，从而使我们有理由认为，最终将会有那么一天，这种道德秩序要让位给依据不同伦理原则的另一种道德秩序。这种推至极致的主张，几乎针对了过去实现的所有进展。不过，历史上的演进始终会和人们力图强加给它的那些限制相对抗。如果我们细想这些过去的经历，应当会非常怀疑那些宣称能够约束未来演进的可能范围的说法。

概括来说，在历史上呈现出来的人性首先是这样一种东西，我们可以认为并且应当认为它非常富有弹性，非常具有潜力。我们不必害怕这种信念会使人的心智从恐新症猛一下子转向过分的革命。前者是一种祸害，后者是另一种祸害，但毫不逊色。历史教给我们，人们并不是任意地改变的。人们并不是听见受神灵启示的预言家的声音，就会随意转变自身的。这是因为，与过去传承下来的各项制度有所冲突的所有变化，都必然会充满了艰辛。所以说，只有在回应必不可缺的要求时，才会发生这样的变化。要想促成变化，光是认为需要有这样的变化还不够。在决定人处境的各种不同因果关系所组成的整个网络中，必须发生一系列的变化。

这种看法在实践当中还会产生一种后果，就是会让我们深切地感到，事实上，(从上述的角度来看)我们对于自身的了解少得可怜。如果我们细想一下人类行为、思维和情感等方面种种模式的历史，所有这一切都是彼此迥异，和我们所熟悉的都是那么不同，但却依然具有显著的人的特性，以人性为根基，是人性的具体表现，这时候我们怎么会不认识到，我们自己身上还有一些隐秘的地方，潜伏着未知的力量，但根据环境的要求，还会不时被激发出来？这种人性观在深度和广度上都有所拓展，使我们更加清楚地认识到，对于我们自身的直接观察所产生的那种结论，是多么贫乏、浅薄并且带有欺骗性。这是因为，我们必须坦白地说，在我们身上，同时存在着历史上相继出现的所有这些人性样式的元素，哪怕我们现在还没有意识到这一事实。这些生活在前朝往世的人们，是和我们自己相类似的，所以说，他们的本性不可能和我们完全不一样。同样，在我们当中，除了我们所熟悉的人，仿佛还生活着另外一些类型的人。现代心理学的成果已经证明了这种说法，揭示出在意识的存在之外，还存在着无意识的心理生活。而只有科学，得益于它特有的研究方法，正在逐步成功地揭示这种生活。

但是，重要的是要看到，这种说法所拥有的历史证据要令人信服得多。这是因为，我们身上携带的所有这些丰富的未知宝藏，其中的大部分已经由历史向我们展示了。历史使我们能够更加具体地觉察到它们。我们的行事方式会很不一样，这得看我们是否相信，我们只需通过自我审视就可以获得完整的自我认识；或者相反，我们是不是认识到，我们那些最明显的外在特征，恰恰也是最浅显的表面现象。因为在后一种情况下，我们就不太容易受到种种动机、观念和情感的左右，这些东西在触及我们的意识时，就好像是我们的全部，而我们知道自己其实还包括其他许多东西，对这些东西我们虽然不能直接地体察到，但把它们纳入考察范围却是非常重要的。我们开始意识到，要实现真正的自我认识，从而在做事的时候知道我们要干什么，我们就必须以一种相当不同的方式来处理事情。我们必须把自己看成是一种未知的因素，必须通过考察表现这种未知因素的客观现象（就好像考察外在的事物一样），来努力把握它的性质和特征，而不是一味留意那些随时而变、难以信赖的内在情感的印象。择业就是一个可以证明这一点的实例。尽管应该由基于观察得出的客观考虑来指导择业，但人们常常是随意做出了决定。

不难看出，用这种方法来教授关于人世的东西，和仅仅搜罗奇闻轶事可是大不一样了。从这种方法里浮现出的是一种新的人性观。这种观念不只是某种意在丰富思辨性学问的抽象观念,而是一种全新的心态,我们需要把这种心态灌输到理智当中,由此灌输到意志当中。在本书的一开始我就说过,我们的教育受到的最大妨碍,就是事实上老师无法看到任何明确的奋斗目标。而在这里,我们有了一种首要的目标,值得去通盘考虑、有条不紊地追求。要吸引一个人投身于自己会认为有用的活动,所需要的一切都包含在这项目标里了。

但是,我们又怎样来达成这项目标呢?应该通过哪些学科,运用哪些方法,最适合推行这种人世方面的教育呢?

我的回答是:首先,对于开展这样一种教育来说,首要的前提条件(当然是必要条件,在一定程度上也是充分条件)就是认识到需要进行这种教育。任何人要是决心教授这些东西,都会很容易发现有一种合适的教授方法。因为即使不管正式的课程计划,每一种主题都可以用作这项目的。尽管如此,还是有些主题比另一些主题更易于适应这项宗旨。那么这些主题是什么呢?

假如心理科学和社会科学更加发达一些,它们原本是承担这项角色最明显的候选者。它们将承担的任务就是使我们能够理解人性,就好像物理科学和生物科学的宗旨就是让我们能够理解物质对象的性质一样。可是话说回来,考虑到心理科学和社会科学目前尚且处在初级阶段,根本无助于我们的宗旨。文化科学倒是已经成功地提出了一些命题,但是比较抽象,为数寥寥,不成体系,而且尚存争议,单单靠这些,还不能把我们正在讨论的这种观念移植到人们的头脑里去,给他们指点一个具体的方向。激发出这种观念的还得靠多姿多彩的人类景观，就是历史中已经呈现出来的人类多样性，所以我们还是必须诉诸历史。历史研究和社会研究是近亲，最终注定是会相互交融的。

说起历史，我们一定不能理解成世界各民族的历史（那种走马观花的考察不会留下任何深刻的思想印记），但至少也得是几个民族的历史，从和我们直接熟识的民族不一样的那些民族中精选一些出来。我再说一遍，关键在于要把学生带出他自己的国家，让他接触生活方式与自己熟悉的那些不同的人们。特别有两种民族，从理念上说看起来适合这种角色。那就是希腊各民族和意大利各民族。它们都是一方面和我们很不一样，同时又都让我们产生特别的兴趣，因为有一些特别的纽带把我们和他们维系在一起。而其他社会的历史，哪怕是那些被认为发达程度低很多的社会的历史，也都有助于阐明这种历史。这是因为，这些较低形式的人性也在希腊罗马的文明中继续维持了下来；罗马和希腊的城邦都在野蛮民族的世界中有着很深的渊源，甚至比后者的渊源更加久远。结果，希腊罗马文明中包含的许许多多观念和习俗，就需要和另一些观念与习俗放在一起来看才能理解，而后者却是在那些发达程度远远不及的民族那里体现得最为充分。顺着这样的思路，可以做出多少有启发的比较啊！它们至少可以让学生对他直接考察的那些类型之外的人有个大概的印象。不过，我们当然也必须注意，在把所有这些仪轨和信念呈现给学生的时候，不能当作人类的偏误所造成的怪异之事；相反，我们必须让学生认识到这些东西内在的理由，让他们意识到它们是合乎自然的，是由事物的特定性质引起的。

在这种历史教学中，我还要安排教授有关的文学。在我看来，这是其中不可或缺的一部分。因为推动文明前进的原则正是在文学当中得到了明确的阐述，至少在科学还没有成为总体文化的本质特征之前情况是这样。教师如果只是泛泛地谈论一个民族的风俗、观念和制度可是不够的，学生必须亲手触摸这些东西，必须看到它们在流传下来的证据中的鲜活表现，或者至少是在栩栩如生地刻画这些观念和仪轨的文献中的鲜活表现。文学的研究就应该以这一点作为主要的目标。如果这些文学作品只是被用来陶冶品味，那么你大可以问一句，所耗费的时间是否有相应的收获。说到底，它们始终是被用作他途的，也就是说，是用来激发并演练这种对于人事的感觉，这始终是人文主义者放在第一位的培养目标。实际上，这是养成对于人的这种认识的不二法门。

那就不妨让我们来继续人文主义者的工作，不过要用新的观念来改造它，恢复它的生机。我们姑且不要用古典文学来让孩子熟悉这种抽象的、一般化的人的理念，那是17世纪珍视的东西，而要用古典文学来展示人究竟是什么样子的，人身上蕴含着几乎无限的转变能力，人的本性极其复杂，能够通过纷繁多样的形式展现自身。人们会用另一种思维框架来研究文学作品，也同样可以用不同的方法来研究它们。这是因为，如果一种文学被用作了解某个文明的手段，那么关于写作这种文学的语言的知识虽然可能还会有用，但已经不再是至关重要的了。关于语言的知识的价值，就在于作为一种手段，更深入地领会努力把握的那些观念。但是，一旦对美学价值的欣赏已经不再是至关重要的事情，那么译文就可以在很大程度上取代原文，在中学的最初入门阶段上就尤其是这样。这样我们就可以看到，中等教育是如何可能实现它始终在追求的主要目的之一，而不需要强制学习两门古典语言。按照这种理解，对于古代的文明和文学的研究所产生的效果，差不多相当于仍然教授拉丁文和希腊文时的情形。

如果对于我们来说，必须认识到历史上先后出现过多种多样的人类形态，并且至今依然共存一时（这是因为甚至就在我们当中，他们也以整体或部分的形式存在着），那么很显然，有一类人至关重要，需要我们去了解，这就是我们自己。我们往往渴望成为这一类人，我们作为法国人，更一般地说，作为20世纪的文明社会的成员，拿这类人作为我们的典范。有关我们自己的历史与文学的教育，就应该服务于这样的宗旨。同样，这一点也首先应当用来引领我们进入一种特定的文明，也就是我们自己的文明。它应当让我们充分深入地了解构成这种文明的那些要素，而且，由于我们自己的历史和文学与我们关系密切的那些民族的历史与文学之间也有着密切的关联，所以外国文学和外国历史也应当有助于减少过于狭隘的排他性，否则的话，这种排他性会是教学中的痼疾。但是，不管这种基于现代研究的教育具有多么大的价值，如果它在教育方案中找不到自己恰当的位置，如果没有其他的研究做事先的准备，也仍然会在一定程度上被扭曲。我们要想理解今天的人性，就必须参照在它之前出现过的人性。正因为这样，关于人世的教育如果完全局限在研究现代民族的历史与文学上，它的任务就将彻底失败。

第二十七讲　结论(终)

——教育与自然：科学；以语言为工具的逻辑修养

我们习惯上会说，中等教育的问题几乎完全在于设置一种多少算得上有条有理的方式，探究文学和科学在教育上各自的短长。但是按照这种说法，几乎没有什么希望得出客观的结论。因为这太容易受个人偏好的左右了。人人都倾向于顺从自己的性情。正是因为这样，这些争论绝大多数时候沦落为赞成还是反对的相互攻讦，得看主角自己的思想倾向是不是更倾向于美学的精微而不是科学的精确，是不是更感兴趣艺术的情感而不是实证的知识，或者正好相反。你们也都看到，我们已经注意从相当不同的角度来设问。我们一直没有去问，是不是应当通过文学性的学科而不是科学性的学科来进行教育，而是问现实当中哪一些方面最适合拿来教授。实际上，作为中等教育的最终目标，对于心智的塑造并不在于借助形式性的操练，空对空地训练它；而是在于让它养成最基本的习惯和态度，从而使它能够直接面对最终注定要应对的方方面面的现实，并且富有收获，这样它才能够对这些现实做出正确的判断。只有让心智直接面对事物，面对事物的现况，面对事物实际运作的状况，才能使心智养成这些态度。正是通过实际去做这样的事情，心智才会确立自己需要的那些结构。所以说，关键的问题就在于找出什么样的客观对象是适合让理智去应对的。主要有那么两类事物，人们非常需要去理解：一类就是人自身，第二类就是自然。因此也就有了两块重大的研究领域：一方面就是人文学科，是人的心智，是意识的种种显现；另一方面则是物质的世界。

人需要去了解人，这一点毋庸证明。人们对这种需要已经看得一清二楚，以至直到最近，对这种需要做出回应都还属于多此一举：在18世纪末，中等教育所包含的内容依然完全在于人文学科的学习。因此，在这块领域，我们只需要延续一种长久以来一直被习俗尊奉的传统；但是我们必须改造这种传统，让它适应我们知识的进步，适应今天的种种需要，这样才能把它发扬光大。耶稣会学院和大学各学院中人文学科教师给他们学生提供的人的形象，只是一幅简化了的画像，被裁减得只剩下那么几种非常一般化的情感，那么几种简单的普遍观念。但是，真实的人性是十分复杂的，需要我们教授的正是这种复杂性。要把所有涉及的要素都加以探讨，既不可能，也不可取，因为这些要素的数量是无限的；这种任务无论如何也难以实现，超出了中等教育的范围。我们必须去做的，是要在孩子身上培养起对于这种复杂性的感觉。我们已经看到，为什么只需要通过同时研究古代民族的历史和我们自己的历史，同时研究古代的文学和现代的文学，我们就能够成功地激发出这样的感觉，却并不一定要让孩子们学习写作这些文学经典的语言。让孩子学会去理解在他所熟悉的那些东西之外的观念、习俗、政制、家庭组织形式、伦理体系、逻辑体系，他就会意识到人性是极其丰富的。所以说，只有从历史的角度来看，我们才会充分领悟到人性有着纷繁复杂的潜在可能。出于这个原因，在我们看来，把我们对于中等教育(collège)的历史考察尽可能推得久远,才成其为一种可取的做法。我甚至想要表达这样一种愿望,就是说教师除了熟悉希腊民族和罗马民族,还可以熟悉其他一些民族,这样或许有能力至少给他的学生一些意识,知道在人类精神的这种特定表现形式之外,还有其他的表现形式,它们同样也是各不相同的,通常被认为是“不发达的”,但却值得加以考察,因为它们同样也是人类精神的表现形式。这样的教师将有很方便的机会这样做,因为古典世界的各个社会在这些所谓的低等文化中也有渊源,并且依然留存着这些渊源的印记。所以说,我们今天(1902 年)古典教育四大门类中就有两类,就是历史和文学,几乎毫无地位,何其可悲可叹!考察中世纪和现代的历史以及相应的文学,是不可能充当替代的。要是认为为了理解人,只需研究以最现代、最发达的那些形式出现的人,那可就大错特错了。我们要想理解他,就只能通过分析他;而我们要想分析他,就只能通过历史。所以说,在我们目前实际执行的课程体系中存在严重的空缺,我们必须意识到这种空缺,以便设法弥合。

现在我们来看我们区分出的第二块主要知识门类,也就是对于自然的研究。

我们已经看到了这块领域是怎样在我们的学术体系中获得了存在的权利:它是出于一些功利性的理由,与具体的职业要求有关。在 18 世纪中期前后,以工业为中心的一些职业在经济生活中越来越重要,使人们开始意识到,年轻人需要有一种新的教育,能够使他们更好地为这些职业做准备,而人们感到人文主义在这方面只能起到妨碍作用。从历史上来看,这种知识门类正是因为这个原因被引入我们的学校，但是不是可以由此认为，我们也只能拿出这一点理由，来继续这种研究呢？

如果确实没有任何其他的理由，我们就不得不使它成为雄心勃勃的工程师、产业家和生意人的专门领地。现在已经没有人可以否认，即使对于那些打算成为官员、律师、史学家、文人或政客的人来说，一定的科学教育也是必不可少的。一句话，一个人要是没有接受过这类教育，就必然会被认为精神上有所欠缺。如果我们要怀疑科学教育想必还有其他某种存在的理由，这就是第一条。不仅如此，如果不能通过其他任何方式来证明教授科学的正当性，我们就不得不让自己接受这样一桩事实：这是一种低等的教学，几乎缺乏任何教育价值。就其本质来说，教学必须有能力对我们之所是、我们之所思产生某种道德影响，换句话说，必须有能力转变我们的观念、我们的信念和我们的情感；只有这样的教学才具有教育意义。对于这种认识，没有人会大不以为然。

如果一种主题只限于向我们提供能够使我们更多地控制事物的世界的知识，那么，它倒是很可以用来使我们增长我们的物质财富，但却丝毫不能影响我们的内在生活。基督教的教育观念绝不是没有道理的，即使它给自己包装的那种符号语言已经不再能够被当成科学真理来接受，在这些符号底下，也依然有某种我们不应该抛弃的深刻的真理。人的心智在从教条中解脱出来以后，已经不能再接受说在我们身上存在着某种超自然的指导原则，属于神性的流溢；即便如此，有一点还是正确的，而且在经验上也属实，那就是对我们来说，人的意识也仍然是关于世界的最最重要的事实，赋予这个世界无与伦比的价值，因此，万事万物最终都应和人的意识关联起来。不仅如此,同样依然正确的是,教育的功能首先在于教育人,培养我们身上携带着的人性的种子。但是,如果一种教育的唯一目标就是增长我们对物质世界的主宰能力,那它注定实现不了这项核心任务。这就说明了为什么科学教学的地位仍然如此低下,人们仍然认为它在我们的教育体系中只占有次要的位置。人们只不过把它看作一种额外的选择。它冷冰乏味,缺乏生气,强拉硬拽地跟在文学学习的后面。几乎没有人看到这两类学科之间有什么内在的关联。只要人们还是以这样的方式来理解科学,认为它完全指向外在的世界,指向和我们毫无关系的事物,那这种科目就不可能被赋予人文的色彩,重新恢复生机。

但是,这种两分是人为虚设的两分,它的依据与现实毫无关系,只取决于我们是怎样理解它的。它是过去的残余。在处理人的世界的学科和处理事物的世界的学科之间,绝不存在着什么固定的鸿沟。事实上,它们相互包含,殊途同归。正是因为人们没有能够认识到这种潜在的统一性,他们才貌似有理地否认了科学教育在教育上的价值,实际上也就否认了它的道德价值。

首先,既然人是这个世界的一部分,那么要把人从这个世界中抽离出来,就不可能不对人强行剪裁,去除了人的自然属性。人并不是一个自足的实体,而只是整体当中的一个部分,他在这个整体中履行自己特定的功能。因此,他只有先在一定程度上理解了自然,理解了自己与自然之间的关系,才能够理解他自己。因为自然就是他所处的环境,他依赖于自然。正因为这样,即便是最理念性的宗教,即便是那些把思维和精神生活看得至高无上的宗教,即便是那些认为这种生活的价值无法估量的宗教,也都会有某种宇宙论。它们并不只限于教诲人他身上的种种要素，还在他身上灌输一种理解世界的特定方式，让他有能力在这个世界上找到自己的位置。在今天，我们的中学课程体系就好像我们的小学课程体系，都是世俗性的。但是，如果这种课程体系是要取代以宗教为取向的课程体系（它有理由这样宣称），那么它必须依然能够提供同样的服务。因此，它依然必须以教给人关于自然的东西为己任，以便让人可以理解在自然秩序当中自己必须扮演的那份角色。教授科学的老师绝不应当像唱经文的人那样，只限于念念有词地复述几何定理、物理定律或者化学公式。比这重要得多的是，孩子以形形色色的方式和外在现实发生着关联，教师应当在自己学生的头脑里培养一些一般性的概念，使学生能够就外在现实的性质勾勒出一幅画面。而根据孩子的年龄大小，根据当时科学知识的进展情况，这画面的清晰程度和完整程度也会各有差异。这样看来，科学方面的教学就具有了全新的意义，因为它开始成为人文学科方面研究的补充，并且是自然的、必要的补充。

比方说，有一种信念彻底改变了我们引导自己行为的方式，改变了我们认为应当如何引导自己行为的方式，这种信念就是：世界是确定的。具体得看我们是不是坚持这种信念，是不是对此深信不疑，还是说这种信念只是表面现象。根据我们看待世界的具体方式，我们对自己在世界中扮演的角色养成了许多非常不同的观念，从而对我们自身真正的样子也养成了许多非常不同的观念。世界会表现出相当不同的面貌，这取决于我们是把主宰世界的因素理解成波谲云诡的命运（像古代那样），还是神意的私念，还是另一个极端，是我们毫无能力改变的必然规律。另一方面，如果我们要充分探讨必然性和决定论的概念,那么,再随意地通过那些基本内容和处理方式都基本上是抽象的、形而上的课程来讲解它们就不够了。学生们必须开始用一种特定的而不是普遍的方式,来接受关于自然规律的真理,就好像人类本身就是在自己的历史进程中,通过观察基于事物本性的必然关联而形成的现象的聚合逐步认识到这种真理的。这种理解方式必然是以缓慢的渐进形式形成的,和我们其他所有的思路混合在一起,因此无处不在。所以,如果它只是哲学教师利用剩余时间教授的东西,那就不会产生这样的效果了。得靠科学方面的教育本身来确保它通过潜移默化的影响,逐步渗透到心智当中成为核心。

就人而言,自然并不只是他活动的直接可见的舞台。他本身是与自然不可分割的,因为他所有的根基都扎在自然之中。人类只是万物生灵当中的一种;如果把人和整个进化过程相割裂,那就不可能理解任何关于人的事情。不管如何来解决这方面提出的问题,不管是接受进化论者的回答还是它的替代解答,如果不考虑人和动物王国中其他生灵之间的关系,就不可能形成任何关于人性的概念,不管是正确的概念还是错误的概念。不仅如此,如果说自觉意识就是我们最独特的性质,那它也只有和它所依赖的那种有机基础在一起才能够存在。对学生们来说,至关重要的是要能够理解这种依赖性。因此,对他们来讲,关键在于理解这种非常彻底地和道德生活融合在一起的有机体。但是,意识不仅仅是和有机体的领域发生关联;它还和自己所处的整个外在环境发生着关联,当然不像和前者的关联那么直接,但也还是十分密切的。具体来讲,人类在地球表面上相互聚集的方式,由这些聚合创造出的形态，或者更准确地说，各个人类社会的形式和结构，它们的密度，它们的范围，它们互通往来的商贸活动，因此也是它们的文明程度，所有这些都有赖于土地的性质和形态。这里我们看到的正是地理学的基本主题。地理学所研究的就是这些相互依赖的关系。关于我们应当怎样理解人类的整个居住环境，也就是地球，科学所能够教给我们的一切，都会影响到我们对于自身的观念。孔德曾经十分正确地指出，一旦发现了万有引力定律，一旦我们知道地球绝不是什么万物的中心，而只是一个无限巨大的宇宙中渺小的一部分，而这个宇宙本身又湮没在许许多多类似的宇宙之中，那么，从前用人类中心观来看待人的观念也就宣告结束了。

事情还不仅如此。从另一种角度来看，科学与真正的人文教育之间的必然关系甚至更加直接。我已经说过，文学研究的教育价值不仅仅在于这些作品在美学上的长处。要是这样的话，那就没法解释，为什么拉丁文会在那么长的时间里一直主宰着我们的学术体系。这些作品的价值就在于向人们展示他们的方方面面，从而揭示了人的本性。但科学也是人类的成就。它们也是心智的产物，因此也展现了心智的本性。科学就是处在积极活动之中的人的推理能力。一旦我们有了经验科学，即使是在纯粹的人文教育当中，文学也再不能充当唯一的主题，因为那样的话就会排除一整块人性的领域。我们不仅必须了解人们曾经拥有的那些重大的道德信念、宗教信念和美学信念，也必须了解那些曾经激发人类心灵的多姿多彩的情感，我们应当在思维中一一体验这些情感。即使说了解这些都是至关重要的，那么同样重要的是，应当让我们领略到，人类的理智是通过怎样的一些进展和步骤，逐渐把握了这个世界的。

这种领略所关注的并不仅仅是理论性、思辨性的东西,了解这些科学思维的过程,一定不能只是为了求得了解本身所带来的满足,而是为了让我们能够吸收这些东西。科学所包含的这些思考方式和推理方式,是我们在其他任何学校都无法学到的,如果科学不存在,我们就对这些东西一无所知。如果认为科学所使用的所有逻辑能力、所有思想运作都是我们身上现成就有的,那可就错了。如果是那样的话,问题就只是意识到它们的存在,去演练它们,使用它们,就好像经院哲学的思维一样。如果是那样的话,逻辑还会历经已经在过去看到的所有这些先后出现的变异吗?在实验科学确立起来之前,人们对归纳法是什么东西,或者说实验推理是什么东西,难道有什么认识吗?甚至到了17世纪,像培根这样的人对于归纳的观念也还是非常模糊、摇摆不定的。与此类似,只有当数学科学已经发展到相当的程度,人们才会充分理解演绎推理的性质。实际上,所有科学的主要进展,无不在于增强、修润和完善它自己程序上的逻辑。有许许多多的逻辑,并且绝不是最不复杂、最不重要的逻辑,它们的发现都是科学的成果,当然也不会先于科学出现。因此,我们只有去体验科学的生活,才能够养成对于这种逻辑的理解。

这是因为,科学并不是单兵作战的个人工作,而是集体合作的事业的产物,在这项事业里,汇集着来自各个方面和各个地方的科学家。因此,在科学史的每一个环节上,科学都是人类经验的一种总结,因为它是年复一年、代复一代地汇集起来、积累起来的。所以,它的思想价值自然就要比个体思维的思想价值大得多,后者只是作用在个体自己身上，不诉诸自身之外的任何东西。这就说明了为什么任何东西我们都能够从科学那里有所借鉴。在科学那里，我们发现了一种典范的理性，是我们这些个体的理性应当引以为鉴的理想模式。哲学家们常常推想，在人类理解力的限度之外，有一种普遍的、非个人化的理解力，个体的心智就寻求通过神秘的方式分参这种理解力。不错，确实存在这种理解力，但它并不存在于什么超验的世界里，它就存在于这个世界上。它就在科学的世界里存在着。或者至少可以说，它就在科学的世界里逐步实现着自身。人类个体的理性能够实现的逻辑生命力归根结底以它为来源。

科学方面的教学所起到的作用，不仅仅是使这个世界更让人熟悉，而且就此也完善了我们对于人的理解。在逻辑思维的培养方面，它是一种价值难以估量的特别工具。在此，我们找到了一种手段，可以用来弥合上面有机会提到过的，在我们的中等教育中存在的严重空缺。实际上，我们已经看到了，经院哲学家们创立的那种逻辑训练，是怎样被人文主义者的革命所扫除的，并且不曾有任何新的替代。可是，如果一种教育体系对于促成逻辑思维的那些能力是那么不在意，那就很难说它是完全正常的。当然，这绝不是说要回归经院哲学的形式主义，我们已经毫不含糊地表达了对它的谴责。但是，经院哲学是对一个没有听说过实验方法的时代所做出的回应，在那个时代里，思维要接触外在现实，就只能通过人们就这些现实形成的意见，通过论辩，让这些意见彼此相对。而今天，有赖于实验方法，我们能够直接对事物进行推理，不需要任何中介。新的论证形式已经出现。一种新的逻辑训练也已经有可能了,而这种训练正是由科学生活本身所产生的。为了对这种训练加以系统地组织,尽可能得偿所愿地获得丰富的收获,还必须让教师意识到它的必要性。也就是说,他必须认识到,自己的工作并不只限于讲解自己负责的那门科学的具体成果。他还必须并且首先必须说明产生这些成果所使用的那些方法、大脑的运作、逻辑的机制。科学的方法论今天只是在哲学班上才有所涉及,但它不应当脱离各门具体科学的教学。一方面,只有实际从事科学研究的人,才具备向别人讲清楚这门科学所使用的方法的必要能力。另一方面,要想让学生们真正地理解这种方法,就只有让他们看到它的实际运用过程,在向他们说明这种方法的同时运用它,训练学生们亲自去实践它、采用它。因此,得靠教授科学科目的教师讲授自己使用的方法,支撑这些方法的推理过程,以及它们所依据的那些原则。不幸的是,我们太清楚不过了,在这个领域里,一切都还有待进行。

对这种推理能力的训练是非常有价值的,因为它不仅可以用来研究物质方面的事情,还可以用来研究人本身。实际上,人们已经越来越坚定地确立起这样一种观念:人不是一个世界中自成一体的一个世界,不是和世界的其他部分隔着一块真空。人们越来越倾向于把人的领域看成是一块自然的领域,当然也有它独有的特征,但这就好像生物领域和物理领域、化学领域相比较有它的独有特征一样,和其他自然领域服从同样的基本法则。如果确实是这样的话,那么要理解这块领域,也就不存在什么地位特殊的特别程序,没有什么神秘的通路,可以使我们无需经过物理学家、化学家和生物学家在自己研究中不得不走过的那些艰辛曲折的道路。

如果说人的现实和所有其他现实没什么两样，那么要想发现它的法则，就不能只是转向我们的内心，寻求内在的中介，做一些演绎的推论。相反，必须以观察外部世界中的事物同样的方式来观察它，也就是说，从外部观察它。我们必须去做实验，必须利用归纳，或者说，如果在实践当中不可能进行严格意义上的实验方法，我们就必须设法确立客观的比较，能够发挥同样逻辑的功能。

这些新方法，以及产生这些新方法的关键观念，在具体科学的学校里，已经发展到了相当完善的程度；除此之外，还能在什么学校里学到呢？一切都表明，事实上，虽然关于物质的自然的研究和关于人的自然的研究之间依然被一条鸿沟所分割，但这条鸿沟现在无非是注定要消失的残余。有朝一日人们会认为，如果想要教育出一位历史学家或语言学家，而不首先对他进行自然科学方面的入门学习，是一种十足的失误。这样的日子不久就会到来，我们也必须力争加快它到来的步伐。显然，在某种程度上我们认为，对于我们自身，有必要采取和科学家对待事物一样的态度；我们必须在公立中学里训练我们的孩子养成这种对待人世的根本态度。对于所有真正的人文教育来说，一种严肃的科学教育似乎都是不可或缺的前提条件。

因此，各门科学的学习在我们的教育体系中所充当的绝不是一种外来侵入的异在元素，绝不是一个外来者，一种对体系结构的威胁；实际上，对于在很长时间里一直占据着彻底的主宰地位的旧式人文主义教育来说，它是一种很有价值的补充，一种至关重要的元素。尽管它以外部的世界为取向，但它之所以将我们拉出我们自身，也只是为了把我们带回自身，不过在带我们回来的时候，已经用弥足珍贵的深刻见解武装了我们,丰富了我们,使我们对自己的本性有了新的认识。在这两类学科之间,有着密切的连带关系。相比于人们已经对此做出的结论中可能表现出来的程度,这种连带关系甚至更加密切,因为它是交互性的。正如我们刚才看见的那样,自然科学帮助我们更好地理解了人类;而且,对于人事的研究不仅本质上是不可或缺的,还是对于世界的研究的一项必要准备。

实际上,从实证科学的实践活动中浮现出来的逻辑训练并不是自足的。它还得以其他更基本的东西作为前提,这种东西要从另一种来源去寻找。要想通过自然科学的入门有所斩获,必须事先已经对自己的思维有了一定的主宰能力,必须已经养成了一定的才能进行清楚、明确、连贯的思维。这就要求在科学方面的教育之前就必须开始一整套另外的教育,并且在开始科学教育之后,还必须有许多年同时进行这两种教育。

我们的心智所看到的思维,很自然表现为全局的、混杂的形式。它不是一系列井然有序的明确观念,不是一环紧扣一环的链条;相反,我们同时体验到种种不同的表象,它们相互散乱交错,所以我们无法说出它们各自的明确分界。它们是那样密切地交缠在一起,以至交换了各自的属性。在任何一个特定的时刻我们发现自己所处的情感状态,都会对当时填补着我们的意识的那些观念添上一份自己的色彩,乃至任何事情对于我们来说是喜是悲,就得看我们自己当时是感到欢乐还是忧伤。留下的印象也是变幻不定,就看之前刚刚留下的那些印象。这就是所谓的对比法则。一个客体对象有可能在我们的记忆当中留下的形象,就这样和我们正在体验到的感觉混杂在一起，共同形成了一个混合的整体，不可能从其中分辨出哪些来自于过去，哪些又得自于当下的经验。

这种模糊性在孩子身上体现得最为强烈。他没有能力分辨出每一种感觉，甚至没有能力将它们确定在具体的空间位置上。因为这种含混是根本上的，它始终内在于思维的自然运动之中。当我们思考一个主题或者问题的时候，首先注意到的是大量含糊不清的观念，是合成在一起从而相互混杂的许多表象。与此相反，组成逻辑思维的则是一些明确的观念，能够阐述为一些界定，这些界定勾勒出它们与和它们有关但不同的观念之间的界限，并且通过这样一种限定，避免了混杂和互渗，避免了种种受非逻辑性沾染的迹象，这种非逻辑性的后果就是含混不清。所以说，在起点和终点之间，在自然状态下的自发思维和反思、自律、自觉的逻辑思维之间，存在着固有的鸿沟。那人们如何能够弥合这种鸿沟呢？

主要借助的就是语言。是语词把种种区辨引入了纵横交错的种种表象，因为语词是互不相连的，有它确定的个体存在，有它明确的界限。我们要想借助语词来表述自己的观念，就必须将它们一一分离开来。我们必须驱散笼罩着自己思维的那种天然的模糊，把组成这种思维的各个元素一一拆解出来。从某种意义上说，语言是对思维的一种暴力；它去除了思维的天然属性，肢解了思维，因为它用互不连续的术语来表述本质上相互连续的东西。这就是为什么我们能够正确地说，我们从来不曾真正充分地表述我们的思想。这是因为，语言对于意识内容的转译只能是近似性的，就好像只能用一系列的数来近似地表述几何大小的连续变化一样。当然，如果认为必须让语言来包办一切，语言是唯一能够带来清晰性、明确性的因素,那也是非常错误的。把握含混一团的思想,把它分离出来,把能够控制的所有的光都汇聚在它身上,照亮它,以便能够点明它所包含的那些未曾觉察到的要素,这些任务都责无旁贷地落到意识的头上。这种关注和汇聚在所有思维分析中都是发挥积极作用的工具。不管怎么说,如果这种分析的结果不通过语词加以固定,就仍然是非常不稳定的,很快就会消散,思维又会回到它原初的含混状态中去。这是因为,语词赋予这些结果一种连贯一致的个体存在,使它们能够继续存在下去。

换一个角度来看,为了清楚明确地进行思考,单单分析我们的观念还是不够的。我们还必须把我们已经拆解开的那些不同的元素重新拿回来组合,重新构建它们所属的那个天然整体。这种重构并不在于站在外部机械地拼装各种东西,因为这些思维的断片都是一个鲜活整体中的各个部分。它们同声响应,同气相求,相互契合,彼此融会。在它们之间,有着各种各样的关联,这些关联可以并行不悖,比如共变关系、互赖关系、因果关系等等。但是,如果我们不曾掌握语言的技巧,掌握动词变位、语法呼应、结构规则,甚至包括表述这些关系的特定用语(比较明显的就是连词和介词),又怎么能够让自己以算得上明晰的方式看到这些细微之处呢?

如果我们认为是语言把明确性和逻辑组织引入了我们的思维,那么,要想让孩子养成习惯,以逻辑的方式区辨和组织自己的想法,语言学习显然就是最好的方法。通过让他考虑各种语词、意义和语法形式,我们可以最好地训练他以清晰的方式去思考,也就是说,把握思想的各种要素和关联。这一点正是语言练习所提供的重大贡献,在我们的课程里依然发挥着相当大的作用。但这绝不是说，从这个角度来看，古典语言能够提供特别的好处。恰恰是因为古代的人们在时间上与我们相隔遥远，他们分析自己思想的方式也与我们自己的方式相去甚远。正是这种差别，使得拉丁文和希腊文能够特别有效地刺激这种特定的反思。法语词，英语词，甚至德语词（这也是极为常见的情况），常常会有精确的重叠，至少在具体实例的一般性层面上是如此。而这种重叠的现象注定是会不断增加的。结果，人们可以很容易就将一种语言中的用语移植到其他语言中去，并且几乎是毫无意识的。而拉丁文和希腊文的情况就很不一样了。在这方面，学生要想清楚地理解自己从法文译成拉丁文或拉丁文译成法文的词语所表现的思想，需要付出特别的努力。单单这一点，就可以训练他精细入微，养成追求明晰的习惯。与此类似，出于同样的原因，将希腊文和拉丁文译成法文或从法文转译的实践练习，由于这两门语言的语法和我们的语法非常不同，也会迫使孩子始终进行逻辑分析。他必须始终清楚地意识到观念之间存在的种种关系，因为这些关系都是通过语法形式表现出来的。

但这并不等于说，拉丁文和希腊文是不可替代的。还是有可能找到一些富有价值的东西来替代这些古典语言练习的。但不管对这一点人们已经说过些什么，我并不认为我们对活语言过于自信。原因首先是我刚刚指出过的，也就是说，这些语言和我们自己的语言同出一源。因此，使用直接教学法把翻译和作文练习降到次要的位置上去还是有理由的，并且根据定义，也几乎排除了一切置换练习。不过倒是有可能特意设置一些系统的、反复演练的词汇练习。为什么不训练孩子对自己使用的语词的意义始终保持清醒的意识呢？在某种程度上可以说,在他各个年龄上都必须通过某种方式,让他明确自己使用的词汇,刺激他利用一切可以利用的方式,始终对自己的想法有清醒的意识。不仅如此,这些练习如果不是杂乱无章地进行,就会取得更好的效果。他所留心的语词将根据它们的词源关系或者意义关联加以合理编组,视具体情况而定。所有可能的组合都必须采用。我们需要怀着这个目的去创立一整套学科,至于它的原则,我还只能是做粗线条的勾勒。如果能够循序渐进,统筹贯彻,就能够从它那里取得最大的收获。

与此类似,我们需要的不是古典散文翻译所要求的那种按部就班的逻辑分析,而是诉诸严格意义上的逻辑分析方面的反复练习,只要这种联系不是完全的枯燥、盲目和机械。最具有启发意义的,莫过于让孩子们理解一个命题是怎么提出来的,句子是怎么写出来的,它所包含的那些要素彼此又是怎么联系在一起的,其中的某些要素怎样受到其他要素的牵引,有些要素是如何成为主导一方,其他要素又是如何成为被主导一方。我们应当通过反复的练习,在孩子们身上培养这种理解;不管怎么说,重复本身不会使得智力的练习变得单调乏味。简单来说,文法的修养如果得到正确的理解,就应当恢复它曾经在我们的学校里占据的位置,这种位置它已经丧失很久了。

这些初步的练习只是第一个阶段,是我们必须尽可能快地走过的。我们必须从句子和命题过渡到段落篇章。我们必须让孩子接触到一篇比较复杂成熟的作品,鼓励他把这篇作品的各个组成要素逐一分解开来。他在历史或其他科目中所学的课程,也应当本着同样的目的来进行。这些课程的设计应当让他能够清楚地看到内部的组成结构。首先，我们应当开始就把这种组成结构告诉给他，但不是通过浓缩的从而是难以消化的概要，而是借助清楚地展示思想维系在一起的方式的计划；另外有些情况下，我们会鼓励学生自己来发现这种组成结构。一句话，在早期教育阶段，我们必须始终扩大机会，让孩子分解并重构自己的思维，把这个作为我们的首要关注。这样，我们就能够循序渐进地完成正确的文体练习。这是因为，首先应当把文体的训练理解成分析和逻辑综合的一种比较复杂的练习，而不是一种教会学生写出优美、雄辩的东西的手段。如果说我们需要让他用自己的语言来叙事，还不仅是想让他可以知道怎样以优雅得体的方式表达自己，而首先是因为再没有什么比这更好的方式能够教会他清楚地说话，这是语言在精神生活中扮演的特殊角色所造成的。养成清晰地思想的习惯，是学习科学的一个前提要求，因此，文体方面的训练对于科学教育的重要性，显然不逊于所谓的“文学”教育。正因为这样，文体的学习，也就是文法和语言的学习，构成了所有教育的共同基础。

当我开始这项工作时，首要的目标就是要提出作为一个整体的中等教育的问题。今天我们已经可以看到，什么是这种整体性的来源，那就是人。所有的教育都必然是以人类为中心的，这一点人文主义者理解得非常充分。但不管怎么说，人只是世界的一部分，不能和这个世界相脱离。因此，人事方面的教育必须以自然方面的教育为前提。因为自然与人之间的关系不仅仅是邻居，而且是近亲，因为人在自然中生存，从自然中而来，所以这两类教育不单单相互补充，而且还相互渗透，彼此作用和反作用。它们彼此鼎力相助，所以自然的研究在语言的研究（这东西首先是属人的）那里找到一种至关重要的准备,而人的研究也在自然的研究当中找到自己必须知晓的一些关键的观念和方法。所以说,即使这两种学科的发展可能是不平衡的,即使在一些具体实例里可能各有侧重,即使可以就此在学术体系中引入一定程度的多样性,也仍然没有任何教育能够忽略这种或是那种学科。

这样我们就能够理解,在什么意义上,教育应当是百科全书性的。我们已经看到,从我们的学术演进的源起开始,通才培养的观念就一直非常顽强地生存并发展着,不可能认为这种观念纯属幻念。它所回应的是一种十分深刻的见解,就是说如果不对产生部分的那个整体有一定的了解,就不可能理解部分。不管怎么说,只有一种形式的百科全书式知识是既可取又可行的,但不是拉伯雷之类曾经梦想的那一种。如果试图把人类知识的全部主要内容都塞进年轻人的大脑里,是再浪费时间不过了。但有一点倒是可能的,那就是让他们的头脑熟悉各种不同的知识立场,有朝一日,当他们面对不同类别的事情时,会需要具备这些东西。在这些前提下,百科全书式教育的心气就不需要太高,负担也不需要太重。

就这样,我们很自然地得出了那个说法或准则,可以总结这种教育理念,可以当作我们的结论。我们的目标肯定不是把我们每一个学生都培养成完美的多面手,而是在他们每一个人身上培养出全面的理性能力。被拔得最高的那种人文主义,在波尔罗亚尔、奥拉托利会及其仿效者那里的笛卡尔式人文主义,就是以塑造理性为己任的;但那是一种数学家的理性,只会用简单化、理念化的形式看待事物,把人化减成清晰的思维,把世界化减成它的几何形式。甚至到今天,我们还必须培养理性主义者,也就是说,培养关注思维的清晰的人，在这个意义上，我们还必须保持笛卡尔主义的立场。但培养出来的人必须是一种新型的理性主义者，虽然知道万事万物，不管是属人的还是物质的，都非常复杂，难以归约，但他们依然能够坚定地直面这种复杂性。必须继续训练我们的孩子学会清晰地思考，因为这是我们民族的根本属性。它是我们的国民特性，我们的语言和文体的种种特性都只不过是它的结果。但是，我们再也不能将简单的观念组合错认为作为整体的现实，必须更真切地感受到现实的无限丰富性，必须理解到我们所能做到的对于现实的思考，只能是缓慢的、渐进的，并且始终是不完善的。这应当成为一种三重修养的培养目标。蕴含这种三重修养目标的教育，关注的是通过一些最为有效的方法，培养全面发展的人。按照我们已有的界定，这三重修养就是语言的修养、科学的修养和历史的修养。

译者后记

全书中译者所加注解主要集中在重要历史人物、事件和典章制度，仅就与本文相关部分择要阐明，未必反映全貌。由于本书为课程笔记，原文虽参引繁多，却大多不注出处，很多人名不注全名，更有许多拉丁文夹杂其间，译者不得不“大胆假设，小心求证”，还望读者诸君慧眼识讹。尚不明了处可径查下列加注时主要参考文献，其中译名多有互参、取舍之处，敬请谅解：

《不列颠百科全书》（国际中文版），中国大百科全书出版社1999年版。

《教育大辞典》（第11卷《外国教育史》），上海教育出版社1991年版。

雅克·勒戈夫，《中世纪的知识分子》，张弘译，商务印书馆1996年版。

赵敦华，《基督教哲学1500年》，人民出版社1994年版。

沃伦·霍莱斯特，《欧洲中世纪简史》，陶松寿译，商务印书馆1988年版。

威利斯顿·沃尔克，《基督教会史》，孙善玲、段琦、朱代强译，中国社会科学出版社1991年版。

李兴业编著，《巴黎大学》，湖南教育出版社1988年版。

J.W.汤普森,《历史著作史》(全四册),谢德风译,商务印书馆1988年版。

博伊德·金,《西方教育史》,任宝祥、吴元训主译,人民教育出版社1985年版。

郭齐家主编,《中外教育名著评介》(第一卷),山东教育出版社1992年版。

毕诚主编,《中外教育名著评介》(第二卷),山东教育出版社1992年版。

皮埃尔·米盖尔,《法国史》,蔡鸿滨等译,商务印书馆1985年版。

瑟诺博斯,《法国史》,沈炼之译,商务印书馆1964年版。

张芝联主编,《法国通史》,北京大学出版社1989年版。

沈炼之主编,《法国通史简编》,人民出版社1990年版。

吉尔比,《经院辩证法》,王路译,上海三联书店2000年版。

艾因哈德·圣高尔修道院僧侣,《查理大帝传》,戚国淦译,商务印书馆1979年版。

都尔教会主教格雷戈里,《法兰克人史》,寿纪瑜、戚国淦译,商务印书馆1983年版。

拉伯雷,《巨人传》(上),成钰亭译,上海译文出版社1981年版。

蒙田,《蒙田随笔全集》(共三卷),潘丽珍等译,译林出版社1996年版。

布克哈特,《意大利文艺复兴时期的文化》,何新译,商务印书馆1979年版。

本文集主编渠敬东是本书得以问世首先应该感谢的人，同时也要感谢上海世纪出版集团的施宏俊和田青。此外，我要特别感谢北京大学历史系的彭小瑜老师和哈佛大学人类学系的吴飞。前者是我的师长，我去信求教拉丁文翻译问题前从未谋面，但他很诚恳地给予了帮助。不过由于我给他看的只是自认为实在解决不了的问题，所以有错误首先该由我负责。后者是我的学友，他并不知道我要翻译此书，却正好从哈佛图书馆论麻袋抛售的旧书中捡来了这本书的法文初版——而我当时寻遍北京和香港的各大图书馆都没有找到法文原版。

本书翻译工作前后历时一年有余，我也看着儿子从娘胎到落地，长到了半岁。这不是我写的书，所以我再冲动也不能题献给他——好歹这是本“讲教育”的书。当然他成长过程中的绝大多数教育问题都不会是也不可能是本书所能解决甚至谈到的。但是，如果贯穿本书的一些基本问题，如果作者在讲课和写作时倾注的那些关怀，有一天完全逸出了人们的视线，那倒真是有些危险，恰恰这在未来和现时都是很有可能的。唯愿他们幸运。也就此感谢我的一些朋友，正是他们去年开始在“公民科学”方面的努力，大大鞭策了我在“成长的烦恼”中坚持这项“工作”。

2001 年 8 月于北大畅春园

本书中译最初是由世纪文景/上海人民出版社出版，2001、2006 年的两个版本，排版和页码不同，内容无异。此次藉转由商务印书馆出版之机，稍做修订。限于时间和精力，未能逐字逐句核对原文，只是修正了一些技术细节和个别笔误。当年做译注多方搜罗，勉力考订，十余年来网络检索大为便利，如今虽多有不完善之处，却也无须增补。核心术语坚持己见，尤其是引起争议的“艺学院”一词。除了初版译后记中所列二十余本参考文献；这些年来无论在大学制度与理念研究领域，还是在法国史和欧洲中世纪史领域，大陆出版界都推出了大量著译，读者参照阅读的条件是要比当年好多了。张磊的《欧洲中世纪大学》（商务印书馆 2010 年版）和宋文红的《欧洲中世纪大学的演进》（商务印书馆 2010 年版）两书都与涂尔干此书所涉内容颇具关联。其中前者所用术语深受日本学界影响，请注意与本书的差异。

——李康 2013 年 9 月补记

图书在版编目(CIP)数据

教育思想的演进:法国中等教育的形成与发展讲稿/(法)涂尔干著;李康译.—北京:商务印书馆,2017
(汉译世界学术名著丛书:120年纪念版:珍藏本)
ISBN 978-7-100-14603-6

Ⅰ.①教… Ⅱ.①涂… ②李… Ⅲ.①教育史—研究—法国 Ⅳ.①G556.59

中国版本图书馆CIP数据核字(2017)第152357号

权利保留,侵权必究。

汉译世界学术名著丛书
(120年纪念版·珍藏本)
教育思想的演进
——法国中等教育的形成与发展讲稿
〔法〕涂尔干 著
李 康 译
渠敬东 校

商 务 印 书 馆 出 版
(北京王府井大街36号 邮政编码100710)
商 务 印 书 馆 发 行
北京新华印刷有限公司印刷
ISBN 978-7-100-14603-6

2017年12月第1版 开本710×1000 1/16
2017年12月北京第1次印刷 印张32¼
定价:160.00元